토마스 모어와 유토피아

Thomas More und seine Utopie

Mit einer historischen Einleitung

von Karl Kautsky

Zweite, durchgesehene Auflage

Original Deutsch edition copyright ⓒ Stuttgart 1907, Verlag von J. H. W. Dietz Nachf

Alle Recht vorbehalten.

｜일러두기｜

- 이 책의 외국어 표기는 한국어 어문 규범의 외래어 표기법을 따르는 것을 원칙으로 하면서도 프랑스, 이탈리아, 에스파냐 등 나라의 고유명사에서 파열음은 격음보다는 원음에 가까운 경음으로 표시했습니다(예, 칼뱅→깔뱅, 카타리나→까따리나, 뮌처→뮌쩌 등).
- 인용문에 대해 행을 띄우는 구분은 원서에는 나오지 않지만 독자들의 편의를 위해 역자와 편집자가 추가한 것입니다.
- 본문에서 고딕서체로 표시한 것은 원서에서 카우츠키가 강조한 표시를 그대로 살려 바꿨습니다. 원서에서 저자는 자간을 넓게 벌려서 강조했습니다.
- 부록으로 실은 "사회주의 역사에서 유토피아의 위치"는 역자가 카우츠키의 다른 글에서 옮긴 것입니다.

Thomas More und seine Utopie: mit einer historischen Einleitung

근대 사회주의 사상의 시원始原

토마스 모어와
유토피아

카를 카우츠키 지음 | **이승무** 옮김

동연

1. 들어가며

이 책은 칼 카우츠키가 토마스 모어에 대해 《유토피아》라는 작품을 기반으로 쓴 평전이다. 어느 인물의 평전을 구해서 읽는 독자라면 평전의 주인공에 대한 관심으로 책을 읽는 것이 흔하고 평전을 쓴 작가에 대해 이렇다 할 관심을 두는 경우는 드물다. 평전의 주인공은 역사적으로 중요한 인물이기에 관심을 받는다. 반면에 평전을 작성한 작가는 주인공을 둘러싼 역사적 사실들을 조사해서 글을 쓸 만한 문필가이거나 지식인이기는 하지만 주인공과 같은 반열에 오른 인물이 아닌 경우가 대부분이다. 그러나 《토마스 모어와 유토피아》는 흥미롭게도 이런 관행을 넘어섰다. 토마스 모어가 평전의 주인공으로 위대한 역사적 인물일 뿐 아니라 평전을 쓴 작가도 다른 학자들이 그를 평전의 주인공으로 삼을 정도로 중요한 역사적 인물인 것이다.

카우츠키는 34세가 되던 1888년에 이 책을 출간했다. 그는 사회주의 사상의 연원을 추적하는 역사 연구 작업에 착수했고 이 책을 첫 성과물로 내놓았다. 젊은 시절에 어떤 사람을 깊게 연구하고 그에 대한 평전을 쓰는 것은, 한 사람의 삶을 온전히 받아 안아야 가능하다. 그렇기에 우리는 카우츠키가 사상가이자 지식인으로서 삶의 방향을 정하는 데 모어의 영향이 적지 않았을 것이라고 짐작할 수 있다. 카우츠키도 초판 머리말에서 모어에 대해 공부해 갈수록 그가 자신에게 더욱 중요하고 매력 있는 인물로 다가왔다고 밝힌다.

카우츠키는 체코 출신의 독일인이다. 그가 토마스 모어라는 영국의 역사적 인물에 대해 책을 쓰려면 언어와 문화면에서 넘어야 할 장벽이 높았을 것이다. 그럼에도 그는 그때까지 나온 토마스 모어에 대한 전기들과 라틴어 원본 및 여러 외국어로 번역된《유토피아》판본들과 다양한 자료를 수집하여 세심하게 자료 비평을 해나간다. 게다가 역사가로서 학문적 성실성을 바탕으로 면밀하게 연구한 결과 모어에게서 현대적 사회주의의 싹을 찾아내고 새로운 관점으로 이 작품을 쓴다. 그런 적확함 덕분에 이 책은 독일에서뿐 아니라 영어로도 번역되어 널리 읽혔고, 비판적인 의미에서건 동조하는 취지에서건 토마스 모어 혹은《유토피아》연구자들에게 늘 인용되는 비중 높은 책이 되었다.

나는 이 책을 번역하기 전에 같은 저자의《그리스도교의 기원》(2011, 동연)과《새로운 사회주의의 선구자들》(2018, 동연)을 번역해 출간했다. 세 권을 완역하여 독자들에게 선보이는 데 10년이 흘렀다. 남들은 참 지난했을 것이라며 위로 섞인 말을 한다. 하지만 나에게는 대학생 시절에 흥미롭게 공부했던 사회경제사를 마르크스주의적 방법론을 정립한 장본인 카우츠키의 언어로 다시 대면하게 되는 데 따른 기쁨이 컸다.

10년. 카우츠키와 그의 시대를 내가 발 딛고 서 있는 지금 여기로 소환하려고 고민했기에 (책에서 서술한 역사적 연도순으로는) 세 번째 책이자 (저자의 집필 순서로는) 시리즈의 첫 번째 책을 완간하는 이 시점에서 다른 의미가 생겼다. 공부하는 차원에서 시작했던 번역이었지만, 모어의 시대-카우츠키의 시대-그리고 우리 시대로 이어지는 사회의 흐름을 사유하게 된 것이다. 과연 카우츠키의 사회주의는 절멸되었는가? 모어의 《유토피아》는 말 그대로 '어디에도 없는 곳'[1]인가? 나의 이런 의문을 독자들과 함께 고민하는 것이 시리즈의 첫 책이자 마지막에 출간되는 이 책을 내면서 옮긴이의 의무라는 생각이 든다.

고대 로마시대 이후로 유럽에서 기독교는 사람들의 정신과 감정을 지배해 왔다. 그와 동시에 기독교는 사회기구로서 물질세계에서 사회경제적 변화에 사회와 인간들이 적응하고 대응하는 반작용의 매개체가 되어 왔다. 카우츠키는 세 권의 책을 통해 이를 유물사관으로 서술한다. 이러한 역사 서술에서 우리는 기독교 등의 종교를 역사에서 외적인 독립 변수가 아니라 자연세계와 사회조직에서 변화에 대하여 생존을 유지해 나가려는 인간 공동체의 생물학적, 인구 동태적 반작용의 표현으로 바라볼 수 있게 된다. 즉 종교에 과도한 형이상학적 가치를 부여하기보다는 인간의 생존에 필요하고 외부 자극에 대한 인간 사회의 장기적 대응 방식과 깊이 연결된 사회 제도로, 땅을 딛고 선 사람들의 정직한 생존 욕구를 표현한 것으로 종교를 객관적으로 바라볼 수 있게 된다. 이런 인식은 공동체 사회 내의 어느 종교의 종교인들에게나 (또한 비종교인들에게도 마찬가지로) 자기 종교만을 절대화하는 불필요한 배타성을 포기하고 타종교인을 용인하는 관용을 통해 여러 종교의 평화로운 공존과 상호 발전으로 나갈 실마리를 제공한다.

---

[1] 카우츠키는, '유토피아'가 '어디에도 없는 곳'이란 의미의 어원을 가진다는 것에서 모어가 공산주의를 실현 불가능하다고 보았음을 암시한다고 보는 학자들의 견해에 동의하지 않는다. '유토피아'가 '어디에도 없는 곳'이란 의미가 아니라 지상 낙원을 그 위에 건설할 수도 있는 황량한 땅 '황무지'를 의미한다는 것이 이미 《유토피아》 내용에 포함된 한 시에서 드러나 있다고 주장한다.

카우츠키는 유물사관을 역사를 파악하는 데 지렛대로 삼았다. 그것은 장기적인 자연의 변화, 그 안에서 생존을 추구하는 인간들의 지식과 기술의 변화라는 틀 안에서 사회구조와 생산양식 그리고 문화에서 변화를 바라보는 장기적이고 거시적인 역사 이론이다. 이러한 장기적 사회 동태를 파악하고 설명하려는 역사적 시각은 21세기 현시점에서 지구 전체적인 기후 변화와 자원 고갈, 환경 악화로 자본주의 경제체제의 극심한 불안정을 목격하고 있는 우리에게 절실할 수밖에 없다. 세부적인 자연계의 변동이나 인간 사회에서 생겨나는 기술적인 변동에 대해 더 전문적이고 과학적으로 인식하고 그 방향을 이해해 나가려는 노력과 함께 거대한 변화를 일원론적으로 아무런 신비와 배타성 없이 설명하려는 세계관도 또 다른 의미의 과학적인 노력의 방향이라고 해야 할 것이다.

　우리가 살아가는 지구상의 환경은 아직 개발해야 할 것이 많고 변함없이 자애로우며, 지하의 자원도 개발할수록 더 많이 이용할 수 있다고 하는 자본주의 체제의 기본 가정이 흔들리기 시작한 지 50년 정도 되었다. 지금 어느 나라에서나 미래가 지금까지보다 더 풍요롭고 평화로울 것이라고 믿는 사람들은 점점 줄어들고 있고, 자연환경의 변화와 이에 따른 세계적인 사회관계들의 변화는 점점 더 불안을 주고 있다.

　사회의 물질적 기초가 크게 바뀌어 가는 것을 목격하고 있으며 이에 따라 사회구조와 정신문화적인 측면에서도 상당한 변화의 진통을 겪고 있다. 기존의 이념과 종교를 벗어나 새로이 출현하는 이념과 종교적 주장들이 신비와 맹신을 조장할 가능성도 높으며, 실제로 그런 조짐을 보이기도 한다.

　이와 같은 시대에 세상과 사회의 구조와 그 변화를 이해하려는 합리적이고 신중한 지적인 노력이 더없이 절실하다. 또한 이러한 변화를 설명하지 못하는 기존 지식체계에 대한 대안적 지식체계를 수립하려는 노력도 절실하다.

나는 이런 점에서 카우츠키가 지녔던 역사적 관점을 소중히 여긴다. 특히 금융자본주의의 비대화 과정에 편승해 왔기에 이제는 시대를 설명해 줄 힘을 상실한 기존 경제학을 넘어선 대안적인 경제학 체계를 수립하려 할 때, 카우츠키가 연구했던 역사적 관점은 중요한 모티브를 제공할 것이라고 생각한다.

카우츠키의 유물사관은 숙명론적이고 기계적인 물질법칙에 역사 발전이 종속하는 것으로 보는 관점이라는 폄하를 그리고 어떤 점에서는 오해를 받아 왔다. 하지만 적어도 1908년《그리스도교의 기원》이 나올 때까지《토마스 모어와 유토피아》,《새로운 사회주의의 선구자들》등의 저술에서 그의 유물사관은 철저하게 역사적인 사실을 추적하고 이를 경제적, 물질적인 운동 관점에서 해석하는 것이었다는 게 최근 변화된 견해다.[2]

카우츠키는 서유럽 민주주의 정치제도 내에서 프롤레타리아 계급이 의회의 다수파가 되는 선거 혁명을 통해 사회주의를 이룰 수 있다고 여겼고 이런 관점에서 사회민주당의 강령을 기초했다. 그것 자체가 현실과 동떨어진 이상주의라고 비판 받을 수 있다. 특히 일제강점기에 조선의 해방을 위해 많은 도움을 준 소련의 볼셰비키, 레닌과 스탈린의 유혈적인 권력 수단에 대해, 당장 빼앗긴 나라를 되찾기 위해 총독부의 파시스트 체제에 대한 무력 항쟁을 도모해야 하는 이 나라의 사회주의 세력들 대부분이 문제를 제기할 수는 없었다. 민주주의적 절차

---

[2] Paul Blackledge, Karl Kautsky and Marxist Historiography, *Science & Society*, Vol. 70, No. 3, July 2006.

를 강조한 카우츠키는 당시에 사회주의 진영 내에서 좌우 양측으로부터 외면을 당하고 축출되었지만, 그가 정치적으로 실패했다고 해서 그의 주장이 가치를 상실하는 것은 아니다. 볼셰비키 혁명은 위로부터의 혁명이었고 스탈린 체제는 전선의 반대편에 있던 파시스트 독일, 일본 등의 전체주의 체제와 별반 다르지 않은 독재 체제였다. 카우츠키가 주장한 개인의 자유가 주어진 체제는 아니었다.

카우츠키는 토마스 모어를 근대 사회주의의 지식인 역할을 최초로 수행한 인물로 여긴다. 카우츠키는 현대 사회주의의 뿌리를 이루는 주축이 되는 인물을 토마스 모어와 토마스 뮌쩌에서 찾았다. 한 사람은 인문주의에서 배출한 유토피아적 사회주의자의 시조이고, 다른 한 사람은 독일 개혁운동의 급진적인 흐름을 대표한 혁명운동가이다. 순수 이념과 현실 운동을 대표하는 이 두 흐름이 19세기의 공산당 선언에서 비로소 합류하게 되어 현대 과학적 사회주의가 탄생하게 된 것이라고 보는 것이다.

카우츠키는 그의 자서전[3]에서 이렇게 말한다.

"나는 마르크스주의가 그것이 등장하기까지 분리된 사회주의의 두 흐름의 결합을 나타낸다는 것을 알았다. 한편에서는 프롤레타리아들이 자신들을 억압하는 상태들에 맞선 원초적 항거가 있다. 이 프롤레타리아들은 다분히 원시적 평등 공산주의를 목표로 삼았다. 다른 한편에서는 상층계급의 학문적 교양을 쌓은 인도주의자들이 부르주아 사회에 대하여 사려 깊은 경제적 비판을 가한 것이다. 이 비판은 그것이 구체화된 경우에 유토피아적 사회주의를 목표로 삼았다. 그래서 근대 사회주의의 이 두 원

---

[3] Karl Kautsky, 《한 사람의 마르크스주의자 되기》(*Das Werden eines Marxisten*, 1924).

천의 차이를 그 시초에서, 그 가장 중요한 대표자들 중 첫째가는 이들인 토머스 모어와 토마스 뮌쩌라는 인물에서 가리켜 보여주고 싶은 충동이 나에게 생겼다."

카우츠키가 볼 때 토마스 모어는 경제학이란 학문 체계가 생겨나기 전의 경제학자였고 토지 소유권을 중심으로 한 사유재산 제도에서 사회문제의 뿌리를 발견한 사회주의자였다.

토마스 모어는 당시에 런던 시민이자 변호사, 재무대신으로서 영국 경제에 대하여 밝았고 무역 협상단의 대표로 나가 교섭을 이끌 정도로 실물경제를 잘 알고 있었다. 동시에 그는 아직 체계적인 경제학이 나오지 않던 시절에 대지주들과 자본가들의 양모 생산을 위한 인클로우저 운동으로 땅을 잃고 도시에서 실직자로 살아가는 농민의 처지를 깊이 동정했다. 그래서 《유토피아》라는 소설의 형식을 빌려 현실 경제에 대한 예리하며 무서운 비판을 가했던 것이다. 모어가 현실을 바라보는 시각이 얼마나 냉철했는지, '사람을 먹는 양'이라는 섬뜩한 은유의 글이 들어 있는 문장을 살펴보자.

《유토피아》에서 주인공이자 중심 화자인 라파엘 히틀로데우스는 추기경에게 이렇게 말한다.

"당신들은 전쟁보다는 평화에 천 배나 더 마음을 써야 합니다. 하지만 그것이 도둑질의 유일한 원인은 아닙니다. 당신들 영국인들에게만 독특한 다른 원인이 있습니다."
"그것이 무엇입니까?" 하고 추기경이 질문했습니다.
"그것은 당신들의 양입니다" 하고 내가 대답했습니다. "그것들은 그렇지 않으면 아주 온순하고 온화한 놈들인데 지금은 내가 듣기로는 아주 탐욕

적이고 우악스러운 짐승이 되어서 사람까지도 집어삼키고 온 들녘과 주택,
자치공동체를 먹어치우고 그곳의 인구를 줄어들게 합니다."

토마스 모어는 런던을 중심으로 한 국제 무역, 특히 양모 무역으로
부를 축적한 부르주아 계층의 이해관계를 대표하여 대외적인 평화와
교린(交隣) 정책을 추구한 것으로 알려져 있다. 그것은 그가 죽음의 길
을 가게 된 원인으로도 지적된다. 토마스 모어는 런던 부르주아 상인
계층의 대변자로서 헨리 8세의 잘못된 판단으로 대륙과의 무역관계
가 파탄에 이르는 것을 막아야 했다. 그런 배경에서 국왕 앞에서 자신
의 소신을 굽히지 않고 당당하게 죽음을 맞이했다. 그것은 국왕을 계
도해야 한다는 인문주의자로서 모어의 역할이기도 했고 모어의 자본
주의적 문화에 물들지 않은 낙천적이고 거침없는 중세 가톨릭의 정서
에 영향 받은 기질 때문이기도 했다.

카우츠키는 '사회주의자'라는 표현을 사용하지만, 자신의 출신 계
층의 이해관계에서 벗어나 다수 민중의 고통을 민감하게 느끼고 사회
문제의 원인을 지적하는 역할은 어느 사회에서나 지식인들이 감당해
야 하는 의무이다. 그러한 굽히지 않는 지식인의 전형을 보여주는 인
물이 어쩌면 카우츠키에게는 카를 마르크스와 토마스 모어였다고도
할 수 있다.

토마스 모어가 살았던 시대를 우리 역사에 마주 대보면 조선시대
중종 무렵이다. 영국과 비슷하게 14세기 중반부터 16세기 말까지 우
리 땅에서도 굉장한 사회경제적 변혁이 일어났다. '선비 유(儒)' 자를
앞세운 유교를 정신적 지주로 삼은 조선 사회. 거대한 변혁의 시기에
적지 않은 선비, 곧 지식인들이 권력과 경제적인 이익을 초월하여 기
득권층과 충돌했고, 경세의 도의를 내세우며 목숨을 버렸다. 이런 점

에서 토마스 모어와 공통점을 지닌 선비들을 우리 역사에서도 찾아 볼수 있다. 시대의 문제를 목숨을 내던지면서까지 자신의 문제로 품고그 시대를 초월하려 했던 지식인들에 대하여 더 진지한 관심과 연구가이어져야 하겠다.

2. 책의 주요 내용

토마스 모어는 우리에게 어떻게 알려져 있는가? 그의 명성과 《유토피아》라는 도서에 대한 대중들의 익숙함과는 다르게 그 인물과 그 책에 대해 제대로 알고 있는 이가 흔치 않다. 영국의 재상으로 헨리 8세의 이혼과 재혼에 반대하는 뜻을 굽히지 않아서 끝내 처형당한 가톨릭순교자, 또는 이상적 국가 질서를 그린 《유토피아》라는 공상소설을 쓴인문주의자 정도로 각인되어 있을 뿐이다.

이 책에서 카우츠키는 토마스 모어의 인물 됨됨이와 죽음을 불사하게 된 행동 배경, 《유토피아》가 쓰인 그 시대의 경제 발전 과정에 대한자세한 설명을 기초로 인과적 맥락을 제시해 준다.

이 책은 크게 세 부분으로 나뉜다.

제1부는 유럽에서 중세의 봉건제가 해체되고 상품경제가 시작되는 큰 흐름을 일반 경제사적 과정으로 서술한 것이다. 카우츠키의 설명은 대단히 쉽고 명확하다. 이러한 경제적 발전 과정을 면밀히 분석하는 것은 카우츠키가 중시하는 유물론적 역사관에서 사상과 문화 측면의 발전을 서술할 때 기초가 된다. 카우츠키는 이런 역사관을 기초로 삼아 모어 시대의 가톨릭교와 인문주의 그리고 서유럽과 북유럽에서 벌어진 종교개혁이 역사적으로 어떤 흐름에 있었는지 맥을 짚어가며 설명한다. 이는 프로테스탄트교 신학과 교회사에서 바라보는 것과차이가 많다. 특히 로만계 나라들의 지식인 사회에 널리 퍼져 있던 인

문주의자들은 독일의 종교개혁을 긍정적으로 바라보지 않았다. 그들은 종교개혁을 문화적으로 낙후한 곳에서 벌어진 민중 봉기로 폄하했다. 이 책에서 저자는 당시 유럽의 종교적·정신적 판도를 한눈에 볼 수 있도록 큰 그림을 그려 준다. 특히 종교 관련 서술을 할 때 카우츠키는 상당히 신랄하다. 성직자들의 행동이 물질적 이해관계를 철저히 따른 것으로 보고 이를 직설적으로 설명해 주기 때문에 전체적인 흐름을 쉽게 이해할 수 있다.

제2부에서는 토마스 모어라는 인물에 대해 다룬다. 토마스 모어는 영국의 인문주의자이고 학자이며, 반골 기질을 지닌 개혁파 정치인이었다.

구체적으로 1500년대 초에 영국이 처한 사회경제적 현실에서 토마스 모어가 인문주의자로서, 가톨릭 종교인으로서 그리고 가장 직접적으로는 영국의 대외관계와 재정을 담당한 현실정치인으로서 취한 태도를 시대 배경과 함께 구체적으로 설명한다. 이를 통해 토마스 모어가 영국 런던의 대외 무역으로 부를 축적한 상인 계층의 이해관계를 대표하는 지식인으로 취했던 태도의 개연성을 추적한다.

카우츠키는 모어를 죽음으로 몰고 간, 헨리 8세와 까따리나 왕비의 이혼 문제를 왕실 안에서 발생한 치정(癡情) 문제나 가톨릭 교리에 대한 신앙 문제가 핵심이 아니라고 말한다. 그는 면밀한 정황을 근거로 당시 영국과 스페인 사이에서 벌어졌던 유럽 정치무대에서의 패권 다툼 그리고 영국 내에서 유럽의 평화와 통합을 원하는 상인 세력과 절대군주를 중심으로 한 패권 세력 간의 투쟁, 교회 재산을 탐내는 절대왕권과 농촌 민중의 버팀목이던 수도원 재산을 지켜 민중의 프롤레타리아화를 막으려는 모어의 사회주의적 지향 간의 대립 때문에 발생한 일이라고 분석해낸다.

토마스 모어는 독일을 중심으로 한 개혁운동(Reformation)과 농민전쟁 시기에 살았으며, 다른 인문주의자들과 마찬가지로 개혁운동에 동조하지 않았다. 인문주의자들은 신앙적으로 훨씬 더 인간중심적이었고 자유주의적이었으며, 학문 수준이 더 높았고 교황의 절대성에 대해서도 더욱 비판적이었다. 신앙적으로 더 진보적이었던 인문주의자들은 주로 이탈리아와 프랑스, 스페인 등 로만계 국가들에서 활동하면서 교황을 자신들의 인문주의적 이상을 실현하기 위한 도구로 쓰는 것을 목표로 삼았다. 반면에 비로만계 국가들은 교황 제제하에서 심한 착취를 당하고 있었다. 가톨릭 세력들의 인문주의는 개혁운동을 거친 뒤에 예수회의 교리와 활동으로 변신했다는 것이다.

토마스 모어는 가톨릭의 교리를 목숨을 바쳐 고수한 가톨릭 순교자로 시성되었다. 하지만 그의 종교관은 시대를 훨씬 초월한 것이었다. 이상적 사회질서 속에서 그가 구현한 종교는 가톨릭교에 국한되지 않고 종교적 관용과 다양성 인정을 핵심으로 한다. 유토피아에서는 예배당에서 행하는 공적 예배는 다양한 신앙을 가진 사람들이 동의할 수 있는 공통분모만을 가지고 거행해야 하며, 각자 상상하는 신의 모습에 따른 신앙 행위는 개인의 집에서 거행한다. 이런 아이디어는 현대사회의 종교관으로 비춰 보더라도 획기적이다.

카우츠키는 종교에 대하여 다른 어떤 사회주의자보다도 많은 글을 남겼다. 이는 과거의 사회사상의 발달 과정을 추적하여 현대의 사회주의 사상과 운동을 자리매김하는 데 중요했기 때문이다.

특히 모어가 루터에게 원색적인 인신공격을 퍼부었는데, 그 과정에서 드러나는 직설적인 성격과 조롱어린 유머를 카우츠키는 중세 가톨릭교의 원시 공산주의적인 소박한 민중적 건강성에서 나온 것이라고 설명한다. 관습과 체면에 구애받지 않는 신랄한 언어, 전복적 성격을 가진 유머, 성직자 계층에 대한 조롱의 언사는 상당히 인상 깊다. 카우츠키가 유물사관에 따라 역사를 서술할 때도 물질적 탐욕을 채우는 행태들을 직설적으로 명확하고 알기 쉽게 설명한다는 점에서 모어와 비슷한 에토스를 보여준다.

책의 제3부에서 카우츠키는《유토피아》에 기술된 이상적 공화국 질서를 주제별로 소개하고 자신의 비판과 논평을 덧붙인다. 그 주제는 생산양식 내지 경제 형태, 정치 제도, 가족 · 혼인 · 인구 문제, 학문 · 철학 · 종교 문제 등으로 장별로 나뉘었다. 이러한 서술로《유토피아》를 읽지 않은 독자들이라도 모어가 꿈꾸었던 유토피아에서의 삶을 뚜렷하게 그려낼 수 있다. 카우츠키는 모어의《유토피아》를 되살려 분석하며 자신이 품은 사회주의적 견해의 중요 내용들을 피력한다.

3. 현대적 시사점

오랜 인류 역사에서 투쟁의 중심 동력은 언제나 종교 형태를 띠었다. 카우츠키는 바로 이 부분에 대한 역사 서술에서 앞서 언급한 그리스도교에 관한 세 권이 책을 내놓았다. 이러한 종교적 형태의 공산주의 운동은 사회가 발전하며 자라난 사람들의 욕구와는 맞지 않는 것이 되었다. 그렇기에 앞으로는 그런 종교적 형태를 기초로 한 사회주의 운동은 불가능한 것이 아닐까 조심스레 예측해 본다. 사람들에게 자유와 학문과 문화의 향유를 보장해 주는 목표로 중심축이 이동한 것이다. 이런 생각의 단초를 카우츠키의 글에서 찾아보자.

"모든 사람이 학문적 인식에 다가가는 것, 생업 노동의 가능한 한 최대의 단축, 생업 노동 바깥의 모든 활동에서의 개인의 완벽한 자유가 이를 통해 다른 개인들이나 사회가 위험에 빠지지 않은 한에서는 이것이 현대 사회주의가 이끌려 가야 할 목표들로서 이는 그것의 공산주의적 선행자들, 그런 것들은 전혀 몰랐고 각자에게 물론 풍부한 빵과 최대의 생존의 안전보장을 제공해 주었지만 학문과 자유는 제공해 주지 않은 그 선행자들과는 다른 것이다. …

사회주의 사회가 어떻게 형성되든 그것은 단지 인류 전체에게 빵과 생존의 안전보장만을 가져다주는 것이 아니라 문화와 자유도 가져다줄 경우에만 목숨을 이어갈 것이고, 그럴 경우에만 자본주의의 성과물을 더 높은 생활 형태로 발달시킨다는 그 위대한 역사적 과업을 제대로 감당할 것이다."[4]

이와 같은 학문과 문화 측면에서 풍요로운 삶에 대한 요구가 토마스 모어의 《유토피아》에 담겨 있다. 물론 《유토피아》에서 묘사하는 이상사회가 현대적 기준으로 볼 때 자유롭고 민주적인 사회는 아니다. 그리고 철저하게 위로부터 주어지는 이상사회의 모델이라는 점에서 카우츠키의 입장에서는 민주적 사회주의 사회의 실현 과정에 포함할 수 없었다.

《유토피아》가 쓰인 시점은 자본주의적 산업혁명이 일어나기 약 300년 전이었다. 그럼에도 산업혁명 이후에나 가능한 물질적 생산력의 발달을 전제로 한 학문과 문화의 향유를 위한 자유 시간이 모든 사람에게 주어지는 사회를 생각했다는 점이 놀라운 것이다.

지금 우리는 자본주의 이후 사회를 지향하지 않을 수 없는 시대 환경으로 접어들었다. 우리가 목표로 삼아야 할 사회는 분명 민주적인 절차를 거쳐야 할 당위성이 있다. 그렇게 세워진 사회만이 카우츠키가

---

[4] *Die proletarische Revolution und ihr Program*. Dritte, durchgesehene und überarbeitete Auflage, 1932.

말하는 학문과 문화의 향유가 가능하고 개인적 자유도 보장될 수 있는 필요조건이 된다. 그렇기에 우리는 중요한 포스트-자본주의 시대를 상상하는 가설로서 카우츠키의 관점을 수용해야만 한다. 카우츠키가 되살려낸《유토피아》의 현대적 의미는 여기에 있다.

또 한 가지 카우츠키가 중요하게 언급한 것으로서 의외인 점은 토마스 모어가 런던 시민으로서 대도시의 문제점에 대해 심각하게 여겼고, 이런 문제의식이《유토피아》에 반영되었다고 보는 것이다. 도시와 농촌 간의 구분 폐지를 향한 의식이 공산당 선언에 반영이 되어 있으며 마르크스주의자였던 카우츠키는《유토피아》에서 이러한 의식의 단초를 읽어낸 것이다. 동서양을 막론하고 문장가들의 글에서는 도시인들의 전원생활에 대한 동경을 읽을 수 있다. 또한 그것은 대다수 시의 주제가 된다. 서양에서는 이런 전원시를 목가(idyll)라고 하는데, 이런 글이 나올 수 있었던 배경을 오랜 도시 생활로 정확한 농촌 현실에 대해 무지한 탓이라 말하기도 한다.

카우츠키의 사상은 도시 문명과 농촌 생활 간의 분리에 대한 문제의식으로 점철되어 있다. 그는 세계 무역의 확장으로 대도시가 형성되었다고 분석한다. 그렇기에 세계 무역이 없어지면 대도시도 없어질 수 있다며 나름의 해결책을 내놓는다. 공업의 농촌으로 이전이 그것이다. 농촌의 농업노동을 기업화하고 생산단위를 대규모화해야 농촌에서도 정신적 자극이 주어지고 도시와 농촌 간의 격차가 사라진다는 이야기이다. 자작농 위주의 소농 경영으로는 도농 격차를 해결할 수 없다는 것이다. 우리는 이러한 논리를 근세 한국의 농촌 개발 역사를 통해 피부로 느꼈다. 또한 농업의 대규모화와 기업화를 부르짖는 근세 한국 정부의 개발 논리가 떠올라 일단은 경계심이 든다. 이런 논리를 바탕으로 잘못된 과도한 설비 투자를 했고 농촌의 몰락을 가속화해 왔던 것이 사실이다. 물론 카우츠키도 로마 시대와 아메리카의 노예 노동에 기초한 플랜테이션이라는 대농장 경영이 소농 경영에 비하여 농업 생산력을 어떻게 후퇴시켰는지 잘 알고 있었다.

소농이나 수공업에서와 다르게 기계화된 대규모 생산의 굴레에 끼인 노동자의 정신은 쇠퇴한다. 카우츠키는 이에 대해서도 문제의식을 깊게 품고 있었다. 그러나 그는 이 문제를 생산의 과학적인 조직으로 해결해야 한다고 판단했으며, 수공업이나 소농으로 되돌아간다고 해결할 수 있는 것이 아니라고 생각했다. 정말 그럴까?

오늘날의 현실에서 노동자에게 맞게 생산 방식을 조직하는 것은 공업에서건 농업에서건 이를 해결하지 않고는 사회문제를 가중할 수밖에 없는 필요불가결한 과제가 되었다. 그리고 이 문제는 일하는 사람들이 주인이 되어 생산 방식을 자신들에 맞게 조직할 때 해결이 가능하다. 그러므로 어쩌면 생산 방식의 합리적 조직과 사업체 규모 확장은 논리적으로 별개 문제라 할 수 있다. 농민들이 조합원으로 참여하는 생산협동조합을 만들어 함께 일하고 공동으로 구매와 판매를 하는 것은, 대형 농장에서 고용된 머슴으로 단조로운 일을 하는 것 혹은 기계화된 작업으로 토양과 환경을 파괴하는 것과는 팔팔결로 다르다. 소농 경영으로는 규모의 경제가 주는 조건을 충족할 수 없었다면, 농민들의 자발적인 협동 경영에서는 그럴 조건을 마련할 수 있다. 주체들의 선택에 따라 반생태적이고 반노동적인 생산 활동을 하지 않고 인간적으로 생산을 조직할 수 있는 기회가 열려 있는 것이다.

생태적 전환의 시대이다. 1백 년을 훨씬 넘어서 건너온 카우츠키의 이야기에서 이 시대의 우리는 무엇에 귀 기울여야 할까? 카우츠키는 인구의 도시 집중, 도시와 농촌의 분리와 대립에 대하여 심각한 문제의식을 느꼈고, 이 문제에 천착하여 결론을 내렸다. 카우츠키의 목표는 정신적·육체적으로 균형 잡힌 노동과 문화생활의 보장이었다. 그는 그에 도달할 수 있는 한 요소로 생산의 대규모화를 상정했다. 그러나 그가 생산의 대규모화로 생산을 능률화해서 대량생산을 옹호했다고 유추하는 것은 논리를 비약한 것이다. 그와 달리 그는 기계화된 생산 방식으로 노동자의 지위가 하락하고 여러 가지 정신적 문제점이 야기된다는 것을 지적했다. 오히려 그는 노동의 인간화와 노동시간의 단축을 통해 정신생활을 보장하기 위하여 과학기술을 수단으로 사용할 것을 주장했다.

인구 문제에서 카우츠키는 토마스 모어가 소농 중심 사회를 배경으로 했기 때문에 인구가 일정 수준으로 유지되는 것을 이상적으로 볼 수밖에 없었다며 이는 현대 사회주의와 다른 점이라고 말한다. 사회주의자들은 전통적으로 맬서스의 인구론을 비판하면서 인구와 식량 자원의 문제는 인구 감축으로 해결할 수 있는 것이 아니고 분배와 기술의 발달로 해결할 수 있다고 주장한다. 카우츠키도 그런 견해를 가졌었으나 뒤에 가서 의견을 바꾼다. 그는 1910년에 출간한 저서《자연과 사회에서의 증식과 진화》에서 인구 문제와 생태 문제 그리고 자본주의 사회의 도시화 문제를 자연과학의 최신 연구 성과를 바탕으로 심층적으로 다룬다. 그는 자본주의로 발달한 대도시에서 도시 노동자들의 고단한 삶과 신체적 퇴화로 인구가 감소하게 된다는 것을 지적한다. 그러면서 노동 시간의 단축을 위한 투쟁, 신선한 자연환경 향유의 중요성을 강조한다. 이런 방향에서《유토피아》의 노동제도, 특히 일정 기간의 농촌 복무 의무화 같은 제도 묘사는 토마스 모어의 굉장한 선견지명에서 나온 것이라고 카우츠키가 평가할 수밖에 없었을 것이다. 과도한 도시화로 환경과 건강 문제가 심각한 지경에 이른 지금 시대에도 상당히 설득력 있는 관점이다.

우리나라에서도 토마스 모어의 《유토피아》는 여러 번역본으로 소개되어 있다. 하지만 정작 《유토피아》를 지은 저자에 대해서는 본격적인 전기나 평전 없이 단편적으로만 소개되어 있는 형편이다. 그렇기에 카우츠키가 어떠한 종교적·전통적 굴레에도 갇히지 않고 자본주의의 한계를 극복하려는 사회주의 이론가의 가장 현대적인 견해에서 토마스 모어와 《유토피아》에 대해 해석한 이 책은 현대 사회를 살아가는 우리에게 토마스 모어를 적절하게 소개해 준다.

옮긴이의 글을 마치는 시점에서 두 거장의 사상을 해설히기에는 필자의 지식이 턱없이 부족하다는 걸 절감한다. 카를 카우츠키가 쓴, 토마스 모어의 작품 《유토피아》에 좀 더 초점을 맞추어서 그 책의 사상사적 의미를 알 수 있는 다른 글이 있다. 1895년에 출간된 《새로운 사회주의의 선구자들》 제1권 제1부 〈토마스 모어에서 프랑스 혁명 전야까지〉에서 카우츠키가 분담하여 집필한 제1장 토마스 모어 중의 한 절 "사회주의의 역사에서 유토피아의 위치"이다. 이 글을 책 말미에 추가하여 싣는다. 그 글로 다소나마 옮긴이의 부족함을 면할 수 있으면 좋겠다.

끝으로 카우츠키의 《그리스도교의 기원》, 《새로운 사회주의의 선구자들》에 이어서 그리스도교의 역사에서 빼놓을 수 없는 중대한 장면을 다룬 《토마스 모어와 유토피아》를 번역하여 소개할 기회를 주신 도서출판 동연의 김영호 사장님과 직원분들께 감사드린다. 딱딱한 번역문 때문에 고생을 많이 하신 편집자 조영균 선생님께도 다시 한번 감사의 말씀을 드린다.

2020년 5월
이승무

나는 "국제문고"(Internationale Bibliothek)를 위해 사회주의의 시초를 서술하려는 계획을 세웠을 때, 모어와 뮌쩌를 한 책자에서 함께 다룰 수 있을 것이라 생각했다. 그러나 첫 번째 언급한 사람에 대한 공부를 깊이 해갈수록 그 공부가 점점 더 나를 잡아끌었고 《유토피아》의 저자가 나에게는 더욱더 중요하고 매력이 있게 다가왔다. 나는 아무런 선입견 없이 작업에 들어갔다. 오늘날의 사회주의 운동은 모어에 관한 호의적인 판단을 통해 얻는 것도 없고 그에 관한 비호의적인 판단을 통해 잃을 것도 없다. 이처럼 결국 한 사람에 대한 진정한 열성이 내 안에서 형성되었다면 이는 그의 사회주의자로서의 이론적 입장이 아닌 그의 인품 전체에 기인하는 것이다. 나는 그에 대하여 비판자로서의 임무를 잊은 적이 없다. 그럼에도 많은 독자에게 나의 모어 묘사가 너무 일방적으로 호의적이라고 여겨진다면, 나는 이것이 그래도 결코 같은 당파 동지들이 쓴 것이 아닌 다른 거의 모든 모어 전기에 비해서는 냉정하다는 것을 말해 두고자 한다. 모어를 좋아하게 되지 않고서 그에 관한 일에 몰두할 수 없다.

영국에는 토마스 모어에 관한 방대한 문헌이 존재한다. 그는 참으로 일종의 국민영웅이 되어 있다. 독일에서는 전문지식인 집단 밖에서는 그 실체가 조금밖에 알려져 있지 않다. 그러나 영국인들은 그를 지금까지 단지 실천적 정치인과 인문적인 지식인으로만 보았다. 그의 사회주의에 대해서는 그들은 어떻게 손을 대야 할지 몰랐다.

이 모든 것이 나로 하여금 모어를 상세히 다루고, 역사적·전기적 장면에 내가 처음에 의도했던 것보다 더 많은 지면을 배정하게 했다. 그 일을 하는 데서 나는 대영박물관에 모어에 관계된 약간의 중요성이라도 있는 전체 문헌이 구비되어 있다는 사정에 힘을 얻었다. 나는 작업의 확장을 통해서 독일의 사회주의 문헌만이 아닌 역시 문헌에서도 존재하는 빈틈을 채우는 데 기여했기를 바란다.

그러나 이 글은 오로지 전문지식인만 위한 것이 아니라 다수 대중을 위한 내용으로 구성되었다. 그래서 나는 토마스 모어를 탄생시킨 역사적 상황, 그를 이해하는 데 불가결한 그 상황에 대한 지식을 독자가 지녔다고 전제할 수 없었다. 그런데 이 상황은 아주 독특해서 그것은 몇 마디 말로 분간될 수 없는 것이었고, 그 묘사를 위해서는 중세 역사 깊숙이까지 소급해 가야 하는 경우가 많았다. 그래서 이 저작을 구성하는 전체 3부 중 제1부의 내용을 범위로 하는 서론이 나왔다.

나는 이 서론이 내 역사적 관점이 전통적인 이데올로기적 관점이 아니라 마르크스적 역사관의 유물론적 관점이라는 점에서 더욱 필요한 것이라 생각한다.

나는 이 저서에서 마르크스나 엥겔스의 글을 아주 드물게만 인용했다. 몇 안 되는 인용문은 또한 내가 이론적인 관계에서 이 두 사람에게 덕을 본 것을 불충분하게 암시해 줄 뿐이다. 사람이 인용문으로 그것을 제시할 수 있는 경우는 어떤 저자에게서 특정한 사실과 관점을 취해 왔을 때이지 그 저자의 전체 연구방법을 보여주고자 시도할 때가 아닌 것이다. 그러므로 여기서 주의를 환기시키고자 하는 바는 내가 주목할 가치가 있는 새로운 관점을 정립하는 데 성공했다면, 이는 마르크스의 역사관과 방법 덕택이라는 것이다.

　연구자에게 각 단계마다 새롭고 놀라운 통찰력을 열어주는 이 유익한 방법과, 그 방법을 더 이상 흥미롭게 안출될 수 없을 만큼 인물과 시대를 다루는 데 활용한 것이 글의 작성에 투입된 노동을 대단히 즐거운 일로 만들어 주었다. 이 책의 대상이 저자에게만큼이나 독자에게도 매력 있게 다가가기를 바란다.

1887년 8월 런던에서
카를 카우츠키

지금 이 책의 초판이 절판된 지 벌써 여러 해가 되었다. 하지만 다른 일들에 쫓겨 종교개혁 시대가 나에게 아주 먼 이야기가 되면서 토마스 모어에 관한 새로운 문헌 조사를 착수할 엄두도 못 내었다. 지난여름에 비로소 그럴 기회가 생겼으며, 놀랍게도 나는 이 문헌이 이례적으로 어떤 의미 있는 단 하나의 변경이라도 할 유인이 없다는 것을 발견했다. 약간의 사소한 세부사항과 형식적인 면에서 새로운 편집을 제외하면 이 작품에서 아무것도 달라진 것은 없다. 나는《모어》를 저술한 이래 흘러간 20년 세월이 결과물이나 결과물이 얻어진 방법에서 조금도 달라지게 한 것이 없다는 즐거운 의식을 가지고서 이 작품을 독자 앞에 내놓을 수 있다.

나의《토마스 모어》는 우리의 스승들에 의해 개발된 유물사관에 근거하여 마르크스와 엥겔스의 독일인 학생 중 한 사람이 출간한 최초의 거대한 역사적 저작이었다. 당시에 아직 별 주목을 받지 못하던 이 사관은 그 이후로 사회민주주의 안에서 그리고 사회민주주의와 함께 전체의 프롤레타리아적 사고를 지배하는 방법의 하나가 되었다. 물론 그에 대해 가해진 비판적인 공격도 똑같은 정도로 커졌으며 이는 비단 우리의 적들의 대열에서 나온 것만은 아니다. 그러나 이 모든 비판과

위기는 유물시관의 번성과 성장을 조금도 저해하지 못했다. 그리고 해가 가면서 증가하는 여러 나라 말로 쓰인 과학적 문헌들, 우리에게 과거와 현재에 대한 점점 더 깊은 시각을 열어주는 그런 문헌들에서 그리고 그 사관이 모든 문화국가에서 프롤레타리아의 계급투쟁 실천에 제공하는 안정성과 결과에서 그 사관은 유익한 작용을 보여준다. 그러한 작용들은 연구와 사고의 방법이 가장 확실하게 검증을 받는 시금석이다. 여러분은 그 열매를 보고 그것을 인정해야 한다.

1907년 3월 베를린에서
카를 카우츠키

| 차례 |

| 제1부 | 인문주의와 종교개혁의 시대

| 제2부 | 토마스 모어

| 제3부 | 유토피아

제1부

인문주의와 종교개혁의 시대

| 서론 |

두 위력적인 인물이 사회주의의 문지방에 서 있다. 토마스 모어와 토마스 뮌쩌가 그들이다. 그 당시 유럽 전체에 명성이 자자했던 사람들이다. 한 사람은 정치가요 학자로서 자기 조국에서 가장 높은 정치적 위치에 올랐고 그의 저작물은 동시대인들을 놀라게 했다. 또 한 사람은 선동가요 조직가로서 그가 급히 끌어 모은 프롤레타리아와 농민의 무리는 독일의 영주들을 떨게 했다. 두 사람은 관점과 방법, 성정에서 근본적으로 달랐지만, 그들의 궁극적 목표인 공산주의에서는 같았고 예리함과 신념의 지조에서 같았으며, 그들의 최후에서도 같았다. 둘 다 단두대에서 죽었다.

흔히 사람들은 모어와 뮌쩌가 사회주의의 역사를 열었다는 명성을 논란거리로 만들려고 한다. 항상 가난한 사람들은 있어 왔고 앞으로도 항상 있을 것이라는 애용되는 문구에 상응하는 것으로 사회주의자는 항상 있어 왔고 그들은 당연히 목표에 다가가지 못한 채로 언제나 있을 것이라고 또한 선언하면서 그에 대한 증명으로 고대의 리쿠르구스와 피타고라스로부터 플라톤, 그라쿠스 형제, 까띨리나, 그리스도, 그의 사도들과 제자들까지 일련의 사회주의자들을 우리에게 끌어댄다.

상품 생산의 발달과 함께 이미 고대에 자유로운 무산계급이 발달했고 이들이 로마인들에 의해 프롤레타리아라고 불렸다는 것을 부정하려는 생각은 없다. 또한 이미 그와 관련하여 여러 사회적 불평등의 지양이나 완화를 향한 노력이 나타났다. 그러나 고대의 프롤레타리아 계층은 현대의 프롤레타리아 계층과는 완전히 달랐다. 이는 이미 자주 묘사되어서 여기서 그에 관해 더 상세히 파고들 필요는 없다. 현대와 고대의 프롤레타리아 간의 차이는 문화 전체를 떠받치고 있는 불가결한 노동자와 짐스러운 기생적 건달 간의 차이라고 말하는 것으로 충분하다.

고대의 프롤레타리아 계층이 현대의 프롤레타리아 계층과 다른 만큼 고대의 이른바 '사회주의'라는 것은 현대 사회주의와는 다르다. 양자 간의 차이를 입증하는 것은 고대 역사 전체를 포괄해야 하는 독자적인 논저를 필요로 할 것이다. 표면적으로 관찰할 때 사회주의 원칙의 표출 형태로 보이는 다양한 고대의 '사회주의적' 노력들은 사실상 극히 다양한 원인에 의해 동기가 부여된 것이고 극히 다양한 경향을 보였기 때문이다.

전통적인 역사 기술은 나폴레옹 3세 때의 빠리와 소계엄 상태의 베를린에서와 동일한 프롤레타리아 계층을 율리우스 카이사르의 로마에서 그리고 데모스테네스의 아테네에서도 발견한다고 믿는다. 그러나 사실은 현대의 프롤레타리아 계층은 400년 남짓한 짧은 존속 기간 동안에 항상 똑같은 상태가 아니었으며, 이 기간에 같이 진행된 경제 발전에 상응하여 거센 변화를 겪어 왔다. 오늘날의 프롤레타리아 계층은 이미 본질적인 사항들에서 1848년의 프롤레타리아 계층과 다르며, 더구나《유토피아》시대와는 더욱더 다르다! 자본은 당시에 겨우 경제적 혁명의 초기에 있었다. 봉건제가 아직 다수 민중의 경제생활에 폭넓은 영향력을 행사했다. 새로운 이해관계에 의해 조건 지워진 새로운 관념은 봉건제에서 싹튼 사고세계의 옷을 아직 걸치고 있으며,

봉건적 사고는 그에 상응하는 물적 토대가 이미 그 밑동부터 흔들린 뒤에도 전통적인 착각 속에서 계속 영향을 미쳤다.

그 당시의 사회주의도 그 시대의 고유한 성격에 부합했을 것이다. 모어는 그의 시대의 자식이었다. 그는 그 시대의 한계를 초월할 수는 없었다. 그러나 그는 그의 예리한 사고로써, 필시 부분적으로는 그의 비범한 직관에 의해 이미 그 시대의 사회에서 시대가 안고 있는 문제를 알았음을 보여준다.

그의 사회주의의 토대는 현대적인 것이지만 아주 많은 비현대적인 것으로 뒤덮여서 그런 토대를 적나라하게 드러낸다는 것은 많은 경우에 특별히 어렵다. 모어의 사회주의는 물론 그 경향의 어디에서도 반동적으로 되지 않는다. 그것은 19세기의 수많은 '사회개혁자'들처럼 봉건시대로의 회귀에서 세계의 안녕을 내다보는 것과는 한참 거리가 멀다. 그러나 다분히 그가 목격한 문제들의 해결을 위한 수단으로 그에게는 봉건시대의 방법만이 주어져 있었다. 그래서 그는 그 수단을 자신의 현대적인 목표에 맞추기 위해 많은 경우에 멀리 에둘러 가야 했다.

그러므로 모어의 공산주의에 가감 없이 다가가는 사람에게는 그의 설명의 많은 부분이 비정상이고 이상스럽고 괴팍스러워 보일 것이다. 그러나 그의 공산주의는 실제로 그의 시대의 필요와 수단에 대한 근본적이고 심사숙고한 인식에 기초를 둔 것이다.

어느 사회주의자와도 마찬가지로 모어도 그의 시대로부터만 이해될 수 있다. 그런데 그의 시대는 그 후의 다른 어느 사회주의자의 시대보다 더 이해하기가 어렵다. 우리 시대와 다르기 때문이다. 그 시대에 대한 이해는 자본주의의 초기에 대한 지식뿐 아니라 봉건제의 종말에 대한 지식, 특히 한편으로는 교회가 다른 한편으로는 세계 무역이 그 당시에 맡았던 강력한 역할에 대한 이해를 전제로 한다. 모어 역시 이 둘에 철저하게 영향을 받았다. 그리고 우리가 그 최초의 사회주의자의 인물과 저술에 대한 그림을, 그를 탄생시킨 역사적 상황을 최소한 약간의 큰 윤곽을 그리지 않은 채로 그리려고 한다면 이는 빈 쭉정이를 타작하는 것이거나 사물의 겉모습만 알려주는 일반적인 문장으로 흥분하는 것이다. 이것이 이 책 제1부의 과제이다.

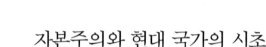

제 1 장

자본주의와 현대 국가의 시초

1. 봉건제

"학문들이 융성하고 정신들이 흥분한다. 이는 살아가려는 욕구이다"라고 후텐(Hutten)은 그의 시대에 관하여 외쳤다. 그리고 그는 옳았다. 그의 정신과 같은 호전적인 정신에게는 그것은 전통적 관계들, 물려받은 선입견들을 날카롭게 밀어 넘어뜨리고, 완만한 사회적 발전을 급물살을 타게 만들며, 유럽 사회의 지평을 일거에 무한정하게 확장시키고, 새로운 계급을 창조하고, 새로운 사상, 새로운 투쟁을 풀어낸 세기를 살아가려는 욕구였다.

'정신상 기사'로서 후텐은 자기 시대를 즐길 만한 이유가 충분했다. 기사 계급의 일원으로서 그는 시대를 덜 우호적인 눈으로 관찰할 수도 있었다. 그가 속한 계급은 당시에 몰락해 가는 측에 있었다. 그의 운명은 그 계급의 운명이었다. 그 계급은 몰락하느냐 아니면 자신을 팔아

서, 토지가 세공해 주지 못한 생존 대책을 영주의 밑에 들어가 마련하
느냐 하는 선택만이 있었다.

16세기의 표징은 떠오르는 자본주의에 맞선 봉건제의 목숨을 건
투쟁이었다. 그것에는 두 생산양식의 각인이 새겨져 있었고 그것은 두
생산양식의 놀라운 혼합물을 보여준다.

봉건제의 기초는 마르크 조합(Markgenossenschaft)의 틀 안에서의
농민적 수공업적 생산이었다.

하나 이상의 마을이 보통 숲과 초지, 물을 그리고 원래는 경작지까
지도 공동으로 소유하는 마르크 조합을 이루었다. 중세의 생산 과정
전체는 이 조합 내에서 진행되었다. 공동의 소유지와 사유로 넘어간
밭과 정원이 사람에게 필요한 생계수단을 제공했다. 경작과 축산, 수
렵과 어로의 산물 그리고 가부장적 농민 가정에서 혹은 마을의 장인들
이 가공한 원료 제품들, 목재, 양모 등이다. 이 공동생활체 내에서의 공
적·사적 활동은 생산자 또는 그의 가족이나 그의 조합, 혹은 끝으로
경우에 따라 영주 자신이 사용할 필요품을 제공하는 일이었다.

마르크 조합은 경제적 유기체로서 보통 완전히 자급자족을 했고 외
부 세계와 아무런 경제적 관계도 맺지 않는 경우가 대부분이었다.

그 결과는 두드러진 배타성이었다. 누구든 마르크 조합원이 아닌
자는 그가 자치공동체 내에 정착했더라도 마르크 권리를 갖춘 토지 소
유권을 취득하지 않는 한에서는 외지인, 무권리자 혹은 하등 권리자로
취급받았다. 그리고 마르크 바깥의 외부 세계 전체는 외국이었다. 마
르크 조합원들의 머릿속에는 한편으로 아무런 토지 자산을 취득할 능
력이 없던 외부로부터의 유입자들에 대한 귀족적인 오만이 자리 잡았
고 다른 한편으로 지방의 편협성, 교회의 탑 정책(Kirchturmspolitik: 제
국의 이익보다 사적인 일을 앞세우는 국회의원들을 규정하기 위한 독일 제국의 재상

비스마르크의 조어. 편협하고 보수적인 정치 이념—옮긴이)과 지방주의 정책 등 지금도 뒤처지고 경제적으로 낙후된 지역에서 찾아볼 수 있는 것들이 자리 잡았다. 봉건적 중세에 독특했던 지방 분권과 상시적 분리는 이런 토대를 딛고 있었다.

봉건국가의 경제적 상호관계는 이런 상황에서는 극히 느슨한 것이었다. 제국들은 형성될 때와 마찬가지로 신속하게 다시 분열되었다. 민족 언어는 결코 이렇다 할 결속 수단이 되지 못했다. 마르크 조합들의 경제적 폐쇄성이 방언의 형성과 유지를 유리하게 해주었기 때문이다.

마르크 조합들 위에 군림한 유일한 강력한 조직은 자신의 보편적인 언어인 라틴어와 자신의 보편적 토지 소유권을 가진 보편적인 가톨릭 교회였다. 그 교회는 작고 자족적인 서양의 생산 유기체들의 전체를 한데 묶은 것이었다.

국가 원수인 군주의 권력은 국가의 결속이 느슨한 만큼 작았다. 왕실은 국가 자체로부터는 작은 힘밖에 창출할 수 없었으며, 당시에 다른 사회 세력이 다 그랬듯이 토지 소유에서 힘을 창출했던 것이다. 봉건 영주의 토지 소유가 클수록, 하나의 마르크 안의 농민이 많을수록, 나라 안에서 그에게 조공을 바쳐야 하는 마르크들이 많을수록 그만큼 많은 식량과 많은 인적 봉사가 그에게 제공되었다. 그럴수록 그는 자기의 도성을 크고 화려하게 지을 수 있었고, 그럴수록 더욱 많은 장인과 공예가를 그의 궁정에 붙잡아 두어 그에게 의복과 집기류, 장식품과 무기를 생산해 바치게 할 수 있었다. 그럴수록 출정 준비를 갖춘 그의 종자들이 많았고 그의 손님 접대 규모가 컸으며, 더 많은 봉신을 토지와 인력의 대여를 통해 자신에게 매어 놓을 수 있었다.

국왕은 대개 그 나라에서 가장 넓은 토지 소유자였으며 그래서 가장 힘이 센 자였다. 그러나 그의 권력은 다른 대지주들을 자기의 밑에 굴종시킬 정도로 대단하지 못했다. 대지주들은 힘을 합치면 거의 언제나 국왕을 능가했으며, 그들 중에 힘이 센 자들은 개별적으로도 무시할 수 없는 적수였다. 국왕은 비슷한 자들 중 첫 번째로 인정받는 데 만족해야 했다. 그의 지위는 봉건제가 발달하고, 봉건 영주가 자유농민을 예속화하여 권력을 키워 가고, 그에 따라 동원된 군대가 줄어듦에 따라 그리고 국왕이 기사단에 의존하게 됨에 따라 더욱 한심한 것으로 되었다. 도시들이 충분히 강화되어 든든한 뒷받침을 제공하게 되면서 비로소 국왕의 권력 그리고 대체로 제후의 권력은 추락을 멈추고 다시 상승하기 시작했다.

2. 도시

중세 도시공동체의 토대는 마을공동체처럼 **마르크 조합**이었다(이에 관하여 특히 다음을 참조하라. G. L. v. Maurer, *Geschichte der Städteverfassung in Deutschland*. 4 Bände. Erlangen 1869 bis 1871). 도시가 형성되도록 자극한 것은 상업, 특히 이탈리아와의 상업이었다. 그 상업은 로마 제국의 몰락 후의 거대한 혼란의 시대에도 완전히 중단되지는 않았다. 물론 농민은 상업을 거의 필요로 하지 않았다. 그들은 필요한 것을 스스로 생산했다. 그러나 군주와 고위 귀족, 고위 성직자 집단은 고급 산업의 제품들을 갈망했다. 그들의 궁정 소속 장인들은 이런 필요를 부분적으로만 충족시켜 줄 수 있었다. 그들은 이탈리아에서 건너온 섬세한 직물이나 장신구 같은 것들을 생산하는 소임을 감당할 수 없었다. 독일의 영주들은 로마 원정에서 이런 보물들을 나누어 가졌다. 그러나 이와 아울러 정규적인 교역이 발달했으며, 독일에서는 특히 10세기 이래로 하르츠 은광 호황으로 교역을 할 자양분을 얻었다. 고슬라르 은

광을 개발한 것은 950년이었다. 하르츠 광산업이 중세의 교역에 미친 영향에 대해서는 앤더슨(Anderson)의 다음 책을 참조하라:《상업의 기원에 관한 역사적·연대기적 연역》(*An historical and chronological deduction of the origin of commerce.* 1. Band, S. 93. London 1787).

세속의 대인들의 궁정과 주교좌 성당 소재지 및 예를 들어서 알프스 관통로에서 이어진 도로가 라인 강이나 도나우 강에 도달하는 곳과 같은 특정한 결절점, 빠리와 런던 같은 내륙의 방비가 된 항구로서 조금 깊숙이 들어가는 해운 선박도 닿을 수 있는 곳에서는 곧 상품의 집하 장소가 만들어졌다. 이 상품들은 오늘날 우리 눈에 사소해 보일지 몰라도 인근의 주민과 외부의 약탈자들인 노르만인, 헝가리인의 탐욕을 부추겼다. 이런 곳들을 요새화하는 것이 필요불가결하게 되었다. 이로써 마을에서 도시로의 발달을 향한 단초가 주어졌다.

그러나 성벽을 둘러친 뒤에도 농업과 자기 필요를 위한 생산이 대체로 마르크 조합의 틀 안에서 요새화된 장소의 거주자들의 주된 생업으로 남아 있었다. 교역은 그곳의 성격에 영향을 미치기에는 너무 미미했다. 도시민은 촌락의 농부들과 마찬가지로 지방색과 배타성을 벗지 못했다.

마르크 조합원이라는 예로부터 완전한 자격을 가진 족속과 아울러 곧 새로운 세력, 마르크 조합의 모범을 따라 동업조합이라는 조합으로 조직화된 장인들의 세력이 생겨났다.

수공예는 원래 상품을 생산하는 것이 아니었다. 장인은 마르크 조합에 대해서 혹은 농노로서 봉건 영주에 대해서 일정한 종속관계에 있었다. 그는 자신이 속한 마르크 조합이나 궁정의 필요를 위하여 생산했으며 판매를 위해 생산하지 않았다. 그러한 장인, 특히 농노 신분의 장인은 도시에 살았으며, 특히 그 도시가 주교의 주재도시이거나 군주의 소재지인 경우에는 당연히 아주 많이 살았다. 다른 장인들은 상업이 발달하고 공업 제품 시장이 열림에 따라 유입되었다. 장인은 이제 더 이상 예속관계에서 일을 할 처지가 아니었으며, 자유로운 상품 생산자가 될 수 있었다. 도시의 농노적 장인들은 그들의 의무에서 벗어나고자 시도했다. 도시 인근의 농노 장인들은 도시 안으로 달아나 그 도시의 보호를 받을 전망이 있으면 그렇게 했다. 장인 집단은 그 수와 세력이 커져 갔다. 그러나 그들 대부분이 마르크 조합으로부터 그래서 도시 행정으로부터 배제되었다. 도시 행정은 농민 공산주의자에서 거만한 세습 귀족이 된 원래의 마르크 조합원들의 후손들에게 맡겨졌다. 동업조합과 귀족 간의 계급투쟁이 벌어졌고 이는 동업조합 측의 완전한 승리로 끝난 것이 보통이었다. 그와 동시에 지주와 군주의 주권에서 독립하려는 도시의 투쟁이 진행되었으며, 이는 역시 도시의 자주성을 가져온 경우가 많았다.

토지 소유인인 귀족 계층에 대항한 이 투쟁들에서 장인 집단은 봉건적 부담의 완화를 추구한 농민들과 일정한 공감을 했다. 두 계급이 손을 맞잡고 나아간 일이 드물지 않았다. 민주적·공화주의적인 경향이 이런 투쟁들을 통해서 소시민 계층 내에서 발생했으나 예전부터 존재했던 마르크 조합의 배타성은 그래도 완전히 극복되지 않았다. 그 배타성은 약간 확장된 토양에서 건재했으니, 동업조합과 자치공동체라는 토양에서 되살아났다.

물론 수공예적 상품 생산은 도시의 마르크 조합의 폐쇄성을 깨뜨렸다. 장인들은 도시를 위해서만 일을 한 것이 아니라 많은 경우에 넓은 범위의 주변 지역을 위해서도 일했다. 자신이 필요로 한 것 거의 전부를 계속하여 몸소 제작한 농민을 위해서보다는 농노 신분의 장인을 잃은 봉건 영주들, 농민의 피를 빨아먹는 자들을 위해서 일한 것이다. 다른 한편으로 장인들은 농촌에서 식량과 원재료를 뽑아냈다. 도시와 농촌 간의 경제적 상호작용이 시작되면서 대립도 함께 시작되었다. 마르크 조합에 이어서 두 번째의 경제적 통일체로서 도시와 크고 작은 농촌 지역이 점점 더 손을 잡았다. 그러나 여러 도시 서로 간의 폐쇄성은 그들의 공동 목표를 위한 지속적인 혹은 때에 따른 결속에도 불구하고 여전히 상존했다. 국가적 결합은 이를 통해 촉진되지 않았으며 오히려 찢어졌다. 부유하고 완고한 도시 공화주의자들이 마르크 조합들에서는 완전히 불가능했던 그런 독자성을 갈망했기 때문이었다. 그들은 거대 봉건 영주들과 아울러 국가 분열의 새로운 토대가 되었다.

군주들의 세력은 도시들의 도움으로 귀족 계층에 맞서서 크게 왕성해졌다. 그러나 결국 군주 세력에게는 곧바로 지금까지의 동맹자들에 의해 말살될 운명이 닥쳐왔다. 그럼에도 이 경향은 미미한 정도로만 실제로 표출되었다. 왜냐하면 몇몇 도시 안에는 이 도시들을 국가 절대주의의 강고한 보루로 만들 새로운 세력, 곧 상인 자본의 혁명적 세력, 세계 무역이 발생시킨 새로운 세력이 생겨났기 때문이다.

3. 세계 무역과 절대주의

우리가 이미 알고 있듯이 이탈리아와 게르만 북부와의 교역은 로마 패권이 몰락한 후에도 완전히 중단되지 않았다. 그 교역이 도시들의 초석을 놓았다. 그러나 그것이 주로 작은 무역이던 동안에는 그 도시들에 고유한 성격을 부여하기에는 너무 약했다. 그 도시들에서 비중이 컸고 그들의 성격을 규정한 것은 처음에는 여전히 마르크 조합의 틀 안에서의 농업이었고, 나중에는 동업조합식 수공예였다.

여러 도시에서 동업조합식 수공예는 금세기까지도 그랬으며, 몇몇 도시에서는 오늘날에도 여전히 그러하다. 그러나 일련의 도시가 대도시로 발달했으며, 이로써 새로운 사회질서의 길을 여는 역할을 했다. 그것은 역사적·지리적 주변 환경의 특별한 이점을 통해 해양 무역, 세계 무역의 중심지가 된 도시들이었다.

동방, 특히 콘스탄티노플 및 이집트와의 해양 무역은 중세 유럽에서는 남부이탈리아와 아말피 등에서 먼저 발달했다. 그곳에서는 그리스인과 사라센인들이 원주민들과 처음에는 적대적인 접촉, 그 다음에는 이해타산적인 접촉을 했다. 동방은 숙련과 기술적 지식에서 아무리 심하게 쇠퇴했어도 서양에 비해서는 한없이 우월했다. 태곳적부터의 생산 분야들이 그곳에서 유지되었을 뿐 아니라 새로운 생산 분야가 그것들과 아울러 등장했다. 그리스 제국에서의 비단의 생산과 가공이 그런 것들이다. 또한 이슬람의 민족 이동은 극동의 수준 높은 문화국가들인 인도와 중국을, 로마 패권 시대에 그랬던 것보다 지중해의 연안 국가들 및 이집트와 훨씬 더 밀접한 관계로 이끌었다.

그 후로 아말피의 상인들이 그들에게 가져온 것은 거대한, 아니 유럽의 야만인들 눈에는 신비로운 엄청난 보물이었다. 그런 보물을 손에 넣으려는 탐욕이 곧 유럽의 모든 지배 계급을 사로잡았다. 그 탐욕은 십자군 원정이라는 이름으로 알려진 동양을 향한 약탈과 정복 원정을 가게 하는 데 크게 기여했다. 그러나 그것은 또한 지리적으로 유리한 위치에 있는 모든 도시에서 그렇게 수입이 큰 무역에 가담하고자 하는 노력을 일깨우기도 했다. 당장은 북이탈리아에서 그랬다.

시간이 지남에 따라 도입한 공산품을 모방하려는 노력이 생겨났으며, 특히 직물의 경우에 그러했다. 우리는 이미 12세기에 팔레르모에서 그리스 전쟁포로들에 의해 견직업이 영위되는 것을 볼 수 있다. 14세기에는 그러한 직물업이 북이탈리아 도시들에 자리 잡았다.

제품 모방에 성공한 경우 상인들은 원료를 도입하여 그것을 고용한 노동자들에게 가공시키는 것이 더 이익이 된다는 것을 곧 알게 된다. 단, 그들이 자유로운 노동자, 곧 동업조합의 강제나 부역 때문에 상인들을 위한 노동에 방해를 받지 않고, 자신들의 자유를 스스로를 위해 활용하게 해주고 자기 자신을 위해 노동하도록 해주는 어떤 생산수단도 가지지 않으며, 자신들의 노동력을 팔 수밖에 없는 노동자를 발견한다는 전제하에서였다.

그리하여 공장수공업의 초기 형태들이 다수 생겨났으며 또 그로써 자본주의적 생산양식의 토대가 발생했다.

그러나 모어의 시대, 16세기 초에 이 싹들은 미미할 뿐이었다. 공업은 아직 동업조합식 수공예에 장악되어 있었다. 자본은 아직 본질적으로 상인 자본의 형태로 나타났다. 그러나 그것은 이런 형태로도 벌써 봉건적 생산양식에 파괴적인 영향을 가했다. 상품 교환이 발달함에 따라 돈이 더욱더 큰 힘이 되었다. 돈은 누구나가 취하고 누구나 필요로 한 상품으로, 돈으로는 무엇이든 손에 넣을 수 있었다. 인적 용역, 주택, 농장, 음식과 술 등 봉건적 생산양식이 제공한 모든 것, 그러나 또한 자기 땅의 집안에서는 생산이 될 수 없었던 무수한 물건, 그 소유가 점점 더 필요한 것이 되어 갔고 돈을 주지 않고 달리는 얻을 수 없었던 물건들도 그러했다. 돈을 벌고, 상품을 생산하거나 상품으로 장사를 하는 계급들이 갈수록 유력해져 갔다. 그리고 법적으로 한정된 수의 직인들을 두어 오직 고만고만한 경제력을 달성할 수 있었던 동업조합의 마이스터들은 곧 상인들에게 추월당했다. 상인의 이익 추구는 한이 없었고 그의 자본은 무제한 확장이 가능했으며, 그에게 과히 싫지 않은 것으로서 그의 상업 이익은 엄청났다.

상인 자본은 14, 15, 16세기의 혁명적인 경제력이다. 그것과 더불어 사회에는 새로운 생기가 불어넣어졌고 새로운 사고방식이 자라났다.

중세에 우리는 한편으로 편협한 지방할거주의, 소도시 중심주의를 발견하며 또 한편으로 서양 전체 그리스도교 세계의 영역을 포괄한 사해동포주의를 발견한다. 반면에 민족 감정은 매우 약했다.

상인은 농부나 장인처럼 좁은 지역에 한정되어 활동할 수 없다. 세계 전체가 가능하면 그에게 열려 있어야 한다. 그는 점점 더 멀리까지 진출하며 점점 더 넓은 시장을 안고 장사를 하려고 노력한다. 평생토록 자기 도시의 경계를 넘어서지 못하는 경우가 많은 동업조합 시민과는 달리 상인은 미지의 지역으로 쉴 틈 없이 진출한다. 그는 유럽의 경계를 넘어가서 (지리상의―옮긴이) 발견 시대를 열며, 이는 인도로 가는 항로의 발견과 아메리카의 발견으로 절정에 달했지만 엄밀히 말하면 오늘날에도 계속된다. 오늘날에도 과학 연구자가 아니라 상인이 대부분의 탐험의 추진 동력이다. 베네치아 사람 마르코 폴로는 이미 13세기에 중국에 도착했다. 마르코 폴로보다 10년 뒤에 대담한 제노바 사람이 아프리카를 돌아서 인도로 가는 항로를 개척하려는 시도를 이미 했으니 이는 2백 년 후에야 성공할 수 있었던 사업이었다(Sophus Ruge, *Geschichte des Zeitalters der Entdeckungen*. Berlin 1881. S. 23 참조). 경제 발전을 위해 더 큰 의미가 있었던 것은 이탈리아로부터 영국과 홀란트로 가는 직항로의 개척이었으며, 이는 13세기 말에 제노바와 베네치아 사람들이 해냈다. 이를 통해 북서쪽의 이 나라들에서 자본주의가 비상하게 촉진되었다.

자기 땅에 뿌리 내리는 것이 아니라 상업은 사해동포주의를 내세웠다. 어느 곳에서나 뭔가 돈을 벌 것이 있는 곳이라면 만족감을 느꼈던 것이다. 그러나 그것은 동시에 민족성에 맞선 교회의 보편성도 내세웠다. 세계 무역은 서양 민족들의 시야를 가톨릭교회의 영역을 훨씬 넘어서게 했고 동시에 그것을 자기 나라의 영역으로 협소화하기도 했다.

이는 역설로 들리지만 설명하기 쉽다. 중세의 작은 자족적 공동생활체들은 서로 간에 경제적인 대립관계가 만약 있더라도 미미한 정도일 뿐이었다. 물론 이 공동생활체들 내부에서는 대립이 있었지만 외부 세계가 그들을 가만히 놔두는 한에서는 그들에게 별 문제가 되지 않았다. 그 반면에 대상인에게는 그가 속하는 공동생활체가 외국에서 어떤 역할을 하느냐가 상관없는 것이 아니다. 상업 이익이란 가능한 한 싸게 사서 될수록 비싸게 파는 데서 나온다. 이익은 다분히 구매자와 판매자가 서로 어떤 세력 관계에 있느냐에 의존한다. 가장 이익이 큰 경우는 당연히 상품 소유자에게서 그의 상품을 어떤 대가도 치르지 않고 빼앗을 수 있는 경우이다. 실제로 상업은 그 초창기에는 아주 흔히 해적질과 같은 의미였다. 이를 보여주는 것은 호메로스의 시만이 아니다. 우리는 제3부에서도, 16세기의 영국에서조차 해적질은 각광받는 자본의 '원초적 축적' 형태여서 국가의 보조를 누렸다는 것을 보게 될 것이다.

그러나 상업과 함께 일련의 구매자들 및 판매자들 내부에서 경쟁도 생겨난다. 외국 시장에서 이 대립은 민족적 대립이 된다. 예를 들어서 콘스탄티노플에서 제노바인 구매자와 그리스인 판매자 간의 이익 대립은 민족적 대립이 되었다. 또 한편으로 같은 시장에서 제노바 상인과 베네치아 상인 간의 이익 대립도 마찬가지로 민족적 대립이 되었다. 제노바가 그리스 제국만이 아니라 베네치아에 비해서도 세력이 더 커짐에 따라 제노바는 콘스탄티노플에서 더 나은 상업적 특권을 기대해도 좋았다. 조국이나 민족이 더 크고 더 강력할수록 이윤이 더 높았다. 오늘날에도 국수주의는 외국에 있는 상인들 중에서 가장 심하며 오늘날에도 외국에 있는 '민족' 상인에게 그곳의 사람들을 등쳐먹는 일이 곤란해질 경우에 '민족의 명예'가 끼어든다.

그리하여 세계 무역을 통해서 강력한 경제적 이해관계가 생겨나서 그때까지 느슨하던 국가 기구를 강화하고 공고화했으며, 또한 그들 서로 간의 폐쇄를 촉진했고 이로써 그리스도교 세계가 여러 개의 험악하게 서로 갈라진 나라로 분열하는 것을 촉진했다.

세계 무역이 생겨난 뒤에도 국내 상업은 민족국가의 강화에 그에 못지않게 기여했다.

상업은 당연히 더 큰 지역의 도로들이 만나는 결절점인 특정한 집하지에 모이려고 애를 쓴다. 그곳에는 외국의 상품들이 이 중심지로부터 널리 갈라진 도로망을 통해 넓은 땅으로 퍼져 가기 위해서 모여든다. 같은 결절점에는 국내의 상품들도 거기서부터 외국으로 나가기 위해 모여든다. 그러한 집산지가 지배하는 전체 영역은 경제적 유기체가 되며, 상품 생산이 발달하고 자가 필요를 위한 생산이 위축될수록 그 유기체의 상호의존성은 더욱 밀접해지고 중심지에 대한 그것의 종속성은 더욱 강해진다.

중심지에 의해 지배를 받은 모든 지역에서 사람들이 유입된다. 어떤 사람들은 그곳에 머물려고 오고 또 다른 사람들은 일을 마치고 다시 귀향하기 위해서 온다. 중심지는 성장하여 대도시가 되며, 그 안에서는 그곳의 지배를 받는 땅의 경제생활만이 아니라 그에 좌우되는 정신생활도 집중된다. 그 도시의 언어는 상인과 지식인의 언어가 된다. 그 언어는 라틴어를 몰아내고 글로 쓰는 언어가 되기 시작한다. 그러나 그것은 또한 농민의 방언도 몰아내기 시작한다. 민족어가 형성되는 것이다.

국가 행정은 경제 조직에 맞추어진다. 그것 역시 집중화되며, 정치적 중앙권력은 그 본거지를 경제생활의 중심지에 잡고 이는 그 나라의 수도가 되어 이제 그 나라를 경제적으로만이 아니라 정치적으로도 지배한다.

그렇게 경제 발전이 현대 국가, 곧 하나의 단일 언어, 집중화된 행정, 하나의 수도를 가진 국가를 형성했다.

이 발달 과정은 다분히 오늘날에도 끝난 것은 아니다. 방해를 받는 일이 많았지만, 그 방향은 벌써 15세기 말과 16세기 초에 서유럽의 국가들에서 분명히 인식할 수 있으며 필시 그 당시에 아직 봉건주의가 경제생활을 그리고 전통에 힘입어, 더 큰 정도로 정신생활의 형태를 강하게 좌우했다는 바로 그 때문에 그만큼 더 명확히 인식할 수 있는 것 같다. 몇 세대 뒤에는 자명하게 이해된 것이 그 당시에는 아직 자신의 '생존권'을 내세워야 했고 마찬가지로 옛것에 대해서는 그것이 노쇠하다는 것을 보여주어야 했다. 새로운 경제적, 정치적 및 정신적 방향은 기존의 것을 통해 길을 개척해야 했으며, 논쟁을 통해서 등장해야 했고 그래서 다분히 자신의 목표를 그 다음 세기에서보다 더 날카롭게 보여주었다.

군주의 권력이 아직 힘을 갖고 있던 곳에서는 어디서나 위에서 묘사한 발전 과정이 왕정에, 더 제대로 말해서 군주의 권력에 대체로 고무적이었을 것이란 건 분명하다. 새로운 정치적 중앙권력이 군주라는 인물에게 결정화된 것, 그가 집중화된 행정과 군대의 정점을 이룬 것은 당연했다. 그의 이해관계와 상업의 이해관계는 같았다. 상업계는 경제적 세력의 성격에 걸맞게 그 이익에 봉사하도록 돈으로 고용된 신뢰할 만한 사령관과 강한 군대를 필요로 했다. 이들은 봉건적 토지 소유의 종자 집단과 징집한 부대에 대조되는 용병부대였다. 상업계는 내부와 외부를 향한 자신의 이익을 지키기 위해 군대를 필요로 했다. 즉 경쟁하는 나라들을 굴복시키고, 시장을 정복하고, 작은 공동생활체들이 국가 내부에서 자유로운 상업에 맞서 쳐 놓은 경계선을 깨뜨리고, 상업계가 선포한 소유권에 이론적인 부정만이 아니라 무모한 부정으로 맞선 크고 작은 봉건 영주들에 대하여 도로 치안을 관리하기 위해서였다.

국제 교역과 함께 다양한 민족 간의 마찰의 계기들도 자라났다. 상업전쟁은 더더욱 빈번하고 거세졌다. 그러나 모든 전쟁은 군주의 권력을 증강해 주었고, 그것을 점점 더 절대화해 주었다.

이런 발전이 도움을 줄 수도 있었을 합법적인, 즉 전통적인 군주 권력이 없던 곳에서 이는 국가가 필요로 한 용병부대 지도자들의 절대주의를 가져온 일도 많았다. 북이탈리아의 여러 공화국에서 그러했다.

그러나 새로운 국가체제는 최고 군사령관으로서만 군주를 필요로 한 것은 아니었다. 국가 행정의 수장으로서도 군주를 필요로 했다. 봉건적, 지방할거주의적 행정기구는 붕괴되고 있었으나 새로운 집중화된 행정 체계인 관료기구는 겨우 초창기에 있었다. 거꾸로 정치적 중앙집권이 경제적 집중화를 조건으로 하고 이에 의해 촉진된 것처럼, 정치적 중앙집권은 자본주의적 생산양식으로 넘어가는 분수령에 있는 발달된 상업과 함께 한 상품 생산 단계에서 경제적 집중화를 촉진하기 위한 경제적 필수조건이었는데, 이 중앙집권은 그 초창기에는 서로 빗나가던 요소들 특히 귀족들에 맞서 행정의 통일성을 지키기 위하여 충분히 강력한 인적인 정점을 필요로 했다. 이 힘을 군대 수장만이 보유했다. 군사적·행정적 기구의 모든 권력 수단을 한 손에 통일하는 것, 다른 말로 하면 군주적 절대주의는 종교개혁 시대와 이를 훨씬 넘어서까지 경제적 필수사항이었다. 이는 여기서 아무리 강조해도 지나치지 않다. 왜냐하면 우리가 이 점을 도외시한다면, 모어의 행동과 글은 우리에게 완전히 납득할 수 없는 것으로, 아니 현대적 관점에서는 사리에 어긋나는 것으로 여겨질 것이기 때문이다.

그 당시에 그리고 대부분의 경우에 군주 없이 아니면 아예 군주에 반대해서 국가에서 뭔가를 도모하고자 한다는 것은 역시 기대할 수 없는 것으로 여겨졌다. 국가 내에서 생겨난 일은 아무튼 군주의 윤허를 얻은 것이었음이 분명하다.

국가 안에서 군주 절대주의가 강해질수록 그것은 자본의 이익을, 그 당시에는 무엇보다도 상업과 고위 금융의 이익을 더욱 섬기는 것이 되었다. 자본과 군주정의 이익은 어느 정도까지는 점점 더 일치하게 되었을 뿐 아니라 군주정은 또한 더더욱 자본에 종속되어 갔다.

세계 무역이 성장하는 것에 비례해서 군주들은 세력의 근거를 점차 토지 소유가 아닌 다른 것에 두어 갔다. 돈이 점점 더 그들 세력의 토대가 되었다. 그들의 위세는 본질상 그들의 군대와 궁정 유지에 달려 있었다. 이 양자는 돈, 그것도 많은 돈이 들었다. 봉건적인 전쟁 수행 대신에 이것을 뛰어넘는, 부유한 도시들이 발전시킨 새로운 전쟁 수행 방식이 등장했다. 이는 훈련 안 된 기병대에 대하여 엄격한 규율의 보병대를 대치시켰을 뿐 아니라 보병대가 새로운 기술의 성과도 활용하여 포사격을 할 수 있게 됨으로써 기병대에게는 두려워해야 할 것으로 되었다.

이로써 전쟁은 돈 문제가 되었다. 보병과 포병을 구하고 거대한 무기 창고를 유지할 돈을 충분히 가진 자만이 전쟁이란 사치를 누릴 수 있었다.

거기에 궁정 유지의 비용 낭비가 추가되었다. 상업계와 군주정의 이해관계에서는 봉건 귀족의 완고함이 깨어질 필요가 있었으나 봉건 귀족의 절멸이 아닌 새로운 상황에의 적응만을 요구했다. 귀족 계층은 더 이상 수많은 시종을 먹이면서 자신의 도성에 거주해서는 안 되었다. 이는 군주정과 상업에는 무의한 것, 아니 위험한 것이었다.

귀족 계층은 군주의 궁정에서 그의 감시하에 그의 시중을 들며 있어야 했다. 자신의 수입을 자기 군대의 유지를 위해 쓰는 대신 이를 궁정에서 사치에 탕진한 것 같다. 그들은 수입을 세계 무역과 상인의 판매 이익을 올려 주는 바로 그 상품들의 구입에 사용했던 것 같다. 금은 소재, 금분, 우단, 문직물, 지도, 호박직, 그 밖의 비단과 금으로 가공된 소재들의 통관절차 양식을 규율하는 1512년의 의회법령은 한 배에 3,000에서 4,000필의 직물이 영국으로 들어왔다는 것도 언급한다(G. L. Craik, *The history of british commerce.* 1. Band, S. 217).

귀족 계층의 궁정 사치는 상업과 군주정을 같은 방식으로 촉진했다. 그것은 이윤을 증가시켰고 귀족 계층을 재정적으로 약화시켜 그들을 국왕의 조세 동의와 상인의 신용에 의존하고 이 양자를 섬기도록 만들었다.

온갖 가능한 수단으로 그 당시에 상인 집단과 군주정은 사치의 확산을 촉진했으며 무엇보다도 그들 자신의 모범을 통해서 그렇게 했다. 온갖 가능한 수단으로 귀족 계층은 자신들의 도성으로부터 궁정으로 끌어들여졌다. 그럴 필요가 있었던 경우에는 무력이 동원되기도 했다. 가능한 경우에는 예우를 통해서 그리고 단순한 투박함에 대비되는 세련된 호화로움이 제공하는 유혹을 통해서 했다.

그러나 한편으로 군주정이 귀족 계층에게 자기 자신의 모범을 통해서 사치를 부리도록 자극했다면, 다른 한편으로 다시 귀족 계층이 군주정을 그런 식으로 자극했다.

16세기 초에는 사람들은 오늘날처럼 자기 재산을 국채나 주식에 투자할 수 없었다. 상인이나 임차인 혹은 제조업자로서 활동하고자 하지 않는 여유 있는 부자들, 특히 고급 귀족 계층은 그래서 그들의 축적된 부를 항상 그 가치를 유지하고 어디서든 구매자를 발견할 수 있는 물건인 귀금속과 보석에 기꺼이 투자했다. 하지만 그들은 이 보물을 그들의 금고에 넣어두었을까? 예전에 수많은 시종을 거느리는 것이 그러했듯이 금과 보석들은 그 당시에 위세를 나타내었다. 이 위세를 소유하는 것만 원한 게 아니라 그것을 과시하고 싶어 했다. 어떤 자에게는 존경과 복종을 하게 하고, 다른 자에게는 환영과 배려를 하도록 움직이는 영향력을 얻는 최선의 수단이었던 것이다. 중세에 지주들이 수입을 수많은 시종 집단을 유지하는 데 썼던 것처럼 이제 그들은 귀중품을 획득하는 데 썼으며, 과거에는 뽐내기 위해서 잔치 자리에 시종 전체를 이끌고 나타났듯이 이제는 온갖 귀중품으로 치장하고 나타났다.

상당히 많은 이가 돋보이려고 단지 외면적인 부를 과시하려는 충동을 느꼈던 것은 명백하다.

국왕은 그의 궁정 신하들에 뒤쳐져서는 안 되었다. 그는 자신의 권세의 우월성을 그의 광채의 우월성을 통해서도 과시해야 했다. 귀족과 왕실은 그렇게 서로 대결하며 더욱 큰 호사를 추구했다.

화려한 궁정을 유지하는 것은 그래서 15세기 이래로 점점 더 그것 없이 군주가 그 직무를 영위하는 것을 상상할 수 없는 통치의 필수조건으로 되어 갔다. 정신 나간 사치가 펼쳐져서 한량없는 금액을 집어삼켰다.

국왕들은 오래전부터 봉건적 토지 소유에서 오는 수입만으로는 이 모든 지출을 감당하지 못했다. 그들은 금납 공조를 높이기 시작했다. 그러나 왕들은 그 공조 수확물의 대부분을 부유한 도시들로부터 기대해야 했다. 그런데 그 도시들은 그 당시에 호락호락하지 않았다. 왕들은 그래서 그 도시들에 부과하고자 하는 공조에 대한 그들의 동의를 확인하기 시작했다. 도시들은 귀족과 성직자 계층 등 두 다른 신분과 아울러 제3신분으로 부과할 조세의 액수를 왕과 합의하도록 대표를 파견할 것을 요구받았다. 도시들이 충분한 세력을 가진 경우에는 일정한 조건에서만 그러한 조세를 양해했다. 영국에서는 특별히 유리한 상황하에서—특히 소지주들과 시민사회와의 결합에 따라서—그로부터 의회의 입법 권력이 생겨났다.

그러나 금납 조세의 동의로 영구적 전쟁과 한없는 궁정의 낭비가 군주의 보물상자에 뚫은 구멍을 메우는 데 충분한 경우는 드물었다. 조세가 민중을 극히 가혹하게 짓눌렀는데도 군주들 대부분은 항구적인 곤경에 처했다. 이런 불쾌한 곤경에서 빠져나오도록 그들을 기꺼이 도운 것은 부유한 호상(豪商)들과 은행가들이었다. 당연히 공짜는 아니었고, 대부분이 국가 수입의 일부를 저당 잡았다. 국가 채무가 시작되었고, 국가와 그 수장들은 자본의 채무자가 되었으며, 그들은 자본의 이해관계를 섬겨야 했다.

"국가의 필요를 차입으로 충당하는 관행이 영국에서 윌리엄 3세에 의해 비로소 도입되었다고 생각한다면 이는 크나큰 잘못이다. 까마득한 옛날부터 영국의 모든 통치 권력은 채무 계약을 하는 관습을 지녀 왔다. 그 채무를 명예롭게 갚는 관행만이 시민혁명을 통해서 도입된 것이다"(Macauley, *Geschichte von England*. Deutsch von Lemcke. 1. Band, S. 211).

민중에 비해 절대주의의 세력이 성장했다. 그 세력은 농민과 장인에 비해, 귀족과 성직 계층에 비해 성장했다. 그러나 절대주의를 통해서 이들에 비해 호상과 은행가, 토지 투기자 들의 견해와 이해관계가 유력해졌다.

군주제적 국가 원수가 필수적이고 불가결하다는 인식 그리고 그것을 시민사회의 이익에 봉사하게 만드는 것만이 관건이라는 인식은 오늘날에도 부르주아 대중의 인식이다. 대혁명을 몰고 온 18세기의 투쟁은 본질상 왕실이 귀족과 성직자 계층의 꼭두각시여야 하느냐 아니면 제3신분의 꼭두각시여야 하느냐는 것을 둘러싸고 전개되었다. 물론 부르주아 사회의 이데올로그들은 농민 공화국과 귀족 공화국은 알았지만 거의 누구에게도 부르주아적 **공화국**의 생각은 떠오르지 않았다. '계몽' 철학자들은 오히려 '계몽된', 즉 그들의 방향대로 움직이는 독재주의로 결집했다. 프랑스인들은 현실의 힘에 떠밀려 겨우 부르주아 공화국을 세울 수밖에 없었다. 이 부르주아 공화국, 왕이 없는 왕정은 중앙집중화된 군대 및 관료제의 구조가 완전히 설치되고 가동되면서 비로소 부르주아적 상황과 조화를 이루게 되었다.

제 2 장

토지 소유

1. 봉건적 토지 기갈과 자본주의적 토지 기갈

상품 생산과 상품 교역이 새로운 이해관계와 새로운 견해를 가진 새 계층을 탄생시키기만 한 것은 아니다. 그것들은 또한 기존의 계층들도 그에 걸맞게 변화시켰다. 그것들이 불러일으킨 새로운 필요는 도시로부터 평야 지대로 옮겨가서 그곳에도 도시처럼 모든 것을 구매하는 상품인 금과 은에 대한 필요와 탐욕을 낳았다. 이와 함께 봉건제를 새로운 생산 조건에 적응시킬 필요성, 토지 소유로부터 자금원을 만들 필요성이 커져 갔다. 농업은 상품 생산으로 넘어가야 했다. 농부는 자기필요를 충족하기 위한 생산을 계속할 수 있었지만, 그와 함께 또한 상품으로서 시장에 운반될 수 있는 잉여분도 생산해야 했다.

이런 시장을 도시가 제공했다. 도시는 식량만이 아니라 원재료도 점점 더 많이 필요로 했다. 곡물과 육류, 치즈와 버터만이 아니라 양모와 아마, 가죽, 목재 등이 필요했다.

이로써 농부는 특정한 상황하에서 상품 생산자가 될 수 있게 되었다. 그리하여 농업은 자금원이 되었고, 그렇게 된 경우에 농민이 봉건 영주에게 납부할 의무가 있던 인적 부역과 현물 공여를 금납 공조로 변경하는 것이 농민의 능력과 또한 이해관계에 맞았다. 특별히 유리한 상황하에서 농민은 실로 봉건제의 굴레에서 완전히 벗어날 수 있었다.

이 농민들과 마찬가지로 봉건 영주들도 봉건적 급부를 금납으로 바꾸는 것을 모색했다. 그러나 이런 변경은 특별히 유리한 상황하에서만 농민에게 고무적이었다. 그것은 농업에서 상품 생산이 충분히 발달해 있지 않은 경우에는 농민에게 아주 부정적이었다. 물론 영국의 농민에게 그것은 봉건적 속박을 느슨하게 하는 수단이었다. 독일의 농민 대중에게 금납 공조는 봉건 영주에게 별 이득도 가져다주지 못하면서 농민을 절망으로 몰아넣고 몰락시킨 채찍이 되었다.

그렇지만 영국의 농민도 그들의 유리한 처지를 오랫동안 기뻐할 것이 못 되었다. 상품 생산은 토지 자체에 상품의 성격을 부여했고 그래서 가치를 부여했다. 이는 그 토지가 부양한 주민의 수에 의해서가 아니라 토지가 내놓는 잉여에 의해 정해지는 가치였다. 수확량에 비해 그 경작자의 수가 적을수록 그리고 그 생계 수준이 소박할수록 잉여는 더욱 컸고 토지 가치는 더욱 높았다.

그래서 우리는 서유럽 전체에서 중세가 끝나 가고 새 시대가 시작될 때 두 가지 독특한 현상을 보게 된다. 땅에 대한 기갈이 생겨난 것이다. 그것도 특히 관리가 손쉬운 땅, 예를 들어 삼림과 초지 같은 땅에 대한 것이다. 그리고 이와 동시에 농업 인구를 가능한 한 최대로 가볍게 하려는 노력이 행해졌는데 이는 부분적으로는 수많은 일손을 필요로 하는 경작을 적은 일손을 요하는 다른 것으로 대체하는 것을 통해서,

또 부분적으로는 개별 농부의 노동 부담을 증가시키는 것을 통해서, 그래서 예컨대 과거에는 세 사람이 하던 일을 지금은 두 사람이 수행하고, 세 번째 사람은 남아돌게 되는 식으로 행해졌다.

봉건시대에도 나름대로 토지 기갈이 있어서 그것은 근대의 토지 기갈만큼이나 탐욕적이었다. 그러나 그 성격은 완전히 다른 것이었다. 옛 봉건 영주는 농민이 있는 토지를 탐냈다. 새로운 주인들은 농민의 토지를 갈망했다.

봉건 귀족이 갈망한 것은 **토지**만이 아니라 **토지와 사람들**이었다. 그의 토지에 사람이 밀도 높게 거주할수록 공조를 납부하고 부역을 수행하는 자들의 수가 많았고, 그가 유지할 수 있는 전투력 있는 시종 집단의 규모가 컸다. 중세 귀족의 노력은 농민을 쫓아내는 데로 향하지 않았고 그들을 흙에 매어 놓고 가능한 한 많은 거주자를 끌어들이는 데로 향했다.

새로운 귀족은 달랐다.

농민 혹사시키기가 충분한 돈을 가져오지 못했기 때문에 그들은 점점 더 스스로 상품 생산으로 넘어가 자신의 농기업을 설립할 수밖에 없게 되었다—영국에서 이는 곧 자본주의적 소작인에게로 넘어갔다. 이를 위해서는 농민의 땅뙤기가 필요했지만 그 점유자는 필요치 않았다. 그들을 쫓아내는 것에 오로지 관심을 기울였다.

게다가 앞에서도 언급했듯이 초지와 삼림도 일정한 가치를 지녔다. 봉건 영주들은 이제 공유 초지와 공유 삼림을 사유재산으로 차지하고 그곳들을 사용하지 못하도록 농민을 내쫓기 시작했다.

그러나 농민의 가축 사육은 공유 초지 없이는 불가능했다. 또한 소는 농민에게 우유와 고기, 가죽 때문에 유용할 뿐 아니라 쟁기질하는 것과 거름 공급원으로 경작에 필수적이었다. 삼림은 농민에게 사냥과 목재, 검불 활용 때문에 그리고 돼지 사육을 위한 풀밭으로도 중요했다.

공유 삼림 및 공유 초지와 함께 이처럼 중요한 영농 수단이 농민에게서 수탈되었다. 그리고 동시에 이미 언급한 것처럼 금납 공조도 농민을 파멸시켰다. 농민이 하나씩 망해 가고 유태인 사회에 의해서가 아니라 그리스도교적-게르만적 귀족 계층에 의해 자기 고향에서 쫓겨난 것은 놀랄 일이 아니다. 경제적 과정이 지주의 이해관계에 맞게 농민 토지 수용을 신속하게 추진하지 않은 경우에 지주는 농민이 모르는 법, 대토지 소유자에게는 지금 아주 잘 통하는 로마법을 근거로 한 소송을 통해서 혹은 또한 어떤 구실을 붙이려는 시도도 없이 직접적인 물리력을 통해서 이를 재촉했다.

농촌사람들이 부지기수로 프롤레타리아화된 것은 이런 사태 전개의 결과였다. 프롤레타리아 계층은 우리가 다른 것과 관련해서 앞으로 살펴보려고 하는 수도원의 폐쇄 그리고 시종 집단의 해체를 통해서 더욱 증가했다.

농업 제품에 대하여 시장이 없던 동안에는 지주들은 그들의 소작농이 제공한 다량의 식량으로 소비를 하는 것 말고는 다른 일에 쓸 길이 없었다. 그리고 그들은 아무리 위장이 튼튼해도 그것을 단독으로 소비해낼 수 없었으므로 자신들을 거들도록 다른 이들, 좋은 벗들, 여행 중인 기사나 방랑객을 불러들여 지주들에게 의탁하게 했고, 식객들은 지주에게 명성과 세력을 가져다주었다. 워릭(Warwick)의 백작은 그의 성들에서 매일 3만 명을 먹였다고 한다. 그런데 이로 인해 그는 왕들을 보좌에 앉히고 쫓아낼 수 있을 만큼 영향력이 강했다. 그는 '킹메이커'(Königsmacher)였다.

토지 소유자들에게 그들이 먹어치울 수 없었던 농업 생산물을 판매하여 그것으로 뭔가를 교환해 들일 가능성이 주어지자 사정은 달라졌다. 그 무엇은 새로운 상황하에서 식객보다 더 많은 세력과 명성을 가져다주는 것, 즉 돈이었다. 동시에 군주들의 세력 그리고 그와 더불어 경찰력도 자라났다. 내부적 편싸움은 점점 드물어졌고 그래서 시종 집단은 갈수록 군식구가 되었다. 그들은 주인들에게 가능한 대로 털어버려야 할 쓸모없는 식충 떼거리로 여겨지기 시작했다. 군주들은 식객 집단의 해체를 권장했으며, 개중에 식객 집단이 위험하게 될 수 있는 세력인 경우에는 그 해체를 강제하기도 했다.

식객 집단의 해체와 농민 토지의 수용, 종교개혁 이래 수도원들을 접수하는 것은 엄청난 다수의 프롤레타리아를 급속히 창출했다.

2. 프롤레타리아 계급

로마 제국에 침입한 게르만 민족은 로마의 생산양식과 함께 빈곤화의 가능성도 물려받았다. 메로빙거 왕조 시기에 이미 우리는 성당 문가의 거지들 중에서 프랑크식 이름을 가진 자들도 언급되는 것을 보게 된다(Paul Roth, *Geschichte des Benefizialwesens von den ältesten Zeiten bis ins zehnte Jahrhundert*, Erlangen 1850. S. 185). 중세 전체를 통해서 가난한 자들을 위한 배려는 교회의 가장 중요한 기능들 중 하나이다. 그러나 빈곤은 개인적인 현상일 뿐이었다. 물론 중세에는 대중의 곤궁한 상황도 생겨났으나 이는 보통은 외적(外敵)이나 자연적 요인으로 헝가리인이나 노르만인의 약탈 원정, 흉년 등에 기인한 것이었다. 이 곤경은 다소간에 민중 전체에 펼쳐졌고, 일시적인 성격을 띠었다. 근세가 시작되고서야 비로소 프롤레타리아 계급은 로마 공화정 말기와 제정시대에 존재하던 것과 같은 상시적 신분으로서 다수의 특수한 사회계급으로 재탄생한다.

그러나 이 새로 생겨난 프롤레타리아 계급과 고대의 프롤레타리아 계급 사이에는 큰 차이가 존재한다. 새로운 프롤레타리아 계급은 그들이 직간접으로 착취해서 먹고 살, 노예나 권리가 없는 지방민 같은 자신들보다 밑에 있는 계급을 갖지 못했다. 현대 프롤레타리아 계급은 그들이 생겨나던 시대에는 옛 로마의 주권자 평민처럼 팔아먹을 주권도 갖지 못했다. 현대 프롤레타리아 계층은 지배하고 착취하는 계급의 침전물로서가 아니라 지배받고 착취받는 계급의 해체로 형성되었다. 세계 역사에서 처음으로 우리는 15세기에 사회의 최하위 계급으로 자유 프롤레타리아 계급이 생겨나는 것을 보며 이 계급의 관심은 그들이 대면한 계급지배를 다른 계급지배로 대체하는 것이 아닌 일체의 계급지배의 폐지를 요구하는 것이다.

그로써 프롤레타리아 계급에게 맡겨진 거대한 세계사적 역할에 관해서는 물론—어떻게 다른 것이 가능했겠는가?—그 계급의 발생시에는 아무도 짐작하지 못했고, 더구나 프롤레타리아들 자신은 더 말할 것도 없었다.

그들이 사회의 가장 낮은 계급이었다는 것을 그들은 물론 너무나 명확하게 인식했다. 그들은 자신들의 노동력 외에는 아무것도 자신의 것이라고 하지 못했고, 그 노동력을 팔든지 아니면 비참하게 굶든지 하는 것 말고는 선택의 여지가 없었다.

새로운 상품과 함께 그에 대한 구매자들도 동시에 생겨났다. 그들은 전쟁 지휘관과 상인이었다. 그들은 용병부대와 공장 수공업에서 그 상품을 필요로 했다. 위에서 표현한 방식에 의한 대중의 프롤레타리아화는 산업만큼 군사(軍事)에도 중요했다. 그러나 자유 신분이 된 모든 사람이 인간 활동의 이 두 분야에서 그들의 생계대책을 마련한 것은 결코 아니었다. 자본주의적 공장 수공업이 주로 필요로 한 것은 숙련 노동자였으며, 쫓겨난 농민이나 병사, 수도자 들 중에는 그런 사람이 드물었다. 물론 수공예는 이미 프롤레타리아들을 배출하기 시작했다. 동업조합 마이스터들은 이미 그 당시에, 외국 상품을 들여오고 국내 산업 제품을 동업조합 제도 영역 바깥의 공장제 수공업에서 생산하는 상인들의 경쟁에 대해 불평했다. 그러나 수공예는 일반적으로 아직 군건한 토대 위에 서 있었다. 무직자가 수천 명씩 배회하는데도 자본가들이 노동자 부족에 대해 탄식했다는 것도 놀랄 일은 아니다.

　전쟁에는 사람이 많이 필요했다. 그러나 농촌 민중은 대부분 무예를 잊었고, 전쟁은 중세 말기 이래로 습득해야 하는 기술이 되었다. 아무나 군인이 될 수 없었다. 그러나 군인이 된 자는 군인으로 남아 있었고 다른 직업에는 무능하게 되었다. 그런데도 상비군은 15, 16세기에는 매우 적었다. 대다수의 군인은 전쟁이 끝나면 해산되었다. 평화로운 일에는 무능하고, 야성적이 되고 동물적이 되어 제대한 전사들은 누구라도 겁먹게 만들었다. 아무도 그들과 상대하려고 하지 않았다. 궁핍과 절망 중에 그들은 자신들의 용병대장 아래에서[1] 대규모로 남들을 대신해서 추구하던 것을 이제 소규모로 자신을 위해서 추구할 결심을 쉽게 했다. 그들은 강도가 되었다. 당연히 그들은 방어력이 가장 없는 이들인 농민을 가장 많이 괴롭혔다. 대중의 프롤레타리아화의 결과인 그들이 다시금 프롤레타리아화를 가속하는 수단이 되었다. 이는 그 당시의 전쟁에도 해당한다. 독일에서 농촌 민중의 프롤레타리아화는 농

---

[1] 오늘날 대건설사업가가 광범위한 노동자 부대를 거느리고 우리 시대의 거대 건물, 운하 등을 완성하는 것처럼 14, 15세기에 이탈리아에서는 거대 전쟁사업가들이 잘 무장된 부대를 거느리고, 전투와 포위 및 비슷한 필요한 일들의 수행을 '짭짤한' 장사로, 당연히 상응하는 값을 받고 맡았다. 이 무예의 도매상은 용병대장이라고 불렸다.

민전쟁 이래로 대규모화된 반면에 자본주의적 산업 및 식민정책의 발달은 세계 교역로의 변경으로 저해를 받았다. 프롤레타리아 계급은 이렇게 산업과 식민지라는 방출구, 다른 나라들에서는 최소한 부분적으로 그 계층을 흡수한 방출구가 없어서 오로지 전쟁과 약탈 행위에 뛰어들어야 했다. 이것은 30년 전쟁이 지속된 중대한 원인으로 생각된다. 그 전쟁은 용병부대를 제공한 다수 프롤레타리아를 통해서 가능하게 되었다. 그 전쟁 자체는 다시금 새로운 농민 곤경, 새로운 프롤레타리아 그리고 이로써 또한 새로운 용병들을 낳았다. 투쟁하는 파벌들은 이렇게 농민이 거의 완전히 사라지기 전에는 군인들의 재고가 바닥나는 것을 몰랐다. 농민이 사라졌을 때는 물론 군인들도 더 이상 없었다.

무기 다루는 훈련을 받지 못한 무직자들은 궁핍 때문에 상황이 더 나은 자들의 동정이나 신임을 쥐어짜내야 했다. 유랑과 사기는 나라의 우환이 되었고, 강도와 도둑이 거리를 온통 불안하게 만들었다.

가공할 만한 잔인한 유혈 입법을 통해 부랑자들을 억압하려고 했으나 허사였다. 그런다고 해서 노동 기회를 만들 수 없었고, 농촌 민중의 프롤레타리아화를 막을 수 없었다. 소농을 지주로부터 보호하려는 모든 시도는 보람 없는 것으로 드러났다. 대중의 곤경과 대중의 광포화는 일체의 법령과 칙령, 교수대와 바퀴 형틀에도 불구하고 커져 갔다.

3. 인신 소유와 상품 생산

자신들의 농장에 남아 있던 농부들의 운명도 자유 신분이 된 형제들보다 별로 낫지 못했다. 특히 영국의 여러 지역에서 농민은 그 시대에 전혀 부족함이 없던 일용 노동자를 거느리고 경제활동을 한 자본주의적 소작인에 의해 대체되어 완전히 사라졌다.

농민들은 일용 노동자에 의해 대체되지 않은 경우 일용 노동자 수준으로 밀려 떨어지는 운명을 맞아야 했다. 중세에 봉건 영주는 농민을 필요로 했다. 농민이 많을수록 그의 세력이 컸던 것이다. 도시들이 도주한 농민을 그들의 영주로부터 보호할 만큼 충분히 힘이 있게 되면서, 또한 십자군 원정이 인신 소유의 혹독한 압박에 염증을 느낀 다수의 민중을 농촌으로부터 이끌어내고 농촌에서 일반적인 인구 감소가 시작되면서 봉건 영주들은 자신들의 사람들을 붙들어두고 새로운 사람들을 끌어들이기 위해서 호의적인 조건을 보장해 주어야 했다. 그래서 13세기에 농민의 처지가 개선되었다. 14세기부터는 농부는 봉건 영주에게는 점점 더 쓸데없는 존재가 되었고, 그래서 그의 처지는 다시 눈에 띄게 나빠진다. 농민을 쫓아내지 않았다면 이는 일용 노동자를 모아두기 위한 것이었다. 농가의 땅들은 쪼개져서 재산권 지배 영역은 더 커질 수 있었고, 농민에게는 오두막과 약간의 텃밭 외에는 남은 것이 없는 일이 흔했다. 농민의 부역노동은 물론 이에 상응하여 축소되지 않았다. 오히려 그것은 한없이 길어졌다. 자기 필요를 위한 생산은 일정한 한계를 지닌다. 그 한계란 부양할 사람들의 필요이며, 이는 그 생산이 강제노동에 기반을 둔 것인 경우에도 마찬가지이다. 반면에 강제노동으로 하는 상품 생산에서는 자본주의에서와 똑같이 한없는 이윤 추구가 특징이다. 돈은 충족을 모른다. 그러나 강제노동을 동원한 상품 생산에는 흔히 자본주의에서 감지되는 자본주의의 어떠한 한계, 즉 자유노동자의 저항력이 없다.

강제노동을 동원한 상품 생산은 그래서 가장 소름끼치는 형태의 착취이다. 동방의 가부장적 노예제는 불과 몇십 년 전까지만 해도 미국의 남부 주들의 사탕수수 농장과 목화 농장에서 위세를 떨치던 노예제에 비하면 목가적으로 여겨진다. 그리고 중세의 인신 소유도 상품 생산의 발달에서 자라난 인신 소유와는 비교할 수도 없이 온건했다(다음을 참조하라. Marx, *Kapital*, 1. Band, S. 219[Fabrikant und Bojar]).

도시들에서의 자본주의적 생산양식은 인신 소유를 촉진한 일도 있었다. 자본주의가 발달하려면 대량의 원료 조달이 있어야 했으며, 이는 그 당시에 농노를 가진 농업 대기업만이 달성할 수 있었던 일이 흔했다. 유럽에서의 인신 소유는 사실상 훗날 아메리카에서의 노예제처럼 일정한 시기에는 자본주의적 상품 생산을 위한 생장 조건이었다.

1847년에도 마르크스는 이렇게 기술할 수 있었다.

"직접적 노예제는 기계류 등과 마찬가지로 부르주아 산업의 핵심이다. 노예제가 없이는 면화도 없고, 면화가 없이는 현대적 산업도 없다. 노예제만이 식민지에 그 가치를 부여했다. 식민지는 세계 무역을 창출했다. 그리고 세계 무역이 거대 산업의 조건이다"(Marx, *Das Elend der Philosophie*, Stuttgart 1885. S. 103).

불과 몇십 년 전 남북전쟁 중에 영국의 자본가들은 남부 주들의 노예제가 영국 산업의 필수적 생존 조건이라고 공언했다.

대지주와 자본이 노동자 계급의 환심을 얻으려고 노력하는 것보다 더 희극적인 것은 없다. "나는 노동자의 선천적인 수호자다"라고 대지주가 외친다. 또 "나는 각자가 사회에서 자신의 굳건한 지위를 가지며, 프롤레타리아는 없기를 원한다"며, "나는 인신 소유의 멍에를 네게서 벗겨 준 자"라고 자본가가 외친다. 그 사탕발림에 귀 기울이지 말라.

실제로는 지주와 자본은 서로 간에 비난할 게 아무것도 없다. 자본만이 아니라 지주도 흙덩이로부터 노동자의 '해방'에 힘을 보탰다. 다른 한편으로 자본도 인신 소유와 노예제가 자신에게 적합하던 경우에는 그것들에 열광했다.

4. 새로운 귀족의 경제적 무용성

상품 생산의 발달은 더 이상 농민이라고 부르기 힘든 농촌 노동자들을 최대한 착취하는 데 봉건제의 여러 형태가 활용되게 하는 결과를 가져왔다.

농노에 대한 착취가 커져 간 반면에 봉건 귀족의 필요성은 급속히 사라졌다. 중세에는 봉건 영주가 자신의 생계유지를 위해 농민을 필요로 했을 뿐 아니라 농민도 자신을 폭력에서 보호해 주고 나라에 대한 자신의 사법적·행정적 의무의 일부를 취해 가고 무엇보다도 군역의 짓누르는 부담에서 벗어나게 해준 봉건 영주를 필요로 했다.

현대 국가의 발달과 함께 중세 초기에 농민을 종속 상태로 몰고 갔던 이유들이 점점 희박해졌다. 국가의 중앙권력이 강해질수록, 경찰이 내적 분쟁을 진압하고 귀족이 독자적 군사력을 보유하기를 그만둘수록 농민에게는 자신을 세도가로부터 보호해 줄 영주를 갖는 것이 쓸모없는 일이 되었다. 보호자요 우산이던 영주는 이제 농민이 회피해야 할 침해자가 되었다.

봉건 영주는 농민에게서 군역의 짐을 벗겨 스스로 짊어졌었다. 현대 국가는 그것을 봉건 영주로부터 벗겨내어 다시 농민에게 지웠다. 기사부대 대신에 이미 언급한 것처럼 농민으로부터 모집한 용병부대가 등장했다. 몰락한 농민으로부터, 아니면 이 원천이 희박해지자마자 아직 정주하는 농민으로부터 모집한 것이다. 모집이 곧 약간 완곡한 강제징집으로 되었다. 농민은 또한 군대 유지의 부담을 떠안았다. 군인들은 농민의 집에서 숙박했고, 귀족 및 교회에 내는 공조에 국가에 내는 납부금이 덧대어졌는데 이는 주로 군대 유지를 위한 것이었다. 물론 귀족은 예전처럼 자신이 조국 수호를 위해 선택된 신분이라는 것을 자랑했지만 그의 기사도는 이제 수입이 괜찮은 장교 직위를 챙기는 데 전념했다.

국가 행정과 사법에서도 토지 소유 계층의 지분은 점점 더 작아졌다. 그것들은 갈수록 관료기구에게 돌아갔고, 관료기구의 유지를 위해 농민이 당연히 또한 기여해야 했다. 영주 재판소에서 행해지던 옛 봉건 사법 제도 중 없어지지 않고 남은 것은 오직 착취의 증기를 향한 새로운 지렛대가 되었다.

귀족이 한때 농민에게 보여주었던 서비스, 그 대가로 농민이 귀족에게 반대급부를 해주었던 그 모든 서비스에서는 아무것도 남지 않았던 반면에 농민이 이행할 급부는 한없이 확장되었다.

결국 봉건적 부담과 한계는 생산의 진정한 족쇄가 되었으며, 생산은 농촌의 상품 생산이 봉건성을 완전히 떨쳐버리기를 절실히 갈망했다. 봉건적 점유 방식은 생산양식의 요구와 모순에 빠졌다. 극히 오래 전부터 무익하게 된 봉건 귀족은 이 시점부터 결정적으로 해로운 존재가 되었고, 그들의 제거가 필수적 계명이 되었다.

우리는 여기서 이러한 발달 과정에 더 이상 자세히 기술해 들어갈 수는 없다. 우리가 다루는 시간적 범위에서는 그 과정의 초창기만이 눈에 들어오기 때문이다. 위에서 표현한 현대화된 상품 생산의 필요에 적합화된 봉건제의 초기 형태에 대한 최초의 항거이면서 형태상으로는 아니더라도 궁극적 목적에 따를 때 소심한 항거는 **농민 전쟁**들이었다. 그것들은 동시에 죽어 가는 마르크 조합의 마지막 경련적 발작을 이루었다. 그러나 그것들은 1789년 대혁명의 선구자이기도 했다.

5. 기사 집단

대귀족과 농민 사이에는 하급 귀족인 기사들이 있었다. 그들 대다수는 공민권 있는 옛 농민의 후예로서 유리한 상황 덕분에 자신들의 자유를 지킬 길이 있었던 자들이다. 그들은 물론 더 세력이 강한 자에 대한 봉신으로서의 역무에서 벗어날 수 없었지만, 지주가 요구하는 의무 이행과 공조에서는 자유로웠다(G. L. v. Maurer, *Einleitung zur Geschichte der Mark-, Hof-, Dorf- und Stadtverfassung und der öffentlichen Gewalt*. München 1854. S. 236ff).

기사는 오늘날 소시민이 자본가와 노동자 사이에 위치하듯이 대지주와 농민 사이에 위치했다. 그리고 그는 또한 비슷하게 왔다갔다 하는 역할을 수행하여 오늘은 농민과 함께 제후들에 맞서고, 농민이 위험한 존재가 되자 곧바로 내일은 제후와 함께 농민에 맞섰다. 이 기사 집단의 전형은 괴츠 폰 베를리힝겐(Götz von Berlichingen)이다. 당연히 기사들 중에는 충심으로 농민의 대의를 대변한 이들도 없지 않았다. 플로리안 가이어(Florian Geyer)에 대해서 누가 아직 들어보지 못했는가? 그러나 그들은 대다수가 신뢰할 수 없는 자들로 남아 있었다. 농민에 대한 후텐(Hutten)의 입장조차 결정적이지 않았다.

기사 집단이 농민의 대의를 대변했든 지주의 대의를 대변했든, 독자적 계급으로서 그 계급의 몰락은 막을 수 없었다. 기사는 대지주 계급으로 올라서는 데 성공하여 상품 생산으로 넘어갈 수 있도록 자신의 재산을 아주 크게 확장하든지, 아니면 자신의 토지 소유가 미미하게 되어 흔히 권세 있는 이웃의 전리품으로 되면서 기사 신분에 걸맞은 생계를 보장받는 데 항상 부족해지든지 둘 중 하나였다. 기사는 그림의 표면에서 지주로서는 사라지지 않을 수 없었고 도시에서 상인으로서 연명을 도모하거나 아니면 덜 불명예스러운 것으로 여겨지던 대영주의 문사로서, 특히 제후의 일종의 고급 시종이자 경호원으로서 연명을 도모했다. 기사는 궁정 신하가 되거나 용병이 되었다.

스페인과 영국, 그 밖의 나라들에서는 식민 정책이 하급 귀족에게 노동하지 않고 부유해진다는 그들의 이상에 도달할 수 있는 환영받는 기회를 열어 주었다. 국내에서는 그들이 일을 해결하는 데 무력을 휘두를 수 없었지만, 그런 방식이 식민지와 해적질에서는 높은 정도로 번창하기에 이르렀다.

상인과 아울러 하급 귀족은 식민 정책의 중대한 추진 동력이었다.

당연히 하급 귀족이 새로운 생산양식에 적응하는 것은 종교개혁 시대의 다른 사회 변혁이 다 그랬듯이 심한 경련 없이 이루어지지는 않았다. 기사 계층은 자신의 독립을 온전히 유지하려고 집요하게 노력했으나 그것은 봉건적 생산양식이 그 원래의 모습대로 계속 유지되는 경우에만 가능했다. 그러나 그러는 가운데 기사 계층은 상품 생산의 발달이 지배계급에게서 일깨운 필요들을 수용했다. 기사 계층의 생활에 대한 요구는 점점 더 커졌고 이를 봉건적 생산양식의 토대 위에서 충족시킬 가능성은 더더욱 낮아졌다. 다른 한편 기사 계층은 봉건시대의 생활방식이 계속되기를 원했으나 그들은 나날이 실제의 상황과 모순에 빠졌다.

기사 계층에게 원하는 것과 할 수 있는 것 간의 괴리는 갈수록 극명해졌고, 그것은 근대 초기의 가장 특징적인 특성들 중 하나를 이루었다. 이 대조는 흔히 비극적 형상을 띠었으나 새로운 금권 세력에게 환호를 보낸 당시의 도시 문필가들에게는 그렇게 여겨지지 않았다. 기사는 수도사 그리고 농민과 아울러 옛 봉건적 생산양식의 대표자였다. 이 세 신분 각각은 정신생활이 집중된 곳인 대도시의 인구로부터 증오와 멸시를 받았다. 그러나 시민 계층은 그들이 혁명성을 띠던 동안에는 감상주의와 위선을 띠지 않았다. 도덕적 분노는 그들이 가장 드물게 사용했던 무기였다. 그들은 조롱과 모멸로 적들과 싸웠다. 우둔한 농부와 음탕한 사제, 알량한 자존심을 가진 몰락한 기사는 르네상스와 그 후예들의 문학의 단골 등장인물들에 속한다.

우리는 그들을 새로운 생산양식이 가장 먼저 발달한 곳인 이탈리아에서 만나지만, 곧 이 인물들은 유럽 전체 문학에서 친숙하게 등장한다. 보카치오의 《데카메론》(1352년 혹은 1353년에 발간)부터 세르반테스의 《돈키호테》(1604년 발간)에 이르기까지 어떨 때는 한 신분, 또 어떨 때는 다른 한 신분, 어떨 때는 언급된 세 신분 모두가 웃음거리가 되는 긴 일련의 시가들이 나타났다.

이 문학의 대부분은 오늘날 잊혔지만 여러 인물 중에서도 기사 집단에 대한 비웃음 담은 추도사가 된 두 인물이 오늘날에도 누구에게나 알려져 있는데 그들은 우리의 뇌리에는 불멸의 인물이 되었다. 돈키호테와 팔스타프(Falstaff)이다.

《윈저의 유쾌한 여자들》(1602년 집필)은 오늘날 대다수의 사람에게는 아주 격의 없는 희극으로 여겨진다. 그러나 거기서 천재적 유머로 희화화된 것은 치열한 계급투쟁이다. 셰익스피어가 희극으로 정치적 경향을 추구했는지 우리는 알지 못한다. 그러나 그는 그가 본 것, 부르주아적 틀에 적응하려고 하지 않는 몰락해 가는 기사 계급과 상승해가는 시민 계급 간의 투쟁을 표현했다. 그 시민 계급의 여성들이 용감하고 훌륭한 기사들보다 더 영리하고 대담했던 것이다. 《윈저의 유쾌한 여자들》은 의기양양하게 앞으로 돌진하는 부르주아 계급의 오만한 환호성이다.

제 3 장

모어와 가톨릭교회

1. 중세에서 교회의 필요성과 세력

앞 장에서 암시한 계급 대립은 사태의 전개 과정에서 극히 다양한 모습을 띠었다. 시대와 장소에 따라 달라졌고 외적 영향과 역사적 전통, 인식 수준과 순간적 이해관계에 따라 극히 다채로운 방식으로 조합을 이루었다. 그러나 그런 사정 때문에 15, 16세기의 역사가 아무리 복잡해 보이더라도 한 올의 붉은 실마리는 그 역사를 통하여 명확히 알아볼 수 있으며, 그 시대에 특징적인 사건이 되었다: 그것은 교황의 교회에 대한 투쟁이었다. 교회와 종교를 혼동해서는 안 된다. 종교에 대해서는 우리는 나중에 다루게 될 것이다.

교회는 봉건시대의 주도 세력이었다. 봉건제의 몰락과 함께 교회도 붕괴해야 했다.

게르만인들이 로마 세계제국에 침입해 들어오면서 교회는 전제군주들의 상속자로서, 국가를 결속시키는 조직으로서, 제정시대 말기 생산양식의 대표자로서 그들을 맞이했다. 이 국가가 아무리 가련하고, 생산양식이 아무리 추락했더라도 야만족 게르만인들의 정치적·경제적 상태보다는 월등하게 우월했다. 게르만인들은 부패한 로마 사회를 정신적·물리적으로 압도했으나 로마 사회는 그 사치스러운 생활과 보물로 그들을 사로잡았다. 많은 경제학자가 그렇게 믿는 것 같이 보이지만, 강탈은 생산양식이 아니다. 로마인들을 그냥 약탈하는 것은 게르만인들을 지속적으로 만족시킬 수 없었다. 그들은 로마인들의 방식에 따라 생산을 하기 시작했다. 그들이 그렇게 하면 할수록 모르는 사이에 교회에 대한 종속 상태에 빠졌다. 교회는 그들의 선생이었던 것이다. 또 그럴수록 이 생산양식에 부합하는 국가기구가 필요해졌으며, 이 또한 교회 말고 다른 어떤 세력도 마련해 줄 수 없었다.

교회는 게르만인들에게 고급 형태의 경작 방식을 가르쳐주었다. 수도원은 중세에 들어와서도 늦게까지 농업의 시범 기관으로 남아 있었다. 성직자들은 또한 게르만인들에게 예술과 완성된 수공예를 제공해 주었다. 교회의 보호 아래 농민이 번영했을 뿐 아니라 교회는 또한 대부분의 도시가 스스로를 수호할 만큼 충분히 강해지기까지 그들의 우산이 되어 주었다. 상업은 교회에 의해 특별히 촉진되었다.

대규모 장은 대부분 교회 안이나 옆에서 열렸다. 교회는 온갖 방식으로 그런 장터에 구매자들을 끌어들이는 데 신경을 썼다. 교회는 또한 중세에 거대 교역로의 유지에 배려하고 수도원의 환대를 통해 여행을 쉽게 해주는 유일한 세력이었다. 이 같은 여러 수도원, 예를 들어서 알프스 관통로의 숙박 수도원(Hospitz)들이 무역 교류의 촉진을 거의 도맡았다. 이것이 교회에는 아주 중요하게 여겨졌기 때문에 교회는 그 활성화를 위해 두 번째 인자와 동맹을 맺었다. 그 인자는 교회와 함께 몰락해 가는 로마 제국의 문화를 게르만 국가들에서 대표한 것으로서 유태인 사회였다. 교황들은 오랜 기간 내내 이들을 보호하고 육성했다. 대체로 유태인들은 독일인들이 아직 순수한 게르만인이던 때에는 고급문화의 운반자로서 호의적으로 받아들여졌고 열렬히 끌어들여졌다. 그리스도교-게르만적 상인들이 유태인들만큼이나 매점매석 기술을 잘 터득하면서 비로소 그들은 유대인 박해자가 되었다.

중세의 지식 전체는 오직 교회에서만 찾을 수 있다는 것, 교회가 건축 감독, 엔지니어, 의사, 역사가, 외교관을 배출했다는 것은 잘 알려져 있다.

인간의 물질생활 전체 그리고 그와 함께 또한 정신생활도 교회에서 흘러나온 것이다. 교회가 인간 전체를 사로잡았다는 것, 인간의 생각과 감정을 확정했을 뿐 아니라 인간의 행동과 처신도 모두 정했다는 것은 놀랄 일이 아니다. 출생과 결혼, 사망만이 교회에게 끼어들 기회를 준 것은 아니며 노동과 축제도 교회에 의해 규율되고 관리되었다.

그러나 경제 발전은 교회를 개인과 가족에만 아니라 나라를 위해서도 필수적인 것으로 만들었다.

우리는 이미 게르만인들이 더 높은 생산양식으로, 발달된 경작 방식과 도시 수공예로 넘어간 것이 그에 상응하는 국가제도를 필요한 것으로 만들었음을 암시한 바 있다. 그러나 특히 로만계 국가들인 이탈리아와 스페인, 갈리아 등 게르만인들이 새로운 생산양식이 완비되어 원주민 인구에게서 확고하게 뿌리를 내린 것을 목도하게 된 곳에서 게르만인들의 새로운 생산양식으로 이행은 새로운 국가기관을 그들의 원초적인 체제로부터 발달시킬 수 있기에는 너무 급하게 진행되었다. 이미 추락해 가는 제정국가에서 정치적 조직으로 발달해 오고, 국가를 결속시킨 교회에 이제 국가 기능들이 거의 전적으로 놓이게 되었다.

교회는 게르만인 지도자, 민주적 민중 지도자와 군사령관을 군주로 만들었다. 그러나 군주의 인민에 대한 권력과 함께 군주에 대한 교회의 권력도 상승했다. 군주는 교회의 꼭두각시가 되었고 교회는 선생에서 지배자로 바뀌었다.

중세 교회는 본질상 정치기구였다. 교회의 외연은 국가권력의 외연을 의미했다. 이교도의 땅에 군주가 교구 하나를 세우는 것은 그로써 이교도에게 온갖 가능한 신조와 기도를 가르칠 수단이 강화되는 것만을 뜻하는 것이 아니었다. 그러한 목적을 위해서라면 카를 대제가 프랑크 농민을 멸망시키고 무수한 작센인을 쳐 죽이지도 않았을 것이며, 작센인도 대부분의 이교도처럼 신앙 문제에서 관대하여 그리스도교에 수십 년에 걸친 거센 저항을 기진맥진할 때까지 감행하지도 않았을 것이다. 이교도의 땅에 교구 하나를 세운다는 것은 로마의 생산양식을 그곳에 확장하는 것을 뜻했고, 그 땅이 그 교구를 세운 국가 안으로 합병되는 것을 뜻했다.

로마 제국의 몰락기에 생산양식이 추락해 있던 수준, 게르만인들의 생산양식이 그 수준으로 향상되어 갈수록 교회는 국가와 인민에게 더욱 불가결한 것이 되었다. 교회는 이 둘에게 쓸모가 있었지만, 그렇다고 교회가 자신에게 의존한 분자들의 이익을 위해 자신의 위치를 이용하면서 자기 자신의 이익을 위해 이용하지는 않았을 수도 있었겠다는 말은 아니다. 교회는 자신의 서비스에 비싼 값을 물렸다. 중세가 경험한 유일한 보통 공조인 십일조가 교회로 유입되었다. 그러나 중세에 가장 중요한 권세와 수입의 원천은 우리가 이미 살펴본 것처럼 **토지 소유권**이었다. 교회는 귀족과 마찬가지로 토지와 사람들에 대한 똑같은 굶주림을 발달시켰으며, 귀족처럼 토지를 획득하고 종이 될 사람들을 얻으려고 애썼다. 게르만 유입자들은 교회가 로마 제국에서 보유했던 토지 소유권의 대부분을 교회에 맡겼다. 그렇지 않은 경우에는 교회는 그 소유권을 곧 되찾을 수 있었고, 거기에 뭔가를 더 추가한 경우도 흔했다. 교회는 귀족과 마찬가지로 아니 흔히는 더 큰 보호를 제공했으며, 그래서 많은 농민이 교회의 소유가 되도록 몸을 의탁했다. 교회는 국가행정을 이끌었고, 성직자들은 국왕의 고문관이 되었다. 왕실 재산을 바쳐 교회의 소유 재산을 늘리라는 조언을 국왕들이 흔히 들었던 것도 놀랄 일이 아니다. 정복된 이교도의 땅에서 수도원들과 교구들이 토지 소유권을 풍부하게 갖추는 것은 바로 반드시 이행해야 할 계명이었다. 더구나 교회는 왕실을 귀족에 맞서게 할 수 있었던 유일한 세력이었다. 귀족이 너무 오만해지면 왕실은 귀족에게서 그 토지 소유의 일부를 취하여 교회에 소유 재산 혹은 봉토로 줌으로써 귀족을 약화하라는 것 외에 다른 조언을 듣지 못했다. 그리고 교회가 그렇게 할 수 있었던 경우에는 농민과 국왕, 귀족이 교회의 토지 재산을 늘릴 마음을 먹을 때까지 기다리지 않았고, 교회가 취할 수 있었던 것을 취하여 말하자면, 날조된 증여 증서로 강탈을 합리화했다. 성직자 계층이 유일하게 쓰고 읽기에 능수능란했던 것이다! 증서 위조는 중세 때에는 오늘날의 고리대금이나 소송 등이 그런 것만큼이나 토지 취득의 합법화를 위한 관습적인 수단이었다. 베네딕토 수도회원 베이시에르(Veyssière) 경은 18세기에 그가 브르타뉴의 랑드브네끄(Landevenecq) 수도원에서 조사한 대여 증서 1,200건 중에 800건은 결정적으로 허위라고 주장했다. 그는 나머지 400건 중 얼마나 진본인지 말할 확신이 없었다.

교회가 전체 그리스도교 세계에서 유일한 토지 소유권자가 된 것 같았다. 그러나 모든 일에는 한도가 있었다. 귀족은 교회에는 언제나 적이었다. 교회의 토지 재산이 너무 증식되면, 왕실도 그들의 오만함에 근심하게 되었고 귀족의 도움을 얻어 교회를 속박하고자 했다. 이교도와 회교도의 침입도 가장 먼저 교회를 약화시켰다. 몽떼스끼외(Montesquieu)는 교회 세력의 이러한 부침, 프랑스에서의 교회 재산의 확장과 수축의 교대 현상을 이렇게 기술했다.

"성직자 계층은 세 프랑스 왕조(메로빙거, 카롤링거, 카페팅거)하에서 왕국의 전 재산을 여러 번 선사받을 정도로 많은 것을 벌었다. 그러나 국왕과 귀족, 인민이 성직자 계층에게 그들의 전 재산을 선사할 수단을 보유했다면, 그것을 도로 찾아올 수단도 그에 못지않게 보유했다. 신앙심이 메로빙거 왕조에서 수많은 교회의 창설을 가져왔다. 그러나 군사적 정신이 교회들을 전사들의 소유로 넘어가게 유도했고, 전사들은 다시 그 교회들을 그들의 자식들에게 나누어주었다. 수많은 농토를 성직자 계층이 이런 식으로 상실하지 않았겠는가! 카롤링거 왕조는 마찬가지로 자선을 베풀어서 밑도 끝도 없이 퍼주었다. 그러다가 노르만인들이 들어와서는 강도짓과 약탈을 하고 무엇보다도 사제들과 수도사들을 박해하며 수도원들을 찾아다니며, 뭔가 봉헌된 장소를 찾을 수 있는 곳은 어디나 둘러본다. … 그런 상황에서 성직자 계층은 얼마나 많은 재산을 잃어버렸겠는가! 자신의 소유를 되찾기 위해서 남아 있는 성직자들도 별로 없었다. 카페팅거 왕조의 신앙심에는 교회를 설립하고, 농토를 선사할 기회가 아직 충분히 남아 있었다. … 성직자 계층은 끊임없이 획득했고 끊임없이 다시 내주어 왔으며 지금도 획득한다"(Montesquieu, *Geist der Gesetze*, 31. Buch, 10. Kapitel).

그렇게 교체하는 소유권의 크기는 통계적 기록을 전혀 하지 않던 시대에 확정하기 힘들다. 일반적으로 말할 수 있는 것은 중세에는 토지 재산의 3분의 1이 교회의 수중에 있었다는 것이다.

프랑스에서는 프랑스 혁명 중에 교회 재산에 관한 기장이 이루어졌다. 이에 따르면 교회는 1665년 이래 병합된 지방들에서 특히 부유했다. 교회는 깡브레지(Cambrésis)에서 14/17의 토지 재산을 보유했으며, 그중에 엔느고(Hennegau)와 아르뚜아(Artois)에서는 4분의 3을, 프랑슈 꽁테, 루실롱, 엘사스에서는 절반, 다른 지방들에서는 3분의 1 혹은 적어도 4분의 1의 토지 재산을 보유했다(Louis Blanc, *Histoire de la révolution française*, Brüssel 1847. 1. Band, S. 423). 종교개혁 이래로 프랑스 여러 땅에서 교회의 토지 재산은 별로 크게 달라지지 않았다.

독일에서 교회 토지 재산의 엄청난 크기는 1787년에 제국직할 성직자 영지가 1,424평방마일이 되었다는 데서 짐작할 수 있다. 바이에른과 오스트리아 같은 세속적 가톨릭 국가들에서 교회의 드넓은 토지 재산은 프로테스탄트 국가들에서 세속화된 토지 재산만큼이나 계산이 안 되어 있다.

교회의 토지 재산은 그 경제적·정치적 세력지위의 결과였다. 그 재산은 다시 이 세력의 확장을 가져왔다.

우리는 이미 앞에서 중세 때 토지 재산이 어떤 권력을 가져다주었는지 암시한 바 있다. 이에 관해 말한 모든 것은 교회에 대해서는 더 강한 정도로 적용되었다. 교회의 농장들은 가장 잘 개간된 땅이었고, 인구밀도가 가장 높았으며, 교회의 도시들은 가장 번창한 도시였다. 그러므로 교회가 이 두 가지로부터 이끌어낸 수입과 세력은 같은 크기의 토지 재산이 귀족이나 왕실에 준 수입과 세력보다 컸다. 그러나 이 수입은 대부분이 현물로 이루어졌으니, 이것으로 무엇을 시작하겠는가? 수도사와 그 밖의 성직자 양반들이 아무리 애쓰더라도 그들에게 유입된 모든 것을 먹어치울 수는 없었다. 수도원장과 주교들이 중세 때 세속의 영주들처럼 분쟁을 치러야 했고, 그들처럼 거대한 시종 집단을 유지해야 했으며, 봉신의 의무를 이행해야 하는 일도 아주 많았지만, 교회가 그들 수입의 대부분이 전투력에 소진될 정도로 호전적인 경우는 드물었다. 교회가 승리를 거둔 수단은 물질적이라기보다는 정신적 우월성이었고 교회의 경제적·정치적 불가결성이었다. 교회는 귀족보다 전쟁 목적을 위해 덜 내주어도 되었지만, 귀족보다 더 많은 것을 취하여 들였다. 교회의 토지 재산이 더 비옥했을 뿐 아니라 교회에 속하지 않은 토지 재산으로부터 십일조가 교회로 귀속되었다. 그래서 교회는 그들의 하급자들에 대한 착취를 과도하게 끌어올리는 데는 귀족보다 관심이 적었다. 교회는 일반적으로 하급자들에 대해 관대했다. 목자의 지팡이 밑에서는 실제로 살기가 좋았고, 최소한 전쟁과 사냥을 좋아하는 귀족 영주의 칼 밑에서보다는 나았다. 이러한 상대적인 관대함에도 불구하고 다양한 교회 기구들에는 식량이 남아돌았고, 그들은 이를 빈민 구제 외에 달리 쓸 방도를 찾지 못했다.

여기서 교회는 다른 많은 점에서 그렇듯이 오직 제정시대로부터 내려온 자신의 전통을 들먹여야 했다. 침몰해 가는 로마 제국에서 빈곤은 점점 더 자라났고, 빈민 부조는 갈수록 국가의 절박한 과제가 되었다. 그러나 오래된 이교도적 국가는 그 해결을 위한 준비가 갖추어져 있지 않았다. 그 과제는 새로운 조직, 달라진 상황에서 불러내어진, 그런 상황에 부합하는 조직인 교회에 떨어졌다. 경제 상황이 명하는 바와 같은 빈민 구제는 교회의 가장 중대한 기능 중 하나가 되었고, 교회는 이 일을 위해 자신의 세력과 부의 급속한 성장에 적지 않게 힘입었다. 더욱더 필요해지고 점점 더 성장하는 민간, 공영, 국영의 자선 재단들이 성직자 계층에게 그 운영이 맡겨지거나 그들에게 직접 선사되었다. 무산대중이 증가할수록 교회의 소유는 나날이 늘었고, 무산자들의 교회에 대한 의존성도 하루 다르게 자라났다. 그리고 무산자들이 갈수록 인민의 대다수가 되었으므로 전체 인민에 대한 그들의 영향력도 점점 더 강해졌다.

헌납과 마찬가지로 교회에 대한 정기적인 공조 납부도 대체로 빈민 부조에 보탬이 된다는 목적을 띠었다. 십일조에서는 그것이 네 부분으로 나누어져야 한다는 것이 명확히 규정되었다. 한 부분은 주교에게, 또 한 부분은 하급 성직자 계급에게 돌아가고, 또 한 부분은 공적 예배를 위해 그리고 또 한 부분은 가난한 자들의 부양에 사용되어야 한다는 것이다.

게르만인들이 로마적 생산양식을 체득한 것과 비례해서 그것의 필연적 결과도 생겨났다. 사유 재산과 무산 상태였다. 삼림과 초지 그리고 미경작지에 대한 공동 소유는 경작지에 대한 사유와 아울러 여전히 유지된 것인데 이는 농민의 빈곤화를 막아 주었다. 그러나 바로 중세 초기에 농지 전체를 곤궁과 비참함으로 추락시킨 사건들이 빈번히 생겨났다. 봉건 영주와 제후들의 영구적 전쟁과 분쟁에 더해 불안정한 집단들, 정주하는 농경 인구에게는 파멸적이 되는 유목민 혹은 해적들인, 노르만인·헝가리인·사라센인 들의 침입이 이어졌다. 끝으로 흉작이 곤궁의 빈번한 원인이 되었다.

불행이 교회 자체에 파멸을 가져올 만한 그런 수준에 도달하지 않은 경우에 교회는 곤궁 가운데서 구원해 주는 천사였다. 교회는 그 잉여가 저장되어 있던 자신의 거대한 창고를 열어 가난한 사람들에게 나누어주었다. 그리고 수도원들은 몰락하고 빈곤해진, 집과 궁정에서 쫓겨나거나 상속 재산이 없는 수많은 귀족이 자신의 도피처를 발견한 거대한 구빈 기관이었다. 교회에 들어감으로써 그들은 세력과 명망과 행복을 달성했다.

모두가 같은 정도로는 아니었어도 교회의 유지에 이해관계가 없는 신분은 봉건 사회에는 없었다. 교회를 의문시하는 것은 중세에서는 사회를, 삶 전체를 의문시하는 것을 뜻했다. 물론 교회는 다른 신분들과의 거센 투쟁을 견디어야 했지만 이런 투쟁들에서도 교회의 존재가 아니라 그 세력이나 착취의 정도를 더 높일 것이냐 더 낮출 것이냐가 문제였다. 물질생활 전체가 그리고 당연히 그것만큼 정신생활도 교회에 의해 지배되었다. 교회는 민중생활 전체와 유착하여 결국 교회적 사고방식이 수 세기가 지나는 동안 사람들이 맹목적으로 따른 일종의 본능이 되었다. 이는 자연법칙과 같아서 그에 역행하는 것이 부자연스러운 것으로 받아들여졌으며, 국가적·사회적 및 가족적 삶의 일체의 표현이 교회적 형태로 옷을 입기에 이르렀다. 그리고 교회적 사고와 행동의 형태들은 그것들을 초래한 물적 원인들이 사라진 뒤에도 상당히 오랫동안 유지되었다.

자연스럽게 중세 교회의 세력은 옛날 로마 제국에 속했던 나라들인, 이탈리아와 프랑스, 스페인과 영국에서 가장 먼저 발달했으며, 나중에는 독일에서 그리고 최후로는 서양 땅 유럽의 북부와 동부에서 발달했다.

민족대이동 중에 로마 교회와 대립하여 가톨릭교에 적대적인 아리우스 종파에 가담한 것으로 대립을 표출하면서 그들의 국가를 로마 제국의 잔재 위에 세우려고 시도한 이 게르만 종족들은 동고트족이나 반달족처럼 몰락하거나 임박한 몰락을 앞두고 오직 로마 교회 밑에 굴복함으로써, 가톨릭교로 전향함으로써만 자신을 구원했다.

그러나 처음부터 로마인들의 교회와 동맹을 맺으며 자신의 제국을 수립한 종족에게는 서양의 지배권이 돌아갔으니 그들은 프랑크족이다. 프랑크인들의 왕은 로마 교회의 수뇌와 동맹을 맺어 서양 그리스도교 세계를 세속적인 머리와 영적인 머리의 두 개의 머리를 가진 공통의 한 몸으로 만든 통일체를 세웠다. 이 통일체는 사방에서 몰려드는 적들에 맞서야 하는 상황에 의해 절박하게 명해진 것이었다. 그러나 프랑크인의 왕들이나 색슨족에게서 나온 그 후계자들도 이 통일체를 오랜 기간 이어가는 데 성공하지 못했다. 로마 교황은 독일 민족의 로마 황제들이 노력했으나 허사였던 것, 단일한 군주 아래 그리스도교 세계를 통합하는 일을 완수했다. 어떤 종족의 어떠한 봉건 군주도 그 과제를 감당할 수 없었으며, 왕실 조직보나 더 강력한 단 하나의 조직만이 그것을 성취하는 데 충분했다. 그것은 중앙집중화된 교회였다.

2. 교황청 세력의 토대

로마의 주교는 민족대이동 이전부터 이미 서양 교회의 수뇌가 되어 있었다. 황제의 거주지는 더 이상 아니었지만 여전히 서양 제국의 사실적 수도였던 도시의 대표로서 그는 로마 황제의 상속인이었다.

로마 제국과 함께 일시적으로 로마 교황들의 세력도 무너졌다. 다양한 게르만 제국의 교회 조직들이 교황으로부터 독립했다. 그러나 교황들은 곧 자신들의 옛 지위를 되찾았으며 오히려 그것을 확충했다. 이탈리아가 아무리 추락했어도 그곳은 여전히 유럽 서방의 최고로 문화가 발달한 나라였다. 농업은 그곳에서 다른 나라들에서보다 더 높은 단계에 있었고, 산업은 완전히 고사하지는 않았다. 아직 도시 생활이 있었고, 미미하기는 하지만 동방과의 교역도 있었다. 이탈리아의 보물들이, 그러나 또한 이탈리아의 생산양식이 알프스 건너편의 반야만 족들의 동경의 대상이었다. 그들은 이탈리아와의 연결이 밀접할수록 그만큼 더 부유해졌고 그만큼 더 행복을 달성했다. 이러한 발전이 자신들에게 도움이 되었으므로 이러한 시대 발전에 특별한 이해관계를 지녔던 세력들인 서양의 모든 그리스도교 국가 왕실과 교회는 그래서 이탈리아와의 결탁을 가능한 한 최대로 촉진해야 했다. 그런데 이탈리아의 중심점은 로마였다. 경제적으로 서양 나라들이 이탈리아에 종속될수록 그 나라들의 국왕과 주교는 로마에 더욱 종속되었고, 이탈리아의 중심점은 서양 그리스도교 세계의 중심점이 되었다.

그러나 이탈리아에 대한 경제적 종속과 이탈리아에 대한 로마의 영향력은 (로마가 대체로 가톨릭교의 영역에 있고, 그리스교회와 이슬람의 영역에 있지 않은 한에서는) 그다지 압도적인 적이 별로 없어서 교황청이 달성한 엄청난 세력을 설명하기에는 미흡하다. 그것은 그리스도교 세계의 지도력과 길 안내 기능이 왜 교황들에게로 왔는지 설명할 뿐이다. 그러나 길 안내는 전투시에 행해질 경우에는 명령이 된다. 전투 이전에는 고문이던 자가 전투 중에는 독재자가 된다. 그리스도교 세계 전체를 위협한 싸움들이 생겨나자 곧 교황청은 그리스도교 세계의 모든 민족에 의해 지도자로 인정받은 유일한 인자로서 필연적으로 저항의 지도와 조직을 떠맡아야 했고, 싸움이 오래 지속되고 더욱 위력적인 싸움이 되어갈수록 길 안내자는 무소불위의 주인이 되어야 했으며, 공동의 적에 대항하여 쓰도록 제공된 모든 힘을 교황청이 쓸 수 있게 되어야 했다.

그리고 그런 싸움들이 생겨났다. 로마 제국의 붕괴는 게르만인들만이 촉발한 것이 아니었으며, 로마 제국과 게르만인들에 인접한 절반 정도 정주생활을 하거나 혹은 전혀 정착생활을 하지 않는 수많은, 보기에 따라서는 무진장한 야만족 모두가 기폭제가 됐다. 게르만인들이 서쪽과 남쪽으로 진출하는 것과 같은 정도로 다른 민족들이 뒤에서 밀려왔다. 슬라브인들이 엘베 강을 넘어 왔고, 남러시아의 스텝 지대는 훈족, 아바르족, 헝가리인(헝가리인은 9세기 말에) 등 야생적 기마민족을 하나씩 보내어, 이들은 방어가 안 된 도나우 강을 따라 그리고 이를 넘어서 흑림(Schwarzwald), 아니 라인 강 건너편까지 그리고 알프스 건너편 북이탈리아에까지 그들의 약탈 원정을 펼쳤다. 민족들의 어머니 (vagine gentium)라고 하는 스칸디나비아로부터는 용감한 해적들이 하나씩 대열을 지어 쏟아져 나왔다. 이들은 노르만인들로서 그들에게는 어느 바다도 항해하기에 너무 넓은 바다가 없었고, 어떤 제국도 공격하기에 너무 큰 제국이 없었다. 그들은 발트 해(Ostsee)를 지배하고 러시아를 점령했으며, 아이슬란드에 진지를 구축하고 콜럼버스보다 오래전에 아메리카를 발견했다. 그러나 우리에게 가장 중요한 것은 그들이 8세기 말 이래 11세기에 들어서까지 정착생활을 하게 된 독일 종족들이 힘들게 발달시킨 문화 전체를 멸망시킬 위협을 가했다는 것이다. 그들의 약탈 원정들로 북해 연안국들이 완전히 황폐해졌을 뿐 아니라 그들은 내처서 작은 배를 타고 하천을 거슬러 내륙 깊숙이까지 들어갔다. 게다가 그들은 또한 긴 항해의 위험을 두려워하지 않고 곧바로 스페인을 공격했으며, 결국에는 남프랑스와 이탈리아에까지 약탈 원정을 펼쳤다.

그러나 정착생활을 하게 된 독일 종족들에게 가장 위험한 적은 아라비아인들, 아니 더 제대로 말해서 사라센인들이었다. 이는 아라비아인들의 충동으로 그리고 그에 따라 생겨난 전변(轉變)으로 더 높은 문화 국가들에서 전리품과 거주지를 얻기 위해 운동을 시작한 모든 동방 민족을 중세의 문장가들이 가리키는 말이다. 당연히 사라센인들이 시간의 경과에 따라 이 문화를 받아들여서 더 확산시켜 이집트인들에 대해서는 야만인인 아라비아인들이 독일인에 대해서는 '문화의 담지자', 즉 고급 생산양식의 확산자가 되는 일도 있었다. 이는 이탈리아인에게는 야만인으로 여겨진 독일인들이 슬라브인과 헝가리인에게는 '문화의 담지자'였던 것과 마찬가지였다.

638년도에 아라비아인들은 이집트를 침략했고 아프리카의 북쪽 해안을 곧바로 정복했으며, 8세기 초에는 스페인에 나타나 이집트 침략 후 1백 년이 채 못 되어 프랑스를 위협했다. 카롤루스 마르텔루스의 승리는 서고트 제국에게 닥친 운명(711년에 이슬람세력의 침입으로 멸망—옮긴이)에서 프랑스를 구해냈다. 그러나 그렇다고 해서 사라센인들이 결코 해를 끼치지 않는 자들이 된 것은 아니었다. 그들은 스페인에 남아서 남이탈리아와 북이탈리아와 남프랑스의 다양한 지점들에 진지를 구축했고, 가장 중요한 알프스 관통도로를 점령했으며, 알프스 북편의 평원에까지 약탈 원정을 나섰다.

정주생활을 하게 된 독일 종족들은 민족대이동 중에 유럽의 대부분과 북아프리카의 일부를 차지했었다. 이제 그들은 좁은 공간으로 몰렸고, 북아프리카 지역은 거의 유지할 능력이 없었다. 부르고뉴는 10세기에 가톨릭 서양의 대략 지리적 중심이었는데, 헝가리인과 사라센인의 침입과 마찬가지로 노르만인의 침입에 희생제물이 되었다. 그리스도교 서양 민족들의 종말이 온 것처럼 보였다.

그리고 외적이 가장 강력하게 몰려들던 바로 그 시대에 국가권력의 무능은 최고조에 달했고, 봉건적 무정부 상태는 한이 없었다. 유일하게 굳건한 결속의 띠는 교황의 교회였다.

다른 많은 군주 권력처럼 교황 권력도 외적에 대한 투쟁에서는 아주 강하게 되어 내부의 적들에게도 저항할 힘을 얻었다.

일부 문화적으로 뛰어난 사라센인들에게는 오직 칼로만 맞설 수 있었다. 이슬람과 싸우기 위해 교황청은 그리스도교 세계 전체를 소집하고 조직했다. 북쪽과 동쪽에서 출몰하는 적들은 무력으로 잠깐은 내쫓을 수 있지만 지속적으로 억제해 둘 수는 없었다. 그들은 로마 교회가 게르만인들을 굴복시킬 때 썼던 것과 같은 수단으로 제압되었다. 그들은 고급 생산양식에 고개를 숙였고 그리스도교를 받아들였으며, 정주 생활을 하게 되고 그래서 무해하게 되었다.

교황청은 노르만인들에 대한 가장 빛나는 승리를 구가했다. 교황청은 노르만인들을 북쪽 그리스도교 세계의 적들 중 가장 가공할 만한 적에서 남쪽의 적에 대항하는 가장 호전적이고 활동력이 강한 전위투사로 변화시켰다.

교황청은 노르만인들과 동맹을 체결했으며, 이는 한때 프랑크인들과 체결한 것과 비슷했다. 그것은 노르만인들을 봉건적 생산양식에 편입시켰을 때 당장은 그들이 진정되지 않았다는 것에 때문이었다. 그들은 쉴 틈 없는 약탈자 민족으로 남았다. 단지 약탈 행각의 대상이 이제 달라진 것뿐이었다. 그들을 봉건 영주로 만드는 것을 통해서 봉건제에 독특한 땅에 대한 탐욕이 그들 안에서 일깨워졌고, 그들은 약탈자에서 정복자로 바뀌었다.

교황청은 이 정복욕을 그가 가장 두려워하는 적인 사라센인들에게로 돌림으로써 이를 적절히 활용할 줄 알았다. 교황청은 노르만인들의 승리로부터 많은 것을 차지했으며, 이는 노르만인들이 교황청의 승리로부터 차지한 것만큼이나 되었다. 노르만인들은 교황의 신하가 되었고 교황은 그들에게 정복지를 봉토로 주었다. 교황은 그들의 무기에 축복했고 교황의 축복은 11세기에는 큰 효과가 있었다. 교황이 강력한 교회 조직을 축복받은 자를 섬기는 위치에 두었던 것이다. 교황의 도움으로 노르만인들은 영국과 남부이탈리아를 정복했다.

교황청은 노르만인들을 자신의 신하로—물론 너무 버릇없는 신하이긴 하지만—만든 반면 동시에 슬라브인과 헝가리인은—이들 또한 교황의 신민이 되었다—억제를 함으로써 그 세력의 절정에 도달했다.

교황청은 그 내적인 적들에 승리하여 독일 황제에게 카노사의 굴욕을 강제했을 뿐 아니라 사라센인들에게 공세를 시작하기에 충분할 정도로 스스로가 힘이 세다고 느꼈다. 십자군 원정 시대가 시작된 것이다. 다음의 연도들은 흥미를 전혀 끌지 못하는 것은 아닐 것이다. 헝가리인들의 개종이 스테판 1세(997~1038) 때에 대규모로 시작되었다. 노르만인들은 1016년에 남부이탈리아에 진지를 구축했고 1053년에 교황의 봉토를 받았으며, 1066년에 영국을 정복했다. 11년 후에는 하인리히 4세가 카노사에서 굴욕을 겪었고, 1095년에는 최초의 십자군 원정이 시작되었다.

교황은 십자군 원정의 조직자였고, 노르만인들이 선봉이었다. 이들을 동쪽으로 몰고 간 것은 땅 욕심이었다. 그들은 팔레스티나, 시리아, 소아시아, 키프로스에, 아니 결국에는 그리스 제국에도 봉건 국가를 세웠다. 마지막 경우에는 '불신자'들에 대한 투쟁이란 환상도 결여되었다.

십자군의 주력은 노르만인들과 아울러 고향에서의 사회적 압박에 못 견딜 정도가 된 사람들인 봉건 영주에게 과도하게 혹사당한 농노, 거대 봉건 영주의 압도적 힘에 꺾인 하급 귀족 등으로 이루어졌다.

최초의 십자군 원정의 기병부대에서 노르만인들이 다른 모든 이보다 두각을 나타냈다. 농민부대는 독특하게 여러 몰락한 기사의 지휘를 받았다. 그들 중 한 사람은 발터 폰 하버니히츠(Walter von Habenichts: 빈털터리 발터—옮긴이)라는 별난 이름을 지녔다. 번영하는 동방에서 그들은 조국이 그들에게 주지 않은 것, 복지와 행복을 달성하기를 희망했다. 어떤 이는 정복된 땅에서 주인으로 남으려는 의도로 출정했고, 다른 이들은 풍부한 전리품을 가지고 귀환하려는 의도로 출정했다.

그러나 교황청이 동방에서 아무것도 가져올 것이 없는 분자들까지도 십자군에 나가게 움직일 능력, 아니 강제할 능력이 있었던 것은 교황청의 큰 세력을 증명해 준다. 여러 독일 황제들도 자신의 뜻에 반하여 교황의 군대에 모집이 되는 것을 받아들일 수밖에 없었으며, 교황의 야전 마크인 십자기를 달아야 했다.

3. 교황 세력의 추락

십자군 원정은 교황 세력의 정점을 뜻했다. 그러나 바로 그것이 봉건 세계와 그 군주들, 교황을 뒤흔들고 결국에는 추락하게 한 요인의 급속한 발달을 가져온 더없이 위력적인 수단이었다. 그 요인은 자본이었다.

동방은 십자군 원정을 통해 서양에 더 가까워졌고, 상품 생산과 교역은 강하게 촉진되었다. 이로써 교회는 다른 면모를 갖추기 시작했다. 위에서 기술했던, 농촌의 상품 생산 발생에 따른 토지 소유권의 발달은 교회의 토지 재산에서도 다양하게 진행되었다. 여기서도 우리는 14세기부터 농민 부담이 증가하고 공유 재산의 병탄과 농민 토지 수용이 진행되는 것을 보게 된다. 반대로 소유욕의 성장은 교회의 빈민 구제 활동을 점점 더 제한하는 작용을 했다. 과거에는 스스로 사용할 수가 없었기 때문에 기꺼이 남에게 주었던 것을 그것이 판매용 상품이 되자마자, 그것으로 사치품이나 권세를 내세울 수 있는 대상물로 전환할 수 있었던 돈을 벌게 되자마자 이제는 다시 챙겨두었다. 교회에게 빈민 부조를 하도록 강제하는 국가 법령이 공표되었다는 사실은 교회가 더 이상 그 의무를 충분한 정도로 다하지 않았음을 방증한다. 이미 영국의 리처드 2세 때에 수도원들에게 십일조의 일부를 빈민과 본당 성직자에게 사용할 것을 명하는 법률이 공표되었다(1391년).

교회가 하층 민중을 프롤레타리아화되지 않도록 보호해 주는 일을 너무 등한히 하여 그들의 분노를 사기도 했으나, 그래도 여전히 인민 대중의 빈곤화를 막는 일정한 보호벽을 쌓아 그들의 프롤레타리아화가 충분히 급속하게 진행되지 않도록 했기 때문에 교회는 부르주아 계층의 적대감을 돋우고 자초했다. 무산자는 교회로부터 빈약하기는 하지만 적선을 받던 동안에는 자본이 은혜를 베푸느냐 마느냐에 운명이 갈리지 않았다. 이 수천 명의 수도사를 길거리로 내쫓아 자본가들에게 임금 노예로 제공하는 대신에 이들이 나태한 생활을 영위하도록 허락한 것은 떠오르는 부르주아 계층의 눈에는 국민 복리에 죄를 짓는 것이었다. 발흥하는 부르주아 사회의 격언에 따르면 노동자는 살기 위해 일하지 않고 일하기 위해 사는 것인데도 교회가 수많은 봉건시대의 축제일을 고수한 것 이는 바로 범죄였다.

교회의 늘어나는 부는 모든 가진 자, 특히 대지주들과 땅 투기자들의 질투와 탐욕을 자극했다. 왕들도 자신의 금고를 채우고 '친구들'을 매수하기 위하여 교회의 보물을 탐내게 되었다.

상품 생산의 확산에 따라 교회의 탐욕과 부가 성장하는 것과 같은 정도로 교회는 경제적·정치적인 면에서 더욱 쓸모가 없어졌다. 봉건적 생산양식보다 우월한 새로운 생산양식이 도시에서 발달했으며, 도시들은 새로운 사회와 새로운 국가가 필요로 하는 조직과 사람들을 제공했다. 성직자들은 더 이상 민중의 선생이 아니었으며, 인구의 다수를 차지하는 주민이 가진 지식은 특히 도시들에서는 성직자들의 지식을 넘어서서 성직자들은 민중 가운데서도 가장 무식한 부류에 속했다. 교회가 토지 소유자로서 얼마나 쓸모가 없게 되었는지는 위에서 토지 재산에 관하여 일반적으로 이야기된 것에서 드러난다.

한편 국가 행정에 대해서도 교회는 점차 쓸모없어졌다. 물론 현대 국가의 농촌에서는 여전히 본당 신부와 이들을 포괄하는 조직을 필요로 한다. 오늘날에도 여전히 본당 성직자 계층은 낙후된 농촌에서는 행정 업무, 물론 상당히 사소한 성격의 행정 업무를 수행해야 하며, 예컨대 주민등록 업무를 운영해야 한다. 현대 관료기구가 고도로 발달한 시대에 비로소 사람들은 본당 성직자 계층을 국가적 기구로서는 완전히 폐지하거나 최소한 그들로부터 모든 세속적 행정 업무를 빼앗으려는 생각을 할 수 있었다.

16세기에는 본당 성직자 계층이 아직 필요했다. 아무도 그들을 제거할 생각을 하지 않았다. 그러나 근대의 금권에 근거를 두는 왕실은 본당 성직자 계층과 그들의 지도자인 주교에게 더 이상 굴복하려고 하지 않았고 할 수도 없었다. 성직자들은 국가 행정에 필요한 한에서는 국가 관리가 되어야 했다.

그러나 교회의 두 요소는 경제적 및 정치적 관련 부분에서 점점 더 쓸모없게 되었다. 아니 바로 제동장치인 경우가 많았다. 이 두 요소는 중세교회의 가장 중요한 구성 부분을 이루던 것들로, 수도원과 교황청이다.

전자인 수도원이 얼마나 쓸모없어졌는지는 이미 말한 것으로 간파할 수 있다. 수도원은 모든 봉건 영주가 그렇듯이 농민에게 쓸모없었다. 민중에게 선생으로서 기능을 잃었고, 빈민층의 보호자로서 존재 가치를 상실했다. 이 빈민층으로부터 수도원은 동냥한 것을 빼앗았다. 도시들에서 힘차게 번성한 예술과 학문의 수호자로서 쓸모가 없었다. 국가의 결속과 행정을 위해 쓸모가 없었다. 수도원들은 교황청의 가장 힘센 버팀목이었으나 결국 교황청의 무익함에 따라 쓸모없어졌다. 사회생활과 정치생활에서 어떠한 기능도 없이 무식하고 나태하고 거칠고, 게다가 헤아릴 수 없이 부유한 수도사들은 비천함과 방탕한 상태로 점점 깊이 빠져들었고 일반의 멸시의 대상이 되었다. 보카치오의 《데카메론》은 14세기 이탈리아에서 수도사 제도의 타락을 극히 전문적인 논문보다 우리에게 더 잘 보여준다. 다음 세기에도 사정은 나아지지 않았다. 상품 생산의 확장은 수도원의 도덕적 질병 감염을 독일과 영국에까지 이식했다.

수도원만큼이나 쓸모없어진 것이 교황 권력이었다. 그것의 가장 주된 기능으로서 그리스도교 세계를 불신자들에 맞서서 통일하는 것은 십자군 원정의 성공에 의해 제거되었다. 물론 서양의 모험가들은 그들의 점령지를 이슬람과 그리스교회의 나라들에서 지키는 데 성공하지 못했다. 그러나 사라센의 힘은 십자군 원정으로 꺾였다. 그들은 스페인과 이탈리아에서 쫓겨났으며, 서양에 대한 위험요소가 더 이상 못 되었다.

물론 아라비아인과 셀주크인 대신에 새로운 동방의 세력인 오스만인들이 등장했다. 이들은 그리스 제국을 멸망시켰고 서양을 위협했다. 그러나 공세는 이번에는 다른 쪽에서 왔다. 남쪽이 아니라 동쪽이었다. 그것은 이탈리아가 아니라 도나우 강 유역의 나라들을 가격했다.

사라센인들의 공세는 사뭇 교황청의 존재를 의문시하게 했다. 교황청은 자신의 보전을 위해 전체 그리스도교 세계의 여러 힘을 불신자들에 맞서 동원해야 했다. 반면에 투르크인들에 대해서는 베네치아인과 요한기사수도회 수도사들이 교황의 영지에 지중해의 동쪽 해역에서 방어력을 제공하던 동안에는 별로 두려워할 것이 없었다. 그러나 물론 투르크인들이 남슬라브인들을 쓰러뜨린 뒤에는 1차적으로 헝가리인들이 투르크인들의 위협을 받았으며, 2차적으로는 남독일과 폴란드가 위협을 받았다. 투르크인들에 맞선 투쟁은 그리스도교 세계 전체의 사안이 아니라 그 동쪽 요새의 국지적인 사안이었다. 이교도들과 사라센인들에 맞선 투쟁이 그리스도교 세계 전체를 교황 군주제로 응집시킨 것처럼 이제 투르크인들에 맞선 투쟁을 통해 헝가리인, 체코인, 남독일인이 하나의 국가체제인 합스부르크 군주국으로 통일되었다. 그리고 이 군주국의 주인들이 투르크인들로부터 독일 제국을 지킨 천부적인 수호자였던 것은 황제의 관이 지속적으로 그들에게 들어오게 하는 데 가장 크게 기여했다.

이미 14세기 말경에 헝가리에 대한 투르크인들의 침략이 시작되었고, 이는 이 나라의 왕 지그문트가 투르크인에 맞서 진군하도록 농기를 부여했다. 지그문트는 1396년에 니코폴리스에서 가공할 만한 패배를 당했다. 마찬가지로 큰 두 번째의 패배는 라디슬라우스 왕 때 폴란드와 헝가리 연합군이 바르나에서 당한 것이다(1444년). 1453년에는 콘스탄티노플이 투르크인들의 손에 들어갔다. 이로써 투르크인의 위험이 긴급하게 되었다. 1438년부터 합스부르크 가문이 존속한 동안에는, 즉 1806년까지는 황제의 지위가 지속적으로 합스부르크 가문에 남아 있었다. 투르크인의 위험은 필시 바이에른과 폴란드가 종교개혁 중에 황제파요 교황파의 사상을 견지한 것, 즉 가톨릭으로 남아 있었던 것에도 기여했을 것이다.

상당 기간 동안 교황청은 자신의 전통이 점점 더 실체가 없는 것으로 되어 갔음에도 그 전통을 고수했으며, 마치 투르크인들에 대한 저항을 조직하는 임무도 맡기를 원하는 것처럼 행동했다. 그러나 교황청 자신이 그 일에 갈수록 진지함을 잃었고, 교황들이 투르크인들에 대항한 투쟁을 위해 그리스도교 세계의 백성에게서 거둔 재원은 교황들 자신의 사적 용도로 점점 더 많이 쓰였다. 교황청의 세력과 그 사명에 대한 믿음은 12세기까지는 그리스도교 세계의 백성을 구원하는 수단이었으나 14세기부터는 그들을 착취하는 수단이 되었다.

교회의 중앙집권은 그 권력 수단을 통째로 교황청에 봉시하게 만들었다. 교황청의 힘은 그로써 엄청나게 커졌지만 그의 부는 상품 생산이 아직 약하고 미발달 상태로 남아 있던 동안에는 오직 조금만 증가되었다. 교회 수입의 월등하게 가장 큰 부분이 현물로 존재하던 동안에는 교황청은 그로부터 별 쓰임새를 끌어내지 못했다. 교황청은 군주들이나 주교들에게 곡물과 육류, 우유를 알프스를 넘어서 보내오게 할 수 없었다. 아직도 돈은 십자군 원정 시대 후반까지도 희귀한 물건이었다. 물론 교황들은 그들의 권력을 강화해 이탈리아 바깥에서 교회 관직을 수여하는 권한도 차지했다. 그로써 성직자 계층은 교황에게 종속되었다. 그러나 이 관직들이 사회적 또는 정치적 기능들과 결부되고 그들의 수입 대부분이 현물로 이루어지던 동안에는 관직은 일하기를 원하고 농촌을 잘 알고 그곳에 남아 있기를 원하는 사람들에게 주어져야 했다. 교황은 그 관직들을 이탈리아 안의 총애 받는 이들에게 상으로 줄 수도 없었고, 그것들을 팔 수도 없었다.

이 모든 사정은 상품 생산의 발달로 달라졌다. 교회와 군주, 민중은 이제 돈을 소유하게 된다. 돈은 쉽게 운반할 수 있고 도중에 가치를 상실하지도 않으며, 독일에서와 대략 똑같이 이탈리아에서도 사용할 수 있다. 이제 교황청의 그리스도교 세계에 대한 착취의 갈망이 자라났다. 교황청은 당연히 항상 돈의 유용성을 자기 자신의 이익을 위해 활용하려 했으며 이는 어느 계급이나 마찬가지였고, 교황청도 하나의 계급이었다. 그것은 교황 한 사람만이 아니라 특히 로마에 있는, 교황에게서 관직과 직위를 기대해야 했고, 교황청의 수입이 커감에 따라 수입이 늘어나는 성직자 계층도 포함했다. 그래서 교황청은 자신의 세력이 커가는 것과 같은 정도로 교회 기구들과 평신도 세계로부터 금납 공조를 취하려고 노력했으며 자신의 기능을 완수하고자 한 경우에는 역시 그런 화폐 헌금이 필요했다. 그러나 말한 것처럼 이 금납 공조는 원래 미미했다. 상품 생산이 만개하면서 교황들의 돈 욕심이 커졌고 그들의 착취 노력도 커진 반면에 그들의 역할은 점점 더 작아졌다.

14, 15, 16세기의 교황의 재무기술자는 현대 재무기술자만큼이나 재간이 뛰어났다. 직접 기부금은 일반적으로 작았다. 1320년에 폴란드에 부과된 교황 헌금은 별로 높은 수확을 가져다줄 수 없었다. 이미 8세기부터 로마로 보내진 영국의 교황 헌금이 더 높은 수확을 가져다 주었다. 처음에는 미미했지만 그것은 로마의 영국 성직자 학교 운영에 쓰였다—14세기에는 영국 국왕의 수입을 능가할 정도로 커졌다.

그러나 다른 재무 귀재들처럼 교황의 재무 귀재들도 착취를 적나라하게 드러내는 직접세보다는 간접세를 선호했다. 그 당시에 상업은 사람들을 속여 빼앗고 거대한 부를 빠르게 벌어들이는 가장 주된 수단이었다. 교황이 왜 장사꾼도 되면 안 되는가, 교황에게 가장 값싸게 구해지는 상품을 취급하는 장사꾼 말이다. 교회 관직과 면죄부 장사가 시작되었다.

사실상 교회 관직은 상품 생산의 발달 과정에서 아주 가치가 높은 상품이었다. 일련의 교회 기능들이 사라지거나 실체가 없거나 순수한 형식이 되었다. 그러나 이 기능들의 완수를 위해 설치된 관직은 건재했고 오히려 늘어나는 경우도 흔했다. 그들의 수입은 교회의 세력과 탐욕과 함께 성장했고 이 수입의 점점 더 큰 부분이 그 관직이 수행되는 구역 외에 다른 곳 어디에서도 써 없앨 수 있었던 화폐 수입이 되었다. 일련의 교회 관직은 이렇게 해서 단순한 화폐 수입원이 되었고, 그런 것으로 가치를 지녔다. 교황들은 자신들이 총애하는 자들에게 관직을 선사하거나 판매했다. 당연히 주로 그 주위의 사람들인 이탈리아인과 프랑스인에게 판매했는데, 이들은 이 관직에 부임할 생각이 없었으며, 특히나 관직이 독일에 있는 것인 경우에 그랬고, 자신들의 봉급을 알프스 산맥을 넘어서 보내오게 했다.

교황청은 교회 관직을 자신을 위해 활용할 다른 수단도 알았다. 예를 들어서 새로 부임한 주교가 주교 직위에 오를 때마다 교황에게 지불해야 하는 금액인 초년도 헌상성직록(Annaten)이 그런 것이었다.

거기에 죄의 용서, 사죄의 장사가 추가되었으며, 이는 점점 더 철면피한 것으로 되어 갔다. 사죄는 계속 이어졌다(종교개혁 직전에 1500, 1501, 1504, 1509, 1517년 해서 모두 다섯 번의 사죄가 있었던 것을 알 수 있다). 그 판매는 결국 청부가 되었다.

교황에 의한 착취 방법들을 적절하게 모아 놓은 것을 〈독일 민족의 고난〉(Gravamina nationis Germanicae)에서 찾아볼 수 있다. 이는 교회를 개혁해야 했던 바젤 종교회의(1431~1449)에 제출된 것이었다. 그 안에는 이렇게 적혀 있다.

1. 교황들은 그 전임자들에 의해 무조건 교부된 칙서, 계약서, 특권, 증서에 자신이 전혀 얽매이지 않는다고 생각한다. 그들은 어떠한 비참한 사람의 청원에도 즉시 취소와 효력 정지를 승낙한다.

2. 어떠한 (교회 관직) 선거도 존중되지 않으며, 어떤 사람이 미리 그 자리를 비싸게 주고 샀더라도 교황이 마음대로 주교구, 대주교직, 수석 신부직, 수도원장직을 수여한다(이 얼마나 상거래의 법칙에 대한 못된 침해인가!).

3. 독일에서 가장 좋은 성직록은 항상 로마의 추기경과 교황청 서기장에게 주어진다.

4. 교황 사무실은 자리와 성직록들에 대하여 수많은 후보자와 대기자 자격을 주어 불가피하게 그 때문에 돈을 잃는 일이 많이 생겼고 무수한 소송이 불가피하다.

5. 초년도 헌상성직록(위를 보라)은 점점 더 높아졌다. 마인츠에서는 처음에는 1만 두카텐에 달했으나 그 다음에는 2만 두카텐이 되었고 결국 2만 5천 두카텐으로 올라갔다. 이제 한 해에 주교 두 명이 죽는다면 어쩔 것인가?

6. 성직 자리를 언어도 이해하지 못하고 선량한 도덕도 갖추지 못한 이탈리아인으로 채운다.

7. 새로운 사죄를 판매할 수 있기 위해서 옛날의 오래전에 지불된 사죄를 취소한다.

8. 투르크인 십일조세를 인상하지만 그 돈을 투르크인들에 대한 원정이나 그리스인들에 대한 원조에 쓰지 않는다.

9. 온갖 소송이 모든 것을 돈으로 살 수 있는 로마로 집중된다.

이 공식적인 불평보다 덜 외교적으로 들리는 것은 후텐이 1520년에 발간한 대화록 《와디스쿠스》(*Vadiscus*)에서 교황청에 제기한 고소였다. 그것은 근세의 선동 문헌으로는 가장 빛나는 작품에 속한다. 종교개혁 시대의 교황청이 독일인들에게 어떻게 여겨졌는지를 우리에게 명확히 알려주는 결론보다 더 불을 지피는 것이 있을까? 그것은 다음과 같이 말한다.

"온 땅에서 약탈하여 가져온 것이 끌어모아져 있는 땅덩어리(로마)의 큰 창고를 보아라. 그 중앙에 저 만족할 줄 모르는 쌀벌레가 앉아서 엄청난 과일더미를 집어삼키고 있다. 그 주위에는 그의 수많은 공동포식자가 에워싸고 있으며, 그들은 먼저 우리의 피를 빨아먹고는 살을 뜯어먹었다. 그러나 지금은 골수에까지 도달해 가장 안쪽의 뼈를 부스러뜨리고 아직 남아 있는 것 모두를 으스러뜨린다. 독일인들은 무기를 잡고 불과 칼로 돌격하지 않겠는가? 이는 우리 조국의 약탈자들, 옛날에는 탐욕으로 지금은 뻔뻔스러움과 분노로 세계 최고의 민족을 약탈하고 독일 민중의 피와 땀으로 포식하고 가난한 자들의 창자로 자신들의 똥배를 채우고 자신들의 육욕을 만족시키는 자들이다. 그들에게 우리는 금을 내준다. 그들은 우리의 비용 부담으로 말과 개와 노새, 성욕 충족을 위한 하녀와 미동을 키운다. 우리의 돈으로 그들은 악행에 빠지고, 즐거운 나날을 보내며, 자줏빛 옷을 해 입고 자신들의 말과 노새에는 금으로 만든 재갈을 물리고 순 대리석으로 궁전을 짓는다. 신앙인들의 보호자로서 그들은 신앙을 태만히 할 뿐 아니라 이를 멸시하고 욕되게 하며 모독한다. 그리고 그들이 예전에 선행으로 우리를 유혹하고 거짓말과 시와 사기로 우리에게서 돈을 갈취했다면, 그들은 이제 굶주린 늑대처럼 우리를 강탈하기 위해 공포와 위협과 무력에 손을 뻗친다. 그리고 우리는 여전히 그들을 다독여 주어야 하고 그들을 찌르거나 쥐어뜯어서는 안 된다. 아니 결코 손을 대거나 만져서도 안 된다. 우리가 언제나 영리해져서 복수를 할 것인가? 옛날에는 소위 종교가 우리를 그렇게 못 하게 했다면 지금은 곤궁함이 우리에게 그렇게 하도록 몰아가고 강제한다."

여기에 이 두 증언을 아주 상세하게 기술한 것은 종교개혁을 이해하는 데 필수적인 것, 즉 이 종교개혁이라고 하는, 교황청에 대항한 항거는 본질상 착취자와 피착취자 간의 **투쟁**이지 단순한 수도사의 교리나 막연한 표어, '권위'와 '개인주의' 간의 투쟁은 아니라는 것을 명확히 보여주기 위해서이다.

우리는 봉건적 토지 소유처럼 교황 체제도 그것이 점점 더 없어도 좋은 것, 아니 해로운 것이 되는 것과 같은 정도로 대중에 대한 착취를 나날이 상승시켜 간 것을 보게 되는데 교황 체제의 경우는 봉건적 토지 소유보다 훨씬 더 먼저 그랬다. 그러다가 결국 여러 민족의 인내심이 파열되고 그들이 착취자들에게 퇴장을 명하는 순간이 왔을 것이라는 것은 명확하다.

교황들은 갈수록 경멸스럽게 되어 감으로써 멸망을 재촉했다. 이는 너무 오래 살아서 몰락의 때가 무르익은 어떠한 지배계급이든 맞이하게 되는 운명이다. 그 계급의 부가 커가는 동안 그들의 기능은 사라지며, 그 계급에게는 피착취 계급으로부터 짜낸 것을 맛있게 먹는 것 말고는 남은 할 일이 없다. 그 계급은 지적·도덕적으로 타락하며 신체적으로도 타락하는 일이 흔하다. 그들의 어리석은 낭비가 궁핍하게 살아가는 인민대중을 격분케 하는 것과 같은 정도로 그 계급은 자신들의 지배권을 유지할 힘을 잃는다. 그래서 사회에 해롭게 된 어떠한 계급이든 조만간 제거된다.

교황청은 십자군 원정 이래로 신자들에게 도덕적·지적으로 특별한 자극을 주었다.

이탈리아는 우리가 이미 알듯이 중세 동안 서유럽의 가장 부유한 나라였고, 로마 생산양식의 가장 많은 전통을 유지했다. 그 나라는 동방과 서양 간 교역의 중개자였다. 이탈리아에서 가장 먼저 상품 생산이 발생했고, 자본주의가 가장 먼저 발생했다. 그와 함께 그곳에서 가장 먼저 봉건적·교회적 사고방식에 대립되는 새로운 사고방식이 떠올랐다. 미친 젊음의 들뜬 마음으로 부르주아 계층은 모든 전통적인 한계에서 벗어났다. 경건한 신앙과 전통적 규율과 도덕, 이 모든 것이 웃음거리로 내팽개쳐졌다. 교황들은 주변의 영향에서 벗어날 수 없었다. 아니 이탈리아의 세속 군주로서 새로운 혁명적인 정신적 지향의 선두에서 행진했다. 그렇게 그들은 우리가 위에서 묘사한 정책을 그 시대의 다른 모든 군주처럼 추구했다. 부르주아 계층, 상품 생산, 상업,

나라의 위세를 진작하는 것이다. 그 반면에 교회의 수장으로서 그들은 국제적이어야 했고 교회 세력과 봉건적 생산양식의 토대를 고수해야 했다. 세속의 군주로서 그들은 혁명적 분자였고 교회의 군주로서 반동적 분자였다. 15세기와 16세기 초의 교황들에게서 우리는 두 가지 아주 다른 요소의 특별한 혼합, 젊음의 대담함과 노쇠한 음탕함의 혼합을 찾아볼 수 있다. 부상하는 계급의 특징인 전통에 대한 혁명적 경멸은 몰락을 향해 급히 가는 착취자 계급의 부자연스러운 향락 추구와 한덩어리가 되었다. 이 특별한 혼합은 우리가 다음 장에서 더 자세히 관찰할 것으로서 이탈리아의 르네상스 정신생활 전체에서 표현된다. 혁명적 요소와 반동적 요소의 혼합은 인문주의의 특징이고 또한 인문주의자 토마스 모어의 특징이었다.

혁명적이든 반동적이든 그 결과는 예절과 도덕에 관한 일체의 봉건적 관점에 단도직입적으로 역행하는 삶이었다. 그리고 이런 이완된 삶은 독일이 아직 봉건제의 마법 속에 있을 때 만개했다. 로마는 나중에 불과 수십 년 전까지 빠리가 했던 역할을 했다. 모든 세상 사람이 빠리로 순례의 길을 가듯이 종교개혁 때까지 그 비용을 마련할 수 있었던 사람은 누구나 로마로 순례를 갔으며, 많은 선량한 독일인이 그곳에서 3, 4백 년 뒤에 그의 여러 후손이 빠리에서 맞은 것과 같은 운명을 맞이했다. 그들은 라틴 계통의 '패덕'에 참여하고자 시도했으나 효과가 없었고, 숙취의 두통과 티베르 강가의 바빌론에 대한 도덕적 분개심으로 가득차서 알프스를 넘어 되돌아갔다. 후텐은 순례자들이 세 가지를 로마에서 고향으로 가져왔다고 말한다. 그것들은 나쁜 양심, 나쁜 위장, 빈 주머니였다. 3이란 숫자가 중요하지 않았다면 그는 네 번째로 매독을 들었을 것이다.

그런 '순례자들'이 '거룩한 아버지'(heiliger Vater: 교황)에 대해서 그린 상은 중세의 거룩함 개념과 잘 어울리지 않았음은 짐작이 된다. 물론 경건한 신도들에게는 로마에서 활개 치던 불신앙, 교황들이 별로 감추려 들지도 않은 불신앙이 가장 심하게 분노를 자극했다.

종교개혁이 시작되었을 때의 교황 레오 10세에 관해서는 그가 이렇게 공언했다고 설명된다. 그는 그리스도에 관한 이야기를 인정하고 싶은데 이는 그 이야기가 자신에게 도움이 되기 때문이라고 했다는 것이다. 그러나 완전히 똑같은 발언을 레오보다 2백 년 전에 살았던 보니파츠 8세가 이미 입에 담았다는 것이다. 그것은 교황의 궁정에서는 상존하는 격언이었거나 날조된 일화에서 취한 것이다. 이를 사람들이 일반적으로 받아들인 것은 그것이 교황들을 아주 잘 표현해 주었기 때문이다. 확실한 것은 레오 10세가 민중에게 웃으면서 축복을 베풀었고 그의 보좌신부에게 그 앞에서 15분 이상 강론하지 말도록 엄명했다는 것이다. 교황들이 순결 서약을 그다지 성실하게 받아들이지 않았다는 것은 자명하다. 성 나자로(1458~1530)는 교황 인노첸시오 8세에 대해 그가 로마를 압제로 황폐케 한 뒤에 자기의 자식들로 다시 인구를 채워 놓았다고 조롱했다(Ludwig Geiger, *Renaissance und Humanismus in Italien und Deutschland*, Berlin 1881, S. 261).

그러나 교황과 그 신하들이 아무리 신앙이 없었다고 해도 그들은 믿음을 그들 세력의 토대로 간주했으며 실제로 그렇기도 했다. 교황을 그리스도교 세계의 주인으로 만들었던 물질적 관계가 사라진 뒤에 이 관계에서 싹텄던 사고방식이 그의 유일한 버팀목으로 남았다. 그 사고방식은 나날이 사회적 현실과 모순에 빠져 가는 것이었다. 교황의 교회는 이 사실에 대한 무지상태에 민중을 매어두고 민중을 기만하고 우둔하게 하고 민중의 발전을 온갖 방식으로 저해함으로써만 세력을 유지할 수 있었다. 이런 동기가 교회 안의 오직 소수의 넓게 보는 자들에게 명확해졌는지 모르지만 곳곳에서 신부들, 특히 로마의 신부들에게는 신앙이 없어지자 곧 민중의 우매함을 조장하여 그들로부터 돈을 빼낼 생각이 떠올랐다. 기적을 일으키는 그림과 성유물 같은 것들로 벌이는 사기성 있는 행각이 시작되었다. 자신들의 성유물 내지 최고의 위대한 기적을 날조해내는 다양한 교회와 수도원의 경쟁은 상품 생산과 함께 생겨난 자유경쟁의 최초의 표현 형태들 중 하나였다.

경쟁과 함께 변화하는 유행의 지배도 생겨났다. 신부들은 모든 순간마다 그 명성을 아직 이용해 먹지 않은 그리고 새로움의 자극으로 인민대중을 끌어당기는 새로운 성자들을 날조해야 했다. 주의하라. 그 당시에 성유물에 속은 어리석은 자들은 만병통치요법을 가진 현대의 돌팔이 의사의 무수한 고객보다 더 어리석은 것은 아니었다. 옛 성인들이 새로 등장하는 성인들의 경쟁에 얼마나 필적할 수 없었는지는 다음의 이야기가 보여준다. 영국의 캔터베리 대성당에는 세 곳의 성당이 있어서 그리로 사람들이 순례를 갔다. 하나는 그리스도에게, 또 하나는 성모 마리아에게, 세 번째는 성자 토마스 베케트(Thomas Becket)에게 봉헌된 것이었다. 베케트는 1172년에 비로소 성자 칭호를 받았고 그의 유골은 1221년에 봉헌된 성당에 안치되었다. 새로운 성자가 옛 성자보다 교회에 얼마나 더 이익이 되었는지는 버닛(Burnet)의《종교개혁의 역사》(History of the Reformation)에서 발췌하는 다음의 계산이 보여준다. 그것은 유감스럽게도 계산 자료는 제시하지 않는다. 그것에 따르면 한 해에 그리스도에게는 3파운드 2실링 6펜스가 바쳐졌고, 성모 마리아에게는 63파운드 5실링 6펜스가, 토마스 성인에게는 832파운드 12실링 3펜스가 바쳐졌다. 그 다음해에는 그리스도에게는 바쳐진 헌금이 없고, 성모 마리아에게는 4파운드 1실링 8펜스가 토마스 성인에게는 954파운드 6실링 3펜스가 바쳐졌다. 우리는 새로 발탁된 성인이 소문난 인기스타로 알려진 것을 보게 된다.

성자 토마스로부터 나온 수입에서 교황도 자신에게 귀속되는 몫을 받았다. 그 성자의 순교는 한겨울에 있었다. 이는 순례 여행에는 최고로 불편한 시기이다. 캔터베리의 수도사들은 교황에게 기념일을 여름으로 옮기는 것에 대한 허락을 간청했다. '거룩한 아버지'(=교황)는 그 당시 오노리오 3세였는데 그는 캔터베리 대성당의 기념일 이전이 창출했을 이유에서 적당한 몫이 자신에게 보장되는 경우에만 그 승인을 해주려고 했다. 이를 둘러싸고 긴 흥정이 벌어졌다. 교황은 총수입의 절반을 원했다. 수도사들은 그런 조건에서는 비용 충당이 안 되므로 성자 사업을 계속할 수가 없다고 공언했다. 결국 교황이 양보했으며 순수입의 절반으로 만족했다(S. E. Thorold Rogers, *Die Geschichte der englischen Arbeit*, S. 284).

교황청은 불신앙의 도가 높아져 갈수록 더 열렬히 미신을 조장했다. 경건한 신앙인들이 전자에 분개했다면 자유사상가들은 미신에 분개했다.

그러나 부도덕, 불신앙, 미신에 대한 도덕적 분노는 이미 언급한 것 같이 교황청이 일개의 착취 도구, 그것도 아주 쓸모없는 단순한 착취 도구가 되어 있지 않았더라면 별로 유효한 작용을 하지 못했을 것이다. 교황청은 자신의 세력의 정점에 도달하기 전에 이미 중대한 도덕적 상태에 처했다(교황 자리에 자신의 연인들과 아들들을 앉힌 10세기의 마로치아와 그 딸들의 '창녀체제Metzenregiment'를 상기하자). 여러 민족이 교황청에서 이탈하도록 충동한 것은 그때 이후로 등장한 경제적·정치적 변천이지 도덕적 변천이 아니었다.

참으로 많은 땅들, 특히 독일 안의 땅들에서는 모든 계급이 교황청과의 연결의 끈을 푸는 데 관심이 있었다. 착취당하는 민중만이 아니라 '민족적'인 착취자들, 즉 그 나라에 있는 착취자들도 그랬다. 그들은 차라리 자신들이 챙기는 것이 좋았을 거금이 그 나라 밖으로 유출되는 것을 보고 아주 분노했던 것이다. 민족적 성직자 계층도 교회 분열에 관심이 있었다. 사실상 성직자 계층은 로마 권좌의 징세인일 뿐이었다. 그들은 민중으로부터 입수한 것 전체에서 큰 몫을 로마로 보내야 했고, 가장 수입이 좋은 성직록은 로마의 총애를 받는 신하들에게 넘겨야 했던 반면에 그들에게는 수입이 변변치 않고 일만 많은 하급의 신부 자리만 돌아갔다. 국가 생활에서 아직 일정한 기능을 수행해야 했던 바로 그 부류의 성직자들, 민중에게서 일정한 명망을 아직 누리던 세속 성직자들 바로 그들이 자신들의 이해관계에 따라 로마의 권좌에 극렬히 반대할 이유를 지니게 되었다.

교회의 중앙집권화는 교황들에게 결코 쉽게 이루어진 것이 아니었고 격렬한 투쟁 속에서 여러 나라의 교회 조직들에 강요된 것이었다. 다양한 수도회들은 세속 성직자들에게 굴레를 씌우기에 가장 효과적인 도구로 드러났다. 11세기에도 교황과 독일 주교들은 서로 적대적으로 대립했다. 이 독일 주교들은 하인리히 4세의 편에 섰던 반면, 고급 귀족들은 교황을 옹호했다. 프랑스와 영국의 교회들도 극심한 투쟁 후에야 겨우 교황의 주권 밑에 굴복했다. 그러나 로마와 다양한 민족 교회들 간의 투쟁은 완전히 중단되지 않았으며, 십자군 원정 후에 결국 다양한 민족들이 로마의 권좌와 완전히 결별하기까지 교황청의 착취가 증대한 것과 같은 정도로 점점 더 격렬한 형태를 띠어 갔다. 성직자들, 특히 하급 성직자들이 로마에 맞선 투쟁을 지도했다. 개혁자들은 성직자들이었다. 루터와 쯔빙글리, 깔뱅 등이 그들이다. 성직자 계층은 종교개혁의 투쟁이 진행되게 한 사고 형태를 제시했다.

그러나 종교개혁 시대에 교회는 옛 중세 교회와는 달랐다. 중세의 교회는 국가와 사회를 결속시킨 조직이었다. 종교개혁 시대의 교회는 단순한 국가 행정의 도구였다. 국가의 근간은 다른 것이 되어 있었다. 교회가 로마로부터 분리되면서 국가 내에서 교회의 지배권을 어느 정도까지 지속시켰던 마지막 인자인, 전통적 환상이 사라졌다. 그래서 개혁 교회의 성직자들은 도처에서 국가권력의 종이 되었다. 국가권력이 군주의 손아귀에 있는 경우에는 절대주의의 관리들이 되었다. 교회는 더 이상 인간이 무엇을 믿을지, 어떻게 행동해야 할지를 정하지 않았다. 국가권력이 교회기 가르처야 할 것을 성했다.

그리스도교 세계의 모든 민족이 교황청으로부터 이탈하는 데 관심이 있었던 것도 아니고 모든 민족의 모든 계급이 그랬던 것도 아니다. 특히 이탈리아에서는 아무도 그런 데 관심이 없었다. 상품 생산이 발달해 갈수록, 민족적 사고가 강화될수록 이탈리아인들은 교황 편이 되었다. 교황청의 지배는 그리스도교 세계에 대한 이탈리아의 지배를 의미했고, 이탈리아에 의한 그리스도교 세계의 착취를 의미했다.

합스부르크 나라들의 주인인 황제 역시 종교개혁에 아무런 관심이 없었다. 독일에서 그의 세력은 교황의 세력이나 마찬가지로 더 이상 실질적인 것이 아니었다. 이 세력이나 저 세력이나 부분적으로 동일한 환상에 근거를 두었고, 그 환상이 중단되면서 사라져야 했다. 황제에게 교황과 결별하기를 기대하는 것은 그의 자살을 바라는 것과 같았다. 황제는 합스부르크 나라들의 어지러운 혼합물의 주인으로서도 마찬가지로 종교개혁에 관심이 없었다.

가톨릭교는 그들을 결속해 주는 강력한 요소였으며, 가톨릭교의 지배 아래에서만 투르크인들에 대항한 전체 그리스도교 세계의 십자군 원정, 특히 합스부르크 가문을 강화해 주었을 십자군 원정을 기대할 수 있었다. 종교개혁과 함께 그러한 십자군 원정에 대한 희망은 사라졌다.

프랑스와 스페인의 통치자들도 교황청으로부터 이탈할 이유가 없었다. 이 나라들에서는 그 당시에 국왕 세력이 결정적인 세력이 되었다. 이 두 나라에서는 상업과 상품 생산이 이른 시기에 발달했다. 남프랑스에서 가장 빨랐다. 그곳에서는 또한 교황 권력에 대한 최초의 항거도 일어났다. 알비파 '이단'이 그들이었다. 이들은 13세기 초 피비린내 나는 전쟁에서 박멸되었다. 그러나 남프랑스의 도시공화국들에서 실패한 것이 나중에 프랑스의 국왕에게서는 성취되었다. 이미 1269년에 '성' 루이는 국사조칙을 반포했고 1438년에 샤를 7세(원문에는 6세로 되어 있다―옮긴이)가 이를 갱신하고 확장했다. 이는 프랑스 성직자들을 로마로부터 상당한 정도로 독립적으로 만들었고 그들을 국왕 밑에 두었으며, 이렇게 해서 본질상 약 1백 년 뒤에 독일 제후들이 종교개혁에서 달성한 것과 동일한 것을 이루었다. 국왕은 고위 성직의 임명에서 결정권을 가졌다. 국왕의 동의 없이 교황을 위해 돈을 거두는 것은 금지되었다.

스페인에서도 비슷했다. 1480년부터 그곳에서는 종교재판이 국왕 권력의 경찰 도구였다. 국왕 권력이 종교재판관을 임명했고, 그 제도를 자신의 정치적 목적에 봉사하게 만들었다. 스페인으로부터도 프랑스로부터도 교황은 국왕의 재가 없이 돈을 가져갈 수 없었다.

종교개혁을 일으키도록 자극을 준 면죄부 판매의 재가를 얻는 데 레오 10세는 프랑스와 스페인에 비싼 값을 지불해야 했다. 카를 5세(스페인의 까를로스 1세로서 신성로마제국의 황제 카를 5세가 되었다―옮긴이)는 175,000두카텐의 차관을 얻었다. 프랑스의 프랑수아 1세는 면죄부 수입에서 상당한 몫을 취했다. 독일의 제후들 중에는 마인츠의 제후총대주교만이 성속의 제후로서 전리품의 일정한 몫을 요구하고 차지할 만큼 충분한 힘이 있었다. 다른 독일의 제후들은 아무것도 얻지 못했고 이것이 그들을 매우 분노하게 했으며 종교개혁으로 기울게 했다.

그러나 프랑스와 스페인의 국왕들과 성직자 계층은 이 나라들의 더 높은 수준의 경제 발전에 따라 이미 종교개혁 이전에 본질상 독일의 제후들과 성직자 계층이 힘겨운 투쟁으로 쟁취한 것을 달성했을 뿐 아니라 교황 자체를 자신들의 도구로 만들고 교황의 영향력과 세력을 자신을 위해 활용하려는 생각을 할 수 있을 정도로 강력했다. 그들은 이처럼 교황과 질언하는 데 관심이 없었을 뿐 아니라 오히려 그리스도교 세계에 대한 교황의 지배권, 실은 자신들의 지배권이었던 그것을 유지하는 데 아주 큰 관심이 있었다.

14세기 초에 이미 프랑스의 왕들은 로마 교황들을 자신들에게 굴복시키는 데 충분할 만큼 강했다. 교황들은 1308년부터 1377년까지 프랑스 땅 아비뇽에 거소를 두었다. 교회의 영향력이 아니라 이탈리아와 그곳의 민족적·군주적 사고의 강화가 경제 발전을 동반하면서 결국 교황을 프랑스에서 빼내어 다시 로마로 끌어들일 수 있게 했다. 그러나 이제 프랑스인들은 이탈리아를 교황과 함께 자신에게 종속되게 만들려는 시도를 했다. 같은 시도를 스페인도 했다. 스페인의 지위는 종교개혁이 시작되었을 때 카를이 독일의 황제직을 스페인의 황제직과 겸함에 따라 가장 유리했다.

독일의 제후들이 조심스럽게 더듬어가며 교황청의 멍에를 떨쳐버리려고 시도하던 바로 그 당시에 두 거대한 가톨릭 세력인 프랑스와 스페인은 교황청에 대한 지배권을 둘러싼 맹렬한 투쟁을 벌였다. 1521년에 교황 레오 10세는 황제 카를 5세에게 굴복했고, 카를 5세는 같은 해에 루터를 독일 제국에서 추방할 것을 선언했다. 레오의 후계자 하드리아노 6세는 '황제 폐하의 피조물'이었다. 그리고 하드리아노를 이은 클레멘스 7세가 황제로부터 독립하려고 하자 이 가톨릭 신앙의 수호자는 '교황'을 치러 용병을 보내어 로마를 돌격으로 점령하게 하고 (1527년) 무섭게 황폐화시켰다.

이탈리아와 프랑스, 스페인이 가톨릭으로 남아 있었다면, 이는 사람들이 보통 그러하듯이 그들의 정신적 후진성 탓으로 돌릴 것이 아니라 오히려 그들의 높은 수준의 경제 발전 탓으로 돌려야 한다.[2] 그들은 교황의 주인들이었으며, 그를 통해 게르만의 그리스도교 세계를 착취했다. 게르만의 그리스도교 세계는 착취를 면하기 위해서 교황청에서 이탈할 수밖에 없었다. 그러나 게르만 세계는 유럽의 가장 부유하고 가장 높이 발달한 나라들과의 연결을 깨뜨리면서 비로소 이를 수행할 수 있었다. 그런 만큼 종교개혁은 야만이 문화에 맞선 투쟁이었다. 종교개혁의 선봉이 유럽의 가장 낙후된 두 나라, 스웨덴과 스코틀랜드로 넘어간 것도 우연이 아니다.

그렇다고 해서 물론 종교개혁에 대한 유죄 판결을 선언해서는 안 된다. 우리가 위의 사실을 확인한 것은 그것이 다름 아닌 독일과 영국의 최고 교양인들이 왜 종교개혁에 관해서 거들떠보지도 않았는지 설명해 주기 때문이다. 이는 종교개혁이 본질적으로 정신적 성격의 것이며, 고상한 프로테스탄트의 정신적 소양이 저열한 가톨릭의 그것에 대한 투쟁이었다고 전통적 방식으로 가정한다면 파악이 안 되는 현상이다.

그 반대이다. 인문주의는 종교개혁과 정면으로 대립했다.

---

[2] 프로테스탄트교와 가톨릭교 간의 투쟁이 많은 역사가들에 의해 '개인주의'와 '권위' 두 원리 간의 투쟁으로 신비화되는 것처럼 독일 사람들 역시 신의 은총을 받은 개인주의 민족으로 내세워지고 로만 민족은 권위의 노예로 내세워진다. 독일인들은 프로테스탄트교 성향을 타고났고, 로만인들은 가톨릭교 성향을 타고났다는 것이다. 역사적 현상을 설명하는 아주 편리한 방식이다.

제 4 장

인문주의

1. 이교도와 가톨릭교

새로운 생산양식은 또한 새로운 사고 형태를 필요로 했으며, 새로운 사고 내용을 낳았다. 정신생활의 내용은 그 형태보다 빠르게 달라졌다. 그 형태는 여전히 오랫동안 봉건적 생산양식에 부합하는 교회적 형태로 남았던 반면 사고는 이미 점점 더 상품 생산에 영향을 받아 '세속적' 성격을 띠었다.

그런데 전래된 교회적 형태가 새로운 사고방식을 오랫동안 만족시킬 수 없었다. 새로운 사고방식은 이미 그 앞에 어떤 사고 형태가 마련되어 있어서 그냥 받아들이기만 하면 되었으므로 더욱더 일찍 교회적 형태에서 이탈할 수 있었다. 이는 이미 예전에 한번 여러 가지 점에서 새로운 사고방식과 일치한 사고 내용의 표현에 쓰였던 사고 형태이다. 이 사고 형태는 고대의 이교도적 학문과 예술의 사고 형태였다.

봉건적 생산양식을 몰아낸 상품 생산은 이미 여러 번 강조한 것처럼 이탈리아에서 먼저 발전했다. 그곳에서는 고대의 로마 이교도 문화의 무수한 찬란한 유적이 보전되어 왔으며, 그 전통이 완전히 사멸한 적이 없었다. 그리스와의 번창하는 무역 교류는 이탈리아인들에게 고대 헬라 문헌에 대한 지식도 가져다주었다. 고대 헬라 문헌은 로마 문헌보다는 새로운 사고방식에 더 잘 부합했다. 정신적·물질적으로 봉건성의 속박을 벗어나려고 한 이탈리아의 상업 공화국들은 고대 상업 공화국 아테네의 문헌에서─물질생활도 여기나 거기나 큰 유사성을 보이듯이─그들의 사고방식과 많은 점에서 부합하는 사고방식을 발견하자 황홀해 하며 환성을 질렀다. 이는 모든 면에서 완성되고 극히 찬란한 형태로 표현된 사고방식이었다. 그렇지 않았더라면 새로이 부상하는 생산양식이 힘들여 겨우 창조해야 했을 것인 새로운 세계관, 새로운 학문과 예술, 그것을 14세기 이래 이탈리아에서 급속히 성장하는 생산양식의 정신적 대표자들은 중세가 고대 위에 덮었던 폐허 더미에서 그냥 파내기만 하면 되었다.

현재를 파악하고 죽어 가는 마지막 과거의 둥지에 최후의 일격을 가하기 위한 수단으로 옛것에 대한 공부가 시작되었다. 이 공부의 영향 아래에서 발달한 정신적 경향은 르네상스(다시 태어남, 즉 고대의 다시 태어남)와 인문주의(신적인 것들에 사로잡힌 스콜라 철학과 대비되는 순수한 인간적 교양에 대한 노력)라고 불린다. 첫 번째 명칭은 특히 예술에서 새로운 경향을 나타내며, 두 번째 명칭은 문학에서 새로운 경향을 나타낸다.

정말로 관념이 물적 관계들을 창출하고 그 반대는 아니라면, 고대의 관념의 소생(蘇生)으로부터 고대 사회의 소생이 생겨났을 것이다. 필시 어떤 사고방식이 인문주의자들에 의하여 고대적 사고방식이 수용된 때와 같이 그런 열광 속에서 수용된 적은 없었던 듯하다. 그럼에도 그들은 고대적 사고방식을 사실관계에 부합하는 만큼만 수용했다. 그들은 그래야 했을 경우에는 사실에 충돌하기보다는 차라리 논리에 충돌하는 입장을 취했다. 상황에 부합하는 사고방식은 엄격한 증명 없이 쉽게 옳은 것으로 받아들여지기 때문에 그 논리적 충돌에 대해 의식하지도 못하는 가운데 말이다. 그렇게 해서 인문주의의 세계관은 여러 가지 점에서 사뭇 독특한 것이 되었다.

중세에서처럼 고대에서도 상품 생산과 교역이 도시 공화국들에서 일어났다. 그러나 고대에 사회 발전의 정점이던 것이 중세 말에는 새로운 사회의 출발점이 되었다. 우리는 이미 위에서 자본주의적 생산양식의 시초가 절대군주정과 민족적 관념을 어떻게 싹틔웠는지를 살펴보았다. 그런 식으로 인문주의자들은 데모스테네스와 키케로에 대한 그들의 열광에도 불구하고 그리고 그들 중 다수가 도시 공화국들 출신인데도 불구하고 군주 아래 민족을 통일하는 것의 열렬한 옹호자들이 되었다. 인문주의의 아버지인 피렌체 사람 단테(1265~1321)는 이미 자신을 군주정체주의자요 이탈리아 통일의 열렬한 열광자라고 선언했다. 그 실행을 위해 그는 물론 독일 황제에게 간청해야 했다. 왜냐하면 교황들은 그의 시대에 프랑스의 꼭두각시였기 때문이다. 그러나 교황들은 아비뇽에서 돌아온 뒤에 이탈리아 대부분의 인문주의자들을 자기 주위에 결집해 세력을 형성했고, 인문주의자들은 이 세력에게 이탈리아의 통일을 기대했다.

인문주의자들은 대부분 발달하는 현대 국가는 인적인 수뇌를 필요로 한다는 견해를 지녔다. 그러나 그들의 견해에 따르면 국가의 행불행이 군주의 인간성에 달렸기 때문에—그리고 이 견해는 그 시대에는 상황에 의해 정당화되었다—바로 그 이유로 군주가 어떤 사람이냐 하는 것이 결코 아무래도 괜찮지 않았다. 국가에서 한 군주의 지배가 필수적인 것처럼 인문주의자들의 견해에 따르면 그늘 자신이 군주를 지배하는 것, 그들이 군주를 길러내고 지도하는 것이 그만큼 필수적이었다. 그들이 이런 관점의 결론을 어느 정도나 이끌어냈는지는 오직 군주 개개인의 인성에 달렸다. 군주는 백성들의 안녕에 필수적이지만 오직 선한 군주, 즉 인도적으로 사고하는 군주만이 그러하다. 나쁜 군주에게 저항하고 그를 쫓아내는 것, 아니 심지어 죽여서 더 나은 군주에게 자리를 만들어 주는 것은 줄곧 인문주의의 원칙에 부합했다. 물론 몇 안 되는 인문주의자만이 자신들의 가르침을 실행에 옮길 의기를 충분히 발전시켰다. 그들 중 다수는 지조 없는 아첨꾼이었다. 그러나 일반적으로 그들은 군주들을 정신적으로 지배해야 한다는 자신들의 주장을 굽히지 않았다. 싹트는 부르주아 계층의 이데올로그들은 이로써 우리가 이미 알게 된 그들의 계급 관점을 대표했을 뿐이다.

이 관점을 표현해 주는 결과로 무수한 인문주의 서적이 출간되었다. 이는 군주들에게 나라를 어떻게 세우고 다스려야 하는지 지침을 주려는 목적을 띠었다. 이런 부류의 가장 유명한 글로 마키아벨리의 《군주론》을 들 수 있다.

그런데 인문주의자들이 거기서 제기한 것은 공허한, 공중에 떠도는 주장이 결코 아니었다. 그들은 사실상 군주들이 필요로 한 세력이었고, 신경을 써서 지켜 주어야 했던 세력이었다. 군주들은 부르주아지의 물적 수단만이 필요했던 것이 아니라 그들의 이데올로그들도 필요했다. '여론'(öffentliche Meinung) 즉 도시 부르주아 인구의 견해가 세력이었으며, 그것은 인문주의가 번창한 시대와 나라들에서는 인문주의의 지배를 받았다. 그러나 군주들은 또한 새로운 지향의 지식인들을 자신들의 행정 업무에 필요로 했다. 아직 관료기구가 만들어지지 않았다. 인문주의자들이 법률가들, 고위 성직자들과 아울러 그리고 그들보다 더 잘 국가 행정을 이끌고 군주의 참모와 사신(使臣) 기능을 수행할 능력이 있던 유일한 사람들이었다.

막시밀리안 황제가 이렇게 외쳤을 때 이는 공허한 문구가 결코 아니었다. "지식인들은 다스려야 하고 종노릇을 해서는 안 될 사람들이며, 그들에게 가장 큰 명예를 돌려야 하는 것은 신과 자연이 그들을 남들 앞에 두도록 선택했기 때문이다." 독일, 특히 북독일의 군주들이 독일의 경제적 후진성에 걸맞게 인문주의를 별로 아쉬워하지 않고 인문주의자들을 극도로 인색하게 대우한 것을 제외하고 모든 군주는 가능한 한 많은 인문주의자를 자신의 궁정에 끌어들이려고 했으며, 탁월한 지식인에게는 거의 군주가 받을 영예를 주었다. 지식인들은 그 당시에 궁정에서 오늘날과는 다른 역할을 했다. 그들은 너그러운 대접을 받는 지식을 가진 신하가 아니라 군주의 초청받은 친구로 여겨졌다. 부분적으로 헨리 8세의 모어를 대하는 태도는 이런 정황에서 나온 것으로 볼 수 있다.

인문주의자들은 정치적 견해에서만큼 종교적 견해에서도 비논리적이었다. 그들이 한편으로 고대의 공화주의자들에 열광했고 동시에 군주제를 옹호했다면, 다른 한편으로 그들은 점점 더 이교도가 되었고 그러면서도 단호한 가톨릭교도로 남았다. 새로운 생산양식이 봉건적 생산양식과 대립했듯이 새로운 세계관은 봉건적 세계관과 대립했다. 낡은 생산양식이 쇠퇴할수록 인문주의자들은 일체의 전통적 한계를 더욱더 과감하게 무시했고 중세의 가족 및 결혼 형태와 중세의 종교를 조롱했다.

여성 해방은 (최소한 일정한 정도까지는) 개별 가구로부터 여성의 해방을 의미한다. 이는 최고로 번거로운 가사노동이 다시 공적 노동이 되는 것에 의해 가능하다. 그런데 이는 또한 개별 가구의 노동이 가정주부로부터 다른 여성에게로 이전됨으로써 날성이 가능하다. 이런 절차에 의해 당연히 오직 일부의 여성이 해방될 수 있으며, 여기서의 해방은 다른 여성의 노예화를 통한 것이다.

여성 노동의 공적 직업노동으로의 전환을 통한 첫 번째 종류의 여성 해방은 본질상 아직은 미래에 속하는 일이다. 그러나 두 번째 종류의 여성 해방은 이미 몇 차례 역사적 사실이 되어 있다. 지배 계급이 노동하는 계급에 대한 착취를 이를 통해 자기 계급의 남성만이 아니라 여성도 노동의 필요성에서 해방될 정도로 추구해 가자 곧 그 전제조건이 주어졌다.

그러한 착취를 통한 여성 해방의 한 예를 로마의 제정시대가 우리에게 제공한다. 오늘날의 부르주아적 여성 해방도 인문주의의 여성 해방도 같은 범주에 속한다.

개별 가구 그리고 그와 함께 일정한 정도까지는 개별 혼인도 장인과 농부에게는 경제적 필수사항이었다. 영리 기업이 그 총수인 주인을 필요로 하듯 마찬가지로 총수인 여주인을 필요로 하는 그런 잘 정돈된 가구와 결부되지 않은 농사 혹은 수공예 기업을 영위하는 것은 거의 불가능했다.

농부는 가구 없이, 가정주부 없이는 남종도 하녀도 둘 수 없었다. 마이스터는 가구 없이, 가정주부 없이는 직인을 둘 수 없었다. 왜냐하면 직인과 종들은 가정에 속했고 가부장과 같은 식탁에서 먹고 그의 집에서 살았기 때문이다.

상인에게는 사정이 달랐다. 그의 사업체는 가구와는 독립적이었다. 그에게 가정주부가 있든 없든 이는 그의 사업 영위에 별 의미가 없었다. 결혼과 가구는 그에게는 경제적 필요 요소에서부터 사치의 대상이 되었다. 그가 검소했다면 부인을 주부로서가 아니라 부유한 여자 상속인으로 취할 경우를 제외하고는 그는 도대체 결혼할 필요가 없었다. 그러나 가구가 사치의 대상이었다면, 그것을 더 잘 돌보느냐 잘못 돌보느냐 하는 것이 상인의 지출에 대단히 큰 의미가 있지만, 그의 수입에는 별 상관이 없다면 그 상인은 그의 상업 이윤이 컸던 경우에는 가구를 임시 고용인에게 맡겨둘 수도 있었다. 가정주부가 아니라 여자 상속인으로서 결혼한 여성에게는 이는 본래 자명하게 이해되었다.

그와 같이 15, 16세기에는 상업 이윤이 헤아릴 수도 없는 크기가 되었으므로 상인의 부인은—그리고 마찬가지로 도시 법률가, 의사, 관리 등의 부인도—남편이 돈이 충분히 많은 경우에는 개별 가구의 노동에서뿐만 아니라 모든 노동에서 해방되었다. 그 여자는 자신의 예전의 활동 영역에서는 멀리 있던 문제들, '비여성적'인 문제들에 몰두할 시간과 관심을 확보했다. 그러나 이 해방과 동시에 전통적 결혼 형태는 상인 집단과 인문주의자 집단에게는 점점 더 사치품이 되어 갔으며, 더 자유로운 성적 관계가 이에 따라 등장했다. 특히 인문주의의 고향인 이탈리아에서 그러했다. 혁명적 대부르주아 사회는 젊음의 객기로 가부장적 가족, 개별 혼인의 한계를 쳐부수었다. 그러나 제정로마에서처럼 여성의 해방이 그 여성이 필요한 여성 노동자로부터 쓸모없는 여성 착취자가 된 것에서 생겨났으므로 새로운 성적 생활과 활동에는 몰락하는 계급의 타락한 방종에 속하는 그 무엇도 섞여 있었다.

이것이 인문주의의 여성 해방에 그 독특한 성격을 부여한 요소들이다. 게다가 그것은 현대의 여성 해방에 비하여 많이 좁은 사회집단에 국한되었다.

현대의 부르주아적 여성 해방의 투사들이 이런 사회 변혁의 필연성을 생리적·법률적 근거들을 가지고서 특수한 역사적으로 이루어진 관계가 아니라 자연과 정의가 명하는 그 무엇으로 증명하려고 하는 것처럼, 인문주의자들은 처음에 종교에 근거를 두었다. 비록 전봉석인 교회의 가르침이 여성의 동등한 권리에 단호히 반대하기는 했지만. 예를 들어서 뉘른베르크의 피르크하이머의 누이인, 뉘른베르크의 성 클라라 여자 수도원장 카리타스는 열렬한 인문주의자로서 그의 사상은 "다른 성에게도 창조주, 구세주, 거룩하게 만들어 주는 분은 같은 분이라는 것 그리고 최고의 직공장의 손은 결코 제한받지 않는다"는 것에 근거를 두었다. "그는 은총의 열쇠를 지니며, 각자에게 그 사람의 외모를 보지 않고 자기 마음에 따라 은총을 나누어 주었다."

새로운 이교도적 사상 내용과 옛 교회적 형태와의 혼합에 특징적인 것으로는 리미니의 통치자, 무신론자인 시지스몬도 말라테스타(Sigismondo Malatesta)의 행동도 있었다. 그는 1445년부터 1450년까지 성 프란치스카에게 화려한 성당을 지어 봉헌했으며, 그 성당 안에 특별한 성인의 기념물을 두었다. 즉 그의 애인 이소타의 것이었는데, 그는 그녀가 성인으로 존경받게 되는 것을 보고 싶어 한 것이다(산 프란체스코라는 별칭을 가진 말라테스타 사원은 그의 애인 이소타에게 봉헌된 것으로 알려져 있다. 카우츠키의 서술은 오류인 듯하다. 물론 글의 논지에 영향을 주지는 않는다—옮긴이). 이 혁명적 시대의 성적 자유를 가장 열심히 활용한 자들 중에 프란체스코 포지오(1380~1459)도 속했다. 그는 성직자이고 교황의 서기로서 그에 의해 자녀로 인정받은 이를 자그마치 18명이나 남겼고 그중에 14명은 혼외 자식이었다.

성적 영역에서의 인문주의의 대담함에는 종교적 영역에서의 그것이 부합했다. 처음에는 이교도적 불신앙은 아직 교회적인 옷을 입고 등장했지만 그것은 점점 더 맨얼굴로 본색을 드러내어 그 발전이 종교개혁으로 중단되지 않았더라면 완벽하고 전반적인 (인민대중이 아닌 인문주의자들의) 무신론을 가져왔을 것이다.

인문주의자들 중에서 가장 대담한 자유사상가 중 한 사람이 피렌체 사람 루이지 뿔치(Luigi Pulci, 1432~1484)였다. 그의 희극적 영웅 서사시 《모르간떼》는 그리스도교 기사도에 대한 조롱으로 거기서 그는 한번은 가톨릭의 신앙고백을 이렇게 패러디했다.

"나는 검정색도 푸른색도 더 이상 믿지 않지만, 물론 거세한 수탉을, 삶은 것과 구운 것을 믿으며, 자주 버터와 맥주도 믿습니다. 그리고 내게 아무 것도 없는 경우에는 포도즙을 그러나 단 즙보다는 쓴 즙을 믿지만, 특히나 좋은 포도주를 믿습니다. 그렇습니다. 나는 그것을 믿는 자는 구원을 받는다는 확신을 가지고서 삽니다. 나는 장식 케이크와 과자를 믿습니다. 장식 케이크는 어머니이고 과자는 아들입니다. 그러나 진정한 주기도문은 구운 간이고, 그것은 셋, 둘 그리고 하나일 수 있을 것입니다."

그것을 쓴 자는 고위 관리이자 메디치의 로렌쪼의 친구였다. 그는 검찰에 송치되지도 않았고 파문에 처해지지도 않았다.

2. 이교와 프로테스탄트교

온건하건 광포하건 교회의 악습은 모든 인문주의자에 의해 최고로 단호한 투쟁의 대상이 되었다. 특히 수도원 제도는 그들의 공격, 그들의 조롱의 선택된 표적이었다.

그러나 이 공격이 아무리 날카로웠어도 특정한 한 가지에 대해서는 그들은 멈추어 섰다. 사실의 논리가 인문주의자들에게 사고의 비논리를 강요했다.

우리는 앞의 장에서 로만계 나라들, 특히 이탈리아의 지배계급, 착취 계급이 교황청의 세력 지위의 유지에 큰 관심이 있었다는 것을 보았다. 로만계 나라들에서 새로운 사회 세력들의 이데올로그들은 이것이 그들의 체계에 맞든 맞지 않든 이 교황적 사고를 표현해야 했다. 사실상 거의 모든 인문주의자는—중요한 자들은 예외 없이—교회 제도가 아니라 그 구성원 개인들과 교회에 충만한 정신을 공격했다. 지금까지의 교회 형태는 유지되어 남아 있어야 하고, 단지 다른 내용으로 채워져야 한다는 것이다. 교회는 모든 것을 포괄하고 전능한 기관으로 남아 있어야 하지만 인문주의적 교회가 되어야 하며, 인문주의자들이 그 사제가 (그리고 그 수입이 좋은 성직록의 소유자가) 되어야 하고 교황은 인문주의자들의 수뇌가 되어야 한다는 것이다. 교황은 인문주의자들을 통해 군주들과 백성들을 다스려야 하고, 인문주의적 목표에 기여하게 해야 한다는 것이다.

그에 대한 좋은 예시를 라블레의 텔레미텐 이상수도원이 제공해 준다. 그의 《가르강뛰아》 제52장부터 57장까지에서 라블레는 완전히 인문주의의 방향에서 설립되도록 한 환상적인 텔레마 대수도원에 대해 서술한다. 우리는 그 수도원에 대한 서술에는 모어가 《유토피아》에서 서술한 것과 마찬가지로 진지한 경향이 기초가 된다고 믿는다. 인문주의가 교회를 개혁하고자 한 방식을 그것이 우리에게 보여준다. 교회에 의한 대중의 착취를 지속해야 한다는 것이다. 텔레마 대수도원도 착취 없이는 생각할 수 없다. 그러나 수도사들 대신에 인문주의자들이, 금욕적 수도회 규율 대신에 향락과 학문의 자유가 등장한다. 《가르강뛰아》에서 발췌한 해당 문장은 인문주의를 그리고 모어의 시대에 개혁 관념이 개진된 방식을 비상하게 잘 특징지어 준다.

인문주의의 발상지인 이탈리아의 독특한 위치는 이탈리아가 친교황적 태도를 취하게 몰고 갔으며 이런 태도는 인문주의의 이론적 기초와 모순될 뿐 아니라 인문주의가 표현해 주고자 했던 로만계 나라들 바깥의 사회적 세력들의 필요와도 모순되었다. 이런 모순 때문에 인문주의는 이탈리아의 우월한 위치 점유가 중단되자 곧바로 몰락했다.

인문주의는 이탈리아에서 실제적 이해관계에 부합했지만 게르만계 나라들에서는 그렇지 않았다. 그곳에서 인문주의는 토양에 뿌리를 전혀 내릴 수 없었던 이국적인 식물이었고, 그런 상태로 남아 있었다. 그럴수록 독일 인문주의는 더욱 절실하게 모든 학문과 예술이 나온 곳인 이탈리아와의 긴밀한 연결을 필요로 했다. 이 연결이 지속되어야 비로소 인문주의자들은 특히 그들이 독일에서 지배력을 가진 것과 같이 북방의 야만 세력을 정복하고, 권력을 보유한 계급을 장악할 희망을 가질 수가 있었다. 로마와의 분리는 그들의 의도의 좌절, 문명에 대한 야만족의 승리를 뜻했다. 그와 같이 그들은 종교개혁에 반대했으며 가톨릭으로 남아 있었다. 이는 바로 그들이 새로운 학문과 예술의 지독한 반대자인 프로테스탄트교인들보다 더 높은 발전 단계에 서 있었기 때문이다.

이는 북방의 개혁자들에 대해서만 해당된 것이 아니다. 이탈리아에서의 개혁 시도 역시 반쯤 농사꾼이 된 하급 성직자들로부터 생겨났다. 예로 사보나롤라(Savonarola)를 들어 보자. 그는 한 설교에서 이렇게 말했다.

"플라톤과 아리스토텔레스가 성취한 유일하게 선한 것은 사람들이 이단자들에 반대하여 써먹을 수 있는 많은 논리를 내놓았다는 것이다. 그러나 그들 그리고 다른 철학자들은 지옥에 앉아 있다. 한 늙은 노파가 플라톤보다 믿음에 대해서 더 많이 안다. 많은 책들, 그렇지 않았더라면 쓸모 있어 보일 책들이 제거된다면 믿음에는 좋을 것이다. 그리 많은 책도 그리 많은 도리와 논쟁도 없었기 때문에 믿음은 그 이후 성장해 온 것처럼 빠르게 성장한 것이다."

이 글을 읽고서 '갈보 이성'(Hure Vernunft)에 대한 루터의 공격을 떠올리지 않을 사람이 누구 있겠는가? 신실한 사보나롤라는 교회가 그의 행동을 종료시키고 그를 이단자로 처형할 때까지 보카치오의《데카메론》수백 권을 불태우게 했다. 지식인들에게 이야기하는 불신자들이 아니라 대중을 상대로 한 신실한 자들이 교황청에 의한 착취를 위험에 처하게 했고, 그래서 화형을 당했다. 반면에 라블레와 같은 불신자들은 교회와 신앙에 대한 극히 불손한 조롱을 쏟아낸 자들로서 주교들과 교황들에 의해 보살핌을 받았다. 아니 장려를 받은 일도 적지 않다. 교황청의 가톨릭 열광주의는 신앙적 열광주의가 아니라 교회적 형태의 옷을 입은 탐욕의 열광주의였다.

그러나 독일과 영국의 지식인 이데올로그들은 위협받는 문명을 구원하기 위하여 가톨릭 편에 가담했을 때 잊은 것이 있었다. 즉 이 가톨릭 문화, 이탈리아에서의 학문과 예술의 높은 수준, 교황청의 위세는 인민대중의 무지와 착취, 전체 독일의 무지와 착취를 그 토대로 삼았다는 것, 교황청은 이탈리아에서의 학문과 예술을 촉진하기 위해 독일을 가난하고 무지한 상태로 유지해야 했다는 것, 종교개혁에서 가톨릭 문화를 타도한 것은 교황들에게 재량권이 있던 한에서는 교황들 자신에 의해 인위적으로 유지된 야만 상태였다는 것, 역사적 상황은 오직 로망스 문화에 대한 독일 야만족의 승리만이 독일을 야만 상태에서 해방하고, 독일의 경제적·정신적인 발전을 지속하게 하기 위한 길을 열수 있었다는 것 말이다.

그러나 인문주의자들은 북방 나라들에서의 종교개혁이 잠정적으로 초래해야 했던 학문과 예술의 피해만을 보았다. 가톨릭교에 가담한 이 이유에 또 하나의 이유가 더해졌다. 개혁자들은 인민대중, 민중 전체에 호소했다는 것이다. 종교개혁이 일어난 다양한 나라들에서 전체 민중은 교황청에 대하여 단일한 계급, 피착취자 계급을 이루었다. 그러나 종교개혁이 일어난 나라들(그 종교개혁이 대체로 독특했던 영국은 제외하고)은 바로 경제적으로 뒤떨어진 나라들로서 절대주의가 아직 로만계 나라들에서만큼 강하게 발달하지 못했고, 특히 농민과 기사들이 아직 상당한 힘과 거대한 자의식을 지닌 곳이었다. 종교개혁에서 가장 큰 이익을 이끌어낸 것이 역시 결국에는 군주들과 금권 세력이었지만, 이 종교개혁은 하나의 민중운동과 함께, 교황의 착취에 대항한 전체 민중의 단결된 봉기와 함께 시작되었다. 이 봉기는 당연히 교황 지배권의 추락으로 멈춰 서지 않았고, 다양한 민중계급 서로 간의 피비린내 나는 투쟁으로 이어졌다. 이는 그들의 힘을 고갈시켰고, 그래서 군주적 절대주의의 승리를 예비했던 것이다.

민중운동은 인문주의자들에게는 기겁할 일이었다. 군주에 의한 것이 아닌 다른 식의 국가 통치, 군주 개인에 의한 것이 아닌 국가에 대한 다른 영향력 행사는 그들에게는 완전히 그릇된 것으로 여겨졌다. 민중의 필요와 노력에 대해서 그들은 일반적으로 오직 약간의 이해가 있었을 뿐이며, 대부분은 아무런 관심도 없었다. 그들은 혐오감을 가지고서 내전의 온갖 참혹함을 풀어놓은 운동을 깔보았다.

이런 상황 가운데서 그들이 대부분의 게르만계 나라들에서 가톨릭교의 편을 들어 전체 민중에 대립하는 입장을 취했던 것, 그들이 개혁자들에 의해 변절자로 모욕을 당했고 모든 영향력을 상실하고 결국에는 민중 속에 그들의 활동 흔적도 남김없이 사라졌다는 것은 쉽게 설명된다. 그러나 종교개혁에 의해서 인문주의는 이탈리아에서도 치명상을 입었다. 남아프리카를 돌아서 인도로 가는 항로가 이미 발견되었고, 수에즈 운하가 개통되기 전까지 인도를 유럽과 연결해 주었던 새로운 무역로가 이미 개척되었다. 무역은 지중해 연안국들로부터 대서양 연안국들로 이동했다. 이와 동시에 교황청에 맞선 게르만계 나라들의 봉기가 일어났다. 셀 수도 없는 금액이 매년 알프스를 넘어 로마로 유입되던 것이 중단되었다. 이탈리아의 부의 원천이 고갈되었고 그와 함께 이탈리아의 정신적 위세도 바닥났다. 상업과 착취는 인문주의의 물적 토대였다. 인문주의는 그것들과 함께 사라졌다.

그러나 흔적도 없이 사라진 것은 아니다. 인문주의의 경향은 예수회 교의에서 부활을 외쳤다. 예수회 교의는 지적인, 약간 몰락한, 자신의 정신적 독립성을 빼앗긴 인문주의, 교회를 섬기도록 압력을 받고 엄격하게 조직된 인문주의였다. 예수회 교의와 인문주의의 관계는 제정시대의 그리스도교와 신플라톤주의의 관계와 비슷했다. 그것은 가톨릭교회가 인문주의를 자신의 것으로 삼아 현대화되고, 기존의 봉건적 기초와 대립하여 16세기부터 18세기까지 사회를 지배했던 토대 위에 자신을 위치시킨 형태였다. 예수회 교의는 개혁된 가톨릭교회의 지극히 가공할 세력이 되었다. 그것이 새로운 경제적·정치적 제 관계에 가장 부합하는 세력이었기 때문이다.

예수회 교의는 인문주의가 활용했던 것과 같은 수단들을 통해서 활동했다. 즉 고전 교양의 우월성, 군주들에 대한 영향력 행사, 금권에 대한 고려를 통해서였다. 인문주의자들처럼 예수회 회원들은 절대권력을 고무했지만 그들을 위해 일한 군주들의 절대권력만을 고무했다. 인문주의자들처럼 그들은 군주가 그들에게 맞지 않은 경우에는 군주 일개인의 제거를 위해 노력하는 것을 그들의 군주론적 사상과 화해할 수 없는 것이라고 보지 않았다.

그러나 돈과 관련해서 예수회 회원들은 인문주의자들보다 더했다. 그들은 새로운 생산양식의 이해를 대표할 뿐 아니라 그것을 자신들을 위해 이용했다. 예수회 회원들은 유럽의 가장 큰 상업회사가 되었으며, 세계 모든 지역에 그 회사의 지점을 세웠다. 그들은 선교사를 얼마나 출장 점원으로 잘 활용할 수 있는지 인식한 최초의 사람들이었고, 자본주의적 산업체들, 예컨대 제당공장을 해외 지역에 설립한 최초의 사람들이었다─이 대목에서 파라과이의 예수회 국가를 생각해 보자. 이는 빈사회주의적인 교활한 자들에 의해 사회주의적 선전에 맞선 허수아비로 즐겨 활용된다. 파라과이의 예수회 국가는 사회주의가 어디로 이끌어 가는지 보여준다는 것이다. 사실은 그것은 자본주의적 생산양식이 방해를 받지 않고 계속 발전해 갈 경우에 우리가 향해 가는 상황을 암시해 준다. 생산 수단과 생산물이 노동자 계급이 아니라 비노동자 계급─거기에다 외국 자본가들!─에게 속하고 노동이 노동자들에 의해서가 아니라 비노동자들에 의해서 조직되는 국가, 이는 아무튼 특별한 종류의 사회주의를 제시해 준다.

3. 불신앙과 미신

인문주의의 경향은 중세 세계관의 완전한 부정, 순전한 불신앙을 초래했다. 그 대신에 그 생애의 종말에는 그 상속자로서 중세에는 경험하지 못했던 강도를 지닌 광신이 자라났다. 그리고 이는 광신이 군게 뿌리를 내린 적이 없는 나라들에서만이 아니라 광신의 고유한 조국인 이탈리아에서도 전에 없던 것이었다.

그에 대해서 책임이 있는 것은 이탈리아의 경제적 쇠퇴만은 아니고, 믿음은 착취가 디디고 선 명분이었기 때문에 탐욕의 광분을 신앙의 광분으로 넘어가게 한, 착취하는 이탈리아인들과 착취당하는 민족들 간의 투쟁의 격화에도 책임이 있으나 그것만도 아니었다. 종교생활의 강화는 인문주의 시대가 끝나 가던 무렵 점점 더 일반적 시대상황에 또한 근거를 두었다. 종교의 한 가지 뿌리는 인문주의 시대에는 단지 조금 상했을 뿐이다. 그러나 그 두 번째 뿌리는 그 당시에 충분한 싹을 틔웠다.

종교의 지적 뿌리, 종교적 감정과 사고의 원인—이와 관련해서 종교 조직은 상관이 없다—은 초인적이고 파악이 안 되는 힘들의 존재에 있다. 그 힘들에 대하여 인간은 어쩔 도리 없이 마주 서 있으며, 그 작용을 인간은 조정할 수도 가늠하거나 이해할 수도 없다. 그 힘들은 인간의 행과 불행에 아주 결정적인 영향력을 지녀서 인간은 그 힘들과 교류할 필요를 느낀다.

이런 힘들은 자연적 힘이거나 사회적 힘이다.

원형적 공산주의에서 후자는 아무런 역할도 하지 못한다. 경제적 상황은 그것이 사회적 협동에 의존하는 한에서는 인간의 결정에 종속한다. 인간은 이 원시적 단계에서는 그만큼 더 자연에 의존했다. 그러나 인간은 짐승처럼 자연의 한 부분이라고 스스로를 느끼며 말하자면 아직 자연의 탯줄로부터 이탈하지 못했고 생각 없이 되는 대로 살아간다. 종교에 관해서 거기서는 별 말이 없다.

인간에게는 오직 완만한 속도로 기술 발달과 함께 자연을 자신의 의지에 굴복시킬 필요가 자라난다. 인간은 자연으로부터 벗어나며, 자연은 그와 다른 대상이 되어 자연에 대한 연구는 인간의 과제가 된다. 그러나 이런 과정에서 인간이 겪는 최초의 경험은 자연에 대한 자신의 무기력이다. 인간이 자연을 파악하고 그 법칙을 인식하며 자연의 힘들을 목적의식적으로 부릴 수 있게 되기까지 엄청난 시간이 흘러야 하고 긴 역사적 발전이 진행되어야 한다.

종교는 인간이 자연에 관하여 숙고하기 시작하는 순간부터 인간에게 필요하게 된다. 이는 자연과학이 발생하기까지 계속된다.

이 필요가 낳은 종교들인 자연 종교들은 그 머릿속에서 종교가 자라가는 인간들보다 명랑하고 쾌활하고 관용적이다. 그것들은 자연현상에서 공포를 불러일으키는 악마적인 존재를 보기보다는 숭고하고 신적인 것을 본다.

그러니 상품 생산의 등상과 함께 인간이 통제할 수 없는 사회적 힘들이 생겨난다. 이와 함께 종교의 두 번째 뿌리가 자라난다. 고대와 중세의 작은 공동생활체들에서는 애초에 그것은 아주 미약하다. 경제적 제 관계는 거기서는 쉽게 조망할 수 있다. 행복도 불행도 대부분이 개인 행위와 처신의 결과로 여겨지며, 초인적 힘의 개입 없이도 설명된다. 사회적 현상들이 대중현상이 되고 나서야 인간은 사회적 힘들의 현존을 인식하고 그 힘들에 대한 자신의 무기력을 의식하게 되었고, 사회적 힘들은 환상과 이해력을 포로로 잡고 종교의 성격에 확정적으로 영향을 가하게 되었다.

자연 종교들은 본질상 지방적 성격을 띤다. 자연 종교를 몰아내는 사회적 종교들은 처음부터 대중 종교, 세계 종교이다.

로마 세계제국은 그러한 종교를 위한 토양을 조성했다. 그러나 이런 종교를 초래한 사회적 여러 현상은 결코 우호적이지 않았다. 대중의 곤경, 대중의 만성질환, 이와 함께 몇몇 소수의 과도한 부자들의 탐욕과 교만, 전체 제국의 인구 감소와 몰락, 이런 상황에서 그리스도교가 생겨났다. 고뇌와 절망, 인간 증오와 피에의 굶주림이 인간을 사로잡았고, 이교도 시대의 쾌활한 신들은 소름끼치는 악마가 되었으며, 세계의 창조자요 심판자는 극히 미미한 비행도 영원한 지옥의 고통으로 처벌하는 어둡고 가차 없는 자가 되었고, 세계 전체는 집어삼킬 수 있는 자를 탐욕스럽게 찾는 마귀들로 가득 찬 지옥의 앞뜰이 되었다.

그때 원시적 게르만인들이 침입하여 생의 의욕과 기쁨의 정신으로 그리스도교 세계를 채웠다. 그들의 신들은 물론 악마들과 마귀들로 탈바꿈했지만 마귀는 그 공포스러움을 잃었다. 중세의 마귀는 기분 좋은, 해학이 있고 무해한 마귀였다. 인간이 신이 나서 더불어 장난을 치고, 인간이 놀려도 벌을 받지 않는 선량하고 바보스러운 마귀였다. 가시 면류관을 쓴 십자가에 매달린 자는 물러났고 자비로운 구세주, 선한 목자가 교회와 교회 예술의 인기 있는 형태가 되었다. 그와 아울러 성모가 있었다. 이는 독일인이 자기 아내에게서 추구하고 열망했던 온갖 매력과 온갖 기품을 풍기는 여성의 이상형이었다.

교회 교의의 형성은 이 '음침한 중세'에 중단되었고, 교회 축제의 형성은 그럴수록 더 열렬히 추진되었다. 처음 몇 세기 동안 그리스도인들은 자신들의 순교자들의 잔혹스러운 죽음에 대한 관상에 특별한 관심을 두면서 그들의 피비린내 나는 환상을 되새겼다. 지금은 순교자들의 기념일이 모두 기쁨과 환희의 날이 되었고 술판을 벌이는 평계가되었다.

우리의 자유주의적 역사가들—그들이 '자유사상가들'이라면—에 따르면 종교는 '계몽' 결핍의 결과일 뿐이다. 종교의 사회적 토대에 관해서 그들은 거들떠보지도 않는다. 그들의 견해가 옳다면, 인문주의는 민중에게서, 그것도 특히 독일인에게서 비상하게 유리한 토양을 발견했을 것이며, 인문주의의 '계몽'이 성장하는 만큼 대중의 계몽도 성장했을 것이다. 그와 달리 우리는 인문주의가 더욱 자유사상적으로 됨에 따라 민중 종교가 예전의 성격을 상실하고 로마 제정시대의 그리스도교 성격을 더욱 띠게 된다는 특이한 현상을 발견한다. 이는 당시의 경제적 변혁을 관찰에 집어넣는 경우에만 설명된다.

물론 상품 생산과 상업은 자연과학을 촉진했으며, 이는 그것들도 나름대로 자연과학에 의해 촉진된 것과 마찬가지였다. 동방과의 교역은 상품만이 아니라 태곳적 문화세계의 지식도 서방으로 가져다주었다. 그러나 종교에 대해서 이는 당장에 별 영향을 미치지 못했다.

인문주의는 본질상 고전적 아티카 문헌을 모범으로 발달했다. 거기서는 자연과학에 관해서는 가져올 것이 별로 없었다. 오직 인문주의적 교양을 지닌 학자 몇 사람이 해부학과 화학, 천문학 등 처음에 아라비아인들이 우리에게 알려준 지식 영역들에 주목했다. 이로써 자연의 법칙을 체계적으로 탐구하고 16, 17세기의 위대한 과학적 발견을 예비하게 된 것이었다. 자연과학에 종사한 그들 대부분은 새로운 생산양식의 성격에 부합하게 거두절미하고 그로부터 사적인 이익을 보려는 목적에서 종사한 것이었다. 그리고 전수된 지식이 그에 충분치 못한 경우에는 사실이 아닌 오직 옛 문필가들의 글에서의 인용문들로 토대를 삼아야 했던 사변과 가설을 구사했다.

사람들은 인간과 동물의 신체와 그 기능에 대한 탐구에 헌신한 것이 아니라 오직 인간을 건강하게 만들 몇몇 공식과 수단의 확보를 모색했을 뿐이었다. 해부학은 완만히 발전했으며, 반면에 의료 사기, 돌팔이 의료 행위는 무서운 속도로 발달했다. 인민대중이 대도시에 모여든 것, 한편에서는 사치, 다른 한편에서는 프롤레타리아 계층의 증대, 동방과의 교역 이 모든 상황이 전염병과 기타 질병의 확산을 위한 토양을 마련해 주었다. 자본주의적 생산양식과 함께 유럽에서는 (14세기부터) 동방 페스트, (15세기 말부터) 매독 그리고 독주가 확산되었다. 독주는 아라비아인들에게 일찍이 알려졌으며 프랑스에서는 12세기부터 약으로 사용되었지만 1493년에 이미 소주의 악마가 일으킨 불행을 통탄하는 시가 나왔다(Wachsmuth, *Europäische Sittengeschichte*, Leipzig 1837. 4. Band, S. 280).

화학은 의학만큼이나 풍부한 연구 성과를 냈다. 그것은 물체를 그 요소로 쪼개고 그 요소들을 조합하는 기술을 터득했다. 그것들을 그 당시에 모두가 갈망한 금속인 금의 제조에 활용하는 것보다 더 나은 것이 무엇이 있었겠는가? 화학은 연금술로 사기에 활용되었다.

천문학에 대한 지식은 인문주의와 종교개혁 시대의 지식인들 사이에서 급속히 확산되었다. 그것은 항해술에서 두드러진 실제적 용도를 발견했다. 해양 무역은 천문학이 없이는 불가능했고, 그래서 그것은 열렬히 진흥되었다. 옛날로부터 전수된 천문학의 법칙들은 그 당시에 폭넓은 집단에서 알려진 거의 유일한 자연법칙이었다. 그러나 그것은 또한 곧 계몽에 기여한 것이 아니라 착취와 미신에 기여했을 것이다. 별들의 경로를 계산할 수 있었고 또 별들이 지구에 영향을 준다는 것을 짐작하기 시작했으므로 사람들은 지상의 운명을 그 별들을 보고 예언하기 시작했다. 자신들의 미래가 불확실할수록 인간은 그것을 더욱 탐욕적으로 연구하려고 했다. 별들은 저 혁명적 시대, 아무것도 하늘 외에는 굳게 서 있는 것이 없어 보이던 시대에 그들의 위로가 되었다. 그러나 하늘도 결국에는 혁명을 맞게 된다.

점성술과 연금술, 돌팔이 의술 이것이 중세 이래로 유럽에서 자연과학들이 우선 대중에게 그리고 또한 대다수의 지식인에게 알려진 형태였다. 이런 종류의 '자연과학'은 종교적 필요를 없앨 능력이 없었다. 인문주의자들의 불신앙은 사실상 본질적으로 기존의 신앙에 대한 반발 혹은 무관심에서 나온 것이지 자연에 있는 연관관계들에 대한 과학적 통찰에서 나온 것은 아니었다. 전수된 신앙 대신에 대다수의 인문주의자들은 다른 신앙을 취했으며, 이는 흔히 다름 아닌 점성술과 신비주의적 카발라 교리였다.

이처럼 자연과학을 통해서 종교의 한 가지 뿌리가 거의 영향을 받지 않았다면, 경제 발전을 통해서는 그것의 다른 뿌리가 그만큼 더욱 강화되었다.

하층 민중 계급의 버팀목은 사라졌다. 특히 그들에게 중세의 모든 폭풍을 견디게 해주었던 마르크 조합이 사라졌다. 새로운 계급투쟁이 시작되었고, 이는 중세시대의 계급투쟁보다 더 무서운 것이었다. 중세시대에는 대체로 권리와 의무가 더 많으냐 더 적으냐를 둘러싸고 옥신각신했었다면, 이제는 발흥하는 계급과 몰락하는 계급 간의 생사를 건 투쟁이 벌어졌다. 농민에 대한 억압과 이들의 프롤레타리아화가 증가했고 궁핍함과 유민도 증가했다. 학대받는 계급을 군말 없고 위험하지 않게 만들려는 시도는 점점 더 피비린내 나고 잔혹해졌고, 고통을 겪는 자들이 멍에를 벗어버리려는 투쟁적 몸부림은 더더욱 피 튀기며 광포해졌다. 증오와 고뇌, 절망은 오두막과 궁정 안에서 일상적인 손님들이 되었다. 모든 이가 내일을 걱정했고, 어제를 탄식했으며, 오늘과 싸웠다. 전쟁은 직업이 되었고, 인간 도살은 수공예가 되었으며, 제대한 군인은 궁핍 때문에 어쩔 수 없이 평화시에 전쟁의 관행을 계속하게 되었다. 그에 의해 위협을 받은 자들은 그를 야생동물처럼 사냥하지 않을 수 없었다. 그리고 동시에 페스트와 매독이라는 죽음의 천사가 유럽 전역에서 창궐했다. 불가항력적인 사회적 힘들 앞에서 불안과 번뇌, 곤경과 항시적 근심이 도처에서 위세를 떨쳤다. 마르크 조합의 좁은 틀 안에서 작용하는 힘이 아니라 민족적 그리고 국제적 재앙의 황폐화를 일으키는 타격을 가지고 등장한 힘들 앞에서 말이다.

이런 상황의 영향 아래서 종교적 필요, 더 나은 저승을 향한 갈망, 홀로 일반의 고뇌를 종식시킬 능력이 있어 보이는 전능한 신의 인정을 향한 추구가 자라났다. 그러나 동시에 종교의 호감이 가는 밝은 색재도 사라졌다. 음침하기 짝이 없고 흉측하기 짝이 없는 측면들을 발달시킨 것이다. 악마는 다시 곳곳에서 인간에게 나타났고 인간의 환상은 악마를 가능한 한 섬뜩하게 그리는 데 매달렸다. 인간은 지상에 사는 자들에 대한 악마적인 잔인함을 띤 모습으로 지옥을 현실화하기 위해 가장 무서운 지옥의 고통을 신이 나서 안출해냈다. 거지와 부랑자에 대한 유혈 입법과 동시에 마녀 색출과 마녀 화형도 유행이 되었다.

대중 여론에서의 이런 변화는 서서히 준비되었다. 종교개혁이 비로소 이를 완전히 현실화했다. 종교개혁은 아직도 여전히 계속 작용하는 옛 민중 종교의 전통을 타파했을 뿐 아니라 그때까지 흔히 덮개 아래서 불씨를 꺼뜨리지 않고 있던 온갖 계급 대립도 갑자기 활활 타오르게 했으며, 이로써 위에서 묘사한 자본의 원시적 축적 시대의 모든 경향에 족쇄를 풀어 주었다. 미신과 광신, 잔인성과 피에의 굶주림이 광적인 높이에까지 도달했다. 농민전쟁부터 베스트팔렌 평화조약 때까지(1525~1648) 유럽은 그 입원자들이 온갖 한계에서 완전히 벗어나 있는 정신병원과 같았다.

이 세기에 다양한 프로테스탄트 신앙고백과 그리고 또한 예수회와 트리엔트 종교회의의 가톨릭교 같은 우리가 오늘날 종교로 알고 있는 것이 형성되었다. 봉건시대의 옛 가톨릭교—민중에 의해 실행된 가톨릭교를 말하는 것이지, 교황청의 가톨릭교를 말하는 것이 아니다—는 사라졌다. 오직 여기저기 동떨어진 가톨릭 산촌 마을에서 게르만화된 그리스도교의 호탕함과 생의 의욕에 대한 희미한 회상물을 발견하게 된다.

18세기의 계몽 인사들은 한편으로 그들과 민중 사이에 그리고 또 한편으로 그들과 왕실 사이에 위치한 새로운 종교를 그들의 가장 위험한 적이고 그들의 가장 큰 장애물로 여겼다. 이 새로운 종교에 대한 투쟁 속에서 계몽사상이 자랐다. 계몽철학의 길을 따른 역사가들은 이 종교의 모형에 따라 모든 종교 그리고 모든 세기의 그리스도교를 묘사했다. 그리스도교 초창기의 성격과 종교개혁 시대 그리스도교의 성격이 두드러진 유사성을 보이고 이 양자 사이에 놓인 중세의 민중 종교에 관해서는, 특히 가장 보기 좋게 꽃을 피운 시대의 그것에 대해서는 오직 희미한 소식들만이 남아 있기 때문에 중세의 게르만-가톨릭적 민중 종교를 그만큼 더 쉽게 오해할 수 있었다.

그러나 이런 오류에 고착되어서는 중세에 대해 완전히 그릇된 판단을 하게 된다. 그것은 또한 특히—그리고 이는 이 글의 설명의 이유이기도 한데—토마스 모어에 대해 완전히 비뚤어진 파악을 하게 한다. 볼떼르는 이런 비뚤어진 파악에 도달했다. 그에게는 모어가 가톨릭교를 완강하게 집착했기 때문에 편협하고 광적인 야만인으로 여겨졌다.

모어는 가톨릭교의 순교자로 죽었다. 그를 이해하려면 우리는 그가 귀의한 종류의 가톨릭교를 정확히 알아야 한다. 그래서 옛날의 봉건적인 민중 가톨릭교가 현대의 예수회 가톨릭교와 어떻게 완전히 달랐는지 항상 염두에 두기 바란다. 모어는 온전히 가톨릭인이던 한에서는 전자의 마지막 대표자의 한 사람이었다. 위선자도 곡을 하는 자도 아니고 눈을 속이는 자도 비열한 자도 아닌 가장 좋은 말뜻에서의 사나이였다.

우리는 모어가 성장한 역사적 상황에 대해 일반적으로 알아보았다. 이제 우리는 모어가 활동했던 특수한 상황 속에서 그에 대해 알아볼 것이다.

제2부

토마스 모어

제 1 장

토마스 모어의 전기

1. 윌리엄 로퍼

　최초의 현대적 사회주의자의 생애를 묘사하려고 하는 사람은 자료의 부족에 대해서는 정말로 탄식할 일이 없다. 그는 앞에 길게 줄지어서 있는 선행자들의 작업을 활용할 수 있는 것이다. 그러나 그가 곧 발견하게 될 것은 지금까지 서술된 거의 모든 모어의 전기가 뭔가 향냄새를 풍기고, 개중에는 짙은 향냄새를 풍기는 것도 많다는 것이다. 이는 감사하는 마음으로 후세가 볼 때 인류 발전에 특별히 기여한 사람들에게 바치는 향불 냄새가 아니라 가톨릭교회가 신자들의 사고를 흐리게 하기 위해서 그들의 성인들에게 봉헌하는 향불 냄새이다.

　모어는 자신의 눈앞에서 벌어진 교황주의와 프로테스탄트 사상 간의 큰 투쟁에서 자기 입장을 취했다. 그는 전자의 편에 섰으며, 자신의 신념을 위해 죽었다. 가톨릭교는 종교개혁 시기부터 위대한 사상가들에 대하여 미친 영향력이 미미하여 유명한 인문주의자들이 자신의 편이라고 애써 주장하지 않을 여유가 없었다. 모어는 가톨릭의 순교자, 성인이 되었지만 물론 최근까지만 해도 오직 반(半)공식적으로 그랬을 뿐이다. 1886년이 되어서야 그는 공식적으로 복자의 칭호를 받았다. 그러나 그의 죽음 이후로 신앙인들은 그를 성인으로 존경해 왔으며 이는 그에게는 큰 결점이다. 혹은 최소한 그의 전기에 대해서는 그러하다.

모어는 1535년에 사망했다. 그에 대한 최초의 전기는 약 20년 후 (1557년경일 개연성이 있다) 그의 사위인 윌리엄 로퍼라는 가톨릭 교인에 의해 작성되었다. 이는 헨리 8세의 딸 '피비린내' 나는 매리(Mary)의 통치하에서 작성된 모어를 정당화해 주기 위한 글이었다. 이때는 이 군주가 초래한 교회 분열에 반대한 가톨릭의 거센 반동의 시기였다. 전기 작가의 불편부당성은 그러한 상황하에서는 기대하기가 힘들다. 그럼에도 로퍼는 우리가 판단할 수 있는 한에서는 시대적 상황이 그에게 종용한 것, 즉 모어를 성자로 여겨지게 하는 시도에 저항한 만큼은 최소한 불편부당성을 지키는 데 성공했다. 단순하고 꾸밈없이, 아니 건조하게 그는 완전히 정직하게 전설이 아닌 오직 사실만을 전달한다. 그리고 그는 믿을 만한 서술을 제공할 수 있는 위치에 있었다. 그는 이를 그의 글 서론에서조차 이야기한다. "나 윌리엄 로퍼는 모어의 사위(물론 대단히 못난 사위)이자 그의 큰딸[3]의 남편으로 그와 그의 행적에 관해 나보다 더 잘 아는 사람을 알지 못한다. 나는 16년 동안이나 계속해서 그의 집에서 살았던 것이다."

로퍼는 모어의 생애에 관하여 가장 비중 있고 가장 신뢰할 만한 출

---

[3] 마가레트(Margarete). 로퍼는 그녀와 1521년에 결혼했고 그녀가 죽고 난 뒤 33년이 지난 1577년에 사망했다.

처이다. 그러나 그를 신뢰성 있게 만드는 바로 그 특성늘이 우리가 그로부터 모어에 대한 오직 제한된 지식만을 얻도록 작용한다. 그의 무미건조한 성격은 그가 열광적 황홀감에 빠져 전기의 주인공을 초인적 존재로 묘사하는 것을 막아 주었다. 그러나 그것은 또한 모어의 의미를 파악하고 그에 대한 특징적인 사실을 이야기하는 것조차 막았다. 우리는 로퍼가 설명하는 것을 옳은 것으로 대체로 받아들여도 좋다. 최소한 그에게서 결정적인 오류를 발견하지 못했다. 오직 연표상으로만, 모어에 대한 최초의 전기 작가들이 그런 것처럼 아주 잘못된 데 발을 딛고 있다. 다양한 사건들이 그에게는 시기에 대한 언급 없이 서로 뒤엉켜서 흘러가며, 그는 한 번도 모어의 생년을 말한 적이 없다. 그러나 그가 이야기하는 것 대부분이 옳기는 하지만 그는 우리가 알고자 하는 것 모두를 설명하지는 않는다. 로퍼의 전기에만 의존한다고 할 때 우리는 예를 들어서 모어가 《유토피아》를 썼다는 것조차 모를 것이다. 그러나 모어의 재판은 로퍼에 의해 아주 상세하게 묘사된다.[4]

2. 스테이플턴

그 다음으로 모어의 전기를 쓰기 시작한 사람은 캔터베리의 부주교 니콜라스 합스필드(Nicholas Harpsfield)로서 그 역시 '피비린내 나는 매리' 치하에서 로퍼 다음으로 집필했다. 그의 저작은 인쇄되지 못했다.

---

[4] 그의 글의 제목은 다음과 같다. 《사위 윌리엄 로퍼가 쓴 토마스 모어 경의 생애》(*The Life of Sir Thomas More*, written by his son in law William Roper). 그 모토로는 "이 기호 아래서 너는 이기리라"(*In hoc signo vinces*)라는 글이 적혀 있는 십자가가 붙어 있다. 《유토피아》의 '피트-프레스 시리즈' 영어판(Cambridge 1885)에는 1716년의 Hearnes판에 따른 이 전기 판본이 첨부되어 있다. 이후에 나오는 로퍼의 책 면수는 이 판본에 따라 붙인 것이다.

한 예수회원이 아직도 보전되는 사본을 숨겨 달라고 의뢰한 것을 맡아 보관한 브리지트(Bridgett)는 합스필드가 로퍼 외에는 오직 모어의 글들을 스스로 활용했으며 우리는 그로부터 어떤 의미 있는 새로운 것도 알아내지 못한다고 전한다.

합스필드 부주교의 뒤를 이은 것은 스페인의 도미니코 수도사 루도비쿠스 파코이스였다. 그는 1560년에서 1570년 사이에 집필했지만 그의 저작이 완성되기 전에 사망했다. 우리는 물론 그 때문에 많은 것을 잃은 것은 아니다. 그 당시에 스페인의 도미니코 수도회원이 영국의 인문주의자들에 관해 무엇을 알 수 있었겠는가? 신자들의 소문에 불과할 뿐인 것을!

이 두 성직자는 성 토마스 모어의 순교를 찬양한 가톨릭 사제들의 긴 대열을 열었다. 우리가 위에 언급한 두 사람을 제외한다고 할 때 그들 중에서 가장 탁월하고 또 시기적으로 첫 번째인 사람은 1535년 모어가 사망한 해 사망한 달에 서섹스에서 태어난 토마스 스테이플턴이다. 그는 가톨릭 사제가 되었으며, '피비린내 나는 매리' 치하에서 치체스터에서의 주교좌성당 참사회원 지위를 얻었고, 영국에서 엘리자베스 여왕 재위 때 가톨릭 박해가 시작되자 영국을 빠져나가 두에(Douai)에서 신학 교수가 되었고 그곳에서 1588년 사망했다. 그해에 두에에서는 세 사람의 토마스, 토마스 사도, 성 토마스 베케트 그리고 토마스 모어에 관한 그의 전기가 출간되었다.[5] 마지막 사람에 대한 전기(vita

---

[5] 우리는 이 저작의 1612년 쾰른판 *Tres Thomae, seu res gestae S. Thomae Apostoli, S. Thomae, Archiepiscopi Cantuariensis et Martyris, Thomae Mori, Angliae quondam cancelarii. Autore Thoma Stapletono.* Coloniae Agrippinae 1612, 382S(gewidmet dem Abt »Hermanno Mayero«)를 사용하였다. 이 전기에 대한 좋지 않은 프랑스어 번역판도 있는데, 이는 A. Martin이 감수한 것으로서 Audin의 주석과 해제가 붙어 있다(그중에서 제일 잘 된 부분은 Rudhart의 "Morus"에서 베낀 것이다): *Histoire de Thomas More,* par

et illustre martyrium Thomae Mori)가 그 책의 3분의 2를 차지한다. 그것은 "하느님의 고귀한 영예와 독자의 교화를 위해서" 작성되었다. 사실상 그것은 경건 서적이지 역사서가 아니며 그 성격상 사뭇 복음서를 생각나게 한다. 복음서 저자들처럼 스테이플턴도 그의 선행자인 로퍼와 마찬가지로 모든 시기 표시를 애써 피했다. 그는 이를 아무것도 말해 주지 않는 허사 '언제는', '그런 후', '후에' 등으로 대체했다. 그러나 역사적 경과를 제시할 것이 아니고 일화, 전설, 기적 이야기가 뒤범벅된 것이라면 시기 표시는 해서 무엇 할까! (그중 일부는 전혀 모어에 관한 것이 아니고 다른 '신앙인들'에 관한 것이다.)

거기서 전설의 성장을 명확히 추적할 수 있다. 로퍼도 이미 모어의 기적 이야기를 했다. 그러나 더 자세히 들여다보면 그 이야기들은 기적적인 성격을 상실하고 아주 무미건조해진다. 우리는 보도된 사실이 실제로 생겨났다고 자신 있게 가정할 수 있다.

예를 들어 그는 다음의 설명을 한다(S. XVIII, XIX): 하느님은 모어가 덕이 있고 경건했기 때문에 명백한 기적을 통해 그의 특별한 은총을 모어에게 입증해 주었다. 로퍼의 배우자인 마가레트는 영국 다한증(sweating sickness)으로 심하게 앓았다. 의사들은 그녀를 포기했었다. 그들은 성공을 장담할 수 있는 어떤 수단도 더 쓸 수가 없었다. 그때 모어는 기도실로 들어가 전능한 신에게 간절한 기도를 올렸다. 그러자 이 신이 기도를 들었고 그를 깨닫게 해주어 관장을 하면 그 딸을 살릴 수 있다는 생각이 들도록 했다. 모어는 자신의 영감을 그 순간 의사들에게 이야기했고 의사들은 구제가 가능하다면 이는 오직 이 수단을 통해서 될 수 있을 것이라고 토로했으며, 그들에게는 왜 이 생각이 미처

Stapleton, Paris 1849.

떠오르지 못 했는가 의아해 했다. 그 수단이 사용되었으며, 마가레트는 나왔다.

그러한 단순한 기적은 그 신학 교수 양반을 만족시키지 못했다. 하인들의 수군댐과 비슷한 권위를 지닌 출처에 의존하여 그는 기적적인 행실이나 징조나 꿈 같은, 로퍼가 그의 전기를 쓴 이래로 모어에 대한 추억을 풍부하게 해준 것들을 끌어 모았다. 스테이플턴이 활용한 출처에 걸맞게 이런 이야기들은 터무니없이 천박했고 단순했다. 이것이 그 저자에게는 한 가지 좋은 점도 되었으니, 이는 사람들이 그가 그 이야기를 꾸며냈다고는 생각하지 않는다는 점이다. 우리는 최소한 16세기의 가톨릭 신학에 대한 존경심에서 그러면 더 그럴듯하게 꾸며냈을 것이라고 가정하고자 한다.

예를 들어서 다음의 '기적'은 얼마나 멍청한가. 모어의 죽음 후에 마가레트는 자신의 모든 돈을 가난한 사람들에게 주어 이로써 자신의 아버지의 영혼을 위해 기도했다. 그녀가 그의 시신을 장사지내려고 했을 때 당연히 수의를 살 돈도 없었다. 어떻게 할까? 좋은 생각이 떠오르지 않았다. 결국 하녀의 한 사람이던 해리스 부인이 근처의 수의 상인에게 가서 수의를 외상으로 팔지 않겠냐고 타진하려고 결심했다. 이 얼마나 감격스런 일이란 말이냐! 장의사에 도착했을 때 그녀의 돈주머니에 정확히 수의 값만큼의 돈이 1페니도 더 있거나 덜 있지 않은 채 맞아떨어진 것을 발견했다! 스테이플턴이 이 현찰기적을 설명할 때 의존한 권위는 마가레트의 하녀인 도로시 콜리(Dorothea Colly)이다. 로퍼조차 이에 대해 극히 희미하게나마 언급하지 않았다는 것이 그에게는 조금도 불편하지 않았다.

이 모든 것에도 불구하고 스테이플턴은 로퍼 다음으로 모어의 전기를 위한 가장 중요한 출처이다. 그는 모어의 문필 활동에 대해 더 상세히 파고들었다는 점에서 로퍼를 보완한다. 그리고 또 가지가 있는 풍부한 자료를 특히 모어와 그의 동시대인들의 서한으로부터 열심히 모아들인 것으로 유익한 기여를 한다. 물론 우리가 그 저자의 관점을 결코 공유하는 것은 아니지만 말이다.

3. 크레사커 모어와 기타

로퍼, 스테이플턴과 아울러 흔히 모어의 생애에 대한 주요 전거(典據) 기록자로서 세 번째로 언급되는 사람이 그와 동명인 증손자 토마스 모어이다. 그는 1625년 로마에서 사망한 가톨릭 성직자로서 그의 유품 중에 자신의 증조부에 대한 전기 원고가 발견되었다. 이는 1627년에 런던에서 출간되었다. 그 전기는 찾는 사람이 많았고 곧 품절이 되어 1726년에 무명의 인사에 의해 새로 간행되었다:《기사, 헨리 8세 때 영국의 수상이자 프랑스 및 독일 궁전에 파견된 폐하의 대사 모어 경의 생애》. 증손자 토마스 모어 귀하 지음(*The Life of Sir More, Knight, Lord Chancellor of England under King Henry the Eight and his Majestys Embassadour to the courts of France and Germany.* By his great Grandson Thomas More Esq. London 1726. XXXI und 336S). 이 간행물은 발간자의 주석 때문에 아주 쓸모가 있다. 우리는 그 발간자가 저자보다 더 철저하고 더 양심적이고 더 이성적이라고 여긴다. 독일어 번역은 1741년 라이프치히에서 다음과 같은 제목으로 나왔다:《토마스 모어 경의 생애 등, 콜레트와 에라스무스의 생애 발간자에 의해 독일어로 번역되고 라이프치히 대학 교수 크리스티안 고트리프 외허스 박사의 서문이 붙음》. 최신판은 조세프 헌터가 발간한 다음 저서이다:《증손자 크레사커 모어에 의한 토마스 모어 경의 생애, 전기적 머리말, 주석 기타 삽화 포함》(*The Life of Sir Thomas More, by his great Grandson Cresacre More, with a biographical pref-ace, notes and other illustrations*. London 1828. LXIV und 376S). 서론에서 헌터는 다음과 같은 타당한 지적을 하고 있다. 영국의 가톨릭 교인들이 자신들의 시대가 돌아왔다고 믿었을 적마다 모어의 전기가 하나씩 나왔다. 로퍼의 것이 '피비린내 나는 매리' 치하에서 나왔고, 스테이플턴의 전기가 1588년 스페인의 무적함대가 영국을 위협했을 때 나왔고, 크레사커 모어의 것은 찰스 1세 치하에서 이 왕이 가톨릭교인 공주인 프랑스의 앙리에드 마리와 결혼한 직후에 나왔다(S. LXII). 그러나 같은 서문에서 헌터는 이 전기에서 그 저자가 자기 스스로에 대해 행한 언급 때문에 토마스가 저자일 수 없으며, 그 전기는 그의 동생 크레사커 모어가 쓴 것이라는 확신이 들었다고 밝힌다. 이 확신과 관련 언급은 완전히 부합한다. 그래서 우리는 물론 크레사커를 저자로 간주해도 좋다. 그 의문은 게다가 별로 중요하지 않다. 크레사커는 토마스와 마찬가지로 열성적인 가톨릭교인이었다.

마지막에 언급한 전기는 가장 많이 이용되는 것이며, 사람들은 실제로 그것이 최선의 전기임이 분명하다고 생각하는 것 같다. 그 저자가 증조부를 몸소 알던 사람들의 구술과 함께 가족 서고를 활용할 수 있었고 그뿐 아니라 거의 한 세기의 역사 연구 결과물을 활용할 수 있었다는 것이다. 그가 가족 구성원에 대한 정확한 사실적 지식과 높은 관점에서 사건들을 관찰하는 역사가의 폭넓은 시각을 결합시킨다는 것이다. 이는 전혀 사실과 다르다. 크레사커 모어는 그가 서론에서도 말하듯이 스테이플턴처럼 자신과 다른 사람들의 교화를 위해 저술했다. 진실의 탐구가 아니라 사람들에게 감동을 주는 작용을 가하는 것이 중요했으며, 이 목적을 위해서는 너무 많은 작업을 하는 것은 대단히 낭비적이었다. 책 전체는 스테이플턴과 로퍼의 전기에서 파렴치하게 표절한 것이다. 그는 어떤 때는 여기를 또 어떤 때는 저기를 베꼈고 한 번도 양심껏 베낀 일이 없이 날림으로 베꼈고 여러 번 큰 실수를 했다. 이는 1726년 판본의 간행자가 크레사커 모어의 모든 문장을 이에 상응하는 스테이플턴과 로퍼의 문장들과 비교하는 수고를 하면서 증명한 바와 같다.

크레사커 모어의 독창적인 공적은 스테이플턴의 책이 나오고 나서야 가톨릭의 기적 소문의 범주에 등장한, 그래서 그 신학 교수의 저작에서는 빠진 몇 가지 일화에 국한된다. 그러나 그것들은 스테이플턴의 것보다 더 투박하다.

하나의 예만 들어 보자. 두 형제가 모어의 치아를 탁자 위에 놓고 양편에서 내려다보고 있었다. 둘 다 마찬가지로 그 값나가는 성유물을 차지할 욕심이 있었다. 그 복 받은 순교자는 그 곤란함을 세상에서 가장 간단한 방법으로 풀었다. 두 형제가 크게 놀라도록 갑자기 그 치아가 쪼개졌고, 탁자 위에는 치아가 두 개 놓여 있었다(a.a.O. S. 304). 유감인 것은, 복제된 뼈가 사람에게서 단 하나만 있는 뼈, 가령 아래턱뼈는 아니었다는 것이다. 아래턱뼈가 둘 있는 성인은 서른세 개의 치아를 가진 성인보다 더 큰 기적이었을 텐데.

크레사커 모어의 책은 조금의 가치도 없다. 그럼에도 그것은 토마스 모어에 관하여 가장 많이 이용되는 전거가 되었다. 그 책은 로퍼와 스테이플턴으로부터 뽑은 아주 쓸 만한 발췌문도 제공하며 스테이플턴의 저작보다 거의 더 확실하게 기도서 형식으로 집필되었다.

뒤를 이은 대다수의 모어에 관한 가톨릭 계통의 전기들은 우리가 아는 한 크레사커 모어의 책에 대한 다소 불량한 고쳐 쓰기에 불과하다. 독자는 우리에게 모어에 관하여 17세기 이래로 나온 가톨릭 문헌 전체를 섭렵하라고는 거의 요구하지 않을 것이다. 우리의 사회주의자에 관한 인식에 어떠한 보탬도 그로부터 기대할 수 없었다. 되는 대로 추려낸 몇 가지 예만 보아도 이를 짐작하고도 남는다.

프로테스탄트교 문헌도 중요한 모어 전기를 어떤 것도 제시한 바가 없다. 케일리(Caley)의 책은 전기에 관한 한 그 어떤 두드러진 업적도 못 된다. 그 책은 모어의 최선의 문필적 창작물들을 대중에게 친숙하게 만든 점에서 큰 가치를 갖게 되었다.[6]

모어에 관한 세 사람의 언급된 전거 문헌 저자 외에 딴 네 사람의 전기 작가들이 언급할 가치가 있는 것으로 여겨진다. 가톨릭교의 **루드하르트**(Rudhart)와 **브리지트**(Bridgett) 그리고 프로테스탄트교인 **시봄**(Seebohm)과 **허튼**(Hutton)이 그들이다. 루드하르트[7]와 시봄[8]은 자신들의 특정한 신앙고백적 관점을 드러내고 남을 만큼 종교적이면서도, 두 사람 모두 그 때문에 시야를 흐리지는 않을 만큼 신앙고백적 편협성을 넘어서고 있다.

루드하르트는 남독일의 지식인이었고, 영국에는 가본 적이 없는 것 같으나 괴팅겐에서 모어에 관한 수많은 자료를 발견하여 이를 잘 활용했다. 그는 모어를 그의 업적의 모든 측면에서 묘사하려고 했으며, 그의 전기 작가들의 보도를 동시대의 다른 자료에 비추어 경우에

---

[6] Arthur Cayley the younger, *The memoirs of Sir Thomas More*. 2 Bände. London 1804.

[7] Dr. Georg Thomas Rudhart, *Thomas Morus. Aus den Quellen bearbeitet*. Nürnberg 1829. X und 458 Seiten.

[8] Frederic Seebohm, The Oxford Reformers of 1498. *Being a history of the fellow work of John Colet, Erasmus and Thomas More*. London 1867. XII und 434 Seiten. 2. Auflage 1869. XIV und 551 Seiten. 이 책의 초판이 나오자마자 모어의 생년을 짐작할 수 있게 하는 원고가 발견되었다. 그래서 이 책의 연대 전체와 가설의 상당 부분이 효력을 잃게 되었다. 시봄은 급히 개정판 작업을 하고 초판을 회수해 들였다. 이 책의 발췌문은 일부는 초판, 일부는 개정판에서 가져온 것이다. 개정판을 뒤늦게 발견했기 때문이다.

따라 확인하거나 보완하거나 혹은 바로잡으려고 했다. 그는 물론 모어의 의미를 파악할 능력은 없었다. 그의 관점은 편협하고 옹졸하다. 그러나 그것은 양심적이고 부지런하고 정직한 작업으로서 독일 학계가 아직 출세영달주의의 만연으로 몰락하지 않은 18세기 전반의 한 독일 지식인의 작품이다. 우리는 수많은 귀중한 지침을 준 데 대하여 루드하르트에게 감사해야 한다.

시봄은 모어를 지금까지 별로 탐구되지 않던 측면, 곧 그 시대에 영국에서 활동하던 다른 두 인문주의자인 콜레트(Colet)와 로테르담의 에라스무스와 협력하던 인문주의자로서의 모어를 고찰한다. 그 서술은 콜레트가 죽은 1519년까지만 다룬다. 그로써 사실상 영국에서 인문주의는 끝난다. 그것은 종교개혁에 자리를 내주고 물러난다. 모어가 어떻게 온 힘을 다해 가톨릭의 대의를 옹호하게 되었는가 하는 의문은 그 책에서는 더 이상 다루지 않는다. 그러나 물론《유토피아》는 여전히 시봄의 관찰 범위에 들어온다. 그럼에도 루드하르트나 그때까지의 다른 어떤 모어 전기 작가나 마찬가지로 그는 이 책을 두고 어찌해야 할지 몰라 했다. 루드하르트에게《유토피아》는 농담으로 여겨졌으며, 시봄은 그것을 진지하게 받아들였으나 주안점을 그 안에 깔린 그리스도교적 철학에 두어 이를 가능한 한 프로테스탄트교적이고 무미건조하게 재현한다. 그 공산주의적 성격을 그는 한 번도 주목하지 않거나 주목하지 않으려고 한다. 왜냐하면 그는 그런 성격에 대해 완전히 당혹스러운 것으로 보기 때문이다.

끝으로 우리는 앞의 책의 초판 후에야 비로소 발간된 최근의 모어 전기도 기억해야 한다.[9] 그 저자는 두 명의 성직자이다. 그중 한 명은

---

[9] Rev. T. E. Bridgett, *Life and Writings of Sir Thomas More, Lord Chancellor of England and Martyr under Henry VIII*. London 1891. XXIV und 458 Seiten.

T. G. 브리지트(Bridgett)로서 거룩한 구세주 회중(Congregation of the most Holy Redeemer)의 회원이다. 그는 1886년에 시복된 그 가톨릭 순교자를 기리기 위하여 그의 저서를 찬술했다. 그는 현대 학문의 도구를 가지고 작업했다. 특히 연표에 관해서 그랬으며 거칠기 짝이 없는 망발과는 거리를 두었다. 그러나 모어에 관한 역사적 이해에 있어서는 그에게서도 볼 것이 없다. 모어의 사고가 특히 생애의 종말에 취한 가톨릭적 형태를 부담스럽게 강조한 것을 보게 될 때, 독자는 로퍼에게서와 미친가지로 모어가 어떠한 정신적 거인이었는지를 결코 짐작할 수 없다. 그의 저서는 편협한 가톨릭 전통신앙이라는 프로크루스테스의 침대에 끼워 맞춰졌다.

그렇다고 해서 저자의 불성실함을 탓할 필요는 없다. 사기꾼만이 분수에 넘치는 짓을 한다.

마지막으로 허튼(Hutton)의 글은 초판이 1895년에 그리고 재판은 몇 년 뒤에 나왔다.[10] 그는 옥스퍼드의 신학자이고 엘리(Ely) 주교의 보좌신부로 브리지트처럼 신학적 경향을 가지고 집필한다. 그는 모어의 신학이 영국 국교회의 신학과 아주 친화적이라는 것을 증명하려고 한다. 예를 들어서 282쪽에서는 다음과 같이 말한다.

"로마의 교부들과 그(모어)를 순교자로 존경할 권리에 관해 논쟁하는 것은 무익한 일일 것이다. 그러나 어떠한 정당한 신학적 평가도 그가 영국의 역사적이고 면면히 이어지는 교회에 속한다는 것을 부인하지는 않을 것이다. 그의 종교적인 글들과 그의 삶에 대한 상세한 연구가 보여주는 것은 모어가 성인이었으며, 이에 관해 영국은 오늘날 자부심을 가져도

---

[10] William Holden Hutton, *Sir Thomas More*. London 1900. X und 290 Seiten.

좋다는 것이다"(201쪽도 참조).

가톨릭과 프로테스탄트 신부들이 그들의 파트로클로스(호메로스의 서사시《일리아스》에 나오는 중요 인물. 그의 시체를 둘러싸고 트로이군과 그리스군이 계속 공방을 벌인다—옮긴이)인 모어의 시신을 둘러싸고 벌인 투쟁에서 많은 새로운 것들이 나오지는 않는다. 그러나 허튼의 책에서는 그 신학적 경향이 그다지 부담스럽지 않으며, 그 책은 모어의 전개 과정에 대한 꽤 읽을 만하고 세심한 묘사를 제공해 주고《유토피아》저자의 사회주의에 대한 일정한 관심도 보여준다.

4. 로테르담의 에라스무스

그러한 전기 작가들을 볼 때 사회주의자 모어를 더 자세히 다루고자 하는 이들에게는 특히 모어를 가장 잘 알 수 있는 출처들이 잘 보전되어 있는 것이 더욱더 중요하고 반가운 일이다. 그 자신이 쓴 글과 대부분의 그의 서신들이 그것이다.

모어의 몇몇 저작의 원판은 아주 드물다. 그러나 그의 저작의 전집판, 특히 라틴어 전집은 독일 도서관에서도 찾아볼 수 있다. 모어의 영문 저작은 1557년에 런던에서 매리 여왕의 명령으로 간행되었다.[11]

그의 라틴어 저작들로는 세 가지 전집이 발간되었다. 첫 번째 것은 1563년에 바젤에서, 두 번째 것은 1566년에 뢰벤(Löwen)에서 발간되었고, 세 번째 것은 1689년에 프랑크푸르트와 라이프치히에서 발간되었다. 이 세 번째 것이 케일리(Cayley, a.a.O. S. 274)에 따르면 최선의

---

[11] *The workes of Sir Thomas More Knyght, sometimes Lorde Chauncellor of England,* written by him in the English tongue. Printed at London 1557. 1458 Seiten Fol.

것이라 한다. 그래서 우리는 이것에 매달렸다.[12]

모어의 무수한 소논문, 시 등은 이미 언급한 A. 케일리의 금세기 초 작품인 《토마스 경에 대한 비망록》(*Memoirs of Sir Thomas More*)에서 출판되었다. 모어의 몇 가지 글을 비슷하게 모아 놓은 선집(부분적으로는 오직 글의 토막과 발췌문만을 포함한 것)을 미국의 모범적 가톨릭교인 월터(W. Jos. Walter)가 펴냈다.[13]

최근에는 우리가 자세히 다루려고 하는 《유토피아》 외에 모어의 리처드 3세에 관한 단편과 미란둘라의 삐꼬(Pico von Mirandula)에 관한 그의 책만이 출판되었다.[14]

모어 자신의 글들과 아울러 그에 대한 평가에 극히 중대한 자료는 그의 친구들이 그에게 쓰고 그가 답장을 보낸 편지들이다. 그중에서도 가장 중요한 것은 편지 쓴 이와 받는 이의 인적 사항을 통해서와 마찬가지로 그 편지가 다루는 그 사람의 인적 사항을 통해서 큰 관심을 불러일으키는 편지이다. 그 편지는 1519년, 그러니까 바로 종교개혁 초

---

[12] Thomae Mori Angliae quondam Cancellarii opera omnia quotquot reperiri potuerunt ex Basileensi anni MDLXIII et Lovaniensi anni MDLXVI editionibus deprompta, diversa ab istis serie deposita, emendatioraque edita, praefixae de vita et morte Thomae Mori, Erasmi et Nucerini epistolae ut et doctorum virorum de eo eulogia. Francofurti ad Moenum et Lipsiae, sumptibus Christiani Genschii, anno MDCLXXXIX.

[13] Sir Thomas More. A Selection from his works, as well in prose as in verse, forming a sequel to *Life and Times of Sir Thomas More*, by W. Jos. Walter. Baltimore 1841. 364 S.

[14] 모어의 *History of King Richard III*. Edited with Notes, Glossary, Index of Names, by J. Rawson Lumby. Pitt Press Series, Cambridge, University Press. Leipzig 1885, F. A. Brockhaus. 보급판으로는 모어의 '에드워드 5세 및 리처드 3세', 역사가 I. Milton의 'Britain under Trojan, Roman, Saxon Rule'과 E. Bacon의 '헨리 7세'와 함께 묶여서 런던에서 발간되었다. 1890년에는 모어의 'Life of John Picus, Earl of Mirandula etc.'의 신판이 발간되었다.

기에 로테르담의 에라스무스가 울리히 폰 후텐에게 쓴 것이다. 그 편지는 수년 동안 함께 살고 함께 일한 그의 절친한 벗이 쓴 그 날짜까지 모어의 인생 기록을 제대로 담고 있다. 어느 누가 우리에게 모어를 그보다 더 적합하게 알려줄 수 있을까? 우리는 모어에 대한 이해를 촉진해 주는 시도에 대하여 이 편지보다 더 나은 입문을 알지 못한다. 그래서 더구나 그 편지의 독일어 번역본이 우리가 아는 한 아직 출판되어 있지 않으므로 (인문주의자들의 과장된 편지 양식이 요구하는 바와 같은 장황하고 무의미한 인사말을 빼버리고) 그 편지를 내용 그대로 재현한다. 그것은 라틴어로 쓰였으며 그 당시의 풍습에 따라 약간의 그리스어가 곁들여졌다.[15] 그 내용은 다음과 같다.

"토마스 모루스[16]의 철저하게 지적이고 아름다운 글이 당신을 매혹시켜, 당신이 그를 사랑한다면, 아니 거의 내가 이렇게 써도 좋을지 모르나 몹시 그에게 사랑에 빠졌다면, 당신은 혼자서만 그런 것은 아닙니다. 후텐 각하, 당신은 그 열정을 많은 이들과 공유하는 것입니다. 그리고 그것은 상호적입니다. 모루스가 당신의 글에 크게 기뻐하여 내가 당신을 거의 시샘할 정도이기 때문입니다. … 당신이 나를 그래도 채근한다면, 나는 당신에게 모루스의 형상을 그려 주고 싶습니다. 이처럼 내가 바라기는 이를 완수할 나의 기력이 그에 대한 당신의 열망이 열렬한 것만큼이나 크면 좋겠다는 것입니다. 왜냐하면 나에게도 이따금 내 친구들 중 가장 사랑스러운 자에 대한 관찰에 몰두하는 것이 즐거움이기 때문입니다. 그러나 모어의 천품을 인식하는 것은 누구에게나 가능한 것은 아니며 나는

---

[15] 그것은 1689년의 모어의 라틴어 전집판에 수록되어 있다. 그중 상당 부분이 브리지트의 책에도 수록되었다.
[16] 인문주의자의 양식에 따라 모어는 자신의 이름을 모루스라고 라틴어화했다.

그가 최고의 화가가 자신을 그려 준다고 해서 이에 동의할지 모르겠습니다. 나는 사실상 모루스를 그리는 것이 알렉산더 대왕이나 아킬레스를 그리는 것보다 쉽지 않다고 생각합니다. 그들은 그보다 불멸의 위치에 있을 자격이 더 있지 않았습니다. 그러한 소재는 아펠레스(고대 그리스의 유명한 화가—옮긴이)의 손을 필요로 하며, 나는 아펠레스보다는 풀비우스 루투바(Fulvius Rutuba: 풀비우스, 루투바는 로마 공화정 시대의 검투사들이다. 영문판에는 '풀비우스나 루투바'라고 구분되어 나온다—옮긴이)와 더 비슷할까 두렵습니다. 그러나 나는 그 사람의 온전한 형상을 정확히 묘사는 못하더라도 최소한 여러 해 동안 같이 살아 본 결과 내게 보인 바대로 당신에게 스케치해 주려는 시도를 할 것입니다. … 당신이 제일 잘 모르는 측면에서부터 모루스에 대한 서술을 시작합시다. 그는 몸집이 크지 않지만 두드러지게 작지도 않습니다. 그리고 그의 사지는 균형이 잘 잡혀서 그에게서 아무런 흠잡을 것도 발견하지 못합니다. 그의 몸의 피부는 희지만 그의 낯은 창백한 피부색보다는 밝은 피부색을 띠며, 물론 어디서도 강한 붉은색을 나타내지 않고 부드러운 홍조를 띱니다. 그의 머리칼은 거무스름한 빛을 띠어 가는 갈색, 혹은 이렇게 말하는 편이 더 낫겠다면, 누르스름한 빛을 띠어 가는 검은색(sufflavo nigore)입니다. 수염은 적고 눈은 푸른 회색이며, 약간의 반점이 있습니다. 그런 눈은 보통 뛰어난 재능을 암시하며 영국인들에게는 또한 매력 있는 것으로 통합니다. 어떤 종류의 눈도 흑색보다 더 손상에서 안전한 것은 없을 것이니 우리에게는 검은색이 더 마음에 들지만 말입니다.

그의 얼굴은 그의 성격에 걸맞습니다. 그 얼굴은 항상 친근하고 사랑스러운 밝은 빛을 나타내며, 우리에게 기꺼이 웃음을 보여줍니다. 그리고 솔직히 하는 말일 뿐이지만 그가 하찮은 익살을 멀리할 줄 안다고 해도 진지함과 품격보다는 명랑함에 더 치중합니다. 그의 오른편 어깨는 특히 걸어갈 때는 왼편 어깨보다 높습니다. 이는 그렇게 타고난 것이 아니라 우리 같은 사람에게도 흔히 그런 일이 있듯이 습관상 그렇게 된 것입니다. 그 밖에 그의 몸에 비하여 약간 농사꾼의 손 같은 그의 손 말고는 아무런 불쾌한 것도 그에게는 없습니다.

신체적 외모에 관한 모든 것을 그는 소싯적부터 경시해 왔으며 오비디우스에 따를 때 남자만이 열중해야 할 일에 한 번도 별로 열중해 본 일이 없습니다. 그가 젊은이로서 얼마나 매력이 있었는지는 젊을 때의 모습 중에 지금 남아 있는 것에서 간파할 수 있습니다. 그러나 나는 그가 23세를 아직 넘지 않았을 적에 그를 알게 되었으며, 그는 지금 40이 좀 넘었습니다. 그의 건강은 딱히 강인하다고는 할 수 없어도 좋습니다. 그러나 존경할 만한 시민에게 어울리는 일을 하는 데는 충분하며 어떠한 병도 앓지 않았거나 앓았더라도 경미한 병만을 앓았습니다. 우리는 그가 강건한 모습을 보여줄 것이란 희망을 가져도 좋습니다. 그의 부친은 고령에도 아직 정정하시기 때문입니다.

나는 음식과 관련해서 그보다 덜 까다로운 사람은 아직 보지 못했습니다. 청소년기까지 그는 기꺼이 물을 마셨습니다. 이는 그가 부친에게서 물려받은 것입니다. 그러나 유쾌한 모임에서 흥을 깨는 자가 되지 않으려고 그는 주석제 잔(stanneo poculo)에 가벼운 맥주, 흔히 맹물을 마시면서 술친구들을 속였습니다. 영국인들은 술자리에서 서로 건배를 하는 습관이 있으므로 그는 이때 홀짝 한 입씩 마셔서 그가 건배에 반대하는 뜻을 가진 것처럼 보이지 않으려 했고, 또 별종이 되지 않으려고 그렇게 했습니다. 쇠고기, 절인 생선, 식초를 친 거칠고 딱딱한 빵을 그는 통상 산해진미로 통하는 음식보다 더 즐겨 먹었습니다. 그러면서도 몸에 해롭지 않은 만족을 주는 어떤 것도 물리치는 일이 없었습니다. 유제품과 과일을 그는 항상 즐겨 먹었습니다. 달걀은 아주 좋아했습니다.

그의 음성은 강하지 않았지만 약하지도 않았고 쉽게 알아들을 수 있게 명확했지만 부드러움과 윤기는 없었습니다. 그는 온갖 종류의 음악의 큰 애호가이지만 노래에는 소질이 없었습니다. 그의 말은 명료하고, 더듬지도 성급하지도 않습니다. 그는 소박한 것을 좋아하여 그의 위치상 필요한 경우 외에는 비단옷도 자색 옷도 입지 않으며, 금색 줄도 띠지 않습니다. 대중이 예의범절로 간주하는 그 형식을 그가 얼마나 개의치 않는가 하는 것은 놀랍습니다. 그는 다른 사람에게도 그것을 요구하지 않으며 진지한 회합에서도, 흥겹고 친근한 모임에서도 그것을 엄격히 준수하지 않습니다. 그가 그것에 대해 잘 모르는 것이 아니라 그런 어리석은 일로 시간을 낭비하는 것이 계집애 같은 짓이고 사내가 할 일이 아니라고 생각하기 때문입니다. 궁정으로부터 군주와의 친분으로부터 그는 일찍이 멀리 떨어졌으며 이는 옛날부터 독재정치가 그에게는 특별히 혐오스러운 것이었고 평등보다 나을 것이 전혀 없었기 때문입니다. 왜냐하면 궁정이 원래 그런 곳으로 되어 있는지는 모르지만 당신은 많은 소란과 영달주의, 많은 위선과 사치를 찾아볼 수 없고 모든 독재에서 완전히 자유로운 궁정을 발견하지 못할 것이기 때문입니다. 그래서 모루스는 헨리 8세의 조정에서 발탁해 가는 데 많은 공을 들여서야 이를 받아들였습니다. 그러나 그보다 더 친절하고 겸허한 군주도 없을 것입니다.

모루스는 얽매이지 않음과 한가함을 좋아합니다. 그러나 기회가 되면 기꺼이 무위에 빠져드는 것처럼 그는 일을 해야 할 때에는 열심과 끈기에서 누구에게도 뒤지지 않습니다. 그는 우정에서는 타고난 것처럼 보입니다. 그는 신실하고 굳게 우정을 돌봅니다. 그리고 그는 헤시오드가 별로 좋게 이야기하지 않은 우정의 과잉(πολυφιλίαν)을 두려워하지 않았습니다. 우정의 결속에 들어가는 데 아주 호의적인 그는 벗의 선택에서 융통성 없이 엄격하지 않고 교유관계에서 관대하며, 그들에 대하여 신의를 굳게 지킵니다. 잘못을 개선할 수 없는 누군가를 일단 만나게 되면, 그는 그와의 우정을 다시 냉각시키기는 해도 억지로 끊어버리지는 않습니다. 그가 신실하다고 그리고 그의 사고방식과 맞는다고 보는 이들과 교유하는 것은 그에게는 생각할 수 있는 가장 큰 즐거움으로 여겨집니다. 왜냐하면 그는 공놀이, 주사위 놀이, 카드놀이 같은 놀이는 상류층 대중이(vulgus procerum) 시간을 죽이는 수단이라고 하며 반감을 품었기 때문입니다. 자신의 이익이 관련된 것인 경우에는 무관심하지만 자기 친구들의 이익의 보장에는 세심합니다. 한마디로 누군가가 진정한 우정의 완전한 예를 찾는다면, 누구도 모루스보다 그것을 더 잘 제시하지 못할 것입니다. 사교적인 교류에서 그는 아주 싹싹하고 쾌활하여 어떤 까다로운 자라도 그가 명랑하게 만들지 못할 사람이 없으며, 어떤 끔찍스러운 것이라도 그가 그 악영향을 없애지 못하는 것은 없을 정도입니다. 아직 소년일 때 그는 농담과 장난에 취미를 보여서 그런 방면으로 타고난 듯이 보였습니다. 그러나 그의 농담은 실없거나 감정을 해치는 것으로 된 일은 없었습니다. 청소년기에 그는 작은 희극을 썼으며, 그것을 연출했습니다. 그는 재기 넘치는 익살을 아주 좋아해서 진실을 왜곡하여 그 자신을 표적으로 행해지더라도 마음에 들어 합니다. 그래서 청소년기에 벌써 그는 풍자시를 지었고 루키아누스를 좋아했습니다. 나에게도 그는 '우신예찬'(풍자시)을 쓰도록, 즉 낙타춤을 연출하도록 부추겼습니다. 그리고 그가 그 명랑한 측면을 포착하려고 하지 않은 것은 아무것도 있을 수가 없습니다. 심지어는 극히 진지한 것들도 그렇습니다. 지식 있고 똑똑한 사람들과 상대할 때면 그는 그들의 정신에 관하여 기뻐합니다. 그가 무식하고 어리석은 이들과 사귈 때는 그들의 어리석음이 그에게 웃음을 터뜨릴 기회를 줍니다. 그는 놀라운 능숙함으로 누구든지 그 사람의 기분에 맞추어 줄줄 아는가 하면, 크디큰 바보에게도 전혀 기분 상해 하지 않습니다. 여자들, 심지어 자신의 아내에 대해서도 그는 장난과 농담만을 겁니다. 당신은 그를 제2의 데모크리투스로 아니 그보다는 태평하고 한 가하게 장터를 배회하면서 팔고 사는 장꾼들의 소란스러운 모습을 웃으며 주시하는 저 피타고라스파 철학자로 착각할 수도 있을 것입니다. 아무도 모루스보다 대중의 판단에 덜 영향을 받는 이는 없으며, 다른 한편 아무도 그보다 더 붙임성 있고 상냥한 사람은 없습니다.

그의 가장 애호하는 취미 중 하나는 동물들의 형태, 정신적 활동과 감정의 움직임을 관찰하는 것입니다. 그가 집에서 키우지 않은 종류의 새가 거의 없습니다. 진기한 동물을 보게 되면, 그것이 판매용이면 원숭이이든 여우이든, 족제비나 담비 같은 뭔가 이국적인 종류의 것이면 그는 서둘러서 그것을 사들입니다. 그의 집은 온통 그런 것들로 들어차 있으며, 어디에 발을 들여놓든 눈길을 끄는 뭔가를 보게 됩니다. 그리고 모루스는 다른 사람들이 그런 것으로 즐거워할 때마다 새삼스럽게 매번 즐거워합니다.[17]

소싯적에 그는 시종 소녀 혐오자가 아니었습니다. 그러나 그는 어떤 나쁜 소문도 일으키지 않았고 그에게 다가오는 여자들을 그가 손에 넣어야 했던 여자들보다 더 즐겼습니다. 또한 성적인 관계는 그것이 상호간 정신적인 자극과 결부되지 않으면 그에게는 아무런 자극도 주지 못했습니다.[18]

---

[17] 모어의 동물들 중에는 원숭이 하나가 유명하며 그림으로 불멸의 존재로 남아 있다. 이놈은 한때 모어의 족제비가 우리의 판자 틈으로 토끼장에 도달하는 것을 능숙하게 방해할 줄을 알아서 에라스무스는 놀란 마음으로 그 이야기를 그의 《대화록》(Colloquiis)에 설명했다. 한스 홀바인(Hans Holbein)은 몇 년이 지난 뒤에 모어 대법관의 가족을 그렸으며 그 그림에서 이 원숭이도 빠지지 않았던 것 같다(Seebohm, a.a.O. 1. Aufl., S. 420, 421).
[18] 나중에 이에 관해 재론할 기회가 다시 없을 것이기 때문에 여기서 밝혀두고자 하는 것은 모어가 결코 내숭을 떨지는 않았다는 것이다. 그는 재치 있는 음담패설에 아주 즐거워할 수 있었고 그것도 도덕군자연 하는 바리사이파 사람처럼 은밀하게만 그런 것이 아니었다는

그는 고전 문헌에 일찍부터 열중했습니다. 이미 청소년이던 때에 그는 그리스 문학과 철학을 공부했는데 이는 그의 부친의 뜻에는 영 어긋난 것이었습니다. 그의 부친은 다른 면에서는 유능하고 사려 깊은 남자였지만 그가 영국 법 학자인 아버지의 발자취를 따라가려 하지 않는 것 같이 보여서 그에게서 모든 후원을 철회했고 그를 거의 쫓아내다시피 했습니다. 이 직업이 진정한 교양과는 아무리 멀어 보일지라도 영국에서는 이 분야에서 명성을 얻은 자들이 높은 평가와 존경을 받으며, 그곳에서는 명성과 돈을 취하는 데는 법학을 하는 것보다 더 나은 길은 좀처럼 없습니다. 이 직업은 정말 많은 이에게 영국의 귀족 지위를 가져다주었습니다. 그리고 수년간 땀을 흘리며 공부하지 않으면 이 분야에서는 아무것도 성취할 수가 없는 것 같습니다. 그러나 모루스는 더 나은 어떤 일에 타고나서 그 일에 대해서 싫증을 느낀 것도 부당하다고는 할 수 없지만, 그 일에 취미를 들이자마자 완성의 경지에 도달하여 소송을 행하는 이들이 그보다 더 즐겨 찾는 사람이 없을 정도였고 그 직업에 오로지 몰두한

것이다. 하나가 성공을 거두면 그는 그것을 출판하기도 했다. 그의 라틴어 풍자시 중에는 이런 종류의 것들이 여럿 있다. 모어의 특성을 보여주는 것으로서 그중 하나를 여기에 재수록한다. 한 젊은이가 혼자서 있는 소녀를 덮친다. 그는 그녀를 껴안고 그녀의 사랑을 애원한다. 보람도 없이 그녀는 필사적으로 손과 발로 그에게 저항한다. 그때 그의 인내심이 폭발하여 그는 검을 뽑아들고 외친다:

"내가 이 칼로 그대에게 맹세하노니
그대가 조용히 누워 입을 다물고 있지 않으면, 해치울 것이다."
음침한 협박에 소스라친 그녀는 마음을 바꾼다:
"그럼 그렇게 해. 하지만 나는 폭력에 굴복하는 것뿐이라는 것만 알아둬."
여기서 재치는 말하는 것에 있기보다는 말하는 방식에 있다. 그래서 번역한 것은 그 맛을 잃는다. 원문에서는 그 요점은 다음과 같이 되어 있다:

»Per tibi ego hunc ensem juro, simul etulit ensem,
»Commode ni jaceas, ac taceas, abeo.
»Illico succumbuit tam tristi territa verbo:
»Atque age, sed quod agis, vi tamen, inquit, agis.«

그의 동료 누구도 그로부터 그보다 더 많은 수입을 올린 이가 없을 정도였습니다. 그만큼 그의 통찰력과 재치가 뛰어났습니다.

그러나 그것으로도 만족하지 않고 그는 교부들에 대한 연구에 많은 노력을 기울였습니다. 그는 아직 청년이었을 때 수많은 청중 앞에서 아우구스티누스의 《신국론》(de civitate dei)에 관해 공개 강연을 했으며, 실제로 사제들과 원로들이 서품을 받지 않은 젊은이에게서 종교의 비밀에 대한 설명을 들으려고 참석했습니다. 그리고 그들은 이를 유감으로 생각하지 않았습니다. 그 당시 그는 또한 혼신을 다해 신앙 행위에 몰두했으며, 철야, 단식, 기도 등의 예행연습을 통해서 사제직을 수행하기 위한 준비를 하려고 했습니다. 그러나 그는 이 문제에서 생각 없이 그렇게 어려운 직업으로 돌진하는 사람들 대부분보다 먼저 자신에게 이 직업보다 더 위험한 직업도 없다는 것을 인식했습니다. 오직 한 가지가 그가 이 생활에 헌신하는 데 걸림돌이 되었습니다. 그는 여성을 향한 갈망을 극복할 힘이 없었습니다. 그리고 그는 더러운 사제가 되기보다는 정절을 지키는 남편이 되길 원했습니다. 그래서 그는 거의 어린이였던 한 소녀와 혼인했으며, 그녀는 귀족 출신으로서 양친과 자매들 곁에서 시골에서 성장했고, 아직은 경험과 교양이 없어서 그는 그녀를, 완전히 자기 취향대로 계발할 수가 있었습니다. 그는 그녀가 여러 학문의 수업을 받도록 했고 온갖 종류의 음악 교양을 쌓게 했습니다. 그는 그녀를, 이른 죽음이 그에게서 그녀를 빼앗아가지 않았더라면 완벽하게 한 평생을 함께 잘 보낼 수 있는 부인으로 만들었던 것입니다. 그녀는 그에게 여러 자녀를 낳아준 뒤에 죽었는데 그중에 딸 세 명과 아들 한 명은 아직도 살아 있습니다. 마가레타(Margareta), 알로이셔(Aloisia),[19] 캐실리아(Cäcilia) 그리고 요

---

[19] 모어 자신은 딸들의 이름을 이렇게 알렸다: 마가레타, 엘리사베타 그리고 캐실리아(예를 들어서 그의 풍자시의 서두에 자기 자녀들에게 쓴 운율 있는 편지에서). 약칭 이름의 영어식

한네스(Johannes)가 그들입니다. 그의 홀아비 생활은 오래가지 않았습니다. 필시 벗들의 충고에 영향을 받았던 것이지요. 부인의 죽음 후 몇 달이 지나지 않아 한 과부와 재혼을 했는데 이는 그녀의 매력 때문이라기보다는 자신의 가계를 이끌어가기 위한 것이었습니다. 그녀는 그 자신이 농담으로 말하곤 하듯이 젊지도 아름답지도 않았지만, 활동적이고 세심한 주부였기 때문입니다. 그리고 그는 그녀가 마치 대단히 아름다운 소녀나 되는 것처럼 그녀와 잘 삽니다. 어떤 다른 남편도 자기 아내로부터 그가 호의와 농담을 통해 얻어낸 그런 복종심을 명령과 강압에 의해 얻지 못합니다. 이미 늙기 시작한 그녀가 결코 나긋나긋한 심성의 소유자도 아니고 그런데다 아주 무취미한 성격을 지녔으면서도 현악기[20] 연주하는 것과 플루트 부는 것을 배우게 만들고 매일 이 악기들로 지시된 연습곡을 남편 앞에서 요청에 따라 연주하게 했을 때 그녀가 어떻게 그에게 거절할 수 있었겠습니까? 마찬가지의 친절로 그는 부인처럼 자녀들과 하인을 지도합니다. 거기에는 아무런 비극도 아무런 싸움도 없습니다. 그런 일이 터질 기미가 보이면 그는 그 싹부터 죽이거나 순식간에 화해를 시킵니다. 아직 아무도 그에게서 적으로 떠난 적은 없습니다. 행복을 확산시키는 것이 그의 집의 운명인 것 같이 보입니다. 아직 누구도 그곳에서 살면서 고귀한 행복에 도달하지 못한 일이 없으며, 아직 누구도 그곳에서 나쁜 소문을 초래한 일이 없습니다.

그가 계모와 잘 지낸 것만큼 자기 어머니와 잘 지낸 사람은 많지 많습니다. 그의 부친은 두 번째 아내와 결혼했는데, 모루스는 그녀를 자기 친

발음을 에라스무스가 물론 잘못 소개한 것이다.

[20] 에라스무스는 세 가지를 거명한다: cythara, testudo 그리고 monochordum. 음악사를 잘 아는 사람에게 이것이 어떤 종류의 악기를 뜻하는지, 특히 마지막으로 표기한 것은 어떤 것인지 알아내는 일을 맡겨두자.

어머니 못지않게 좋아했습니다. 얼마 못 가서 부친은 세 번째 아내를 취했는데, 모루스는 고결하고 거룩하게 맹세하기를 아직 그보다 더 좋은 여인을 보지 못했다고 했습니다. 양친, 자녀, 누이 들을 그는 과도한 간섭으로 성가시게 하지도 않고 그들에 대한 의무를 내팽개치지도 않는 그런 방식으로 사랑합니다.

그의 뜻은 더러운 이익을 향하지 않습니다. 그는 자녀들을 위해 수입의 일부를 떼어놓고, 나머지는 두 손 가득 나누어줍니다. 그가 아직 변호사로서 빕빌이를 하고 있을 때 그는 사신에게 자문을 구하는 모두에게 친근하고 참된 정보를 주었으며, 자신의 이익보다는 그들의 이익을 더 챙겼습니다. 대부분의 사람에게 그는 적과 타협하라고 조언했습니다. 그것이 비용이 덜 든다는 것입니다. 그는 이런 충고를 관철하지 못했으면 고객에게 어떻게 하면 소송을 가장 저렴하게 이끌 수 있는지 일러 주었습니다. 다른 변호사들에게는 소송이 더 많고 더 길수록 기쁨은 그만큼 더 큽니다.

그의 고향인 런던에서 그는 여러 해를 민사소송의 판사로 일했습니다.[21] 이 직분은 큰 수고와는 거리가 멉니다. 공판은 목요일에만 그것도 오전에만 열리기 때문입니다. 그러나 높은 명예가 따릅니다. 누구도 그처럼 많은 고소를 해결한 자가 없었고, 누구도 그보다 더 자기 이익에 초연한 자가 없었습니다. 그는 많은 이에게 그에게 주어져야 할 재판 비용을 면제해 주었습니다! 공판의 모두는 원고나 피고나 마찬가지로 3그로셴[22]을 납부해야 하며, 누구도 더 요구해서는 안 됩니다. 그러한 행동으

---

21 모어는 1509년에 런던의 주 장관 대리가 되었다.
22 우리의 고전 교양이 있는 에라스무스는 드라크마라고 쓴다. 드라크마는 고대 그리스의 작은 은화였다. 그것은 여기서는 물론 그로우트(groat), 즉 그로셴을 말하는 것이다. 이는 4펜스 가치를 지닌 작은 은화이다.

로 그는 그의 고향 도시의 가장 사랑받는 시민이 되었습니다. 그러나 그는 무서운 위험에 빠지는 일 없이 충분한 명성을 가져다주는 이 직위로 만족하기로 결심했습니다. 두 번에 걸쳐 그는 사절의 직무를 억지로 떠맡았습니다. 그리고 그가 임무를 아주 현명하게 수행하였으므로 등극한 헨리 왕은, 그의 이름으로 8세인데, 그이를 궁정에 끌어들이기 전까지는 안심하지 못했습니다. 모루스가 궁정을 멀리하려고 기울인 노력만큼 누구도 궁정에 들어가려고 많은 노력을 기울인 사람은 없기 때문에 내가 왜 '끌어들인다'고 말하지 못하겠습니까? 그런데 존귀한 왕이 자기 주위에 지식 있고 신중하고 영리하고 비이기적인 사람들을 모으려고 결심했기 때문에 그는 다른 많은 이와 마찬가지로 특히 모루스를 끌어당겼고 모루스에게 긴밀하게 의존해서 한 번도 그를 자기 곁에서 떠나게 하지 않았습니다. 중대한 문제들에 관해서는 모루스보다 더 경험이 많은 이는 결코 찾아볼 수 없습니다. 왕이 가벼운 잡담으로 정신을 상쾌하게 하고자 하면 모루스가 가장 쾌활한 반려자입니다. 흔히 까다로운 문제는 노련하고 이해력 있는 심판자를 필요로 합니다. 모루스는 모든 편이 만족하도록 그 문제를 해결합니다. 그러나 아직 아무도 그에게 선물을 받도록 권해서 이를 받아들이게 하지 못했습니다. 어떤 나라의 군주가 모루스와 같은 당국자들을 곳곳에 둔다면 그런 나라는 복될 것입니다!

궁정에 있는 그에게 조금의 교만함의 흔적도 보이지 않았습니다. 과중한 업무에 크게 쫓기면서도 그는 옛 벗을 잊지도 않았고 좋아하는 공부도 놓지 않았습니다. 그의 직위의 힘 전체, 개명한 군주에 대한 그의 영향력 전체를 그는 단지 국가의 최선을 위해, 가슴의 만족을 위해 씁니다. 예전부터 그의 가장 활발한 노력은 공중을 이롭게 하는 데 경주되었고, 예전부터 그의 뜻은 연민으로 기울었습니다. 높은 자리에 오를수록 그는 선을 더 많이 행할 힘이 있게 됩니다. 어떤 이에게는 돈으로 지원해 주고,

다른 이들에게는 자기의 영향력으로 보호해 주며, 또 다른 이들에게는 그의 추천으로 밀어 줍니다. 그리고 그가 달리 도와줄 수 없는 이들에게는 최소한 조언으로라도 힘이 되어 줍니다. 그는 아무도 참담하게 밀쳐내지 않습니다. 모루스는 왕국 내의 모든 가난한 이의 최고 수호자라고 말하고들 싶어 합니다. 억압받는 자를 돕고 궁지에 몰린 자를 그의 궁지에서 해방시켜 주고 불행에 빠진 누군가에게 다시 은혜를 얻게 해주는 일을 달성했을 때 그는 마치 더없이 큰 이익을 본 듯이 기뻐합니다. 아무도 그보다 더 선행을 잘 행하지 못하고 아무도 그보다 덜 감사의 표시를 바라는 자는 없습니다. 그리고 그가 아무리 많은 재능을 타고 나고 또한 아무리 유명하더라도 그리고 아무리 자연스럽게 그것과 자만이 결부되는 경향이 있더라도 그보다 이런 악덕에서 더 멀리 떨어진 이도 없습니다.

하지만 나는 나를 모루스에게 소중하게 만들었고, 또 모루스를 나에게 소중하게 만든 그의 공부로 넘어가겠습니다. 그가 젊었을 때 그는 특히 시에 몰두했지만, 곧 길고 고된 작업으로 그의 산문을 가다듬고 모든 종류의 묘사에서 자신의 양식을 갈고닦는 일로 넘어갔습니다. 이를 더 자세히 기술하는 것이 무슨 소용이 있겠습니까? 특히 당신에게, 그의 글을 항시 손에서 놓지 않는 당신에게 말입니다. 특별히 그는 담화문과 강연문을 쓰기를 즐겼으며, 특히 낯선 주제에 관하여 그러했습니다. 이는 자신의 정신을 더욱더 예리하게 하기 위한 것이었습니다. 아직 청소년일 때 그는 플라톤의 공산주의를 처의 공유제와 함께 옹호한 대화록을 작성했습니다. 루키아누스의 독재자 살해자(Tyrannicida)에 대하여 그는 답글을 썼으며 거기서 나를 논적으로 삼고 싶어 했습니다. 그렇게 해서 이런 종류의 글쓰기에서 진보를 이루었는지 더욱 정확히 시험해 보려는 것이었습니다. 그가 《유토피아》를 작성한 의도는 국가들이 나쁜 상태에 있게 되는 원인이 어디에 있는지 보여주려는 것이었습니다. 그러나 특히 그는 그의 서술에서 그가 속속들이 근본적으로 탐구하여 알게 된 영국을 염두에 두었습니다. 제2권을 그는 우선 한가한 시간에 작성했으며 곧 이어 제1권을 덧붙였습니다. 이는 그가 그때그때 즉석에서 써내려 간 것입니다. 그의 풍부한 정신이 그의 말솜씨, 글솜씨에 의해 크게 뒷받침을 받은 것입니다.

그의 정신은 재치 있고, 항상 앞서가며, 그의 기억력은 잘 훈련되어 있습니다. 모든 것을 확실하게 정돈하여 담고 있으므로 당시의 사정이 필요로 하는 것을 신속히 그리고 주저 없이 전달합니다. 논쟁시에는 누구도 그보다 노련하지 못하여 때로 그가 신학자들의 영역에서 활동하면 심지어 내로라하는 신학자들을 난처하게 만들기도 합니다. 적중하는 판단력을 지닌 예리한 사고의 소유자 존 콜레트(Johann Colet)는 영국은 오직 한 사람의 천재 모루스를 가지고 있으나 그럼에도 이 섬에는 아주 많은 탁월한 정신의 소유자들이 번성하고 있다고 친한 사람들과의 대화에서 흔히 말하곤 했습니다.

그는 진실한 신앙을 행하지만, 이에 반해서 어떤 미신도 그에게는 낯선 것입니다. 그는 신에게 기도드리는 시간을 습관적으로가 아니라 충심으로 갖습니다. 벗들과 함께 그는 확신을 가지고 최선의 희망을 품고 말하는 것으로 볼 수 있는 방식으로 내세에 관해 이야기합니다. 모루스가 그런 식으로 궁정에 있는데도, 그곳에는 선한 그리스도인은 오직 수도원에서만 찾아볼 수 있다고 생각하는 사람들이 있습니다."

최초의 현대적 사회주의자에 대한 에라스무스의 묘사는 이렇게 끝을 맺는다.

제 2 장

인문주의자로서 모어

1. 모어의 청년 시절

모어의 상세한 전기를 제공하는 것이 이 책의 과제가 아니다. 이는 우리에게 배정된 면수를 한참 초과할 것이며,《유토피아》와 조금도 관계없는 분야로 우리를 데려갈 것이다. 우리는 여기서 오직 공산주의자 모어 그리고 사회생활이 표출되는 분야에서의 그의 정신적 발달, 특히 그의 경제관, 정치관, 종교관의 발달에만 관심을 둔다. 그의 외적인 인생행로는 이런 관점들에 영향을 준 한에서만 여기서 우리의 관심 대상이다. 그러므로 우리는 그에 관한 약간의 정보로 만족할 수 있을 것이다. 에라스무스의 서신이 벌써 모어의 생애의 가장 중대한 개별사실들을 1519년도까지 제시했기 때문에 더욱더 그러하다.

모어의 최초의 전기 작가들에게 특징적인 것은 이미 언급했듯이 그들 중 누구도 그의 생년을 전해 주지 않는다는 것이다. 몇십 년 전까지만 해도 모어가 1480년에 태어났다는 것이 통설로 받아들여졌다. 그러나 이미 후텐에게 쓴 에라스무스의 편지는 1519년에 쓰인 것으로서 모어가 40세가 좀 넘었다고 진술한다. 그러니 모어는 1479년 이전에 태어난 것이 분명하다. W. 올디스 라이트(Aldis Wright)는 1868년에 케임브리지의 트리니티 칼리지 도서관에서 발견된 원고로 모어가 1478년 2월 7일에 태어났다는 것을 증명했다. 우리는 시봄이 그의 《옥스퍼드 개혁자들》에서 상세히 다룬 이 문제에 더 깊이 파고들 필요는 없다 (아직 1480년이 생년으로 거론된 초판 429쪽 이하와 제2판 521쪽 이하 참조).

모어의 고향은 런던이다. 런던은 그 당시에 아직 세계의 수도는 아니었지만, 아무튼 유럽의 가장 중요한 상업 장소 중 하나로서 그 안에서 새로운 생산양식의 경향이 날카롭고도 명확하게 등장했다. 그는 "명망 있지만 결코 두드러지지" 않은 도시 가문 출신이었다. 모어가 자신을 위해 작성한 묘비명에는 이렇게 되어 있다: 런던시. 토마스 모어. 가족이 많지 않았어도 좋은 가족이었음(*Thomas Morus urbe Londinensi, familia non celebri, sed bonesta natus*). 그의 부친 존 모어는 고등법원(King's Bench) 판사였으며, 맑은 정신의 엄격하고 거의 인색한 사람으로서 자기 아들에게 경제적 상황에 관한 숙고를 하도록 그를 생활의 물적 조건에 익숙하게 만들려고 온갖 노력을 기울였다.

그의 시대의 관습에 따라 토마스는 우선 라틴어를 배워야 했다. 이런 목적으로 그는 런던의 성 안토니 학교를 방문했으며, 나중에는 부친의 손에 이끌려 대주교의 집에, 나중에 모튼(Morton) 추기경이 된 자의 집에서 기숙했다. 그는 비중 있는 정치인으로서 영국 정계에서 특히 백장미와 붉은 장미의 전쟁에서 두드러진 역할을 했으며(그는 1478년에 영국의 대법관이 되었고 나중에 리처드 3세에 맞서서 헨리 7세 편에 섰다) 그리고 어린 토마스에게 아주 호의적인 영향력을 행사했다. 감사한 모어는 《유토피아》 제1권에서 그에 대한 추모 글을 썼다. 거기에 모튼에 관하여 다음과 같은 언급도 나온다.

"그는 아름답고 유창하고 효과적으로 이야기했다. 그는 법률을 정확히 알았으며, 그의 기지는 비할 데 없었고, 그의 기억력은 참으로 놀라웠다. 천성적으로 대단한 이런 재능을 그는 공부와 훈련을 통해 완성했다. 왕은 그에게 더없이 큰 신뢰를 두었으며, 내가 그곳에서 국가를 위해 지주(支柱)가 되었던 것처럼 국가는 그를 최선의 지주로 보고 의지했다. 아주 젊었을 때 그는 이미 곧장 학교로부터 궁정으로 와서 소란과 격무 가운데 생애를 보냈고 끊임없이 운명의 파도에 여기저기 내던져졌다. 이처럼 그는 많고 큰 위험 속에서 세상에 대한 지식을 얻었으며, 이런 식으로 자기 것이 된 지식은 쉽게 잊히지 않았다."

토마스는 부친에게서 그 시대에 세상을 짓누르던 물적 염려에 대해 알게 됐으며 캔터베리 추기경에게서는 그 당시 세계의 운명을 결정한, 혹은 최소한 그런 주제 넘는 역할을 자처한 여러 힘들에 대해 배웠다. 이처럼 이른 시기에 그에게는 현실에 대한, 특히 그 물적 문제에 대한 이해의 싹이 일깨워졌다. 이는 대부분 그냥 학교에서 교육받은 자들인 북방의 인문주의자들에게는 보통 아주 결핍되던 것이었다.

그래서 모어는 젊은 나이에도 불구하고 옥스퍼드 대학에 들어갔을 때(1492년 혹은 1493년일 개연성이 있다) 더 이상 소년이 아니었다. 그곳에서는 옛 스콜라철학 외에 새로운 인문학 연구도 자리 잡고 있었다. 그 주된 대표자는 리나커(Linacre), 그로신(Grocyn), 콜레트(Colet) 그리고 나중에는 1498년에 그리스어 교사로 옥스퍼드에 온 로테르담의 에라스무스도 있었다. 모어가 인문주의자들에게 끌리는 것을 느끼는 만큼 그들도 모어에게 끌리는 것을 느꼈다. 곧 그는 완전히 인문주의에 빠졌다.

늙은 아버지 모어는 그의 아들 토마스가 고대 고전작가들에 관한, 밥이 나오지 않는 연구에 몰두하자 걱정이 되고 불안해졌다. 그래서 그는 모어를 다소 다짜고짜 그리고 우격다짐으로 에라스무스가 우리에게 전하듯이 대학에서 빼내어 영국 법을 가르치는 학교 뉴인(New Inn)에 집어넣었다. 이는 1494년이나 1495년이었을 개연성이 있다. 여기서 그리고 나중에 링컨스 인(Lincolns Inn)에서 토마스는 여러 해 동안 영국 법을 공부했고 그러고 나서 변호사로서 넓은 고객층을 얻었다.

2. 인문주의 문필가로서 모어

그러나 이런 긴장된 업무를 담당하면서도 그의 공부에 대한 사랑은 소멸하지 않았다. 그는 라틴어와 그리스어 및 문학에 대한 지식을 완성했고 곧 왕성한 창작력을 가진 문필가로 등장했다. 그에 관한 몇몇 암시를 이미 에라스무스의 편지가 우리에게 전해 준 바 있다.

그리스 작가들을 모어는 라틴 작가들보다 훨씬 우선시했고, 이는 정당했다. 그러나 라틴 작가들이 대체로 그리스 작가들의 모방자들일 뿐이기는 했지만 언제나 운이 좋은 모방자들인 것은 아니었다.《유토피아》에서는 라파엘 히틀로데우스에 관해서 이런 말을 한다. 히틀로데우스는 그 책에서 모어의 견해를 재현한다.

"그는 물론 선원이었지만 팔리누루스(베르길리우스의《아에네이드》에 나오는 아에네아스의 항해사—옮긴이) 같지 않았고 율리시즈나 혹은 오히려 플라톤 같았다. 이 히틀로데우스라고 하는 라파엘은 라틴어에도 과히 부족하지 않았지만 그리스어에 특출 나고 재능이 있었다. 그는 그리스어에 대해서 라틴어보다 훨씬 더 많은 열심을 기울였다. 그는 온전히 철학에 몰두했기 때문이다. 그런데 이 분야에서는 라틴어로 된 것은 세네카와 키케로의 글 몇 편을 제외하면 별 것이 없다."

그리스인들 중에서는 특히 플라톤이 그의 마음을 끌었다. "철학자들 중에서 그는 플라톤과 플라톤학파 사람들을 가장 즐겨 읽고 연구했다"고 스테이플턴은 썼다(S. 167). "왜냐하면 그들로부터 시민들 서로 간의 소통[23]에 대해서처럼 나라의 통치에 관해서도 아주 많이 배울 수 있기 때문이다."

이 문장과 아울러 에라스무스의 편지에서 중대한 보고, 곧 모어가 벌써 소싯적에 플라톤의 공산주의적 관념을 알게 되었고 그 관념에 크게 사로잡혀서 (처의 공유제와 함께) 그것을 어떤 글에서 옹호하려고 했다는 것을 헤아려 본다면 《유토피아》가 플라톤의 《공화국》에 영향을 받았다는 것을 인정하지 않을 수 없을 것이다.

모어가 《유토피아》의 저술에서 플라톤적 국가 이념을 눈앞에 떠올렸다는 것은 그가 《유토피아》의 서두에 발표한 짧은 시(히틀로데우스의 조카가 썼다고 하는)에서도 밝히 드러난다.

"나의 황무지 때문에(ob infrequentiam) 나는 원래 유토피아(utopia)라고 불렸다[24]네.

---

23 "Civilem conversationem" 이것으로 스테이플턴이 "예의 바른 대화"를 뜻한 것은 물론 아니다.
24 이 행에서 도출되는 결론은 '유토피아'(그리스어 ου-'아니'와 τόπος-'장소', '지경'의 조

이제 나는 플라톤 국가의 적수라네,

필시 이보다 뛰어나지(왜냐하면, 이 자가 말로 그런 그림을 나는 그저 사람들과 권세와 최선의 법률로 실현했기 때문이지)

나는 이제 의당 에우토피아(Eutopia)라고 불릴걸세."[25]

여전히 《유토피아》의 여러 문장에서 플라톤의 영향력이 밝히 드러난다. 그중 하나만 더 들어 보자. 제1권에서 히틀로데우스는 이렇게 말한다.

"내가 유토피아인들의 제도를 지금의 나라들의 제도와 비교해 본다면, 나는 플라톤이 옳다고 해야 하며, 나는 그가 여러 민족들을 위해 재산공유제를 후퇴시킨 어떤 법도 만들기를 원치 않았다는 데 대하여 놀라지 않는다."

플라톤의 《공화국》은 여러 가지 점에서 《유토피아》의 표상이었으며, 그런 만큼 유토피아는 진정한 인문주의적 저작물이다. 그러나 다양한 방면에서 생겨났던 것처럼 《유토피아》(최소한 그 책 제2권, 적극적인 부분)가 순전한 학술적 업적이고 일종의 문학적 놀이이며, 플라톤의 《공화국》을 새로운 형태로 묘사하려는 시도라고 주장한다면 이는 해도 너무한 것이다. 이보다 그릇된 것은 없다. 우리는 앞으로 《유토피아》가 모어를 둘러싼 상황으로부터 싹텄다는 것, 그것은 완전히 현대

합)를 '이상향'(Nirgendheim)이라고 통상적으로 번역하는 것이 모어가 원했던 뜻과 부합하지 않는다는 것이다. 필시 '황무지'(Unland)라는 낱말이 그것에 더 가깝다.

[25] 에우토피아(Eutopia)＝복된 땅. 영국인들은 '어토피아'(utopia)만큼이나 'Eutopia', 즉 '유토피아'라고 발음한다.

적 성격을 지닌다는 것 그리고 플라톤적《공화국》과의 유사성은 본질상 겉모습에 국한된다는 것을 알게 될 것이다.

《유토피아》는 결코 단순한 습작이 아니었다. 그것은 나라의 운명에 대한 실제적 영향력을 갖도록 작성된 것이다.

거기서 그것이 민족 언어로 작성되지 않고 민족의 작은 한 토막에 해당하는 사람들만이 이해한 언어인 라틴어로 쓰였다는 것은 다시 말해 진정으로 인문주의적이다. 모어가 오로지 라틴어로만 글을 써온 것은 결코 아니었지만 밀이다. 인문주의는 야만적인 교회 라틴어에 반대하여 한편으로는 이교 문화의 고전 라틴어를, 그러나 또 한편으로는 민족적 사고의 제일가는 문학적 대표자로서 민족 언어를 발달시켰다. 인문주의자들은 단테와 페트라르카, 보카치오부터 고전 라틴어를 다시 일깨웠을 뿐 아니라 민족 산문체도 만들어냈다. 이는 학문적인 소재를 다루는 데도 예술적인 소재를 다루는 데서와 마찬가지로 적합했다.

그와 같이 모어도 그 시대의 극히 우아한 라틴어 전문가였을 뿐 아니라 제임스 맥킨토시 경(Sir James Mackintosh)이 지칭하듯 '영어 산문체의 아버지'이기도 했다. 영어 산문체로 글을 쓰고 그 교양에 영향을 미친 최초의 사람들 중 하나였던 것이다.《유토피아》전에도 이미 모어는 영어로 글을 썼다. 그는 1510년에 영국의 인문주의자 삐꼬 폰 미란돌라(Pico von Mirandola)[26]의 전기를 라틴어에서 영어로 번역했고 1513년에는 그의 유명한 리처드 3세 역사[27]를 썼다. 이는 유감스럽게

---

[26] *The Life of John Picus, Erle of Mirandula, a great Lorde of Italy, an excellent connyng man in all sciences and vertuous of living: with divers epistles and other works of y said John Picus, full of great science, vertue and wisedom: whose life and workes bene worthy and digne to be read and often to be head in memory.* Translated out of latin into Englishe by maister Thomas More.

[27] *The history of King Richard the Third* (unfinished) written by Master Thomas

도 일부 단편만이 남아 있다. 그것은 모어가 1543년 사망한 후에야 발간되었으며 곧 그것이 그런 시대의 고전적 묘사가 되었다. 이로부터 셰익스피어의 비극에서 불멸의 것으로 된 그다지 기분 좋은 것이 아닌 리처드의 상이 유래한다.

그의 나머지 영어 글은 《유토피아》 이후에 작성되었다. 그것들은 종교개혁 시대에서 유래하며 모두가 논쟁적인 내용들이다. 이런 논문들과 대화들을 작성하면서 모어는 후텐이 그의 독일어 글로 그런 것만큼 인문주의의 토양을 떠났다. 그들은 학문과 예술을 섬기려고 민족어를 사용한 것이 아니라 정치를 섬기려고 그랬던 것이며, 인문주의자들이 거만하게 멀리하던 민중에게로 돌아섰다.

3. 여성의 학습에 관한 모어의 견해 — 그의 교육학

자신들의 목적에 따른 민족어의 사용과 훈련은 인문주의자들이 종교개혁자들과 공유하는 것이다. 그러나 여성, 자연과학, 미술을 높이 평가하는 것은 전적으로 인문주의자들의 특성이었다.

이 점들 어느 것에서도 모어는 인문주의자들 중에도 또다시 선두에 섰다.

여성 학습에 관한 그의 견해로는 특히 그가 거넬(Gunnell)이라는 그의 자녀들의 교육자에게 부친 편지가 중요하다. 이는 스테이플턴이 전달해 준 공로가 있는 그런 글들 중의 하나이다. 그중에는 이런 구절이 있다.

Morus, than one of the undersheriffis of London, about the year of the Lord 1513 (S. 35 der Gesamtausgabe von Mores englischen Schriften).

"당연히 내가 보기에는 학식과 덕성을 합친 것이 왕들의 모든 보물보다 우선시될 만합니다. 그러나 덕성이 없는 학문적 명성은 빛나는 치욕에 불과합니다. 이는 특히 부인의 학식에 해당합니다. 왜냐하면 이들에게는 대개 어떤 지식이든 뭔가 희귀한 것이고 남자들의 태만에 대한 은밀한 질책이 되기 때문에 많은 이들이 학식을 공격하여 사실은 천성의 결함인 것을 글 읽은 것에 돌리기를 좋아하기 때문입니다. 그러면서 식자들의 잘못이 자신들의 무지를 덕성으로 만들어 준다고 생각합니다. 그러나 여성 개인이 많은 칭찬할 만한 덕성과 약간의 지식만 결합시킨다면 나는 이 사람을 크로소스의 부보다 그리고 헬레나의 아름다움보다 높이 평가합니다. … 성별은 (학식과 관련하여) 사안에 아무런 영향도 주지 못합니다. 왜냐하면 수확의 때에 씨를 뿌린 손이 남자의 손인지 여자의 손인지는 중요하지 않기 때문입니다. 그들은 양쪽 다 인간을 금수와 구분해 주는 똑같은 이성을 지니고 있습니다. 그러므로 양쪽이 다 이성을 완성시켜 주고 이성이 열매를 맺게 하는 그런 공부를 할 능력이 똑같이 있습니다. 좋은 가르침의 씨가 뿌려진 밭과도 같습니다. 그러나 부인들을 학습에서 배제하기를 원하는 많은 이들이 주장하듯이 여성에게서 토양이 불모이거나 잡초가 무성하다면 이는 내 생각으로는 자연의 실수를 지속적인 열심과 여러 학문의 수업을 통해서 개선해야 할 또 하나의 이유가 될 것입니다."

모어는 이런 원칙들을 자신의 세 딸과 양녀 마가레트 긱스(Margarete Giggs)의 양육에서 실제로 실천했다. 그는 이들에게 인문학을 철저히 가르쳤고, 또 수업을 받도록 했다. 그의 큰딸 마가레트는 정신과 기지에서 아버지를 가장 많이 닮았다. 그녀는 높은 수준의 지식을 쌓아서 그 시대 지식인들 가운데서 상당한 명성을 누렸다. 그녀의 문학적 성취는 광범위하게 주목을 불러일으켰다. 에라스무스는 그녀에게 항상 최고의 존경심을 가지고 편지를 썼고 한번은 그녀를 '영국의 꽃'이라 지칭했다. 그녀는 그리스어와 라틴어를 유창하게 했고《에우세비우스》를 그리스어에서 라틴어로 번역했으며, 요한네스 코스테리우스 (Johannes Costerius)가 보고하는 것처럼 키프리아누스(Cyprianus)의 멸실된 문장 부분을 복원하여 되살려냈다. 이는 오늘날 우리에게는 학교 숙제같이 보이지만 16세기 초에는 최고로 의미심장한 것으로 통했고 일반의 관심을 불러일으켰다. 모어는 그의 딸 마가레트를 비상하게 좋아했다. 우리에게는 그가 그녀에게 쓴 편지가 아직 보존되어 오고 있다. 거기서 그는 나중에 그의 전기 작가가 된 로퍼의 아내인 그녀에게 출산을 앞두고 행운을 빈다: 너 닮은 딸을 낳기 바란다. 그런 여자애라면 남자애 셋보다 낫다.

그녀는 애석하게도 1544년 그녀의 아버지의 처형 후 9년 만에 아직 헨리 8세의 생존시에 사망했다. 이때는 모어의 추모가 아직 배척되던 때였다. 그녀가 가톨릭 반동을 살아서 보았더라면, 그녀는 그녀의 남편이 할 수 있었던 것보다 더 나은 모어의 전기를 내놓았을 것이다.

자기 자녀들에 대한 적절한 양육에서 모어는 모든 위대한 이상주의자들이 보유하는 재능, 그러나 좀처럼 그 위대함을 인정받지는 못했던 교육적 재능을 보여주었다. 최초의 사회주의자들은 공화국을 건설할 인간 재목이 그들이 기대할 만하기에는 그리고 스스로를 자력으로 해방하기에는 너무 미계발 상태이고 너무 수준이 낮다고 보았다는 바로 그 이유 때문에 특히 이상주의자들이었다. 그렇기에 계급투쟁이 아니라 교육적 수단을 통한 민중의 교육이 공상적 사회주의에서는 주된 요구사항이었다. 누구도 이 분야에서는 교육적 재능이 없이는 뭔가를 이룰 수 없었다. 그래서 로버트 오웬(Robert Owen)처럼 토마스 모어도 교육자로서 그의 시대를 훨씬 초월했다. 오웬이 그의 공장에서 그랬던 것처럼 모어는 그의 집안에서 그의 하인이 있는 데서 행동을 통해 자신의 방법으로 얼마나 눈부신 성과가 거두어지는지를 보여주었다. 이 사람이나 저 사람이나 이런 성공을 거두었던 데서의 수단은 친절과 온유함, 일관성과 정신적 탁월함이었다. 에라스무스는 그의 편지에서 모어가 이런 방면으로 그의 자녀와 하인, 특히 그의 두 번째 부인을 얼마나 잘 키워낼 줄 알았는지 보여주었다. 그 부인은 우리가 그녀에 대하여 아는 모든 것으로 미루어 볼 때 원래는 이 새로운 소크라테스에게 진정한 크산티페였던 것으로 보인다.

모어가 따른 몇 가지 교육 원칙이 아직 전해진다. 예컨대 위에서 언급한 거넬(Gunnell)에게 쓴 편지에는 다음과 같은 구절이 있다.

"허영심을 멀리하는 것, 이는 학식이 많은 어른들도 달성하지 못하는 것인데 이것은 어린이에게는 너무 무거운 과제라고 당신은 말합니다. 이 잡풀을 뽑아내는 것이 고될수록 그만큼 더 일찍 우리는 그 훈련을 도와주어야 합니다. 이 악이 그렇게 깊이 자리 잡은 원인은 유모와 부모, 선생님이 어린이가 갓 태어났을 때부터 그것을 계발하고 키워 준 데서 찾을 수 있습니다. 왜냐면 아이에게 뭔가 좋은 것이 가르쳐지자마자 아이는 또한 칭찬을 기다리며 기꺼이 이 칭찬을 받기 위해서 대부분의 사람에게, 그래서 바로 아주 나쁜 사람들에게도 마음에 들려고 애쓰기 때문입니다."

모어 자신은 자녀들과의 관계를 한 매력적인 시 "나의 사랑하는 아이들에게"에서 가장 친절하게 묘사한다. 그 시에서 다음의 구절을 발췌해 본다.

"난 너희에게 참으로 질리게 뽀뽀를 하지만 거의 때리지는 않지.

　그래도 너희를 때릴 때엔 공작의 꼬리 깃털로 했지….

　언제나 난 내가 내놓은 저 녀석들을 애지중지했고

　아비에게 어울리게 그 아이들을 부드러움으로 키웠지.

　하지만 너희에 대한 사랑이 지금도 내게 커져서 내가 너희를 전엔 전혀 사랑하지 않던 것으로 거의 여겨질 정도지.

　젊음의 기백과 결합된 성실한 노력,

　예술과 학문의 수련을 제대로 쌓은 정신,

　그냥 말만 하지 않고 위대한 생각도 말하는

　유수 같은 기품으로 말하는 혀

　이런 것이 나를 너희에게 그토록 매혹되게 하는 것이지.

　나의 가슴을 너희의 가슴과 굳게 묶어 주어 너희가 그저 내가 낳은 아이들인 것보다 끝없이 더 많이 너희, 나의 귀여운 것들을 사랑하게 하는 것이지."

　오늘날에도 모어의 인자함과 친절함은 비상하게 매력적으로 여겨진다. 그러나 16세기가 인류 역사에서 가장 잔인하고 피에 굶주린 세기들 중 하나란 것을 생각한다면 더욱더 높이 평가받아야 한다. 이 인문주의(Humanismus) 시대는 결코 인간다움(Humanität)의 시대는 아니었다.

　교육 방면에서 그 세기는 회초리 교육학과 이해 안 되는 말을 덮어놓고 암기 학습 하는 시대를 이끌었다. 에라스무스는 한 학교 선생이 공동식사 시간 후에 언제나 한 학생을 끌어내어 회초리를 때리는 선생에게 훈육을 시키도록 넘겨주었으며, 그 선생은 생각 없이 자기의 직무를 수행하여 한번은 허약한 아이를 자기 스스로가 땀으로 흠뻑 젖고 아이가 반쯤 죽어 자기 발치에 쓰러질 때까지 놔두지 않았다고 보도한다. 그러나 그 선생은 평온한 낯으로 학생들을 돌아보며 이렇게 말했다: "그 애는 정말 아무 잘못도 안 했지만 굴욕을 맛보아야 했거든."

이것과 모어의 교육 원칙들을 비교해 보라.

4. 모어의 예술과 자연과학에 대한 관계

인간다움에서 모어는 인문주의사 이상이었다. 그러나 그는 모든 인문주의자들과 예술에 대한 관심을 공유했다. 그의 음악에 대한 애착을 우리는 이미 에라스무스의 편지에서 알아보았다. 그러나 조형예술계도 그의 적극적인 관여로 즐거워해야 했다. 이와 관련해서 특별히 관심을 끄는 것은 위대한 독일의 화가인 한스 홀바인 2세(Hans Holbein II)와의 관계이다. 이 화가는 1526년 에라스무스가 모어에게 쓴 추천장을 들고 영국으로 왔다. 이는 "독일에서 예술계가 궁핍했기 때문에 약간의 모금을 하기 위한" 것이었다. 모어는 그를 두 팔을 벌려 맞이했다. 그 예술가의 작품을 이미 오래전부터 알고 있었던 것이다. 1518년의 프로벤판 《유토피아》를 홀바인은 삽화들로 장식해 주었다. 예전에 이미 에라스무스의 《우신예찬》을 그렇게 해준 것과 같이 그렇게 했던 것이다. 모어는 그를 상당 기간 자기 집에 묵게 했다. 그 때문에 홀바인은 그 집을 자기 그림들로 장식해 주었고 모어와 그의 가족 그림을 그렸다. 모어의 지시로 그는 또한 유명한 그림 두 폭을 그려야 했다. 독일 한자(Hansa)의 런던 회관인 스틸야드(Steelyard)에 있는 〈부의 승리〉와 〈가난의 승리〉가 그것들이다. 이 그림들은 1666년 대화재로 애석하게도 소실되었다(Rudhart, a.a.O. S. 230, 231). 모어는 홀바인을 나중에 (1528년일 개연성이 있다) 궁정으로 끌어들여 헨리 8세가 그 천재 화가를 주목하게 만들어서 그를 곁에 누게 했다.

모어의 예술에 대한 관심과 아울러 자연과학들에 대한 그의 애착심도 주목할 만하다.

16세기 초에 자연 법칙에 대한 탐구에 관심을 갖고, 태어난 지 얼마 되지 않은 자연과학에 제한적인 순간적 필요 충족을 넘어서는 목적을 둔 몇 안 되는 사람들에 토마스 모어가 속했다. 그가 그의 유토피아적 공화국에서 자연과학에게 맡기는 역할에서 짐작할 수 있는 것이 이것이다. 우리는 그 공화국의 묘사에서 그에 관하여 다루는 몇 문장을 전해 줄 것이다.

여기서는 모어의 인물상을 스케치하는 것이 할 일이므로 자연과학에 대한 그의 관계를 표시해 주는 몇 가지 사실만 언급하기로 한다. 에라스무스의 편지에서 우리는 이미 그가 동물세계를 얼마나 즐겨 관찰했는지 살펴보았다. 이는 그의 시대에는 흔치 않은 성향이다.

모어의 전기 작가들로부터 우리는 그가 기하학과 아울러 천문학도 공부했다는 것을 안다. 그리고 그는 천문학에서 일정한 성취에 도달했음이 분명하다. 왜냐하면 헨리 8세의 궁전에서 머물던 초기에 그는 정치인으로보다 천문학자로 종사했기 때문이다. 그곳에서 오직 과학 탐구만이 직무였고 점성술이 직무는 아니었다는 것을 우리는 점성가들에 대한 그의 공격에서 짐작할 수 있다. 그는 물론 도덕적 분노가 아닌 그가 애호하는 무기인 조롱으로 이들을 공격했다. 일련의 라틴어 풍자시는 점성가들을 겨냥했고 그중에서 가장 성공적으로 보이는 것은 별을 보고 모든 것을 읽어내면서 자기 아내가 바람을 피우는 것만은 읽어내지 못한 한 점성가를 조롱하는 풍자시이다.

그러나 모어가 점성가들만을 불신한 것은 아니었다. 그는 또한 신자들의 경신(輕信)과 그들이 소름끼치는 이야기를 즐기는 것도 비웃었다. 그가 좋아한 작가는 플라톤 외에 사모사타(Samosata)의 루키아누스였다. 루키아누스는 망해 가는 로마 사회의 하이네(Heine)로서 그에게 "거룩한 것은 아무것도 없었으며" 그는 자신의 재치의 물그릇을 옛 신들을 믿는 자들에게와 마찬가지로 새로 부상하는 그리스도교 공동체와 유행을 이끄는 철학자들에게 부어 주었다.

모어는 자기의 신실한 친구들의 충고에도 불구하고 이 불신자의 글을 읽었다. 그 친구들은 그가 그런 글을 읽어서 '타락'할 수도 있다는 것을 두려워했고 그것을 읽지 못하게 하려고 했다. (루톨Ruthall에게 쓴) 편지에서 모어는 루키아누스에 대해 이런 말을 한다.

"이런 졸렬한 상것들이 그의 시에 대하여 화를 내는 것에 놀라지 말게나. 그들은 성인에 관한 무슨 이야기든지 혹은 지옥에서 온 소름끼치는 이야기라도 꾸며내어서 할머니가 그에 관해 반쯤 정신이 나가 눈물을 쏟거나 아니면 놀라서 쭈뼛해지면 뭔가 위대한 일을 했으며 그리스도를 영원히 자신의 것으로 만들었다고 믿는다네. 그들이 그런 식의 거짓말을 갖다 붙이지 않을 성인이나 신실한 처녀는 거의 하나도 없다네. 이는 당연히 신실한 의도에서이지. 왜냐하면 진리를 거짓말로 그럴듯하게 뒷받침하지 않는다면 믿어지지 않으리란 것을 그들이 두려워했기 때문이야."

모어는 그 자신이 수십 년 후에 '성인들'의 반열에 올라 그를 이용하여 가톨릭 신부들이 '그리스도를 자기 것으로 만들게' 되리라는 것을 예견하지 못했다.

제 3 장

모어와 가톨릭교

1. 모어의 종교성

모어는 조롱꾼이었고 비판적 두뇌의 소유자였다. 하지만 이탈리아와 프랑스에서 인문주의가 도달한 불신앙에는 영국과 독일의 다른 인문주의자들이나 마찬가지로 그도 다다르지 않았다. 게르만 나라들의 경제 발전은 전체적으로 로만계 나라들의 경제 발전에 뒤쳐졌으며, 그래서 정신적 발전도 그러했다. 그리고 대체로 인문주의가 그런 것처럼 그것의 최고 발전 단계인 이교도적 불신앙은 모순적 요소들의 혼합이었다. 인문주의의 불신앙은 부분적으로 인습적인 교회 관념에 대한 혁명적 대담성이었고 또 부분적으로 몰락해 가는 계급의 나태한 무관심이었다. 이 계급은 그 자신이 젊었을 때는 발전시켰던, 그러나 오래전부터 더 이상 발전시키는 것이 가능하지 않았던 활기찬 열정을 비웃었다. 교황청에서는 같은 식으로 옛 신앙을 웃음거리로 삼았다. 이는 오늘날 '정치가풍의' 자유주의자들이 청년들의 민주주의적 환상을 비웃는 것과 마찬가지이다. 이는 그들이 더 영리해서가 아니라 그들이 무기력하기 때문이다.

그런 가련한 종류의 불신앙은 북방의 '야만인'들을 구역질나게 하고 질색하게 했음이 분명하다. 그들에게서 옛 생산양식은 아직 원초적 활력과 영감을 일으키는 힘을 유지했던 것이다.

북방의 더없이 자유로운 정신의 소유자들도 여전히 믿음이 있고 경건한 상태로 있었으며 그늘이 열정적일수록 실로 더욱 그러했다. 이것을 우리는 후텐, 로테르담의 에라스무스, 모어에게서 본다. 제일 끝에 언급한 이의 아주 정력적인 성품에서는 신실함이 때로는 열광주의 그리고 금욕주의와 닿아 있었다. 그에 대한 암시를 우리는 이미 에라스무스의 편지에서 얻었다. 그와 관련된 수많은 그 이상의 예들이 그에 관한 가톨릭 측 전기 작가들의 저작물에서도 제시될 수 있다. 우리는 이 작업을 그만두기로 한다. 에라스무스의 증언으로 충분할 뿐 아니라 또한 그 전기 작가들의 보도 내용 중에서 어디에서 진실이 그치고 창작이 시작되는지 판단하기 어렵기 때문이기도 하다.

이탈리아의 인문주의자들 중에서 모어에게 가장 큰 영향을 미친 것은 삐꼬 델라 미란돌라(Pico della Mirandola)로서 우리가 앞 장에서 보았듯이 당시에 모어도 그의 생애 기록을 라틴어에서 영어로 옮겼다. 1462년에 태어나 1494년에 사망한 삐꼬는 교회와 그 가르침의 도덕적·학문적 정화(淨化)를 목표로 삼은 몇 안 되는 이탈리아의 인문주의자 중 한 사람이었다. 또한 그들 가운데 종교개혁자들과 일정한 정신적 유사성을 지닌 몇 안 되는 사람 중 하나였다. 비록 그들이 학식과 자유로운 관점에서도 종교개혁자들을 능가하기는 했지만 말이다.

교황들에게는 삐꼬가 개혁운동가 사보나롤라보다 절대 덜 위험한 사람이 아니었다. 민중을 이해하지 못한 불신앙의 인문주의자들이 교황들의 착취를 위태롭게 한 것이 아니라 교회 문제를 진지하게 다룬 신실한 자들, 그 사고 유형이 민중의 그것과 비슷하고 민중에게 이해된 이들이 그것을 위태롭게 한 것이다.

삐꼬는 그리스도교 교리를 그 시대의 학문 수준으로 올려놓으려고 하는 가운데 그 교리를 정화하려고 시도했다. 이 목적을 위하여 그는 이교도적 그리스 문화를 공부했을 뿐 아니라 카발라(Kabbala)의 신비 철학을 통해 그리스도교의 비밀에 다가가기 위하여 히브리어를 학문적으로 철저히 습득한 최초의 그리스도인 중 한 사람이기도 했다. 그의 연구 결과물을 그는 '구백 명제'로 정리했다. 거기서 그는 지옥 형벌의 영원성과 성만찬에서 그리스도의 임재 등을 부정했다. 삐꼬가 명실상부한 종교개혁자였다면 즉 선동자였다면 그는 이런 명제들 때문에 당연히 화형에 처해졌을 것이다. 그가 단지 학문하는 사람이었기 때문에 교황 인노첸시오 8세는 그 글을 금하는 것으로 만족했다. 이는 1848년 이전의 행복한 검열 시대와 같았다. 그때에는 전지 20매(640쪽 분량 ―옮긴이)를 넘는 책을 쓴 사람들을 별로 걱정해 주지 않았다. 책이 얇을수록 그 저자는 위험인물이었고 검열은 더욱더 엄격했다.

반(半)은 이단자인 이 삐꼬가 모어의 이상(理想)이었다.

2. 교황 지배체제의 적 모어

삐꼬에 대한 모어의 관계가 이미 그가 교황의 종이 아니었다는 것을 증명해 준다. 가톨릭 신부들도 프로테스탄트교 목사들도 그를 그렇게 낙인찍고 싶어 하지만 말이다. 그가 청소년이었을 때 카르투시오회 수도원에 들어갔으며 그곳에서 상당 기간을 신앙 훈련으로 보냈다는 것은 맞는 말이다. 그러나 그가 그곳에서 본 것은 수도자들에 대한 높은 존경심을 그에게 그다지 가져다주지 못한 듯하다. 스테이플턴 신부 자신이 인정해야 했던 것은 "우리나라에 있는 성직자들이 그 당시에 예전의 엄격성과 신실한 기백을 상실했기 때문에" 모어가 수도자가 되려는 의사를 접었다는 것이다. 모어는 사제 집단에 대한 그의 판단을 시종 억제하지 않았다. 그는 다른 여느 인문주의자나 마찬가지로 수도자들을 조롱할 줄 알았다.

예들 들어서 《유토피아》 제1권에서 뽑은 다음 문장을 들어 보라. 라파엘 히틀로데우스는 모튼(Morton) 추기경과 함께한 한 식사 자리를 묘사한다. 거기에는 궁정의 광대를 대표하는 한 익살꾼과 탁발수도사도 참여한다. 늙어서 쇠약해졌거나 혹은 다른 원인으로 일할 능력이 없는 거지들에 대해 어떻게 해야 할지 논의가 벌어진다. 광대는 이런 의견을 낸다: "나는 거지들에게 적선을 하지 않습니다. 그래서 그들 역시 나에게서 아무것도 기대하지 않습니다. 정말로 내가 사제라도 되는 듯이 아무것도 더는 기대하지 않습니다.[28] 그러나 나는 이 모든 거지를 베네딕토 수도원에 쳐 넣어서 평수도사가 되게 하는(*fieri laicos ut vocant monachos*) 법을 만들려고 하며, 여자들은 수녀로 만들겠습니다." 추기경은 이에 웃으면서 그 제안을 농으로 받아들였고 다른 이들은 진심으로 받아들이기도 했다. 그런데 한 신학자 형제가 사제와 수도사에 대한 조롱에 아주 신이 나서 그 또한 그렇지 않았더라면 음침한 근엄성을 띠었을 사람이 빈정거리기 시작했다. "아니죠." 그가 말했다. "그대가 우리 탁발수도사들을 위해서도 배려하지 않는다면 그대는 거지들을 떨쳐버리지 못할 것이오." "그들을 위해서는 이미 손을 썼습니다"

---

[28] 여러 옛 판본에서는 여기서 다음과 같은 난외 주석이 있다. "거지들 사이에서의 통상적인 속담". 이는 교회가 빈민 구제 과업에 얼마나 불성실하게 되었는지 보여주는 증거가 된다.

하고 그 식객이 말했다. "왜냐하면 추기경께서 친히 부랑자들은 냉큼 잡아들여서 강제 노동에 처하도록 선포하시면서 당신들을 위한 아주 좋은 결정을 내리셨기 때문입니다. 당신들은 최고로 대단한 부랑자들이기 때문입니다." 그 신부는 이 익살을 도가 지나친 것으로 받아들인다. 그와 광대 사이에 말다툼이 벌어지고 여기서 모어는 그 신부가 일반의 웃음거리가 된 가운데 가엾게도 싸움에서 지는 것으로 그를 어리석어 보이게 한다. 자연스럽게 그 신부가 광대를 신의 진노로 위협하는 것으로 끝을 맺는다. "단지 한 명의 대머리였을 뿐인 엘리사를 놀린 많은 자들이 그분의 진노를 겪게 되었다면, 다수의 수도자들을 공격한 그 한 사람을 그분은 얼마나 더 아프게 치시겠는가? 수도자들 중에는 대머리도 아주 많은데 말이다! 그리고 우리에게는 우리를 놀리는 모든 자를 파문에 처하는 교황님의 칙서도 있지 않은가?"

추기경은 그 신부의 수치심에 한계를 지어 주려고 다른 화제를 꺼낸다. 그래서 그 에피소드는 끝난다. 그 에피소드에서 몇 마디 안 되는 말로 수도자들의 어리석음과 비열함, 탐욕이 웃음거리가 된 것이다.

모어의 라틴어 풍자시 가운데 발견되는 한 시가 마찬가지로 해학적이다. 그 시를 거친 산문 투로도 괜찮다면 독일어로 옮겨 보겠다.

폭풍이 일어 배가 흔들렸고
뱃사람들은 목숨을 두려워했네!
우리의 죄요, 우리의 죄요 하고 그들은 놀라서 울부짖네.
이것이 우리에게 불운을 가져왔구나.

한 수도사가 우연히 뱃전에 있어
그들이 그에게 몰려가 고하네.

하지만 배는 여전히 흔들리고
그들은 여전히 목숨을 두려워하네.

그때 다른 이들보다 똑똑한 한 사람이 외치네.
배는 여전히 우리의 죄 짐을 실어야 하고
우리의 죄 짐을 떠맡아 지고 있는 그 신부를 그대들이 내던지면
배는 파도 위에서 가볍게 되어 춤을 추리라.

그 말대로 실행되어 모두 달려들어 그 사람을 밖으로 던지자
이제 바람을 맞아 돛배는 미끄러져 가네.
가벼운 몸집과 가벼워진 돛을 하고서.

역사의 도의는 이것이니:
죄는 무게가 무겁다는 것이다.

　신실한 크레사커 모어는 그의 '거룩한' 증조부가 쓴 고해와 면죄를 놀림감으로 삼은 글을 읽었을 때 무슨 생각을 했겠는가?

　우리의 '가톨릭 순교자'의 조롱은 하급 성직자 계층에 국한되지 않는다. 주교들도 그에게 야단을 맞는다. 특히 그가 유복자(Posthumus)라고 부르는 한 사람은 그의 풍자시에서 익살의 표적이 된다. 같은 시(유복자 주교)에서 모어는 말했던 그 유복자가 주교가 된 데 대한 기쁨을 표현한다. 왜냐하면 주교들은 보통 그들의 능력에 대한 고려 없이 무작위로 선임되는데 이 사람은 특별히 신중하게 선정된 것이 확실하다는 것이다. 그보다 더 악하고 더 어리석은 주교를 찾기는 좀처럼 어려울 것이란 것이다. 마지막 풍자시(무식한 주교)에서는 이 주교에 대해

다음과 같이 말한다: "그는 '활자는 죽이고, 정신은 살려낸다'는 속담을 즐겨 인용한다." 하지만 그 유복자가 너무나 무식해서 어떤 활자도 그를 죽일 수 없었다는 것이다. 그리고 활자들이 그를 죽였다고 해도, 그는 살려내는 정신을 지니지 못한다는 것이다.

교황도 모어에게는 보통의 죽음을 면치 못하는 평범한 인간으로 여겨졌다. 1510년 에라스무스는 모어의 집에서 그의 재촉으로 《우신예찬》을 썼다. 모어는 그 글을 대단히 좋아했으며 필시 그 작업에 협력하기도 했던 듯하다. 그 원고는 에라스무스로부터 그의 벗들 중 한 사람에 의해, 이는 모어 자신일 개연성이 아주 높은데, 비밀리에 빼내어져서 빠리로 보내졌고 그곳에서 1511년에 간행되었다. 그리고 몇 달 사이에 일곱 번이나 거듭 인쇄되었다. 그것은 당시의 사회 전체에 대한, 특히 수도자 집단과 교황 세력에 대한 이례적으로 대담하고 불손한 풍자였다. 그래서 그 책은 금서 목록에 올랐다. 그럼에도 그 복 받은 순교자는 그 일에 관여한 것을 유감으로 생각한 적이 없다.

하지만 우리는 교황 세력에 대한 모어의 입장을 알아보는 일에 그러한 간접 증거를 필요로 하지 않는다. 우리는 프로테스탄트교에 맞선 투쟁이 이미 모어를 교황 세력에 긴밀히 붙게 했을 종교개혁 시작 이후 시대에 있었던 그가 발언한 몇 가지 내용을 가지고 있다. 교황 세력에 가담했는데도 그는 예컨대 그의 《틴들(Tyndall)의 답변에 대한 반론》에서 공의회가 교황보다 우위에 있으며, 공의회는 교황에게 권면하고 벌을 할 수 있다고, 아니 교황이 개전의 정을 보이지 않으면 결국 그를 쫓아낼 수 있다고 쓴다(S. 621).

이 문장만큼이나 독특한 것은 다음과 같은 것이다:

종교개혁이 시작되자 영국의 헨리 8세는 그 운동에 반대하고 교황을 옹호하는 결연한 입장을 밝혔다. 그리고 그는 7대 성사에 관하여 루터에 반대하는 책까지 출간했다.[29] 그 책은 그의 이름으로 나왔으나 (1521), 그런 경우에 드물지 않게 있던 일로 그것은 다른 사람들이 쓴 것이었다. 때로는 모어가 그 편찬자로 간주되었지만 그는 그 일에 조금밖에 관여하지 않았다. 헨리 8세가 교황 세력과 결별함에 따라 그에게는 이 책이 당연히 지극히 불편한 것이었다. 그의 이 책의 저자들은 이제 대역죄인이 된 것이다.

모어가 대법관 직위를 내려놓은 뒤(1532) 그에게 제기된 다른 고발들 중에는 그가 "부도한 간계를 써서 국왕에게 순리를 거슬러 7대 성사와 교황의 권위를 옹호하는 책을 간행하도록 유도했으며, 그렇게 해서 수치스럽게도 교황에게 자기 자신을 공격하는 무기를 쥐어 주도록 국왕을 부추겼다"는 고발도 있다.

꾐에 빠진 가련한 국왕의 이 도덕적 분개에서 가장 희극적인 상황은 이 국왕이 아주 평온하게 10년 동안이나 그 책의 저자로 자처했으며 그 책에 대한 모든 찬사를 차지했다는 것이다. 교황은 이 때문에 헨리에게 '신앙의 수호자'(*defensor fidei*) 칭호를 내렸고, 그 책의 모든 독자에게 면죄를 보장해 주었다.

이제 그 책은 수치스러운 졸작이 되었고 모어는 그 때문에 참회를 해야 했다. (로퍼에 따르면) 그는 그 고발에 대해 이렇게 응수했다.

"여러 어르신, 그런 위협으로 어린아이에게 겁을 줄 수 있지만 저에게는 아닙니다. 하지만 여러분의 주된 고발에 응답하자면 저는 국왕폐하께서 저에게 그런 죄를 씌우지 않으실 줄로 믿습니다. 이 점에서는 아무도 폐

---

[29] *Assertio septem sacramentorum adversus Martinum Lutherum edita ab invictissimo Angliae et Franciae rege et domino Hiberniae, Henricus ejus nominis octavo.* Londini 1521.

하 자신보다 저의 누명을 더 잘 벗겨 주실 분이 없습니다. 폐하는 제가 그 책의 편찬에서 조금도 자문 의견을 내도록 요청받지 않았으며 폐하의 명과 편찬자의 동의로 단지 책이 완성된 후에 그 책을 교정보았을 뿐(거기에 포함된 주된 내용을 추리고 위치를 잡아 주는 역할: only a sorter out and placer of the principal matter therein contained)임을 아주 잘 아십니다. 그리고 저는 그 안에서 교황의 권위가 강하게 강조되고 자못 크게 옹호되는 것을 보았으므로 폐하께 이렇게 말씀드렸습니다. '폐하도 아시다시피 교황은 폐하와 같은 군주이며, 여타의 그리스도교 군주들과 동맹 관계에 있다는 것을 폐하께 상기시켜 드려야겠습니다. 그래서 폐하와 교황은 동맹의 여러 지점에서 분열에 빠져들게 되고 서로 전쟁을 선포하게 될 수도 있습니다. 그래서 저는 관련 문장을 고쳐서 교황의 권위가 좀 덜 강조되게 하는 것이 최선이라고 생각합니다.' 폐하는 이렇게 선포하셨습니다. '아니오. 그런 일은 있을 수 없소. 우리는 로마의 권좌에 깊이 속박되어 그에게 어떤 영예를 돌려도 지나치다 할 것이 없소.' 저는 이번에는 폐하께 교황의 영국에 대한 목자의 직분의 상당 부분이 폐지되도록 한 교황존신죄법령(Statute of Praemunire)을 상기시켜 드렸습니다. 이에 폐하께서 대답하셨습니다. '그에 어떤 반대의 말을 할지라도 우리는 이 권위를 가능한 대로 강하게 세우려고 하오. 왜냐면 그 권위로부터 우리의 왕권을 하사받았기 때문이오.' 이는 폐하께서 친히 말씀하시기 전에는 제가 들어 본 적이 없던 것이었습니다."

고발은 수포로 돌아갔다. 헨리 자신도, 다른 누구도 모어 주장의 정당성을 논박하지 못했다. 우리는 이처럼 그 주장을 맞는 것으로 받아들여도 된다. 그러나 우리는 그 주장으로부터, 또한 마찬가지로 틴들에 대한 반론에서 표명된 문장으로부터 모어가 교황 세력에 대해 노예적인 숭배 감정을 느낀 것과는 거리가 멀다는 것을 알 수 있다. 우리가 다음 장에서 증명하고자 하는 것처럼 그는 교황 세력이 그리스도교 세계가 혼돈 가운데 서로 적대적인 나라들로 분열하지 않게 해주는 국제적 결속 수단이라고 보았다. 그러나 그는 교황에 대한 개별 나라들의 그리고 또한 전체 교회의 권리를 옹호했다. 그가 보기에 교황은 그리스도교 세계에서 축출이 가능한 주석(主席)일 뿐이었다.

3. 모어의 종교적 관용

모어가 종교 문제에서 얼마나 자유롭게 생각했는지는 그가 자신의 유토피아인들에게 제시한 이상 종교에서 가장 잘 엿볼 수 있다. 우리는 이를 이 책의 제3부에서 살펴볼 것이다. 여기서는 오직 모어가 그의 시대의 프로테스탄트교와 마찬가지로 가톨릭교를 훨씬 능가하게 하는 하나의 특징적 모습, 그가 몇 안 되는 동시대인과만 공유한 모습인 그의 종교적 관용만을 생각해 보자. 그는 그의 《유토피아》에서 종교개혁 이전에만 아니라 프로테스탄트교도와 가톨릭교도 간의 극히 치열한 투쟁의 와중에 곳곳에서 '이단자'를 화형에 처할 화목들이 연기를 뿜던 때에도 관용을 외쳤다. 그리고 그는 관용을 외치기만 하지 않고 실천도 했다.

스테이플턴(S. 215)은 그의 가톨릭 성자가 자기 집에 루터교인을 받아들인 것을 아주 특이한 일로 여긴다.

지몬 그리노이스(Simon Grynäus)라는 멜란히톤의 제자이자 추종자인 자가 그리스의 신플라톤주의 철학자 프로클루스(Proklus)를 번역하기 위한 자료를 수집하러 영국으로 왔다. 그때 그는 그 당시에 대법관이던 모어에게 아주 큰 후원을 받아서 그 번역서를 모어의 아들 존

(John)에게 헌정했다. 토마스 모어는 그 번역서의 완성 이전에 가톨릭 신앙을 위한 순교자로 죽었기 때문이다. 그 헌사를 스테이플턴이 우리에게 전해 준다. 이는 모어의 성격 묘사에는 중요해 보인다. 그 안에 다음과 같은 문구가 있다.

"군(君)의 선친, 그 당시 지위로 보나 두드러진 성품으로 보나 나라 전체에서 첫째가던 분이 나 같은 무명의 한량에게 연구를 위해 여러 공적·사적 기관 출입권을 만들어 주었으며, 나를 당신의 식탁 친구로 삼았다네. 홀을 들고서 입조하던 그분이 말이네. 그리고 곁에 나를 데리고 같이 궁궐에 들었지. 그뿐이 아니네. 부드럽고 온화하게 나의 종교적 견해가 자신의 견해와는 적지 않은 점에서 다르다는 것을 지적해 주었지. 이는 그가 처음부터 생각할 수 있었던 것이라네. 그러나 그럼에도 나에 대한 그의 배려는 달라지지 않았지. 그리고 그는 나의 모든 경비를 자신의 주머니에서 충당하도록 조치해 주었다네. 또한 그는 학식 있는 젊은이 존 해리스(Johannes Harris)를 여행 동반자로 붙여 주었고, 옥스퍼드의 고전학교 교장에게 추천서를 써 주었지. 그 추천서는 마술지팡이처럼 효력을 나타내어 모든 도서관만이 아니라 모든 마음도 열어 주었다네. 그 학교에 대략 20개 정도가 있던 도서관들은 모두가 중요한 옛날 책들로 꽉 차 있어 나는 이를 샅샅이 뒤졌으며 교장의 동의하에 프로클루스에 관하여 다룬 적지 않은 책을 집으로 가져갔지. 내가 생각하기로 1년에서 2년간 공부할 수 있는 만큼의 양이었다네. 이 보물들로 크게 고무되고 군의 부친에게 풍성한 선물을 받고 그분의 은혜를 과분하게 받으면서 나는 영국을 떠났다네."

이는 루터가 로마에 대해 전쟁을 선포한 후 10년이 더 지나 일어난 일이다.

그럼에도 자유주의 작가나 프로테스탄트교 작가도 마찬가지로 모어를 이단 박해자로 낙인찍으려고 했다. 예를 들어서 볼떼르(Voltaire)는 그에 관하여 이렇게 기술했다: "거의 모든 역사기록자 그리고 특히 가톨릭 신앙을 가진 역사기록자들은 의견을 같이 하여 토마스 모어 혹은 모루스를 지조 있는 사나이, 법의 희생 제물, 온유와 양선과 지식으로 가득 찬 현자로 바라본다. 그러나 실제로 그는 미신적이고 야만적인 박해자였다." 그가 다양한 사람들을 신앙을 이유로 고문하고 화형에 처했다는 것이다. "헨리 8세의 교회 주권에 대한 부정 때문이 아니라 이런 잔혹 행위들 때문에 그는 사형을 받을 만했다. 그는 농담을 하면서 죽었다. 그가 좀 더 진중하고 덜 야만적인 성품을 지녔더라면 더 좋았을 뻔했다"(《여러 민족의 도덕관념 및 정신론》(*Essai sur les moeurs et l'esprit des nations*) 제135장: 국왕 헨리 8세와 영국에서의 종교개혁에 관하여).

18세기 중반의 자유사상가의 목소리와 아울러 19세기 후반의 한 프로테스탄트교 사상가의 목소리도 언급해 보자. 그는 영국의 종교개혁 역사를 무미건조하기 짝이 없는 프로테스탄트적 부르주아의 관점에서 정리한 《월시의 몰락으로부터 스페인 함대에 이르기까지의 영국사》(*History of England from the Fall of Wolsey to the Defeat of the Spanish Armada*, London 1870)를 쓴 제임스 안소니 프루드(James Anthony Froude) 경이다. 이분은 모어의 이른바 '이단자 박해'에 아주 분노하여 모어의 처형을 정당화하고 '사회를 위태롭게 하는 견해'(opinions subversive of society)를 표출했다는 약간의 혐의에 대해서도 처형을 하는 것이 19세기에도 종종 필요해질 수 있다고 공언하는 것을 자신의 임무로 삼는다. 1848년에 영국은 이런 필요성에서 별로 벗어나지 못했다는 것이다. 영국의 차티스트들이 빠리의 '살인자들'과 '반란자들'과의 결탁 관계에 들었다면 그럴 필요성이 생길 것이라는 것이다. 1848년에도 빠리의 '반란자들'이 그의 처방에 따라 그러나 자신들의 이익에 따라 행동했더라면 프루드는 '피에 굶주린 하이에나들'에 대하여 어떤 포효를 했겠는가? 전쟁에서 적진으로 쏘는 사격은 빌어먹을 대응 사격만 받지 않는다면 아무런 문제도 없을 텐데!

모어의 불관용이라는 것에 대한 증거는 프로테스탄트교도 독설가들의 입증 안 된 몇 가지 주장과 아울러 그 자신이 지은 묘비명이 제시해 준다. 거기에는 이런 구절이 있다: Furibus, homicidis, haereticis molestus. "그는 도적, 살인자, 이단자 들을 심하게 문초했다"는 것이다. 그 열거는 '이단자들'에 대해서 별로 우호적이지 못하다. 그러나 molestus는 결코 반드시 정신적 무기가 아닌 다른 무기를 가지고서 싸우는 것을 함축하지 않는다. 그런 정신적 무기에서 모어에게는 물론 결여된 바가 없었다. 관용이라는 것을 그는 적을 '결정적인' 이유들로 침묵시켜서는 안 된다는 것이라고 이해했다. 사람이 자신의 신념을 인정받게 하고 적의 신념을 흔들리게 하기 위하여 자신의 온 정신력을 쏟는 것이 불관용이 된다는 생각은 모어에게는 결코 들지 않았을 것이다. 그는 적에 대한 배려를 요구하기에는 너무 정렬적인 투쟁적 성격을 지녔으며, 자신의 무기를 무디게 해야 할 필요도 못 느꼈다. 그의 일격은 성공했다. 연로한 부인들은 이에 관해 도덕적 분노에 빠질 수도 있으며 모어가 구사한 '천박하고' '거친' 말에 대해서도 그럴 수 있다. 허약하고 위선적인 우리 시대는 물론 그 당시의 정신적 투쟁이 보여준 맹렬함, 격전의 열기 가운데 우리 중의 약간의 점잖 빼는 사람들에게 어울릴 수 있는 것보다 더 나가기도 한 맹렬함에 대하여 혐오감을 가질 수도 있다. 이런 말 자체만으로는 아직 불관용의 증거가 되지 못한다.

그런데 모어가 이단자들을 얼마나 박해했는지는 그가 대법관 직을 내놓은 뒤인 1533년에 쓴 그의 "사죄"(Apology)에서도 우리에게 설명해 준다. 그의 서술은 완벽한 진실의 인상을 주고 다른 쪽으로부터 알려지는 사실들에 의해 확인되며, 이미 모어가 진실을 왜곡할 아무런 이해관계도 갖지 않았다는 것 때문에 그리고 의식적인 거짓말은 그에게 전혀 어울리지 않아 보이기 때문에 완전히 믿을 만하다. "사죄" 작성 후에 곧바로 그는 거짓말을 전혀 하려고 하지 않았기 때문에 죽게 되었던 것이다!

언급된 글에서 그가 한 말 중에는 이런 것이 있다: "내가 국왕의 고문관 자리에 있었을 때, 내가 랭커스터 공작령의 재상이던 때, 특히 내가 수상이던 때 어떤 종류의 은혜를 성직자 계층에게 베풀었는지 잘 알려졌다. 나는 선한 이들을 칭찬하고 존경했으며, 선량한 사람들을 분노하게 하고 그들의 신분에 수치가 된 무익한 자들의 처벌에도 게으르지 않았다. 종교의 계율에 어긋난 행동을 하여 도적과 강도가 된 자들은 나에게서 용서를 받지 못하여 그들이 나보다 더 두려워하는 사람이 없을 정도였다." 그는 이렇게 당시의 가톨릭 성직자 계층과의 관계, 그러나 또한 이 성직자 계층 자체를 특징지어 말한 뒤에 자신이 이단 박해자였다는 주장으로 넘어간다. "그들(루터교도) 가운데 다양한 사람들이 말하기를 내가 재상으로서 내 부하 된 자들을 심하게 문초하곤 했다고 한다. 내가 그들을 정원의 나무에 묶어 놓고 비참하게 두들겨 패도록 했다는 것이다. 이 정신 멀쩡한 형제들 다수가 이런 이야기를 퍼뜨려서 나의 훌륭한 벗 하나도 일반인들이 그런 이야기를 하는 것을 들었다고 한다. 이 형제들이 이렇게 뭔가를 주장하기에 충분히 수치심이 없다면 무슨 말이든 못하겠는가? 물론 나는 큰 도적질, 소름끼치는 살인 혹은 교회의 모독에 관련된 문제에서는 때로는 그런 자들을 감옥의 관리들이나 행정관들을 시켜 끌고 오도록 하기도 했다. 성체와 함께 성체현시대를 도둑질하거나 성체를 악의적으로 없애는 경우 등…. 그러나 내가 도적과 살인자, 교회 약탈자에 대해서 그런 처우를 했지만 내 생애에서 이단자들에게 그들의 믿음 때문에 어떤 해를 준 일이 결코 없다. 두 번의 경우를 예외로 한다면 말이다." 이어서 이 두 번의 경우를 상세히 설명한다. 한번은 모어의 시중을 들던 한 젊은이가 그의 집에 있던 다른 젊은이에게 제단의 성사(Sakrament)를 조롱하는 것을 가르치려던 일에 관한 것이다. 이에 대해서 모어는 "어린아이에게 하듯이" 집안 식구들을 모아 놓고 한 하인에게 종아리를 몇 대 치게 했다. 또 한번의 '이단자 박해'는 이미 한번 베들램(Bedlam) 정신병원에 수용된 적이 있는 머리가 돈 사람에게 한 것으로 그의 주된 낙은 미사에 참석하여 '성사'가 진행되는 중에 시끄럽게 고함을 지르고 소동을 벌이는 것이었다. 모어는 한번은 그가 그의 집을 지나쳐 갈 때 포졸에게 그를 붙잡도록 하여 길가의 나무에 매어 놓고 채찍으로 매를 때리게 했다.

이 두 차례의 태형(笞刑)은 이단자나 마녀를 별 격식 없이 화형에 곧장 처할 수 있던 시대에는 확실히 천진한 것이었다.

모어는 계속하여 이렇게 이야기한다: "이단설 때문에 나에게 넘겨진 모든 자 중에, 맹세코 단 한 사람도 매를 맞거나 손찌검을 당한 사람은 없으며, 코끝을 손가락으로 튕김을 당한 경우도 없다. 나의 직무가 내게 위임한 모든 것은 그들을 확실하게 감시하는 것이지 조지 콘스탄틴(1500~1560, 초기 프로테스탄트였던 영국인 신부. 1531년 모어에게 체포된 일이 있다—옮긴이)도 빠져나가는 데 성공하지 못할 정도로 확실하게 감시하는 것은 아니었다." 루터교도는 모어가 사람이 도주하는 것에 대하여 분노로 광분했다고 주장한다. 그러나 사실 그는 아무에게도 그런 일로 욕을 한 적이 없다. 문지기에게도 그런 적이 없다. 그는 문지기에게 이렇게 말했다. "존, 창살을 다시 설치하여 굳게 잠가두도록 하게. 그렇게 하지 않으면 달아난 죄수가 결국 다시 숨어 들어올 걸세. 콘스탄틴이 행한 일(즉, 빠져나간 것)은 그가 제대로 한 일이지. 나는 절대 어떤 사람이 그의 자리가 불편해져서 자기 자리를 바꾸었다고 해서 그에게 화를 낼 만큼 어리석게 굴지는 않을 것이네."

그의 이단자에 대한 잔인함을 말하는 모든 다른 이야기를 모어는 허위라고 공언한다. "이단자들에 관한 것에서는 나를 오해하지 말게. 나는 그들의 잘못을 미워하지 사람을 미워하지 않는다네. 나는 잘못은 없어지고 사람은 보전되기를 소망한다네."

이 글의 발췌문을 또 하나 인용해 본다. 이는 모어가 종교적인 것들을 어떻게 다루었는지 그 양태와 방법을 보여주는 것으로 독특하다. "그리고 그 형제들이 내가 그리했다고 나무라는 마지막 잘못을 살펴보자. 내가 극히 진지한 문제들 가운데 허튼소리와 익살과 우스운 이야기들을 섞어 넣는다는 것이다. 호라티우스는 이렇게 말한다: *ridentem dicere vernum*(quid vetat)—왜 웃으면서 진리를 말하면 안 되는가? 그리고 나처럼 평신도일 뿐인 자에게는 진지하고 장중하게 설교하기보다는 유쾌한 방식으로 자기 생각을 나타내는 것이 더 어울릴 수 있다."

모어가 옳았다. 그는 근대적 가톨릭교가 말하는 의미에서 강론자가 아니었다. 그가 자신의 논쟁적인 종교적 글들에서 진지한 태도를 유지하려고 자주 애를 쓰기도 했지만 장난기가 항상 되살아났다. 그의 〈혼들의 청원〉(Supplication of Souls: 가엾은 영혼들의 청원)의 여러 문장을 읽은 것보다 더 재미나는 것은 없다. 이는 1529년에 쓴 것으로서 〈거지들의 청원〉(Supplication beggars)이란 팸플릿에 대한 논박문이다. 이

〈거지들의 청원〉은 한 행진 행사에서 배포된 것으로 헨리 8세에게 신자들의 기부를 받아 일자리가 없는 프롤레타리아 계층을 지원하라고 요구하는 것이었다. 그중에서도 작성자인 피쉬(Fishe)는 성직자 계층이 수도원에서 쫓겨나 채찍질로 일을 하도록 강제되어야 하며 결혼을 시켜야 한다고 요구했다. 그래야 나라의 생산과 인구가 증가되리란 것이다. 모어는 그 제안에 대하여 몹시 비웃었다. "성직자 계층이 빼앗기고 약탈을 당하고, 족쇄가 채워지고, 얻어맞고, 혼인을 하게끔 국왕에게 청원서를 전달한다는 것만 생각해 보라! 그 사람이 결혼에 대해 어떻게 생각하는지 그가 이것을 이 악행들 중 마지막의 것으로 든 것에서 짐작할 수 있다. 그리고 정말이지, 그가 그것을 뭔가 좋은 것으로 간주했더라면 그는 그것을 성직자 계층에게 바라지 않았을 것이다."

모어는 그리고 나서 연옥의 불에 대하여 이야기한다. 연옥의 불쌍한 영혼들은 기부가 폐지되어 그들을 위해 기도해 줄 사람이 아무도 없어지면 손해를 보리란 것이다. 그러면 그 불쌍한 영혼들은 어떤 고통인들 겪지 않겠는가! 그들이 세상에서 벌어지는 모든 어리석은 언동을 바라보도록 저주를 받은 것을 생각해 보라. 그리고 망자(亡者)는 얼마나 빠르게 잊히는가! 그래서 연옥 불 속에 있는 남자는 자신의 아내가 더없이 속히 다른 남자와 결혼하고 자녀들은 즐거워하고 아무도 더 이상 아버지를 생각하지 않아서 그 아버지는 벗어던진 낡은 신발처럼 아주 빨리 잊히는 것을 보고 있어야 한다. 이따금씩 두 번째 남편과 다툰 때에만 사별한 남편을 생각한다.

《틴들의 답변에 대한 반론》(*Confutation of Tyndales Answer*)에서 그는 프로테스탄트교 설교자 반즈(Barnes)가 모여 있는 신도들 앞에서 두 부인, 즉 한 상인의 아내 그리고 보톨프스 와프(Botolphs Wharf)의 술집 여주인과 말다툼을 하는 것으로 그린다. 그리스도의 진정한 사제를 알아보는 간판에 관한 문제였다. 반즈는 그런 간판으로서 그가 성서에 대한 참된 해석을 제시하고 성서에 따라 산다는 것을 제시한다. 이에 대해 여주인이 외친다. "빌어먹을! 반스 신부님, 당신이 말하는 모든 간판은 나의 음식점 간판이나 겨자가게 간판과는 비교가 되지 못하는 군요. 나는 하나를 보면 따뜻한 빵을 먹게 되리란 것을 확신하고, 다른 하나를 보면 겨자 수프 한 냄비를 갖게 된다는 것을 확신하지요. 하지만 당신의 간판은 둘 다 내게 조금의 확신도, 반푼어치도 주지 못하는 군요."

이런 식으로 모어의 신학적 논문이 작성된다. 그의 논고들이 인생의 결말 무렵에 덜 유쾌해지고 황홀경적 열광적인 면모를 띠는 일도 있다는 것, 그가 거기에서 그의 예전의 원칙들, 예컨대 그가《유토피아》에서 표명했던 원칙들에 모순되는 것들을 말한다는 것은 맞는 말이다. 이러한 전환이 어떻게 생겨났는지에 관한 탐구는 역사라기보다는 심리학의 영역에 속한다. 모어처럼 불같은 정신의 소유자가 격전의 열기 속에서 선을 넘어가서 자신의 예전의 관점과 상충되는 것들을 주장한다는 것, 그가 자기의 반대자들에 대한 적대에 몰입하며, 광신에 사로잡힌다는 것, 끝으로 감옥에서 죽음을 기다리며 쓴 글들이 황홀경적 성격을 띤다는 것은 반대파 사제 말고 다른 누구도 역겹게 보기는 힘들 것이다. 이런 글들로 모어에 찬성하거나 반대하는 자료들을 생산하는 일은 가톨릭과 프로테스탄트의 사제들에게 맡겨두자. 우리에게 그런 것들은 기껏해야 병리적학인 관심사이며 우리는 이를 오직 사회주의자이자 사상가인 모어에 관해서만 다룬다. 모어의 신학 문헌은 모어가 왜 프로테스탄트 편에 서지 않고 가톨릭 편에 섰는지 우리가 이해하는 순간 거의 자명하게 설명된다. 그가 가톨릭 편이 되기로 결심하자 곧 그 뒤에 따르는 모든 것은 이 발걸음의 자연스러운 귀결이었다. 그러나 그가 프로테스탄교에 반대한 이유들은 교리적인 것도 아니고 신학적인 것도 아니며 정치적·경제적인 성질을 띤 것이었다. 부분적으로 이는 일반적으로 인문주의로 하여금 가톨릭 편을 들게 움직인 것과 같은 이유들로 제1부에서 이를 언급한 바 있다. 그러나 이 이유들은 모어에게서는 지방적·개인적인 영향 때문에 완전히 독특한 형태를 띠었다. 우리는 이를 다음 장에서 더 상세히 알아보려고 한다.

제 4 장

정치가로서 모어

1. 16세기 초 영국의 정치 사정

우리는 제1부에서 15, 16세기 유럽의 일반적 정치 상황을 이미 알아보았다. 영국에서 이 상황이 특별히 어떤 형태로 표출되었는지 묘사하는 데는 몇 마디면 충분하다.

중세의 신분들 중에서 15세기 말 가장 강력한 두 신분이 왕권에 거의 완전히 굴복했다. 이 둘은 귀족 계층과 교회였다. 우리가 살펴본 대로 그 당시에 이 두 신분을 약화시킨 일반적 발전의 진행은 영국에서는 몇 가지 특별한 상황에 의해 촉진되었다. 봉건귀족 세력은 백장미와 붉은 장미 간의 내전으로 가공할 만한 타격을 받았다. 영국의 남작들은 그들 선조들과 마찬가지로 약탈욕에 사로잡혀 우선은 '성지'에서 그 다음은 프랑스에서 전리품과 땅과 사람들을 취하려고 애썼다. 이 착취 대상물을 취할 길이 그들에게 가로막히고, '성지'가 그리스도교 세계에 대하여 그리고 나중에는 프랑스가 영국에 대하여 상실되자 영국의 남작들에게는 그들에게 남아 있는 유일한 착취 대상물인 영국의 땅과 사람들을 둘러싸고 서로 드잡이를 하는 것밖에는 남아 있는 일이 없었다.

1453년 프랑스 전체 중에서 깔레(Calais)만이 아직 영국인들의 수중에 있었다. 영국의 귀족 신분 착취자들 전체는 몇 년 전까지만 해도 정복당한 나라들로부터 풍성한 수입을 취했으나 갑자기 다시 '사랑하는 조국'의 좁은 공간으로 쫓겨 들어왔다. 착취자들의 '과잉 인구 현상'이 시작되었다. 착취의 수확량은 그들이 프랑스에 대한 착취로 습관화된 낭비적인 생활을 계속하려고 한다면 그들 모두에게 너무 적었다. 이 '과잉 인구'의 자연스러운 결과는 '존재를 위한 투쟁', 영국 왕권에 대한 요크가 혹은 랭커스터가의 청구권을 수호한다는 핑계로 서로 간에 도살과 약탈을 하는 적대적인 두 분파로 영국 귀족 집단이 분열한 것이었다. 백장미와 붉은 장미, 요크가의 추종 세력과 랭커스터가의 추종 세력 간의 전쟁은 겉보기에는 '권리를 위한 투쟁', 즉 왕좌에 대한 권리를 위한 투쟁이었다. 이는 보호무역주의자들과 자유무역주의자들 간의 투쟁이 '가난한 사람의 권리'를 위한 투쟁인 것과 대략 같은 식이었다. 실제로 그것은 착취 대상물에 대한 두 착취 분파의 투쟁이었으며, 그래서 거대한 분노와 잔혹성을 수반했다. 두 당파는 어떤 귀족도 용서하지 않는다는 원칙을 견지했다. 그리고 지체 높은 양반들 중 전쟁터에서 죽지 않은 자들은 그때그때 승리한 당파의 사형 집행인 칼에 쓰러졌다. 한 세대나 계속된 이 가공할 만한 살육에서 (프랑스 점령지의 최종적인 상실이 있던 1452년부터 1485년까지) 귀족 계층 거의 전체가 몰락했고, 그들의 그렇게 비워진 토지 소유권은 국왕에게 돌아갔다. 국왕은 그것으로 봉건 귀족 집단의 권세도, 권능도 갖지 않은 새로운 귀족 집단을 만들었다. 물론 영국의 대지주들은 다시 왕실에 도전하여 그것을 자신에게 종속시키기를 감행할 수 있었던 세력으로 된 것 같다. 그러나 이는 내전이 끝나기 7년 전에 태어난 토마스 모어의 시대에는 아직 해당되지 않았다. 모어 시대의 고위 귀족들은 거의 모두가 왕실의 피조물이었고 지배자인 국왕이나 그의 부왕에게 그들의 영지를 하사받았으며, 그래서 그에게 완전히 종속되었다.

귀족 집단처럼 성직자 집단도 군주의 시종으로 전락했다. 필시 노르만인에 의한 정복 후(1066년)의 영국 말고 유럽의 다른 어떤 왕조도 교황 세력에게 그렇게 종속되지 않았을 것이다. 노르만인들은 교회의 도움으로 그 땅을 차지했으며, 그 때문에 이제 영국의 국왕이 된 노르만 대공 정복왕 윌리엄은 교황의 봉신임을 시인했다. 그리고 나중에 다시금 1213년에 땅이 없는 존은 교황으로부터 연 이자 1천 마르크(1마르크=2/3 은 파운드)에 자신의 왕국을 봉토로 받았다. 영국의 노르만 봉건왕조는 십자군 원정이 영국 귀족 집단에게 풍성한 오리엔트의 약탈물을 얻을 길을 열어주는 것을 희망할 수 있었던 동안에는 교황 세력의 위신과 권세에 힘을 보탤 온갖 이유가 있었다. 이러한 전망이 13세기 말엽에 점점 옅어져 감에 따라 프랑스에 대한 착취가 영국의 기사와 남작들에게 전면에 부상했다―동시에 영국의 상인들은 이문이 좋은 무역을 하던 상대방인 프랑스 영지들의 취득에 관심을 갖게 되었다―그들은 이 무역이 어떠한 관세와 보호 장치로도 방해받는 것을 보고 싶지 않았던 것이다.**30** 그러나 프랑스에 대한 투쟁에서 교황은

---

30 특히 기엔(Guienne)은 (오랜 수도 보르도와 함께) 영국인들에게 중요했다. 그곳으로부터 소금과 포도주를 들여왔기 때문이다. 프랑스 왕이 이 지방을 1450년에 점령했을 때, 그는 동시에 이 두 품목이 영국인들에게 얼마나 긴요한지 잘 알고서 이에 대한 수출 관세를 부과했다. Thorold Rogers, *Six Centuries of Work and Wages*. S. 96.

영국인들의 동맹자가 아니라 적이었다. 프랑스는 14세기에 교황을 완전히 자신의 꼭두각시로 만들었던 것이다! 이 적대관계는 비(非)로만계의 다른 나라들에서보다 영국에서 교황을 반대하는 여론을 급속히 무르익게 했다. 이 적대관계는 교황에 의해 착취당하던 모든 지역에서 14세기 이래로 로마로부터의 독립을 향한 노력을 점점 더 거세게 불러일으킨 세력들의 비중을 키워 주었다. 교황 세력에 대한 이 적대는 나중에 독일에서 그런 것처럼 영국에서도 이 적대를 담당한 계급에 따라 서로 대립하는 두 형태를 띠었다. 한편에서는 농민과 장인, 때로는 하급 귀족 들에서 비롯한 민주적 형태가 있었고, 다른 한편에서는 왕실과 왕실의 피조물들과 상인들에서 비롯된 군주적 형태가 있었다. 첫 번째 지향은 위클리프(1324년에서 1384년까지)의 가르침에 의존했고, 롤라드파를 발생시켰다. 군주적 지향은 교회의 교리를 뒤흔드는 일 없이 의회의 결의를 통해 교황 세력의 착취와 권세를 상당히 제한하는 데, 아니 거의 완벽하게 제거하는 데 만족했다. 이미 1360년에 의회는 그리로 나아가는 결의를 했다. 1390년에 모든 영국인에게 외국인으로부터 어떠한 성직록을 받아들이거나 외국인을 위해 사무를 집행하거나 돈을 나라 바깥으로 보내는 것이 재산형과 생명형으로 금지되었다. 그리고 교황들이 이에 개의치 않자 이런 결정들은 교황존신죄 법령에 의해 특별한 뒷받침이 되었다. 이는 영국 헌정체제의 기본법이 되었다. 이 법령이 실행될는지 그리고 어느 정도나 실행될는지는 국왕들에게 달려 있었다. 그들은 이를 통해서 거의 완전히 교황 세력으로부터 독립하게 되었고, 교황 세력에 대하여 교황존신죄 법령을 엄격히 실행하겠다는 협박으로 언제나 강력한 압박을 가할 수 있었다. 그러나 교황에게서 독립한 민족적 성직자 집단이 왕실에 명령할 수 있었던 날들은 오래전에 지나갔다. 성직자 집단은 국왕에게 종속되지 않고서는 교황 세력의 종속에서 벗어날 수 없었다. 교황의 권세가 영국에서 가라앉는 것과 같은 정도로 성직자 집단은 국왕의 시종이 되었다.

투르크인의 위험은 교황 세력이 영국에서 새로이 중요성을 얻는 데 기여하지 못했다. 이 나라는 유럽에서 투르크인들을 두려워할 일이 가장 적은 나라였다.

그래서 모어의 시대에 영국의 귀족 집단과 성직자 집단은 왕실의 신하였으며 왕실에 절대적 권력을 주었다. 이는 그 당시에 유럽의 다른 어떤 나라에서도 왕실이 소유하지 못했던 권력이다.

그러나 왕실과 함께 시민과 농민도 부상했다. 우리는 제1부에서 이미, 유럽에서 일반적으로 농민들이 13세기 말 14세기 초에 자신들의 처지를 크게 개선했다는 것을 보여주었다. 농노제는 사라져 갔고, 인적 부역은 때로는 완전히 폐지되거나 많은 경우에 금납지대로 대체되었다. 이는 지주들에게도 큰 이익을 가져다준 전환이었다. 부역 농장에서 농노들의 노동 대신 급료를 받는 머슴들, 임금 노동자들의 노동이 등장했다. 다만, 임금을 받고 고용살이를 할 수밖에 없었던 사람들의 수는 그 당시에 아직 적었다.[31] 임금은 높았다. 몇 안 되는 원인만으로도 임금을 급속히 증대시키기에 충분했다. 1348년 영국에서 최초로 나타난 '흑사병'이라는 페스트의 창궐, 도시로 수많은 노동력을 유인한 예컨대 14세기 노리치(Norwich)의 모직업 같은 새로운 산업, 혹은 농촌에서 가내공업을 일으켰고 이를 통해서 일하려는 임금 노동자

---

31 "농업의 임금 노동자는 일부는 자신들의 여가 시간을 대지주에게 가서 노동을 하여 활용한 농민 그리고 일부는 독립적이고 상대적 절대적으로 수가 적은 고유한 임금 노동자 계급으로 이루어졌다. 후자 역시 사실상 동시에 자영농이었다. 그들은 임금 외에 오두막집 근처에 4에이커가 넘는 경작지를 할당받아 보유했던 것이다. 게다가 고유한 농민과 함께 공유지의 용익권도 향유했다. 그곳에서 그들의 가축이 풀을 뜯었고 동시에 그들이 연료로 사용한 목재와 이탄 등을 제공받았다." Marx, *Kapital*, 3. Aufl. 1. Band, S. 740.

들의 수를 줄인 새로운 산업의 번창 그리고 또한 용병을 흡수한 전쟁 등 일련의 상황, 이 모든 것이 영국에서 노동자의 임금이 14세기 후반에 일반적으로 50%, 잠정적으로는 훨씬 더 많이 오르게 작용했다.

지주들은 절망에 빠졌다. 그들은 의회 법안을 통해서 노동자들에게 노동을 강제하고 임금을 억누르려고 시도했다. 이 **노동자 법령**(statues of Labourers) 중 최초의 것은 1349년 법령이다. 그러나 이 법령들로는 농촌 융커들에게 충분하지 않았다. 이들은 직접 노동자와 농민을 다시 농노제의 멍에 아래 굴복시키고자 시도했다. 결국 그 압박은 더는 견딜 수 없는 것이 되었다. 노동자와 농민은 1381년 와트 타일러(Wat Tyler)의 지도하에 봉기했다. 그 반란은 직접적인 성공을 거두지 못했다. 그들의 지도자는 배신으로 타살되었고 봉기자들은 다시 흩어졌으며, 주모자는 처형되었고 롤라드파는 잔인하게 박해를 받았다. 그러나 그 반란은 지주들에게 유익한 공포심을 심어 주었다. 그들은 농민과 노동자를 강제하려는 시도를 포기했다. 15세기의 내전은 봉건제를 완전히 깨뜨렸다.

그리하여 자유농민이라는 완강하고 자의식이 강하며 강건한 신분이 영국에서 생겨났다. 이 농민은 영국의 군대를 14세기부터 17세기까지 가공할 만한 것으로 만든 자들이고, 프랑스 기사들의 돌격을 격파한 자들이다. 나중에 스튜어트 기병들의 돌격도 그들에 의해 실패했다.

어떤 계급이 나타나서 그들을 이런 방향으로 활용할 줄 알았더라면 그들은 왕권에 아주 위험하게 될 수 있었다. 다른 계급과 결합되지 않으면 농민은 위험하지 않았다. 농민은 아무런 정치적·민족적 노력을 하지 않았다. 그의 관심은 자치 공동체의 경계를 크게 벗어나지 않았고, 군(County)의 범위를 넘어서는 일이 드물었다. 이 경계 안에서 편안하게 놔두면 농민들은 만족했다.

영국 농민이 많은 자유 감정을 가지기도 했지만 그들은 헨리 7세와 헨리 8세 때, 즉 모어의 시대에 국왕의 절대주의에 아무런 방해 요인도 되지 않았다. 농민은 절대왕권에 대해 무관심했고, 오히려 친근한 감정도 지녔다. 모어의 시대에 시작된 대지주의 전횡에 대한 방패막이가 되어 주는 것을 발견했기 때문이었다. 이에 대해서는 아래에서 더 다루게 될 것이다.

농민 신분의 강화를 통해서도 피해를 입지 않았던 것처럼 왕실은 시민 계층의 급속한 세력 증강을 통해서도 피해를 입지 않았다. 시민 계층을 이루는 두 신분 중 하나인 장인들은 그 당시에 물론 시끄러운 분자였고 고집이 세고 자의식이 강했으며, 투쟁을 두려워하지 않았다. 농민들과 아울러 그들은 수많은 롤라드파 가입자들을 배출했다. 그러나 농민처럼 장인도 적어도 농촌 도시들에 사는 장인은 국가보다는 자신의 자치 공동체 안에서 살고 활동했다. 그리고 장인 역시 아무리 자신의 자치공동체 사안에 대해서 반항적이고 모질었어도 국가적 사안에 대해서는 아무런 지속적인 영향도 미치지 못했다. 또한 조합형 수공업은 모어의 시대에 이미 많은 농촌 도시들에서 몰락의 길로 들어섰으며 이 도시들에서 아주 급속히 쇠퇴하여 이미 헨리 8세의 후계자 에드워드 6세 때에는 그의 후견인이 길드들을 약탈하여 거덜내고 길드의 재산을 헨리 8세가 교회 재산을 앞서 몰수했던 것과 마찬가지로 왕실을 위해 몰수하는 일을 감행할 수 있었다. 이는 현대적 소유 형태의 신성화를 향한 토대가 놓인 시대의 일이었다.

이런 몰수는 물론 런던이 아닌 농촌 도시들에서만 실행되었다. 이 도시의 길드들을 사람들은 감히 건드리지 않았다. 모어의 시대에 영국의 왕들은 런던 시민들의 세력을 교회, 귀족 계층, 농민, 농촌 도시들보다 더 존중했다. 우리가 제1부에서 묘사한 상업 집중화의 경향은 프랑스와 영국에서만큼 일찍 그리고 그렇게 널리 위력을 떨치게 된 곳이 유럽에서는 없었다. 이 두 나라는 또한 가장 먼저 민족국가가 된 나라들이었다. 빠리와 런던은 그들 나라의 경제생활 전체를 휘어잡은 최초의 도시들이었으며, 그 도시들의 주인은 사실상 나라의 주인이었다. 로저스(Rogers)는 이렇게 옳게 말한다.

"런던은 의문의 여지없이 처음부터 다른 어떤 영국 도시와도 달랐다. 그 크기와 부의 측면에서도 그 특별한 중요성, 그 군사적 힘 그리고 그 성벽 안에서 거대한 세력, 귀족들(magnates)로부터 해방되고자 하는 그 도시의 정력의 측면에서도 그러하다. … 중세의 여러 정치적 투쟁 중에서 결국에는 런던이 편을 든 쪽이 승리했으며 보통은 아주 빠르게 그리되었다"(Th. Rogers, a.a.O. S. 106, 108, 109).

그런데 런던에서 최대의 세력을 보유한 것은 상인들이었다. 런던은 무엇보다도 상업도시였다. 그곳에는 모어의 시대에 이미 아주 커져 있던 영국의 상업이 집중되었다. 13세기에는 여전히 한자 상인들이 영국 상업의 대부분을 중개했다. 런던에는 그들의 가장 번창하는 해외 영업소인 슈탈호프(Steelyard)가 있었다. 그러나 영국의 무역선단은 급속히 발달했다. 영국의 배들은 15세기에는 프랑스, 네덜란드, 포르투갈, 모로코로 향했다. 그 배들은 발트 해(Ostsee)로 진출하여 그곳에서 한자 상인들과 격렬한 경쟁을 벌였다. 특히 한 무역회사가 이 방면에서 활약했는데 그 회사는 '바다를 건너 무역하는 상인들'(Merchant Adventurers)이라고 불렸다. 어업의 발달도 무역선단의 결성을 촉진했다. 영국의 선원들은 갈수록 용감하고 진취적으로 되었으며 항해하기 좋지 않은 바다로 점점 더 멀리 항해를 감행했다. 무역과 고래잡이는 그들을 아이슬란드로 이끌었고 지리상의 발견 시대에 그들은 북해에서 스페인 사람들과 포르투갈 사람들의 발견보다 덜 이익이 되기는 하지만 그만큼의 대담함과 항해기술을 전제조건으로 하는 발견을 행했던 것 같다. 모어 사망 후 몇 년이 지나지 않아 그들은 러시아 북쪽 해안의 아르한겔스크(Archangelsk)로 가는 길을 발견한 것 같다. 이는 그 당시에 '모스크바 사람들'의 유일한 항구도시였다. 그리고 1497년에는 존 카봇(John Cabot)이 브리스틀에서부터 영국 배를 이끌고 항해하여 래브라도(Labrador)를 발견했으며, 그렇게 해서 콜럼버스보다 거의 14개월 앞서 아메리카 대륙에 닿았다(G. Bancroft, *Geschichte der Vereinigten Staaten von Nordamerika*, Leipzig 1845. 1. Band, S. 9).

이 발견들과 그것들이 나온 배경이 된 용감한 진취적 정신은 나중에 영국 무역이 위대함을 떨치게 된 요인으로 중요하기는 하지만 모어의 시대에는 징후상의 의미밖에 지니지 못했다. 영국의 주된 무역은 당시에는 여러 가까운 나라들과 행해졌다. 월등하게 가장 중요했던 것은 네덜란드와의 양모무역이었다. 모직업은 네덜란드에서 일찍—10세기부터—발달했으며 그들에게 큰 부를 가져다주었다. 그러나 16세기까지 유럽에서는 영국과 스페인 두 나라만이 양모를 수출했다. 그런데 영국의 양모가 스페인의 것보다 훨씬 질이 좋았고, 네덜란드 사람들에게는 얻기가 훨씬 쉬웠다. 그래서 영국은 네덜란드와의 양모무역을 사실상 독점했다. 이는 지난 세기 60년대에 아메리카 연맹국의 남부 주들이 영국의 직물 공업에 필수 재료인 면화를 영국에 조달하는 독점권을 가졌던 것과도 비슷했다. 그래서 네덜란드의 부와 함께 영국의 부도 커졌다. 아니 더 제대로 말하면 영국의 양모를 생산하는 대지주와 상인, 군주의 부도 커졌다. 그러나 양모 생산자인 대지주의 부의 성장은 모어의 시대까지는 한편으로는 내전과 그 결과로 초래된 황폐화,

몰수에 의해서, 다른 한편으로는 프롤레타리아 계층의 결여, 임금을 내리 누를 실업자 예비군의 결여에 의해서 억제되었다. 모어의 시대가 되어서야 비로소 민중 복지 측면의 곤궁함의 이 통탄할 만한 결여를 제거하기 시작했다. 그때부터 비로소 대지주들도 양모 독점의 이익에서 응분의 몫을 챙겼다. 그러기까지는 그중 큰 몫이 상인들에게 그리고 군주에게 돌아갔다. 양모에 대한 수출 관세는 그 당시에 영국 왕들의 극히 풍성한 수입원으로서 절대주의의 가장 굳건한 버팀목을 이루었다. 무역이 발달할수록 나라 안에서 국왕의 권세는 더욱 강해졌으나 또한 국왕은 더욱더 무역계의 이익을 섬기지 않을 수 없게 되었다. 그 통치 기간이 헨리 7세에서 시작해서 엘리자베스에서 끝난 튜더 왕조는 무역계의 이익이 자신들의 이익이기도 하다는 것을 아주 잘 인식하여 일반적으로 그들이 할 수 있기만 하면 무역을 촉진했다. 그들 역시 전제적인 방식으로 통치했지만 왕실과 아울러 왕국에서 결정적 세력인 런던 시민들은 그들의 통치를 기꺼이 받아들였다. 런던 시민사회는 거의 전적으로 무역으로 생활했다. 어떤 이들은 직접적으로 또 어떤 이들은 간접적으로 그랬다는 차이는 있다. 무역이 융성하던 동안에 그들은 들고 일어날 아무런 이유도 없었다.

그와 같이 튜더가의 통치에는 어떤 장애물도 없었다. 그것은 영국에서 존재했던 가장 무소불위의 통치였다.

그러나 영국의 시민 계층이 그 때문에 노예근성에 빠졌다고는 생각하지 말라. 그들은 자신의 힘을 잘 의식하고 있었으며, 왕실이 자신의 이익에 반대된 입장을 취할 때에는 왕실에 대항하는 것을 두려워하지 않았다. 그리고 튜더가의 무소불위적 통치는 튜더가 사람들 다수가 얼마나 막나가도 되는지 정확히 알지 못했더라면 그리고 그들이 이 한계를 자주 넘어서기는 했지만 매번 백성 앞에서 제때에 다시 후퇴하지 않았더라면, 1백 년 넘게 지속하지는 못했을 것이다.

민중의, 무엇보다도 런던 민중의 저항력과 자유주의적 자의식은 튜더가 세력의 유일한 제약이었다. 의회는 그들 밑에서 힘이 없었다. 귀족과 성직자의 대표자들과 아울러 13세기부터는 여러 도시의 대표들도 의회에 부름을 받았으며, 당연히 이는 단지 이들에게 징세 동의를 강제하기 위한 것일 뿐이었다. 그런데 도시들의 세력과 함께 그 대표자들의 세력과 입법에 대한 그들의 영향력도 커졌다. 영국 의회의 독득한 점 가운데 하나는 하급 귀족 대표들이 14세기에 교회의 고위 성직자들과 함께 그 후로 상원을 구성한 고위 귀족으로부터 분리되어 도시들의 대표와 연합하여 하원을 이루었다는 것이다. 의회의 힘은 당연히 그 배후에 있던 계급들의 힘과 그들의 단합에 의존했다. 적대적인 두 당파가 균형을 이룬 경우에 국왕들은 쉬운 경기를 했다. 그러나 17세기까지 항상 지배세력에 비해 의회 세력은 의회가 대표한 계급들의 세력보다 미약한 상태에 머물렀다. 의회는 인적인 영향력에 민감했기 때문이다. 시민 계층은 매수당하지도 겁을 내지도 않았지만, 물론 그 대표들은 그랬다. 국왕은 원하면 자신이 탐탁하게 보지 않는 의회 구성원을 반역자로 몰아 처형할 수 있었다! 국왕이 의회 앞에서 머리를 숙인 경우에 그것은 의회의 권한에 대한 존중에서 한 행동이 아니라 의회가 대표한 이해관계자들의 힘에 대한 염려에서 한 행동이었다.

튜더 왕가 사람들이 민중을 잘 요리한 경우에 그들은 의회를 걱정할 필요가 없었다.

세력이 없고 인적 영향에 굴복하며, 대부분 국왕이 세워 준 귀족과 성직자들로 구성된 튜더 왕조 시기의 의회는 영국 역사상 가장 굴종적인 의회였다. 그들은 입법권을 완전히 왕실에 넘기고 왕실이 그들에게 바랐던 사형 집행인 업무를 자발적으로 수행했다. 오직 한 가지 사항에서만 그들도 다분히 냉혹했고, 국왕들에게 양보를 하도록 강압했다. 그들 배후에 대중이 있었기 때문이다. 그것은 징세의 승인에 관한 것이었다.

위에서 언급한 제반 상황은 독특한 외견상의 모순을 드러냈다. 모어의 시대에 유럽의 다른 어디서도 왕실의 절대권력은 영국에서보다 크지 않았다. 필시 다른 어느 나라에서도 시민과 농민의 자유 감정과 자의식이 바로 그곳에서보다 더 세차게 발달한 곳도 없을 것이다.

2. 군주론자이면서 폭군 혐오자인 모어

모어는 묘사된 상황의 자식이었다. 그래서 언급된 모순은 그의 글에 반영되어 있다. 그의 열정적 기질 때문에 그 모순은 다른 어느 누구에게서도 그에게서보다 더 강하게 각인되지 않았을 것이다. 그는 군주가 필요하기는 하지만 철학자들의 종이어야 한다는 인문주의자들의 가르침을 탐욕스럽게 받아들였다. 그는 군주가 민중의 종이어야 한다는 데까지 그 가르침을 확장했다. 그리고 다른 사람들에게서는 단지 문학적 수사이던 것이 그에게서는 굳은 신념이 되었다. 그는 여느 영국인이든 독재를 싫어한 것같이 독재를 혐오했으나 군주제의 필요성에 대한 믿음은 확고했다. 그는 국왕이 민중의 이익을 위배하는 경우에는 그를 내쫓는 것이 옳다고 보았지만 이는 그 대신 다른 더 나은 왕을 앉히기 위한 것일 뿐이었다.

한마디로 이것이 그의 정치적 입장이다. 모든 분석 설명을 통해서보다도 모어의 정치사상과 활동에 관한 간략한 서술을 통해서 그것은 더 잘 그려진다.

그의 첫 번째 정치적 의사 표명은 그의 풍자시에서 발견된다. 여기서 우리에게는 군주에 대해 다루는 풍자시들만이 관심사이다. 우리에게 가장 특징적이라고 여겨지는 것 몇 개만 여기서 재현해 보자. 그중 하나는 "좋은 군주와 나쁜 군주"라는 글이다.

> 좋은 군주란 무엇인가? 양치기 개다.
> 그는 늑대들을 쫓는다.
> 그러면 나쁜 군주란? 늑대 자체이다.

다른 시는 "폭군과 군주 간의 구분"이란 제목을 갖고 있다.

> 합법적인 군주는 흉측한 폭군과 어떻게 구분되는가?
> 폭군은 자신의 신하들을 노예 취급하며
> 군주는 그들을 자신의 자녀로 취급한다.

이 구분은 국왕은 군림하지만 통치하지 않도록 하는 입헌주의자들의 허구를 연상케 한다. 그러나 입헌주의 이론가들, 예컨대 7월 왕정의 이론가들과 모어 사이에는 차이가 있다. 저들은 자신들의 이론적 관점의 귀결이 공화국인 반면 목전의 이익은 그들을 특정한 국왕에게로 가게 하는 모순을 은폐하기 위하여 허구로 도피하는 방식을 취했다. 모어는 자신의 군주제의 필요성에 대한 신념을 그의 풍자시 작성 시기에 지배하던, 아직 헨리 7세이던 군주의 폭정에 대해 품은 증오와 결합시킬 수 있기 위하여 허구를 필요로 했다. 입헌주의자들의 허구는 비겁한 기회주의의 소산이었던 반면 모어의 허구는 고집 센 반대의 결과였다. 모어가 그 시대 독재자의 공포통치, 그 예측 불가능성 때문에 극히 엄격한 자기검열을 강제하던 공포통치에 얼마나 떨지 않았는지를 예컨대 다음의 풍자시에서 엿볼 수 있다. "백성의 뜻은 왕의 위엄을 주기도 하고 빼앗기도 한다."

여러 사람의 꼭대기에 선 자,

그는 그것을 그 꼭대기 아래 있는 자들에게 고마워해야 한다.

어떤 경우에도 그는 이끎을 받는 자들이 원하는 것보다 더 오래 그들을 이끌어선 안 된다.

그러니 힘없는 지배자들이 무엇을 자랑하는가?

그들은 해고당할 수 있는 신분(precario)으로서만 직위를 보유한다.

"지배욕"에 관한 다음의 풍자시도 마찬가지로 대담하다.

여러 국왕 중에 그의 나라로 충분한 사람은 찾아내기는 하더라도 좀처럼 찾기 어렵다.

여러 국왕 중에 그의 나라를 통치할 줄 아는 사람은 찾아내기는 하더라도 좀처럼 찾기 어렵다.

그의 정신이 어떤 사상으로 가득 차 있었는지 그가 루키아누스의 대화록《폭군 살해자》를 그리스어에서 라틴어로 번역했고 그에 대한 화답 글을 썼다는 것에서 짐작할 수 있다.[32]《폭군 살해자》의 우화는 다음과 같다. 어떤 사람이 늙은 폭군을 살해하려고 그의 도성에 들어갔다. 그는 아버지 대신 그 아들을 만나서 그를 죽였지만 그의 칼을 시신에 남겨두었다. 그 폭군이 와서 자기 아들이 죽어 누워 있는 것을

---

[32] *Thomae Mori Dialogi Lucianei e Graeco in Latinum sermonem conversi, adjecta declamatione qua Luciani Tyrannicidae respondetur.*

보고는 절망에 빠져 살해자의 칼로 자살한다. 이 살해자는 이제 모든 폭군 살해자들에게 적당한 대가를 원한다. 모어는 그의 답변에서 그 살해자는 폭군을 살해하지 않았으므로 급부에 대한 청구권이 없다고 설명했다. 그는 이렇게 말했다. "그대, 자칭 폭군 살해자에게 그대의 급료가 지불되어서는 안 된다는 것을 내가 주장한다고 해서 내가 그 폭군의 죽음을 애도해서 그런 것은 아니네. 그대가 정말로 그를 쳐 죽였다면 나는 항변하지 않을 것이며 오히려 그대를 칭찬하고 그대를 경이롭게 생각하고 그대에게 급료가 주어지는 것을 인정할걸세. 그대가 폭군을 쳐 죽이지 않았다는 바로 그것 때문에 나는 그대에게 반론을 제기하고 그대에게 은급을 주는 것을 거절하고 그대에게 소를 제기하는 것이네."

사제 신분인 모어의 전기 작가들은 당연히 그러한 주제에 대한 모어의 몰두를 단순한 문법학적 관심에서 나온 것으로 묘사하려고 한다. 그러나 가톨릭 신자 오댕(Audin, Jean-Marie Vincent―옮긴이)은 1849년 빠리에서 발간된 프랑스어판 스테이플턴의 모어 전기에 대한 서평을 쓴 사람으로서 다음과 같이 밝히지 않을 수 없다고 적었다. "'폭군 살해자'는 정치적 신앙고백이다. 모어는 독재를 증오한다. 그는 신의 법을 믿지 않는다. 그는 나쁜 군주에 맞서 들고 일어나는 누구에게나 무죄 판결을 할 준비가 되어 있다." 또한 《폭군 살해자》에 대한 몰두는 결코 단순한 작문 연습으로 보이지 않으며, 이 작문 연습은 다른 형태로는 말해질 수 없던 것들을 말할 수 있기 위한 구실로 보인다.

3. 런던 시민 계층의 대표 모어

일찍이 모어는 그의 '옥좌 앞에서 사나이의 패기'는 과장된 수사 이상의 것임을 입증할 기회를 가졌다. 26세 때에 그는 그 이름이 전해지지 않는 선거인 집단에 의해—이는 런던 자체일 개연성이 있는다—의회 의원으로 선출되었다. 헨리 7세가 백성에 대한 약탈을 할 법적 구실을 얻어내려고 소집한 의회였다. 앞서 1496년, 1497년 사이에 의회는 국왕에게 스코틀랜드와의 전쟁 위험 때문에 망설임 없이 두 건의 15분의 1세를 승인했다. 15분의 1세는 백작령(군counties)과 도시들, 고을, 성직자 집단이 조달해야 했던 일정액의 재산세였다. 1500년에 베네치아의 영국 사절은 15분의 1세의 세수가 37,930파운드스털링에 달했다고 추산했다. 시봄도 같은 결과에 도달한다(*Oxford Reformers*, 2. Auflage, S. 145).

의회의 고분고분함과 함께 국왕의 소유욕은 커져 갔다. 로퍼(Roper)에 따르면 그는 모어가 자리하고 있던 1504~1505년 의회에 세 건의 15분의 1세의 승인을 요구했다. 그러나 로퍼가 틀렸을 가능성이 있다. 다른 사람들은 요구가 더 작았다고 한다. 그 금액은 일부는 스코틀랜드 왕과 혼인한 그의 딸 마가레트의 혼수에 쓰여야 하고, 일부는 그의 아들 아더의 기사 서임식에 맞추어 기부할 돈으로 그에게 마땅히 돌아가야 했다는 것이다. 이런 요구의 파렴치함의 진가를 알 수 있으려면, 국왕에게 아들의 기사 서임식에 즈음하여 낼 기부금을 줄 의무는 봉건 체제에서 유래했으며 오래전에 중단되었다는 것을 알아야 한다. 그것은 14세기 중엽에 에드워드 3세의 아들 검은 왕자가 기사 서임을 받던 때에 마지막으로 지속되었다. 그런데 이를 떠나서 아더는 이미 1502년에 어린 나이로 죽었던 것이다!

그럼에도 의회는 그 요청을 승인하는 게 싫지는 않았던 것 같다. 그 의안은 두 번의 독회를 통과했다. "그리고 마지막 토론에서 모어가 그에 반대하는 논지와 근거를 제시하여 국왕의 요구는 각하되었다. 그 자리에 출석한 타일러(Tyler)라는 국왕의 추밀고문관은 의회에서 나와 국왕에게 달려가 웬 턱수염도 없는 녀석이 그의 모든 노력을 수포로 돌아가게 했다고 말했다"라고 로퍼가 우리에게 설명해 준다. 유감스럽게도 그 경과는 완전히 밝혀지지 않았다. 확실한 것은 헨리 7세의 요구가 완전히 각하된 것이 아니라 단지 삭감되었으며, 그는 "자기의 귀족들과 신하들에 대한 넘치는 은혜와 다정한 사랑에서" 30,000파운드스털링으로 만족했다는 것이다.

짐작할 수 있듯이 헨리 7세는 그 젊은 야당인에게 격노했다. 그러고는 그 아비에게 트집을 잡았다. 아들에게는 압류할 수 있는 재산이 아무것도 없었기 때문이다. 그는 늙은 존 모어(John More)를 런던타워에 감금했고 그에게서 보석금으로 100파운드를 받아냈다. 그러나 그의 복수는 그것으로 족하지 않았다. 그 젊은 정치인은 공적인 삶에서 물러나 폭군의 진노를 모면하기 위해 몸을 숨겨야 했다. 물론 그의 수도원 체류와 수도사가 되려는 뜻은 이 시기에 있었던 것으로 보아도 좋다. 그 당시에 모어는 또한 외국으로 나가려는 뜻을 품고 있었다.

국왕은 얼마간의 시일이 지나 그 '턱수염도 없는 녀석'을 잊었다. 그래도 모어는 새로이 국왕의 주목을 받는 것을 경계하여 의회를 멀리해야 했다. 그러나 그가 이 시기에 하는 일 없이 지낸 것은 아니었다는 것이 그가 1509년 헨리 7세가 죽은 직후에 런던의 시장 대리가 되었다는 것에서 드러난다. 이는 그가 법률가로 좋은 명성을 얻었다는 것을 입증해 주는 발탁이었다. 이 직무에서 그는 곧 동료 시민의 신뢰 그리고 동시에 자기 나라의 경제 상황에 대한 깊은 이해를 얻었던 것이 분명하다. 왜냐하면 우리는 그가 곧바로 런던 상인들의 중재자로서 중대한 임무를 띠고 활동하는 것을 발견하기 때문이다. "그의 학식, 그의 지혜, 지식과 경험 때문에 사람들은 그를 아주 높이 평가하여 그가 국왕 헨리 8세를 섬기는 자리에 나가기 전에도 영국 상인들의 절박한 간청과 국왕의 동의로 두 번에 걸쳐 그들과 스틸야드 상인들, 즉 우리가 알듯이 한자 상인들 간의 어떤 중대한 분쟁의 조정을 위한 사절이 되었다"라고 로퍼가 설명해 준다. 이 문장의 결론은 로퍼의 혼동에서 기인한다. 한자 상인들과의 분쟁을 모어는 나중에 가서야 중재했다. 그 반면에 영국 상인들이 그가 사절로 임명되는 것을 관철시킨 자들이라는 것은 옳다. 이 사절 임무의 첫 번째는 1515년의 일이다. 모어는 그의《유토피아》제1권 서두에서 그에 대해 스스로 우리에게 설명해 준다.

"국왕 헨리 8세, 승리를 거두고 명성이 자자한 영국의 왕으로 훌륭한 군주의 온갖 덕을 갖춘 그는 얼마 전부터 까스띠야의 탁월한 임금 까를로스와 분쟁을 벌였다. 그 중재를 위해 국왕폐하는 나를 커스버트 턴스톨(Cuthbert Tunstall)이라는 비길 데 없는 사나이와 함께 플랑드르로 사절로 파견했다." 운운.

나중에 황제 카를 5세가 되는 까를로스 황태자는 독일 황제 막시밀리안과 스페인 국왕 페르디난도의 상속인으로서 1503년에 이미 3세의 꼬마로서 그 당시에 두 살 먹은 프랑스의 공주 클라우디아와 약혼이 되었다. 외교 관계의 변화는 곧 이 약혼의 파기를 가져왔고, 1506년에는 나중에 영국의 헨리 8세가 되는 자의 누이 마리아와 까를로스의 약혼을 이끌었다. 그러나 1514년에 막시밀리안은 프랑스와의 동맹을 강화하기 위해 까를로스를 다시 그의 첫 번째 약혼녀의 여동생인 프랑스 공주와 약혼시키는 것이 유리하다는 사실을 알아챘다. 첫 번째와 세 번째 약혼녀의 아버지 루이 12세는 14세의 까를로스에게 버림받은 한물간 두 번째 약혼녀인 영국 공주 마리아와 결혼했다.

이런 일련의 약혼은 모어 시대의 절대주의에 특징적이다. 분산된 소국들이 큰 나라로 결혼관계에 의해 합쳐지고 노련한 중매인이 아닌 그 누구도 완벽한 '정객'으로 행세할 수 없었던 시대였다.

헨리 8세는 당연히 막시밀리안과 까를로스의 배신에 크게 분노했다. 1515년에 까를로스는 네덜란드의 통치권을 물려받았으며 헨리는 의회를 통해서 그와 네덜란드인들에게 네덜란드로 가는 양모의 수출을 금지하는 것으로 피해를 입히는 것보다 더 시급히 할 일은 없었다. 그러나 곧 헨리는 까를로스와 화해했으며 양모 수출 금지는 영국 상인들에게도 홀란드인들에게만큼 물론 달갑지 않은 것이었다. 그래서 모어가 무역 재개를 이끌 사절로 파견되었다. 그는 특사 임무를 매우 완벽하게 성공으로 이끌었고 그래서 곧 1517년에 깔레(Calais)로 비슷한 목적을 위해 파견되었다. 이는 영국 상인과 프랑스 상인 간의 분쟁을 중재하기 위한 것이었다.

모어는 아주 쓸모 있는 사람임을 드러냈고 이 권세 있는 도시 런던에서 그의 명성은 매우 높아서 헨리가 그를 궁정으로 불러들일 온갖 이유가 있었다. 그러나 모어는 거절했다. 국왕이 그에게 제안한 연금도 고사했다. 그는 에라스무스에게 편지로 쓴 것처럼 이를 통해서 그의 동료 시민의 신임을 잃을 것을 두려워했던 것이다. "종종 그런 일이 있는 것처럼 시민들과 폐하 사이에 시민들의 특권 때문에 갈등이 벌어질 경우에, 그들은 내가 국왕에게 연금을 통해 의무를 지고 있다고 하여 나를 불신할 수 있을 것입니다." 이처럼 그는 런던 시민과 국왕 사이에 싸움이 벌어질 경우에는 시민의 자유를 편들기로 결심했다.

사실상 그는 헨리 8세에 흡족해 할 아무런 이유가 없었다. 헨리 7세는 야비하고 곡절이 많은 구두쇠로서 탐욕스럽게 금을 켜켜로 쌓았고 할 수만 있으면 어디서나 어떤 방법으로도 백성을 쥐어짰다. 그의 아들은 친절했고 베푸는 품이 컸으며, 자신의 사치로 무역과 예술의 촉진자가 되었고 새로운 학문들과 인문주의의 벗이 되었다. 한 마디로 시대 이념에 걸맞은 자유주의적 황태자였다. 그가 왕위에 등극했을 때 일반의 환호가 그를 경하했다. 모어도 이제 철학자들에 의해 지도를 받는 군주, 노예 소유자가 아닌 백성의 아버지가 등장하기를 희망했다. 그는 찬양시를 써서 헨리 8세의 대관을 경축했다. 물론 그 시에는 새로운 군주에 대한 찬양보다 이전 군주에 대한 풍자가 더 많이 등장하는데 이는 다음과 같은 말로 끝을 맺는다.

경배받으소서, 숭고한 임금님,
그리고 더 많은 사람이 하는 말로, 많은 사랑을 받는 분이여!

헨리 8세의 첫 번째 통치 행위 역시 자신을 인기 있게 만드는 쪽으로 행해졌다. 무엇보다도 그의 부친의 두 장관의 처형이 있었다. 이들은 부친의 열렬한 꼭두각시이자 백성의 고혈을 빤 자들인 엠슨(Empson)과 더들리(Dudley)이다. 그들은 물론 그들이 저지른 모든 짓이 국왕 명령을 수행하는 데서 일어났을 뿐이라고 둘러댈 수 있었다.

그러는 사이에 곧 헨리의 정책은 덜 인기 있는 측면에서 나타났다. 그는 프랑스에 맞선 이른바 '신성동맹'에 가입했고(1512년) 이 나라에 대항한 전쟁에 가담했다. 이 전쟁은 1514년까지 지속되었고 영국에 아주 많은 돈을 부담시켰으며, 아주 적은 명성을 주었을 뿐 이익은 전혀 가져다주지 못했다. 헨리는 다른 사람들을 위해, 특히 아라곤의 가톨릭교인인 페르디난도를 위해 불쾌한 일을 무릅쓰도록 속아 넘어갔다. 페르디난도는 '교황'(Heiliger Vater)을 수호하려는 '성전'에서 최선의 사업을 벌였던 것이다.

전쟁 비용에 궁전 유지와 정신 나간 건축 과열의 무절제한 호사가 짝을 이루었다. 헨리는 50개의 궁전을 지었고, 그 공사에 조바심을 내어 흔히 작업을 한순간도 멈추지 못할 정도였다. 그는 물론 영국에서 야간 노동과 일요일 노동을 더욱 큰 규모로 도입한 최초의 사람이라는 명성을 자기 것으로 주장해도 좋다.

아비가 보화를 쌓아두기 위해 백성의 고혈을 빨아들였다면 아들은 자신의 영구적인 자금상의 곤경을 벗어나기 위해 백성을 쥐어짰다. 낭비자의 돈 욕심은 구두쇠의 욕심보다 더욱더 가공할 만하게 되었다. 조세는 헤아릴 수 없이 커졌고 지극히 가난한 일용 노동자도 부담을 졌다. 새로운 조세법 중 하나는 2파운드의 연봉을 받는 노동자는 1실링을, 1에서 2파운드의 연봉을 받는 노동자는 6펜스를, 더 적은 연봉을 받는 노동자는 4펜스의 세금을 납부해야 한다고 규정되었다. 게다가 한 사람당 1실링의 인두세가 추가된다!

거기에 주화의 품질 악화와 주화 위조라는 애호되는 수단이 더해졌다. 이는 당연히 일시적인 이익만을 가져다주었지만 빚을 갚아야 할 경우에는 매우 이익이 되는 것으로 드러났다. 이미 그의 통치 원년에 헨리는 실링화의 은 함유량을 142그란에서 118그란으로 삭감했다(1그란=0.06g).

4. 《유토피아》의 정치적 비판

헨리 8세 같은 군주는 "양떼를 늑대로부터 지키는 양치기 개"가 아니라 늑대 자체였다. 모어는 깊은 환멸을 느꼈다. 이런 분위기에서 그는 《유토피아》를 집필했다.[33] 제2권에서 그는 국가가 이성적으로 다스려지고 조직된다면 얼마나 행복할 수 있겠는가 하고 기술했다. 제1

권에서 그는 국가들이 실제로 얼마나 형편없이 다스려지는지, 특히 헨리의 체제가 어떤 질병을 앓는지를 보여주었다. 이 책은 16세기 초의 경제적·정치적 상황에 관한 중요한 문서이며, 정치가로서의 모어를 표현하는 데 중요하다. 그래서 우리는 이를 더 상세히 들여다보아야 한다.

그 책에 대한 평가를 할 때 국왕에게 때때로 공손한 호칭 부여했다고 그에게 호의적이었다고 착각하지 말아야 한다. 이는 18세기의 유물론자들을 평가할 때 그들이 때때로 그리스도교에 존경을 표했다고 그리스도교에 호의적인 것으로 오해해서는 안 되는 것과도 같다. 여기서도 그렇고 거기서도 반대당파 비판자의 기술은 행간에서 행들에 적힌 것의 반대되는 것을 읽게 하는 데 있다.

그와 같이 모어도 《유토피아》에서 다른 사람인 라파엘 히틀로데우스에게 자신의 관점을 대표하는 역할을 맡기고 그 자신은 그의 견해에 대한 부분적인 반대자라고 소개한다. 그러나 모어가 말하는 것이 아니라 라파엘이 말하는 것이 중요하다. 모어는 플랑드르로 사절로 가던 중에 브뤼허에서 라파엘을 우연히 만나는 과정을 설명한다. 그와 그의 벗 페터 힐레스(Peter Giles)는 라파엘에게 국왕을 섬기는 길로 나가라고 권유한다. 그는 이를 거절하면서 그 이유를 장황하게 설명한다. 해당되는 단락을 문자 그대로 재현할 값어치가 있다.

---

33 《유토피아》가 작성되었을 개연성이 있는 집은 오늘날에도 건재하다. 그 집은 런던의 명소 중의 하나인 음식점으로 쓰이며, 비숍스게이트 거리에 있는 크로스비 홀로 1466년에 지어졌다. 1505년에 있었던 첫 번째 결혼 후 몇 년이 지나지 않아 모어는 그 집을 사서 1523년에 루카(Lucca)의 상인 안토니오 본비지(Antonio Bonvisi)에게 되팔았다. 본비지와는 개인적으로 친분이 있었다. 모어가 그 집을 취득한 해는 확실치 않다. 그것은 1515년 이전일 개연성이 있다. *Charles Knight*, London. 1. Band, S. 322 참조.

페터는 이렇게 말했다. "사실, 라파엘 선생, 선생이 국왕의 조정에 출사(出仕)하지 않는다는 것은 대단히 놀랍소이다. 선생을 크게 아끼고 귀하게 여기지 않을 국왕은 없다고 확신하기 때문이오. 선생은 해외 여러 나라와 민족에 대한 깊은 식견과 지식으로 국왕을 떠받쳐 줄 뿐 아니라 그분을 가르치고 조언도 할 수 있을 테니 말이오. 그러면 선생은 스스로에게나 선생의 친구와 친지들에게나 이로움을 끼칠 것이오."

라파엘은 이렇게 대답했다. "내 벗들과 친지들은 내게는 별로 걱정할 바가 아니오. 나는 그들에 대한 의무를 완전히 다했다고 믿소. 왜냐하면 내가 젊어 혈기방장하던 때에 다른 사람들이라면 늙고 쇠약해질 때까지 전전긍긍하며 고수하는 것, 그들이 작별해야 할 때에 여전히 붙들고 있는 것을 그들에게 나누어 주었으니 말이오. 나는 그들이 나의 선심(善心)으로 만족할 수 있으며 내가 그들 때문에 어떤 왕에게 가서 종살이를 자처하기를 기대해서는 안 된다고 생각하오."

페터가 말했다. "이 친구야, 그만하게. 그대는 국왕을 섬길 것이 아니라 그분에게 섬김을 보여주어야 하네."

그가 이렇게 대꾸했다. "그게 무슨 차이인지 모르겠네."[34]

페터가 말했다. "그대가 그 일을 뭐라고 부르든 남들에게 이익을 끼칠 뿐 아니라 그대 자신도 행복하게 하는 것이 옳은 길이라고 나는 믿네."

"내가 기겁하여 물러선 길에서 내가 더 행복해진다니?" 라파엘이 소리쳤다. "나는 내 맘에 맞는 대로 지금 살고 있다네. 그리고 이런 것은 고귀한 옷을 입은 많은 분들에게는 통할 것이라 믿지 않네. 게다가 권세자들의 호의를 입으려고 애쓰는 사람들은 충분히 많다네. 그리고 내가 그리고 또 몇몇 다른 사람도 그들 중에 속하지 않더라도 큰 손해라고 생각하지

---

[34] 라틴어 원문에서 이 문장은 servire(복종하다)와 inservire(보필하다) 간의 번역될 수 없는 말장난을 하는 것이다.

않는다네."

그 말에 나는(모어 자신은) 이렇게 대꾸했다. "알겠네, 라파엘 군, 그대는 부도 권세도 바라지 않는단 말이지. 그리고 참으로 나는 권세 있는 자 누구보다 그대 같은 사람을 존경하네. 그러나 지식과 힘을 나라의 복리에 바치는 것은 설사 그것이 불쾌함과 못마땅함을 유발하더라도 그대의 지혜와 그대의 고결한 정신에 잘 어울릴 것이네. 그런데 그대는 국왕의 자문역을 하면서보다 더 효과적으로 나라에 이로움을 끼치지는 못할 걸세. 그대가 훌륭하고 존경스러운 처신을 하도록 군주를 종용할 것이란 걸 나는 의심치 않네. 왜냐하면 군주들은 백성에게 돌아갈 선과 악의 근원이기 때문이네. 그대의 학식은 아주 높아서 그대는 조금의 경험이 없어도 국왕의 탁월한 고문관 역할을 할 정도이며, 그대의 경험은 아주 많아서 그대는 아무런 학식 없이도 국왕의 탁월한 고문관 역할을 할 정도이네."

"친애하는 모어 군, 그대는 나에 관해서 그리고 상황에 관해서 이중의 오류에 사로잡혔다네. 나는 그대가 내게 믿게 하려고 하듯이 그렇게 재능이 있지도 않으며 또 내가 설령 그렇다고 하더라도 나의 평온을 희생하는 것이 나라에는 아무런 득도 될 것이 없을 것이야. 왜냐하면 첫째로 대부분의 군주는 평화 사업보다는 내가 잘 알지 못하고 또 알고 싶지도 않은 전쟁 수행을 더 즐겨하기 때문이지. 그리고 그들은 소유하는 나라를 잘 다스리는 것보다 합법적 비합법적 수단으로 새로운 제국들을 취하는 것에 더 열심히 노력한다네. 게다가 국왕의 대신들은 누구나 고문을 필요로 하지 않을 만큼 현명하거나 혹은 어떤 조언도 들으려 하지 않을 정도로 스스로 현명하다고 생각한다네. 군주에게 높은 은총을 받고 있는 자에게만 그가 어리석은 수다를 지껄일지라도 그들은 아첨하려고 동조하면서 귀를 기울인다네. 그리고 어떤 사람이든 자신의 생각을 최선으로 여기는 것은 지극히 당연하지. 까마귀에게도 원숭이에게도 그들의 새끼는 가장 귀여워 보이는 법이지. 어떤 이는 모든 생소한 관념을 질시하는 태도를 보이고 또 어떤 이는 자신의 생각을 최선이라고 여기는데, 이런 사람들 중에서 누군가가 역사에서 읽거나 다른 어디에선가 본 것을 권한 다면 듣는 이들은 다른 사람들의 생각을 나쁘다고 보지 않는다면 자기들 의 지혜의 명성 전체가 위험에 처하게 되고 바보 취급을 받을 것처럼 처 신한다네. 그리고 다른 모든 이견이 효과가 없더라도 그들에게는 여전히 한 가지는 남아 있지: 현존하는 것은 우리 조상들의 마음에 든다는 것. 우리는 조상들만큼은 현명하리란 것. 그리고 그들은 그렇게 하여 일이 적절히 해결된다는 표정으로 내려앉지. 어떤 점에서든지 우리 조상들보 다 더 현명한 것보다 위험스러운 것은 없다고 믿을 수도 있겠지. 물론 우 리는 조상들이 정말로 잘 제도화했던 것 그 무엇이든 개선하려고 한다면 그것을 잊혀지게 하지. 그러면 사람들은 개선에 매달린다네."

이제 모튼 추기경에게 있었던 한 일화의 설명이 이어진다. 이에 관 해서 우리는 이미 한 문장을 전한 바 있다. 그러고는 그 주제에 관한 대화가 더 이어지는 가운데 모어는 다시 이렇게 설명한다.

"이 모든 것에도 불구하고 나는 그대가 군주의 조정에 출사할 수 있다면 그대의 좋은 지략으로 나라를 발전시키게 되리라는 견해를 굽히지 않는 다네. 나라에 이로움을 끼치는 것은 모든 유능한 사람의 의무이듯 그대 의 의무라네. 철학자들이 왕이 되거나 왕들이 철학자가 되면 비로소 백 성들이 행복해질 수 있다고 말하는 그대의 플라톤이 옳다면, 철학자들이 국왕에게 충언을 하고 국왕을 깨우치는 일을 자신들의 격에 맞지 않는 천한 일이라고 생각한다면 우리는 행복으로부터 얼마나 멀리 떨어져 있 겠는가!"

라파엘은 이렇게 대답했다. "철학자들이 기꺼이 그렇게 하지 않을 만큼 이기적이지는 않다네. 많은 이가 이미 출간한 책들에서 그렇게 하였고, 국왕과 군주들은 그 책에서 충분히 좋은 지략을 발견할 수 있지. 그들이 그 지략을 따를 마음만 먹는다면 말일세. 플라톤은 왕들이 스스로 생각하기를 시작하지 않는다면 그들은 철학자들의 지략을 아쉬워하지 않으리란 것을 언제나 잘 알았지. 그들이 어려서부터 비뚤어진 관점에 세뇌되어 타락했다면 그렇다는 것이지. 이것이 얼마나 진실인지를 플라톤 스스로가 디오니시우스 왕에게서 경험했다네."

"내가 어떤 왕에게 유익한 법률을 제안하고 그의 마음에서 악의 해로운 뿌리를 뽑아내려고 애쓴다면 내가 그 즉시 쫓겨나거나 조롱을 당하리라고 생각하지 않는가?

내가 프랑스 왕의 궁정에서 그의 고문관으로 앉아 있다고 해보세. 완전히 비밀스러운 회의가 열리고 국왕 자신이 그 회의를 주재한다고 해보세. 거기서 무슨 안건을 다루는가? 어떤 책략과 술수로 국왕이 밀라노를 차지할지, 배신한 나폴리를 다시 끌어들일지, 어떻게 베네치아 사람들을 쳐서 이탈리아 전체를 자신의 주권 아래 둘 수 있을 것인지, 플랑드르와 브라반트 그리고 마지막으로 부르고뉴를 어떻게 손에 넣을 것인지 그리고 그가 오래전부터 눈독을 들이던 다른 나라들은 어찌할 것인지를 알아내려고 하는 것일세. 어떤 이는 베네치아 사람들과 유리한 만큼 오래 지속되는 동맹을 맺고 그들과 공동의 보조를 취하며, 그들에게 전리품에 대한 일정의 몫이 돌아가게 하고는 그들의 도움으로 목적을 달성했을 때는 이를 다시 취할 수 있다고 간언하지. 두 번째 사람은 독일의 보병을 고용하는 것이 유리하다고 보며, 세 번째 사람은 스위스인들을 돈으로 사고 싶어 하지. 또 다른 사람은 강력한 (신성로마제국—옮긴이) 황제의 환심을 돈으로 사자고 간언한다네. 그때 어떤 사람이 다시 아라곤의 왕과 화친을 맺고 그에게 평화의 담보로 나바라(Navarra) 왕국을 양도하자고 제안한다네. 끝으로 어떤 자는 까스띠야의 국왕을 혼인이나 동맹으로 유인하여 낚아 들이고 그의 궁정의 몇몇 대신을 은급 이야기를 내비치면서 확보하는 것이 가장 유리하다고 본다네. 그들에게 가장 두통거리가 되는 것은 그러면서 영국은 어찌할 것이냐 하는 것이지. 모두가 의견 일치를 본 것은 영국인들과는 화친을 맺어야 하고 언제나 취약한 그들과의 친분관계를 극히 강력한 끈으로 단단히 매어놓아야 한다는 것이라네. 그들을 친구로 불러야 하지만, 적처럼 불신해야 한다는 것이네. 그래서 스코틀랜드 사람들을 영국인들이 움직이려고 하자마자 기습하도록 사전에 확보해야 한다는 것이지. 그리고 비밀리에—왜냐하면 평화조약 때문에 공개적으로는 안 되니—영국에서 추방된 귀족으로서 이 왕국의 보좌에 대한 청구권을 제기할 만한 누구라도 거두어 주어서 그가 영국 왕에게 항시적인 위협이 되고 그를 짓누르도록 해야 한다는 것이지."

"좋다. 그렇게 많은 귀인과 학식 있는 사람들이 왕에게 전쟁만을 간언하는 그런 모임에 나 같은 소인이 등장하여 국가라는 배는 다른 방향으로 키를 돌려야 한다, 내 의견은 이탈리아를 평온하게 놔두고 얌전히 집에 머물러 있자는 방향이다, 프랑스는 이미 한 사람에게 잘 다스려질 수 있기에는 너무 커서 국왕은 이처럼 자기의 영토를 넓히려고 모색해서는 안 된다고 설명한다면, 그리고 나서 내가 유토피아 섬 동남쪽에 사는 아코리아인[35]들의 방법과 같은 방법을 제안한다면, 무슨 효과가 있겠는가."

"이들은 한때 자신들의 왕을 위해 전쟁을 벌여, 그에게 다른 왕국을 빼앗아 주려고 했다네. 그 왕은 이 왕국에 대하여 옛 언약에 따라 상속권을 지녔다네. 그들이 마침내 이 왕국을 차지했을 때 그들은 그 왕국의 유

---

35 그 단어는 그리스어 chora(땅)와 부정 의미의 관사 a로 만든 말이다. achoria는 그래서 Utopia(황무지)와 비슷한 것을 뜻한다.

지가 그 정복만큼이나 많은 어려움을 준다는 것을 알았다네. 때로는 새로운 신민이 반란을 일으켰고, 때로는 적대적 이웃의 침략으로 고통을 겪어서 그 사람들은 쉴 틈도 없이 이웃에 맞서 혹은 이웃을 편들어 무기를 들어야 했다네. 이런 식으로 그들은 스스로를 궁핍하게 만들었지. 그들의 돈은 나라 밖으로 나갔고 그들의 사내들은 명성의 그늘 때문에 맞아 죽었다네. 그들이 전쟁을 하지 않을 때는 그보다 나을 것 없는 평화가 있었지. 여러 전쟁이 백성을 크게 야만스럽게 만들어서 백성은 강도질과 도둑질을 오락으로 삼았다네. 도살은 백성이 흉측한 범행을 불사하게 만들었고 법률은 무시되었지. 두 왕국의 통치로 시달린 국왕이 두 나라 중 한 곳도 제대로 다스릴 수 없었던 것이네. 아코리아인들이 이 모든 악이 끝날 줄 모르는 것을 알게 되자 그들은 합심하여 그들의 왕에게 지극히 정중하게 선택을 요구했다네. 두 왕국 중 어느 쪽을 보유하기를 원하는지를 선택하라는 것이지. 그는 두 왕국을 다 보유할 능력은 없으며, 그 두 나라가 이등분된 왕에게 다스려지기에는 인구가 너무 많다는 것이라네. 아무도 다른 사람과 공동으로 단 한 사람의 당나귀 짐꾼을 두는 사람은 없으리란 것이지. 그래서 좋은 군주는 자신의 오랜 왕국으로 만족해야 하며, 다른 왕국은 이제 곧 쫓겨날 자신의 벗 한 사람에게 주어야 한다는 것이라네.

내가 그런 사례들을 신중히 탐색하고 계속하여 국왕에게, 이런 열성적인 전쟁 준비는 수많은 민족을 그 때문에 불안하게 하고, 그의 금고를 비게 하고 그의 보물들을 탕진하게 하며, 그의 백성을 파멸시키지만 결국 어떠한 불운에 의해서든 쓸모없게 되리란 것, 물려받은 왕국으로 만족하고 이 나라에 그의 세심한 배려를 쏟아서 이 나라를 부유하게 만들고 가능한 한 번성하게 만드는 것, 그의 신하들을 사랑하고 그들에게 사랑을 받도록 노력하며, 그들 가운데서 살면서 그들을 온유하게 다스리고 다른 왕국에 대해서는 아쉬워하지 않는 게 그에게 가장 안전하다는 것, 그의 나라는 충분히 크며 그에게 거의 너무 크기 때문에 그렇다는 것을 설명했다면, 내가 그런 간언을 내놓았다면, 그것이 어떻게 잘 수용될 것인가? 친애하는 모어 군."

내가 대답했다. "정말로, 그다지 유리하지는 않겠지."

그는 말했다. "계속 이야기해 보세. 국왕과 그의 고문관들이 한자리 앉아 어떤 약은 술책으로 국왕이 부유해질 수 있을지 알아내기 위하여 꾀를 짜낸다고 생각해 보세. 어떤 이는 국왕이 뭔가를 지불해야 할 경우에는 돈의 명목가치를 그 실제 가치보다 높이고 뭔가를 취득할 경우에는 그것을 다시 낮추어서 적은 돈으로 큰 액수를 지불할 수 있도록 하고 적은 액수를 받을 것이 있는 때라도 많은 돈을 차지할 수 있도록 해야 한다고 간언한다네.[36] 또 어떤 이는 목전의 전쟁 위험을 앞두고 크게 목소리를 높여야 한다고 제언한다네. 국왕이 이런 구실로 큰 액수의 돈을 징수했다면 그 다음에 그는 평화가 보장되었다고 엄숙하게 선언하여 선량한 백성의 눈에 모래를 뿌려 그가 은혜롭고 사랑이 가득한 군주로서 사람의 피 흘림을 미리 예방하도록 평화를 불러왔을 뿐이라는 듯이 꾸밀 수 있다

---

[36] 헨리 8세의 비열하기 짝이 없는 재무 사기를 모어는 더는 체험하지 못했다. 헨리는 돈의 함량 삭감과 동시에 그의 통치를 시작했다. 더 많은 위조 행위를 그는 모어의 죽음 이후에 실행했다. 유감스럽게도 모어가 이따금씩 있던 주화 위조의 중단에 영향을 미쳤는지 그리고 얼마나 영향을 미쳤는지에 관하여 결정적으로 판단할 근거가 우리에게는 없다. 주화 위조는 나중에 가서 더욱 신속히 되풀이된 것이 사실이다. 헨리의 즉위 때 실링화의 은 함량은 142그란에 달했다. 그것은 다음과 같이 삭감되었다.

　1509년 118그란
　1543년 100그란
　1545년 60그란
　1546년 40그란

앤더슨은 끝의 두 수치에 "무가치한 합금"이라고 덧붙였다(*Origin of commerce*, 1. Band, S. LXX).

는 것이지.[37] 또 어떤 이는 오랜, 녹이 슨 법령을 국왕에게 상기시킨다네. 이는 아무도 그 존재에 대해 짐작도 못 하여 오래전부터 잊힌 법이고 누구나가 위반하는 법일세. 그는 국왕에게 이 법령의 위반에 대하여 벌금을 거두어들일 것을 간언한다네. 정의의 이름으로 하는 방식만큼 이익이 되면서 동시에 명예로운 방식은 없다는 것이지. 또 어떤 이는 여러 행위들, 특히 백성에게 해로운 행위들에 엄한 벌과 벌금을 부과하고, 이런 금지로 피해를 입는 모든 이에게 돈을 받고 사면을 해주는 것이 유리하다고 본다네. 이런 식으로 백성의 인기도 얻고 동시에 이중으로 돈도 벌게 된다는 것이지. 첫 번째로는 맹목적 탐욕으로 법을 위반한 자들의 벌금형을 통해서 그리고 두 번째로는 법을 위반할 특권의 판매를 통해서일세. 그럼으로써 군주는 이 특권을 비싸게 팔수록 더욱 잘살게 된다는 것이지. 그는 더 많은 것을 얻을 뿐 아니라 마치 백성의 복리를 누군가에게 넘겨주려는 결심을 어렵게밖에 할 수 없다는 듯한 인상도 얻는다는 것이지.[38]

---

37 모어는 이 술책에 대한 서술로 뭔가 미래의 일들을 내다본 것이 아니라 그 자신이 겪는 일을 서술한 것이다. 1492년에 헨리 7세는 영국이 프랑스에 위협을 받는 것처럼 꾸몄다. 그는 대폭 군비 확충을 시작했고 의회를 소집하여 새로운 조세를 동의해 주도록 종용했다. 이 조세는 은급(Benevolence)이라는 아름다운 이름을 지녔다. 군비 확충으로 그는 프랑스를 경악하게 하였고, 프랑스는 평화를 사들였다. 헨리는 결코 진심으로 평화를 교란할 생각은 없었다. 이처럼 이 위대한 '정객'은 전쟁의 함성과 평화 애호를 적절한 곳에 배치하여 벗과 적을 갈취하는 법을 이해했다. 런던 시 한 군데서만 '은급'으로 9,000파운드스털링을 진상했다. 프랑스로부터 헨리는 745,000두카텐을 취했으며 연금으로 매년 25,000크로넨을 취했다(*Cobbetts Parliamentary History of England from the Norman Conquest in 1066 to the year 1803*. London 1806. I. Band, S. 462ff).

38 우리는 모어가 여기서 특히 대지주에게서 농민을 보호하는 입법을 염두에 두고 있다고 믿는다. 대지주들은 그 당시에 농민의 공유지를 독점하고 이들을 자신들의 토지에서 추방하기 시작했다. 헨리 7세 때부터 농민 수탈을 금지하는 엄격한 법이 반포되었으며, 이는 농민들에게 국왕을 인기 있게 만들어 주었다. 대지주들은 그 법령의 위반에 대한 사면을 국왕 혹은 그의 총신들로부터 사들여야 했다. 즉 토지 강탈의 기대되는 수확물로부터 일정한 몫을 처음부터 국왕에게 바쳐야 했다. 월시(Wolsey)의 부의 상당 부분이 이런 출처에서 흘러나왔다. 《유토피아》 편찬 직전에 경작지를 목초지로 전환하는 것을 금지하는 법령이 반포

또 어떤 이는 국왕에게 재판관들을 자신에게 종속시켜 항상 자신에게 유리한 판결을 하도록 하라고 간언한다네. 아니, 그는 재판관들을 자신의 궁궐로 불러들여서 자신의 면전에서 자신에 관련된 사건들을 처리하도록 요구해야 한다는 것이네. 그리고 그가 명백하게 잘못을 했더라도 엇나가려는 심리에서 혹은 자신의 군주의 사례를 받기 위해서 반대파를 옭아맬 수 있는 올무를 고안해내는 사람이 여전히 있을 것이라는 것이지. 그렇게 해서 재판관들이 서로 의견 일치를 보지 못하고 명확하게 드러난 문제들을 토론하고 명백한 진리를 의문시한다면 그들은 국왕에게 법령을 자신에게 유리하게 해석할 좋은 기회를 주지. 그러면 다른 재판관들은 수치심이나 공포심 때문에 그에게 동의를 한다네. 재판관들은 그러면 대담하게 국왕의 편을 드는 판결을 할 수 있다네. 그들의 판단의 근거를 둘러싸고 당황해 할 필요가 없다네. 그들은 공평성을 근거로 대거나 법조문을 근거로 삼거나, 법조문의 왜곡되고 완곡한 해석을 근거로 삼거나 혹은 양심적인 재판관들에게 있어서는 모든 법령보다 더 효력이 있는 것으로서 국왕의 특별한 권리, 대권(大權)을 근거로 삼으면 되니 말일세.

모든 고문관은 너나 할 것 없이 크라수스의 다음과 같은 견해를 품는다네. 즉 군대를 유지해야 하는 군주는 결코 충분한 돈을 지니고 있다고 할 수 없다는 것, 나아가서 국왕은 그러기를 원하더라도 불법을 저지를 수 없다는 것, 이는 그의 신하들이 소유하는 모든 것이 그 자체가 그의 재산이며, 누구든지 자기가 소유하는 모든 것을 그것을 그에게 허락한 국왕의 은혜 덕분으로 돌려야 하는 것이기 때문이라는 것이지. 그리고 국왕의 신민들이 적게 소유하거나 전혀 소유하는 것이 없는 게 국왕의 이익이고 안전이 된다는 것, 왜냐하면 유복함과 자유는 백성을 완고하게

되었다(1514년).

만들어서 이들이 엄격하고 불의한 계율을 따르지 않도록 하기 때문이라는 것, 반면에 궁핍과 곤경은 짓눌린 자들에게서 용기와 자의식을 빼앗아 가므로 백성의 활력을 허물고 그들을 순종적으로 만든다는 것일세.

나의 원칙들로 그러한 추밀고문관들 가운데서 무슨 성취를 내다보겠는가?" 라파엘이 묻는다.

전체 구절은 그 당시의 왕실에 대한 섬뜩한 풍자이다. 그것은 모어의 정치적 신앙고백, 그가 왜 궁궐을 멀리했는지에 대한 정당화 논리를 이룬다.

5. 국왕의 신하가 된 폭군 증오자 모어

모어가《유토피아》를 쓰고 2년이 지나서 우리는 그가 궁정에 있는 것을 보게 된다. 10년 남짓한 기간 동안 왕국에서 국왕 다음 가는 최고 관직, 대법관직(Lord Chancellor)으로 그를 이끈 짧지만 빛나는 인생행로의 시초였던 것이다. 모어에게서 그러한 생각의 전환을 일으키게 한 어떤 일이 이 2년 사이에 일어난 것일까? 우리는 이에 관하여 그저 추측에 의존할 뿐이다. 우리의 짐작으로는 모어의 변신의 열쇠는《유토피아》가 거둔 성공에서 찾을 수가 있다.

이 성공은 지식인 세계에서만이 아니라 정치인들 중에서도 엄청난 것이었다. 우리는 다음 부에서도 이에 관하여 재론할 것이다.《유토피아》가 런던에서도 모어의 영향력을 크게 높였다는 것을 우리는 그에 관한 직접적인 증거가 없을지라도 당연히 가정할 수가 있다. 그의 공산주의는 아무도 놀라게 만들지 않았다. 그 당시에는 공산당이 없었기 때문이다. 절대주의에 대한 그의 비판, 국왕은 전쟁보다는 훨씬 더 자기 신민의 복지를 위해 배려해야 한다는 그의 주장, 이 주장은 떠오르는 시민 계층과 인문주의가 열망한 것을 공개적으로 용감하게 발설한 것이다. 봉건시대에 국왕은 무엇보다도 전쟁 지휘자였다. 경제활동에 그는 개입하지 않았다. 경제활동은 마르크 조합 안에서 그의 관여 없이 이루어졌다. 현대의 국왕, 부르주아지의 국왕은 무엇보다도 시민 계층이 부유하게 되는 데 마음을 써야 했다. 시민 계층은 전쟁 그 자체를 싫어한 것이 아니라 무역의 이익이 되지 않는 모든 전쟁을 싫어했다. 그런데 헨리는 단순한 허영심에서 그리고 봉건적 전통에 영향을 받아 그러한 전쟁에 말려들었다. 그래서 모어의 언변은 시민사회에서 경청되었다.

모어의 공산주의는 인문주의자들과 시민 계층에게는 우아한 몽상이었다. 지배적 정치 상황에 대한 그의 비판은 그들에게는 말하고 싶은 이야기를 대신해 주는 것이었다.

이로부터 《유토피아》가 그 동시대인들에게 미친 큰 영향이 해명된다. 이는 헨리 8세도 벗어날 수 없었던 영향력이었다. 모어는 자신의 《유토피아》로써 하나의 정치적 강령을 기초했던 것이고, 일반의 지지를 얻어냈으며, 이로써 영국 정치인의 가장 앞선 대열에 들어갔다. 그가 원했더라도 이제 그는 더 이상 궁정에서 멀리 떨어져 있을 수 없었다. 이는 바로 기존의 절대주의에 대한 그의 용감한 비판 때문이었다. 모어는 이로써 더는 단순한 민간인이 아니었다. 영국을 지배하는 도시인 런던의 총아이고, 그 당시에 여론을 형성하던 인문주의자들의 총아인 그는 사람들이 차지하거나 아니면 제거해야 하는 정치적 인자가 되었다. 헨리는 이미 전부터 모어를 차지하려고 했다. 이제 그는 모어를 자기 시중을 들도록 끌어들이기 위해 모든 것을 제안했다. 그러한 요청이 절박하게 제기되는데도 이를 거절한다는 것은 그 당시에는 전능한 국왕에 대한 적대를 뜻했다. 그것은 반역과 같은 의미였으며, 처형을 초래하는 경우도 많았다. 절대주의는 공적인 반대만큼이나 사적인 반대도 용인하지 않으려 했다. 그것은 다음과 같은 원칙에 따라 태도를 취했다: 나에게 찬성하지 않는 자는 나에게 반대하는 것이다.

이처럼《유토피아》출간에 따른 결과로 모어의 궁정에 대한 혐오를 극복하기 위하여 모어에게 행사된 압력이 그때까지보다 훨씬 강력한 것으로 되었다면, 다른 한편으로 이 혐오 자체는 더 약한 것으로 되었다.《유토피아》가 준 인상이 아주 커서 헨리는 양보를 하여 자신의 억눌린 백성의 짐을 덜어 주지 않을 수 없다고 여길 정도였다고 가정할 온갖 근거가 우리에게 있다. 확실한 것은 헨리 8세가《유토피아》발간 후 몇 개월이 지나지 않아 자신의 전쟁 정책을 포기했고 그의 프랑스 점령지 일부를 되돌려 주었다는 것이다. 1518년 2월에 투르네(Tour-nay)가 프랑스로 반환됐으며 도팽(Dauphin, 프랑스의 황태자)과 헨리의 딸 매리 간에 약혼이 맺어졌다. 프랑스에서의 영국의 정복 전쟁, 이 봉건시대부터 내려오는 전통적인 잔재는 이로써 중단되었다.

이미 1516년에 월피(Worfey) 추기경도 대법관이 되었으며, 그는 인문주의자들에게 호의적인 사람이었다. 시봄은 여러 가지 근거에서 월피가《유토피아》의 원칙들 중 최소한 연납 공물의 양을 제한하는 것만큼은 실천되어야 한다는 것을 인정했다고 결론을 내렸다.

평화 정책, 검약, 인문주의 취향, 이런 모습을 그 당시에 헨리 8세의 궁정이 보여주었다. 그것들은 믿을 수 없는 것이었으나 사실이었다. 이런 상황에서 모어는 자신의 목을 날릴 수도 있었던 저항을 고집했겠는가? 오히려 그의 주저함에도 불구하고 실천적 행동을 펼치는 시도를 감행하지 않았겠는가? 그의 입장에서 군주의 궁정에서 말고 그렇게 할 다른 가능성이 있었는가? 헨리 8세는 필시 그래도 이성적인 경고가 통하는 사람이 아니었겠는가? 그리고 하는 일 없이 주머니에 손을 넣고 단순한 유토피아만 쓰는 것보다는 그런 시도를 하는 것이 더 낫지 않았겠는가?

우리의 추측으로는 이러한 사고의 진행과 《유토피아》의 영향력만이 모어의 전환을 이해할 수 있게 해준다. 자신의 신념에 고집스럽게 매달리고 명예와 돈에는 아무런 갈망도 갖지 않는 그와 같은 성격에서는 그렇지 않다면 이는 우리에게 수수께끼로 남아 있을 것이다. 우리는 사실상 다른 설명의 시도를 한 번도 발견한 적이 없다. 대부분의 모어 전기 작가들처럼 《유토피아》를 작문 연습이나 하나의 농으로 간주하는 사람들에게는 설명이 역시 불필요하다.

시봄이 비로소 모어의 정치적 원칙과 행동 간에 1516년부터 1518년 사이에 벌어졌던 명백한 모순에 대한 설명을 구했다(1. Auflage, S. 353ff). 그는 그 설명을 문학계에서 《유토피아》가 거둔 성공에서 찾았다. 이 성공은 헨리에게 모어를 취하는 것이 상책이라고 여겨지게 했으며, 모어에게 자신의 충언이 받아들여지리란 희망을 갖게 했다. 우리는 이와 관련하여 시봄의 편을 들지만, 말해 두어야 할 것은 모어가 문필가로서 얻은 영향력이 헨리 8세가 그를 발탁하는 것에 그리고 나중에는 그가 자신의 신하로 머물러 있는 것에 왜 그토록 높은 가치를 두었는지를 설명하는 데는 충분치 않아 보인다는 것이다. 우리의 짐작으로는 사람들은 여태껏 모어가 영국의 가장 강력하고 가장 힘차게 떠오르는 계급 중 하나의 중개자이자 대표자였다는 것을 너무 도외시해 왔다. 런던에 대한 모어의 중요성, 영국에 대한 런던의 중요성이 비로소 우리에게 《유토피아》의 영향력 그리고 그 집필자의 영국 궁정에 대한 영향력을 설명해 주는 열쇠를 제공한다.

6. 루터파와 투쟁을 벌인 모어

모어가 헨리 8세의 궁정에 들어왔던 무렵에 종교개혁운동은 영국에서도 이미 감지되었으니 이 운동은 그 전 해인 1517년 독일에서 시작되었다. 모어는 당연히 그에 대하여 입장을 취해야 했다. 종교개혁이 그리스도교 세계의 몇 부분이 교황 체제에서 이탈하는 것, 그리스도교 세계가 조각나는 것을 의미한다는 게 명확해지자 대부분의 다른 인문주의자들처럼 그는 곧 결연히 반대하고 나섰다.

우리는 이미 제1부에서 인문주의자들이 일반적으로 종교개혁에 대하여 반대의 태도를 취하게 한 동기를 조명한 바 있다. 이 동기는 특별히 모어에게도 작용했다. 그 동기들이란 종교적 종류가 아니었다는 것을 우리는 앞 장에서 살펴보았다. 모어는 교회의 폐해를 명확히 알았으며 그것을 드러내는 것을 두려워하지 않았다. 그럼에도 모어가 루터에게 험담을 퍼부었다고 해서 가톨릭교회가 그를 성인의 반열에 올려놓으려 한다면 그렇게 될 수 있는 사람들을 꽤나 많다. 교회는 이때 예를 들어 라블레(Rabelais)를 그의 옆자리에 둘 수 있다. 그는 종교개혁에 관해서라면 거들떠보려고도 하지 않았고, 깔뱅(Calvin)에게 조롱의 잔을 퍼부었다. 그의 소설 《가르강뛰아와 빵따그뤼엘》 제2권의 머리말에서 깔뱅은 인간의 예정설의 설교자로서 "예정자, 사기꾼, 유혹자"(prédestinateur, imposteur et séducteur)라는 아름다운 칭호를 받는다. 제4권 5장부터 8장까지에서는 제네바에서 목사(목자)라고 불리는 것을 특히 좋아했던 광신도 깔뱅은 (숫칠면조 땡동으로부터) 양 장사꾼 땡드노라고 조롱을 받았다. 그가 숫양의 값을 깎는 것은 프로테스탄트 교도의 성만찬에 관한 격론을 조롱한 것이다. 같은 책의 제32장에서 깔뱅주의(Calvinismus)는 직접적으로 공격을 받는다. 거기서는 이렇게 되어 있다. 부자연이 나은 반자연적이고 욕이 나오는 무뢰한 중에는 비열한들, 위선자들, "깔뱅 귀신이 붙은 자들, 제네바의 사기꾼들"(les demoniacles Calvins, imposteuers de Genève)도 있다.

모어를 종교개혁의 적으로 만든 동기는 정치적·경제적 영역에서 찾을 수 있다. 본 장에서 우리는 그 첫 번째 종류의 동기에 관해서만 다루려고 한다.

이 책을 쓰기 위해 필자가 모어의 글들을 연구하는 데 착수하면서 모어의 종교개혁에 대한 반대는 그것이 정치적인 동기에서 나온 한에서는 절대주의에 대한 반대에 그 원인을 돌릴 수 있다는 견해를 품었다. 이런 견해는 지탱할 수 없는 것으로 드러났다. 모어는 우리가 보았듯이 결코 군주제의 반대자가 아니었다. 그는 반대로 절대다수의 인문주의자들처럼 군주제가 매우 필요하다고 보았다. 16세기에는 상인 계급보다 군주제를 더 필요한 것으로 보는 계급은 거의 없었다. 그런데 모어는 이론적으로 역시 상인 계급의 이해관계를 넘어섰지만 실천적 관계에서는 그 계급 이해관계의 대표자였다. 자본은 언제나 '질서'를 외쳤고, 가끔씩만 '자유'를 외쳤다. '질서'는 자본의 가장 중요한 생활 필수품이었다. 런던의 관념계에서 성장한 모어는 그래서 민중의 독립적 행동보다 더 두려운 것은 아무것도 없는 '질서인'(Ordnungsmann)이었다. "모든 것을 민중을 위해서, 아무것도 민중을 통하지 않고"가 그의 표어였다.

그러나 독일의 종교개혁은 처음에는 **민중운동**이었다. 독일 민족의 모든 계급에 대한 공통적 착취자는 로마 교황 세력이었다. 한 계급이 이에 반기를 들고 일어서자, 불가피하게 그 계급은 다른 계급들을 끌어들였다. 도시들, 기사, 농민 등 모두가 로마 숭배자들에 대항하여 맹렬하게 일어나서 군주들은 거의 경악했다. 운동이 계속 진행되면서 비로소 하층계급에게서 로마의 착취에 대한 투쟁은 착취 일반을 반대하는 투쟁이 되었다. 로마에 대항한 독일의 민족적 봉기가 내전, 농민전쟁으로 전화되었다. 그리고 이 내전에서 하층계급의 힘이 깨어지면서부터 독일에서 종교개혁은 점점 더 순수하게 왕조적인 문제로 바뀌어 갔다.

루터교도도 처음에는 나라의 모든 계급에게 손을 내밀었다. 민족 내부의 대립을 봉합할 수 없다는 것, 그것은 한 특정한 계급의 편으로 결판나야 한다는 것을 알게 되면서 비로소 그들은 군주 세력의 편에 섰다.

루터교파의 방향 전환은 1525년 대농민전쟁 이래로 비로소 주지의 사실이 되었다. 그렇다면 모어가 어떻게 군주제에 대한 루터교 가르침의 위험성 때문에 그것을 공격하게 되었는지 설명된다. 그는 1523년에 "마르틴 루터가 영국의 헨리 8세에게 퍼부은 험담에 대한 토마스 모어의 답변"[39]이라는 라틴어 글로 이 공격을 가했다.

그 제목은 이미 이 논쟁 글의 동기를 우리에게 말해 준다. 우리는 이미 앞 장에서 '7성사'에 관하여 루터를 반대한 헨리 8세의 책을 언급한 바 있다. 1521년의 이 글에 대하여 루터는 1522년에 별로 정중하지 않게 답변했다.[40] 그는 "헨리를 어리석고 거친 당나귀대가리, 믿음이 뭔지도 모르는 정신 나간 바보"라고 지칭했다. 그리고 그가 한 말 중에는 이런 것도 있다.[41]

---

[39] Thomae Mori responsio ad convitia Martini Lutheri congesta in Henricum Regem Angliae ejus nominis Octavum.

[40] Antwort Dr. Martin Luthers auf Heinrichs, Königs von England, Buch. Auch lateinisch.

[41] 우리는 그 철자법을 현대화했다.

"영국 왕이 그의 부끄러운 줄 모르는 거짓말을 토해냈다면 나는 그것을 다시 기꺼이 그의 목구멍에 처넣었다. 왜냐하면 그는 그것으로써 나의 모든 그리스도교 가르침에 욕을 하는 것이며 그의 똥을 명예로운 나의 임금, 즉 내게 가르침을 준 그리스도의 보좌에 바르는 것이기 때문이다. 그러므로 내가 똥을 내 주의 보좌로부터 가져다가 그의 왕좌에 처바르고 온 세상에 영국 왕이 거짓말쟁이이며 무식한 사내라고 말하더라도 그는 놀랄 것이 없다."

우리는 〈노동자 신문〉의 '거친 언사' 때문에 그토록 마음고생을 하는 모든 신실한 프로테스탄트교도에게 그들의 마르틴 루터의 열띤 강의를 통해 이에 대해 단련을 하시라고 간청하는 바이다.

모어는 위에서 언급한 그의 글에서 라틴어로 마찬가지로 거칠게 답변했다. 아터베리(Atterbury)는 모어가 그 시대의 모든 사람 중에서 훌륭한 라틴어로 욕을 하는 데 가장 높은 숙련을 지녔다고 말한다. 술주정뱅이이고 무식꾼으로 치부되는 루터에 대한 인신공격이 '답변'의 대부분을 채운다. 그와 아울러 교황 체제에 대한 수호와 새로운 가르침의 국가보안상의 위험성에 대한 설명도 보인다. 그중에는 이런 말도 있다.

"어느 때에든 그리스도교 신앙의 적들은 거룩한 보좌의 반대자로 나타났다. 그러나 교황 체제가 루터교도에 의해 극히 가공할 만한 방식으로 비난을 받는 것처럼 인간의 잘못이 직무에 짐으로 지워진다면, 이는 교황 체제에 대해서만이 아니라 왕정 체제에 대해서도 그렇고 대체로 모든 국가 수뇌를 둘러싸고 벌어지는 일일 것이며, 그 민중은 질서도 없고 법도 없는 것으로 밝혀지는 것이다. 그러나 나라의 키잡이가 전혀 없는 것보다는 나쁜 키잡이라도 있는 것이 더 낫다. 그러므로 교황 체제를 폐지하는 것보다는 그것을 개혁하는 편이 더 현명하다."

5년 뒤에 모어는 《이단들과 종교 논쟁들에 관한 대화》[42]를 출간했다. 이 책에서 그는 이미 신학적 토론에 더 많이 가담했다. 그러나 여기서도 가장 중점이 된 것은 세속적 성격의 논설이다. 종교개혁에 대한 모어의 정치적 입장을 특별히 특징화해서 보여주는 다음의 서술인 것 같다.

"루터는 어떤 특별한 것을 그의 모든 해독(害毒)에 양념으로 뿌렸으니 그것은 자유이다. 그는 백성에게 믿음 말고는 아무것도 절실히 필요한 것은 없다고 말하면서 자유를 찬양했다. 단식과 기도 같은 것들을 그는 쓸데없는 의식으로 치부했으며, 사람들에게 가르치기를 그들이 믿음 있는 그리스도인이라면, 또한 그리스도의 사촌형제이며, 복음만 제외하고 일체의 지배자, 관습 및 법령에서 영적으로나 세속적으로 벗어나 완전한 자유 상태에 있다고 했다. 그리고 그가 비록 교황과 군주, 기타 그가 폭군이라고 부르는 정부당국의 지배를 견디고 용납하는 것이 미덕이라고 말했을지라도, 그는 백성이 믿음에 의해 자유로워지므로 그들이 더 이상 부당한 일을 겪을 의무가 없는 것처럼 이들에 대해서도 의무를 지지 않는다고 공언했다. 이러한 가르침을 틴들이 설교한다. 이 가르침은 저속한 농민에게 아주 마음에 들어서 그들은 루터가 말한 다른 것을 헤아려 보지도 않고 그가 어떤 결론으로 가든지 그에 대하여 괘념하지 않았다. 세속의 주인들은 그가 성직자 집단에게 죄를 돌리는 것을 듣기를 좋아했으며, 백성은 그가 성직자 집단과 세속의 주인들에, 각 도시와 자치공동체의

---

[42] *A dialogue concerning heresies and matters of religion.* 1528.

정부당국에게 죄를 돌리는 것을 듣기를 즐겼다. 그리고 결국에 그 운동은 폭력 행위의 공공연한 발발로 이어졌다. 당연히 폭력 행위는 가장 약한 자들에 대해서 시작되었다. 처음에는 불행한 종파 구성원의 난폭한 무리가 불경한 이단을 조장하기 위해 세를 규합하여 수도원장에게, 그 다음에는 주교에게 들고 일어났으며, 이는 세속의 주인들에게는 꽤 흥미로운 일이었다. 그들은 스스로가 교회 재산을 탐냈으므로 이솝우화에 나오는 개에게 일어난 일과 거의 같은 일이 그들에게 일어나기 전에 그 일을 부마시켰다. 치즈의 그림자를 물려고, 입에 있던 치즈를 놓친 개 말이다. 왜냐하면 루터파 농민들이 곧바로 용감하고 강해져서 그들은 세속의 주인들에 맞서서도 봉기했기 때문이다. 그리고 이 세속의 주인들이 제때에 주의하지 않았더라면, 그들은 다른 사람들의 재산은 넘보면서도 자신들의 재산을 잃을 위험에 빠졌을 것이다. 그러나 세속의 주인들은 독일의 이 지역에서 여름 한철에 루터교도 7만 명을 도륙하고 나머지는 극히 비참한 노예 신분으로 전락시킨 가운데 스스로를 구원했다. 그러나 이는 루터교도들이 많은 해를 끼친 후에야 이루어진 일이다. 그러나 독일과 스위스의 여러 지방에서 이 불경한 종파는 대도시들의 정부당국의 태만에 의해 강력해져서 결국에는 비천한 민중이 통치자들을 강제하여 자신을 따르도록 했다. 통치자들이 제때에 주의를 했더라면 지도자요 지휘자로 남아 있었을 텐데 말이다."

우리는 여기서 종교개혁의 토대가 된 계급투쟁이 한 동시대인에 의해 어느 정도까지 명확하게 그려진 것을 본다. 물론 교황 체제에 대한 투쟁이 착취에 대한 투쟁이었다는 것을 모어는 알지 못했다. 그에 대해서는 영국의 특수한 경제 상황에 원인을 돌릴 수 있으며, 이에 관해서 우리는 다음 부에서 이야기하게 될 것이다. 여기서는 모어가 종교개혁에 반대하는 견해를 갖게 한 정치적 이유들 중 하나가 그 운동의 대중적인 성격, 민족적인 운동, 민중운동으로서의 성격이었다는 것만을 설명하면 된다. 그런데 그 민족적 성격은 그에게는 또 다른 의미에서 거슬렸다. 모어는 여러 인문주의자들처럼 단호하게 국제적인 동시에 민족적인 생각을 품었다. 인문주의의 조국 이탈리아에서는 이런 외관상 모순에 찬 태도는 우리가 지적한 바 있듯이 경제 상황에 의해 조건 지워졌다. 그리스도교 세계 전체를 교황 아래 통일한다는 것은 이탈리아의 민족적 이익 혹은 더 정확히 말해서 이탈리아 지배계급의 물적 이익에 속했다. 이탈리아 바깥에서는 그리고 특히 비(非)로만계 나라들에서는 이 국제적 사고는 아무런 물적 뒷받침이 없었으며, 그것은 민중에게 지지를 얻지 못하고 단순히 이념적인 별난 생각일 뿐이었다. 물론 모어의 국제적 사고는 외관상 사실적 상황에서 그 설명을 구할 수 있다. 모어는 왕조 간의 전쟁에 대한 반대자였으며 그런 점에서 실제적인 물적 이해관계의 대표자였다. 이는 그리스도교 세계의 통일과 그 평화를 필요로 했다. 그러나 가톨릭교가 이런 통일화하는 힘을 나타낼 능력을 아직 지니고 있다고 믿는 것은 이념적인 환상이었다. 오히려 교황 자신이 세속적 군주가 되어 외교적 음모와 왕조 간 전쟁에서 그의 동료 군주들과 경쟁했던 것이다.

7. 왕실과 불화하는 모어

루터교에 대한 공동의 적대관계는 헨리 8세와 모어를 서로 가깝게 했을 것이다. 그러나 또한 모어의 업무에 대한 지식과 그의 중요성이 커졌다. 그가 급속히 '경력'을 쌓았던 것은 놀라운 일이 아니다. 그는 국왕의 고문관으로 받아들여지고 들어오는 청원에 대한 담당관

(Master of Requests)으로 선임된 후 한 달이 지나 추밀고문관(Privy Councillor)으로 임명되기에 이르렀다. 그리고 몇 년이 지나지 않아 (1521년) 헨리는 그를 국고관리인(Treasurer of the Exchequer)으로 임명했다. 이는 말하자면 재무장관이었다. 그 직후에는 랭커스터 공작령의 수상으로 임명되었고 그 자리에 1529년까지 머물렀다. 이 시기에 또한 그의 기사(Knight) 작위 수여도 있었던 것 같다. 그러나 이는 모어에게 별다른 영향을 주지 못했다. 그의 이름에는 이제부터 '경'(Sir)이라는 칭호가 앞에 붙었다! 토마스 모어 경(Sir Thomas More) 혹은 토마스 경(Sir Thomas)이지, 결코 모어 경(Sir More)은 아니다. '경'(Sir)이란 단어는 항상 이름과 함께 사용되는 반면에 성은 빠져도 된다.

그러나 이런 명예의 수여로 모어는 넘어가지 않았는데 이는 그가 민중운동에 반대한다고 해서 왕정 체제 밑에 무조건 굴복하는 태도를 취하지 않은 것과 마찬가지였다. 그가 이에 대하여 독립적인 입장을 취했다는 것 그리고 궁정에서의 봉사나 종교개혁도 그의 주된 관점, 즉 백성의 목자인 국왕의 통치는 필요한 것이지만 폭군, 백성을 벗겨 먹는 자 밑에 굴복하는 것은 치욕적이라고 공언한 그의 관점을 달라지게 하지 않았다는 것을 그는 월시가 1523년에 그를 대변인, 즉 의회의 의장으로 선출되게 했을 때 입증할 기회가 있었다.

이 의회는 당연히 무엇보다도 징세의 건을 통과시켜야 했다. 이는 예로부터 의회의 소임이었다. 모어의 과제는 거기서 하나도 달갑지 않은 것이었다. 의장은 오늘날처럼 단순히 하원의 의사 처리의 주석과 지도자 역할을 한 것만이 아니었고, 예산안도 편성해서 하원에 제출해야 했으며, 또한 현대의 재무부장관의 몇 가지 기능도 맡아야 했다 (Thorold Rogers, a.a.O. S. 308). 헨리는 당연히 모어의 임무가 '상것들' (Gemeinen)에게 그의 요구사항을 그럴듯한 것으로 만드는 것이라고 생각했다. 그리고 이는 물론 필요했다. 왜냐하면 하원은 새로운 조세를 통과시키는 것에는 한사코 반대하는 입장을 보였기 때문이다. 추기경이자 대법관인 월시는 이에 격분하여 몸소 의회에 겁을 주려고 들어갔다. 그는 모어가 그 자리에서 그에게 도움을 주리라고 기대했다. 로퍼가 우리에게 설명하는 것처럼 그러나 월시는 자신의 꼭두각시로 뽑아 놓은 모어가 전권대사에 대항하여 하원의 권리를 수호하는 것을 분노에 싸인 놀라움으로 바라보아야 했다. 분노로 제정신이 아닌 채로 그는 의회를 뛰쳐나갔다. 물론 헨리는 결국 자신의 목적을 달성했지만 이는 그 자신이 의회를 죽음의 위협으로 겁박한 뒤에야 이루어진 일이다.

이러한 로퍼의 서술에 대하여 심각한 의문이 제기되었으며, 사실관계는 아직 충분히 밝혀지지 않았다. 우리는 그 서술, 마찬가지로 로퍼의 다음 서술도 그냥 두고 볼 수밖에 없다. 즉 사람들은 그 불쾌한 작자를 제거하기를 원했다는 것 그러나 감히 그를 공공연히 공격하지는 않았다는 것—시민사회에서 그의 영향력은 하원의 권리를 위한 용감한 옹호에 의해 아무튼 상실되기보다는 획득되었다는 것이다. 그래서 그를 영전하여 스페인에 사절로 보낸다는 구실로 그 나라에서 쫓아내려고 했다. 그러나 모어는 그 함정을 알아차렸고, 헨리가 그에게 주기로 한 명예를 '건강상의 고려'로 거절했다.

그것이야 어쨌든, 아무튼 모어는 곧바로 국왕과 더욱 심각한 갈등에 들었던 듯하며, 이는 결국 다른 종류의 승진으로 끝이 났다.

헨리 8세는 어려서 죽은 그의 형 아더(Arthur)의 미망인, 스페인의 까따리나와 결혼했다. 그런데 그는 이 부인이 늙어갈수록 그리고 그가 궁녀 중 한 사람인 앤 불린(Anne Boleyn)을 알게 되면서 부인이 더욱더 지겨워졌다. 앤은 귀엽고 재치 있는 소녀로서 프랑스 궁정에서 온갖 교태의 기술을 배우고 익혀서 헨리는 격정적인 사랑에 불타올라 앤과 결혼하고 까따리나에게 이혼을 요구하려는 생각을 머릿속에 품게 되었다. 교황이 이혼을 승인하지 않았으므로, 헨리는 가톨릭교회에서 이탈하여 영국에서 종교개혁을 일으켰다.

이는 우리가 통상적으로 설명을 듣는 바대로의 사실이며, 이 사실은 이렇게 묘사되면서 초케(Zschokke: 1771~1848, 스위스로 귀화한 독일 작가—옮긴이)가 한 예쁜 소설에서 설명하듯이 세계 역사는 시녀와 궁녀의 기분에 의해 만들어진다는 믿음으로 거의 오도할 수도 있는 것이다. 이런 묘사에 따르면 영국은 오늘날 헨리가 덜 사랑에 미치고 앤이 덜 요염했더라면 아직 가톨릭 국가였으리란 것이다.

실제로는 교회 분열의 원인과 심지어는 그 동기도 단순한 연정 문제보다 더 깊은 데 있었다. 여러 가톨릭 군주들은 헨리 8세 이전에도 그의 재위기간과 그 후에도 매력 없는 부인이 있었고 이와 아울러 매력 넘치는 애인도 있었지만, 그것 때문에 교회 분열을 일으키지는 않았다. 그리고 여러 교황은 헨리 8세 이전과 이후에도 좋다고 여긴 경우에는 이혼을 선포했다. 우리는 이처럼 바로 헨리의 이혼이 그토록 파급력이 큰 변혁을 촉발하게 된 연유를 스스로에게 질문해 보아야 한다.

절대군주의 혼인은 특히 16세기에는 독특한 특성을 지녔다. 절대군주의 왕국은 그의 소유지였으며, 이에 대하여 그는 자유로운 징발권을 지녔고 그는 소유지를 가능한 한 많이 확장하고자 노력했다. 국가는 아직 현대 민족국가의 공고함을 지니지 못했으며, 아직은 상시적인 변형 과정에 놓여 있었다. 여기서 한 조각이 떨어져 나가고 저기서 한 조각이 덧붙여졌다. 여기서 두 나라가 혼인으로 합쳐지고 저기서 영토가 작은 이웃과의 상속 계약으로 '조정'이 되었다. 대지주들 간에서처럼 군주들 간에서는 땅에 대한 광포한 탐욕, 그래서 영구적인 전쟁, 외교적 음모, 동맹이 지배했고, 이는 체결되기 쉬운 것만큼 깨지기도 쉬웠다. 외교적 동맹의 가장 강고한 형태는 결혼 동맹에 의해 맺어졌다. 이로써 부인을 들여보내 얻은 '벗'에게 스파이, 간첩을 붙인 것이다. 물론 결혼 동맹에도 아주 큰 신뢰를 두어서는 안 되었지만, 그것은 그래도 한 조각의 단순한 양피지보다는 더 나은 방비를 제공했다. 그리고 결합에서 나온 상속권 주장은 상황에 따라서는 아주 쓸모 있게 될 수 있었다.

이런 상황하에서 혼인의 신성함이 어떠해 보였는지는 짐작이 간다. 아이들이 서로 간에, 노파와 소년이, 백발노인과 어린 소녀가 짝지어졌다.

우리가 이미 언급했듯이 영국이 스페인의 편에 선 것은 헨리 7세 때에 아라곤의 까따리나와 헨리의 큰아들 아더와의 결혼에 의해 뒷받침되었다. 아더는 약혼시에 여섯 살이었다. 열한 살에 그는 혼인을 했으며 그 이듬해에 죽었다. 7년 후에 아더의 동생 헨리 8세가 아더의 미망인과 결혼했다. 그 결혼은 오랫동안 연기되었다. 헨리가 약속한 지참금을 내놓으려고 하지 않은 그의 사랑하는 장인을 제대로 신뢰하지 않았던 탓이었다.

그러나 헨리의 재위 기간 중에 영국과 스페인의 관계는 달라졌다. 카를 5세는 스페인과 네덜란드, 독일 황제의 왕관을 자기 손에 통일시켜 프랑스가 대적할 수 없는 가공할 세력을 달성했다. 그럼으로써 프랑스에 대한 우위를 목표로 한 스페인-영국의 동맹은 쓸모가 없어졌다. 영국의 스페인에 대한 친분은 흔들렸으며, 여러 번 프랑스와의 동맹으로 대체되었다. 그와 같이 까따리나와의 혼인은 목적을 상실하게 되었다. 헨리가 그와의 이혼을 추진했을 뿐 아니라 그의 대신, 월시 추기경도 이를 추진했다. 월시는 물론 앤 불린이 아닌 프랑스 공주를 그녀의 대신으로 하고자 한 것이다.

헨리와 월시가 이혼을 추진하게 만든 바로 그 이유들이 교황에게 그것을 반대하게 만들었다. 이혼 문제가 가장 날카로운 형국에 들었을 바로 그때인 1527년부터 1533년까지 교황은 카를 5세에게 완벽하게 의존했고, 그의 아주머니가 까따리나였다. 클레멘스 7세는 헨리를 만족시키기 위해 모든 일을 했다. 그가 그에 대한 교회법적 근거를 발견하지 못했더라도 이혼도 승낙했을 것이며 그래서 나쁜 교황이 되었을 것이지만, 까를로스(카를 5세와 동일인―옮긴이)는 그러한 용인은 전혀 할 생각이 없었다. 그래서 교황이 영국의 꼭두각시여야 하느냐 스페인의 꼭두각시여야 하느냐 하는 쪽으로 논란이 첨예화되었다.

루터교도들 역시 이혼을 찬성할 수 없다고 공언했으나 그들은 헨리 8세에게 아브라함과 야곱의 모범을 따라 두 명의 부인을 취할 것을 권했다. 국왕들과 가부장들에게 신은 특별한 혼인 규정을 만들어 주었다는 것이다. 루터도 헤센의 주백(州伯)에게 1부 2처로 살도록 허락했다. "주백 부인의 음주벽과 인물이 못난 것 때문"이라는 이유를 들었다. 그러나 헨리는 루터파의 허락을 경멸적으로 물리쳤다.

그는 그 당시에 교황 체제의 지배와 착취를 놓고 겨루는 세력들, 프랑스의 프랑수아 1세 그리고 스페인-독일의 합스부르크 가문의 까를로스와 경쟁할 수 있다고 과대망상을 가졌다. 또한 그는 독일의 황위도 차지하려고 노력했다. 그리고 교황 레오 10세가 죽자 월시는 교황관을 차지하려고 애썼고 1523년 그의 후계자가 죽었을 때도 그랬다. 두 번 다 헨리는 그의 앞잡이 대신에 까를로스의 앞잡이들, 하드리아노 6세(1522~1523)와 클레멘스 7세가 선출되는 굴욕을 겪었다. 이혼 문제는 헨리에게 자신이 교황 체제를 지배한다는 것은 생각할 수가 없으며 따라서 그가 교황 체제에 굴복하지 않으려 한다면, 나라의 주인이자 교회의 주인이고자 한다면 교황 체제에서 이탈하는 것 말고는 남은 길이 없다는 것을 완벽하게 확신시켰다.

이런 정치적 동기에 경제적 동기도 합세했다. 탐욕적인 헨리 7세가 물려준 거대한 보화는 오래전에 전쟁과 사치로 탕진되었다. 그런데 1523년의 의회는 다른 면에서는 다루기 쉬웠어도 거대한 징세안을 의회가 승인한다는 것은 생각할 수 없다는 것을 보여주었다. 독일에서 사촌형님들이 곧잘 해보인 것을 모방하는 것보다 더 손쉬운 것이 있었겠는가? 그것은 교회 재산의 인수를 통한 화폐 기근을 해결하는 것이었다. 물론 모어의 죽음 후에야 비로소 수도원 해체에 착수했지만 이미 그 이전에 해산 위협이 있었으며 이를 통해서 성직자 집단은 당황하여 거대한 징세안 찬성으로 독재자의 호의를 살 마음이 생겼다. 더 이상 별로 쥐어짜낼 것이 없게 되자 비로소 재산 인수에 들어갔다.

교회 분열은 어디에서도 영국처럼 단순히 육욕과 과대망상 그리고 절대왕정의 소유욕의 결과로서 그토록 공공연하고 그토록 몰염치하게 등장하지는 않았다. 교황 대신 국왕이 들어선 것 말고는 교리에서, 의식에서 아무것도 달라지지 않았다. 루터교는 가톨릭교와 마찬가지로 엄금되었다.

모어가 루터교의 추종세력에 대해서와 마찬가지로 이런 식의 종교 개혁과 친할 수 없었다는 것은 명확하다. 그의 국제적 입장에서는 어떠한 민족 교회의 성립과도 싸워야 했다. 그런데 그는 군주 세력의 증강에도 동의할 수 없었다. 오히려 그는 군주 세력을 제한하고자 했다. 물론 밑으로부터가 아닌 위로부터였다. 그는 절대주의의 제한, 굴복화의 필요성을 느꼈다. 그러나 그는 민중에게서 이에 필요한 요소들을 찾을 수 있다고 믿지 않았고 그래서 여러 인문주의자들과 공유한, 우리가 이미 제1부에서 언급한 공론적인 환상에서 도피처를 찾았다. 군주는 교황에게 지도를 받고, 교황은 공의회 밑에 있어야 하며, 공의회는 인문주의의 정신으로 충만해야 한다는 것이다. 낡은 부대는 남아 있어야 하고 술은 새것으로 되어야 한다는 것이다. 그런데 이제 왕정이 와서는 교회를 울타리에서 꼭두각시로 변화시켰다! 그 일에 모어는 협력할 수 없었다.

오랫동안 모어는 헨리의 '종교개혁'에 대한 이의를 달지 않았다. 공판에서 유죄 선고를 받은 뒤에 비로소 그는 거리낌 없이 말하면서 영국은 그리스도교 세계 전체의 작은 일부를 이루는 것에 불과한 곳으로서 런던 시가 의회 법령에 반대하는 법을 만들 수 없는 것과 마찬가지로 교회의 보통법에 위배되는 법을 반포할 수 없다고 공언했다. 그리고 그는 계속하여 이렇게 말했다. "필시 이 왕국에서는 역시 그렇지 않을지라도 그리스도교 세계 전체에서는 주교들과 대학교들, 지식인들이 대다수가 내 편이다. … 그래서 나는 내 신념을 전체 그리스도교 세계의 대표(공의회)에 반대하여 한 왕국의 의회에 맞춰야 할 의무가 없다."

이는 그의 시대의 언어로 충분히 또렷하게 발언되었다.

모어의 입장은 기댈 데가 없었던 만큼 용감했다. 우리는 제1부에서 이미 독일과 영국 인문주의가 기댈 데가 없었다는 것을 언급한 바 있으며, 그로부터 그것이 급속히 사라진 이유를 설명했다. 그러나 대부분의 인문주의자들은 종교개혁의 폭풍이 일어나자 머리를 숙이고 뒤로 물러선 이론가, 교수, 문필가에 불과했다. 모어처럼 불같은 정신의 소유자는 고개를 숙이지 않았다. 그리고 그가 물러서고 싶었다고 해도 그럴 수가 없었을 것이다. 그의 정치적 영향력이 너무 커서 사람들은 그가 조용히 사라지게 놔두지 않았을 것이다. 그는 국왕을 섬기거나 아니면 몰락해야 했다. 이런 대안의 선택에서 그의 성격을 볼 때 그의 운명은 정해졌다.

그러나 그의 몰락은 오직 뜸을 들이면서 한 발짝씩만 진행되었다. 그 몰락은 이미 예비된 것인데도 모어는 점점 더 높이 올라가 왕국 안에서 국왕 다음으로 높은 자리에 올랐다. 물론 그는 처음부터 국왕의 이혼에 대하여 반대 입장을 표명했으며, 그것에 찬성하기를 거부했다. 그러나 헨리는 마지막 순간까지 그의 마음을 얻기를 희망했으며 그 당시에 모어의 인기는 상승할 대로 상승하고 있었기 때문에 이에 노력할 이유가 더욱더 많이 있었다. 1529년에 모어는 커스버트 턴스톨(Cuthbert Tunstall) 및 존 해클릿(John Haclet)과 함께 깡브레(Cambrai)에 파견되어 영국 및 프랑스 편과 스페인 편 간의 평화협정에서 영국을 대표하게 되었다. 그 화친은 특히 영국 상인들에게는 아주 중요했다. 네덜란드와의 무역이 전쟁으로 크게 피해를 입었기 때문이다. 모어와 그의 동지들은 아주 능숙하게 협상을 이끌어서[43] 기대 이상으로

[43] 라블레는 그의《가르깡뛰아와 빵따그뤼엘》제2권 18장에서 20장까지 한 영국의 위대한 궁내관(un grand clerc d'Angleterre) 타우마스테(Thaumaste)를 등장시킨다. 그는 빠리로 빵따그뤼엘을 찾아가서 그와 아주 희극적인 대화를 순전히 손짓으로 이어간다. 이 타우마스테는 우리의 (토마스) 모어를 뜻하는 듯하며, 누구에게나 불가해한 손짓언어는 깡브레 평화협상의 외교적 술책을 풍자하는 듯하다. 후자가 얼마나 맞는지 우리는 판단할 수가 없다. 반면에 타우마스테가 모어를 뜻한다는 것은 에스망가르(Esmangard)의 상세한 연구에 따를 때 우리는 의심의 여지가 없다고 본다(Oeuvres de Rabelais, *edition variorum, augmentee.... d'un nouveau commentaire historique et plilologique par Esmangard et Eloi Johanneau.* Paris 1823. 3. Band S. 437 bis 444). 많은 프랑스의 인문주의자들은 모어가 라블레의 동시대인이자 훌륭한 지인인 제르맹 드브리(Germain de Brie, Germanus Brixius)와 논쟁을 한 이래로 모어에 대하여 별로 좋게 이야기한 것 같지 않다. 브릭시우스(Brixius)는 1513년에 "Herveus, sive Chordigerae navis conflagratio"라는 시를 썼는데, 그 시에서 그는 영국 함선과 프랑스 함선 간의 해전을 노래했으며, 영국인을 깔아뭉개고 프랑스인들을 칭찬했다. 모어는 이에 분노하여 브릭시우스를 겨냥한 신랄한 풍자시 "In Brixium Germanum false scribentem etc."를 써서 응수했다. 이 시에 브릭스우스는 400개 구로 된 투쟁시 "Antimorus"로 응수했다. 그 논쟁이 얼마나 큰 주목을 끌었는지 그리고 모어가 인문주의자들에게서 얼마나 큰 명성을 누렸는지는 "안티모루스"가 3판이나 거듭 발

유리한 조약을 달성했으며, 이에 영국인들 특히 상인들이 크게 만족했다. 그렇게 쓸모 있고 인기 있는 사람을 가능한 한 놓치지 않으려고 했던 것이 분명하다.

월시가 앤 불린의 계략에 쓰러지자 모어는 그를 대신해 영국의 대법관에 임명되었다(1529). 그는 고위 귀족 출신이 아닌 자로 이 자리에 오른 최초의 평신도였다. 그는 자신의 의사에 반하여 물려받았지만 다른 선택의 여지가 없었다. 그의 취임사는 그의 심사(心思)를 짐작하게 한다. 노포크와 서포크의 공작들이 웨스트민스터 홀로 향하는 공개 행렬에 동행했으며, 그곳에서 모어는 운집한 백성 앞에서 취임을 했다. 노포크의 공작은 듣기 좋은 발언을 하면서 새로운 대법관의 공로를 치하했다. 이에 대하여 모어는 자신의 현명하고 유력한 선임자와 그의 몰락을 생각한다면 다른 사람들이 생각하듯이 자신의 발탁이 그다지 기쁘게 느껴지지 않는다고 대답했다. "나는 노고와 위험은 가득하고 어떠한 진정한 명예도 없는 자리인 이 자리에 오릅니다. 내 선임자의 예가 입증하듯이 직위가 높을수록 몰락은 깊습니다. 국왕폐하의 은혜가 아니면 이 자리는 다모클레스에게 그의 위에 매달려 있는 칼이 그러했듯이 내게 달갑지가 않을 것입니다."

그의 암울한 예견은 너무 속히 실현되는 것 같았다. 그는 중립을 지키려고 시도했으나 뜻대로 되지 않았다. 그는 곧 자신의 이름을 그가 지극히 싫어하는 안건에 빌려 주라는 요구를 받았다. 헨리는 하원에서 빠리, 오를레앙, 앙제르, 부르즈, 툴루즈, 볼로냐, 파두아 대학들을 매수해서 받아낸 자문의견과 옥스퍼드와 캠브리지 대학을 강압해서 받

간되었다는 데서 짐작할 수 있다. 나머지 두 판본에 대해서는 에스망가르를 통해서만 정보를 얻었다. 에라스무스는 그 논쟁을 중재했으며 더 이상 브릭시우스에게 답을 하지 말도록 설득했다.

아낸 자문의견을 낭독하도록 그에게 강제했다. 이 자문의견은 헨리의 이혼이 교회법적으로 유효하다는 것을 선언한 것이었다. 이에 모어는 더 이상 자리에 머물러 있는 것이 자신의 신념과 맞지 않는다는 것을 인식하고 자신의 관직을 내놓았다(1532년).

8. 모어의 몰락

퇴임과 함께 모어의 운명은 결판이 났다. 그는 폭군이 자신의 모든 신하를 필요로 하던 순간에, 그가 자신의 왕국의 부르주아 계급에 맞선 투쟁에 착수하던 순간에 그 폭군에 대한 반대를 선언한 것이다. 그러한 상황에서 퇴임한다는 것은 국왕의 눈에는 반란과 반역을 지지하는 것으로 보였다. 과거사에 관한 국가관리라고 칭할 수 있는 그런 종류의 역사가들은 모어를 유죄 판결로 몰아간 법정 희극에 관해서 말할 때면, 모어가 정말로 반란자이고 역적이었다는 것을 증명하고자 애쓰는 일에도 빠지지 않았다. 이처럼 우리가 이미 한번 묘사한 적이 있는 프루드는 이렇게 말한다. 투쟁은 국왕이 교회의 머리여야 하느냐 그렇지 않느냐 하는 핵심 문제를 둘러싸고 전개되었다는 것이다. 국왕이 교회의 머리가 아니라는 주장은 그를 파문하는 것이 적법하며, 헨리가 더 이상 국왕이 아니라는(!) 것과 같은 의미였다는 것이다. 헨리가 교회의 머리라는 것을 부인하는 것은 그래서 반역이었다(Froude, *History of England*, 2. Band, S. 220, 221). 이 확대된 논리의 의도적인 허구성은 파문이 모어 그리고 다른 '순교자들'의 처형의 결과였지 원인이 아니었다는 것에서 짐작할 수 있다. 파문칙령은 이 처형 건들 후에야 작성되었고 모어가 죽은 지 3년이 되는 1538년에야 공표되었다.[44]

모어가 정말로 반란자였다고 해도 그것이 우리를 그렇게 분노케 하지는 않을 것이다. 우리가 이 주장을 물리친다면 이는 모어의 '결백을 밝히기' 위해서가 아니라 오직 역사적 진실을 위해서이다. 프루드와 그 일파의 허언은 헨리 8세의 독재만이 아니라 모어에게도 그의 진정한 성격과는 완전히 다른 성격을 부여한다.

모어는 한순간도 그를 기다리던 것에 대해 착각하지 않은 채 공적인 생활에서 완전히 물러났다. 그러나 철퇴가 내려지기까지 기다리는 시간은 그가 생각한 것보다 더 오래 걸렸다. 모어의 영향력과 명망이 매우 커서 헨리는 그를 제거하기 전에 그의 마음을 얻으려는 온갖 시도를 하지 않을 수 없었다. 모어는 돈에도 관직에도 유혹되지 않았다. 그러나 필시 그는 협박에는 굴복했을 것이고, 궁핍에 의한 강압은 못 이겼을 것이다.

트집 잡기와 괴롭히기의 시스템이 가동되기 시작했다. 국왕은 그러지 않아도 별로 많지 않던 모어의 재산을 몰수했다. 모어는 현금을 많이 가지고 있지 않았다. 그는 궁정 벼슬길을 시작할 때보다 더 가난하게 마쳤던 것이다. 그는 이제 런던 인근의 첼시(Chelsea)에서 아주 옹색하게 살았다.

---

44 헨리 8세 시대를 아는 가장 탁월한 사람에 들어가는 F. J. Furnivall은 현재 영국의 부르주아 풍속사가인 프루드에 관해서 이렇게 말한다: 영국 민요는 "프루드가 헨리 8세 초기의 영국 상황에 관한 그의 역사에서 그린 과도한 그림에 아주 유익한 교정을 해준다. 이는 실제 상황에 대한 아주 일면적이고 거짓된 묘사를 제공하는 그림이다"(Vorrede zu. *Ballads from Manuscripts. I. Ballads on the condition of England in Henry VIII. and Edward VI. reigns.* Edited by Frederick Furnivall. London 1868 bis 1872). 한 시대의 민요는 그 시대를 아는 데 중대한 기여를 한다. 글로 쓰인 자료는 대부분이 지배계급에 대한 묘사만을 담고 있다. 민요에서 우리는 피지배자들의 주장을 알게 된다. 특히 헨리 8세와 그 다음 후계자 시대의 민요들은 헨리의 종교개혁이 얼마나 인기가 없었는지 그리고 《유토피아》가 민중에게 얼마나 깊이 파고들었는지를 보여주기 때문에 의미심장하다. 유토피아에 대한 언급은 담시들에서 자주 발견된다. 특히 "사람을 잡아먹는 양"이라는 말(다음 부를 참조하라)이 애용되는 숙어이다.

1533년에 캔터베리의 한 수녀 엘리자베스 바튼(Elisabeth Barton)에 대하여 반역죄의 고소가 제기되었다. 그녀는 켄트의 성처녀라고 불리는 사기꾼 여성으로서 환상과 그 밖의 기적을 꾸며냈다. 그녀는 국왕이 앤 불린과의 결혼 후 한 달도 살아 있지 못할 것이라고 예언했었다. 모어는 그 수녀를 한때 우연히 만난 적이 있었기 때문에 그 소송에 말려들었다. 그녀에 대해서 모어는 처음부터 사기꾼이라는 것을 알았으므로 아주 조심해서 행동했다. 그 고소는 근거가 박약했고 모어의 명성은 아주 커서 법관들은 모어의 이름이 거기서 삭제되지 않는다면 켄트의 수녀와 반역의 공범을 유죄로 선고해야 한다는 그 구형을 받아들이지 않겠다고 했다. 헨리는 양보할 수밖에 없었다. 그 수녀는 다른 여섯 명과 함께 처형되었고, 모어는 이번에는 무사히 풀려났다. 그의 딸 마가레트가 그녀의 친구에게 이에 관해 말했듯이 모어는 "연기된 것은 중지된 것이 아니다"라고 생각했다.

노포크의 공작은 국왕에게 순종하라고 그에게 권고했다. "군주와 싸우는 것은 위험합니다. 그래서 나는 선생이 국왕의 요구에 따르게 되기를 바랍니다. 왜냐하면, 정말이지, 군주의 진노는 죽음을 의미하기 때문입니다." "그게 다입니까, 대감?" 모어가 답변했다. "저와 대감 사이에는 저는 오늘 죽고 대감께서는 내일 죽는다는 차이밖에 없습니다."

1533년 11월 의회는 국왕이 영국교회의 최고 수뇌가 되게 하는 최고법안을 채택했다. 그 밖에도 의회는 헨리의 첫 번째 결혼이 무효이고 두 번째 결혼이 유효하다는 명령을 내렸다. 의회는 까따리나의 딸 매리를 후계에서 제외했고 앤의 딸 엘리자베스를 헨리의 적법한 후계자로 선포했다. 이 율령의 인정을 맹세하는 선서가 작성되었고 런던과 웨스트민스터의 모든 사제에게, 아울러 모어에게도 선서가 지시되었다. 그는 전체의 선서를 하기를 거부했지만 후계에 관한 부분만은 맹세할 용의가 있다고 공언했다. 이 거부에 따라 그는 체포되었으며, 탑 감옥(Tower)에 죄수로 수감되었다. 1년 이상 그곳에 비참하게 억류되어 있었으며 곧 그의 책들도 압수되었다. 그의 기력은 허무하게 소진되었지만 그의 정신력은 그렇지 않았다. 그는 여전히 선서의 수용을 단호히 거부했다.

결국 그는 기소되었다.

의회는 선서 거부에 대해서는 아무런 벌도 정해 놓은 것이 없었다. 이를 땜질하기 위해서 의회는 뒤늦게 누군가가 "악의를 가지고(maliciously) 말로나 글로 국왕이나 왕비 혹은 그들의 상속인이 직위나 호칭을 상실하기를 희망하거나 원하거나 기대하면" 이는 반역이 된다고 정했다.

모어는 선서 거부 이유에 대해 완강하게 침묵했다. 그러나 침묵은 반역이 아니었다. 의회는 당황하여 한 독특한 증인에게서 돌파구를 찾았다. 증인은 모어가 자신에게 의회는 국왕을 교회의 머리로 만들 권리가 없다고 발언했다고 공언한 국가관리 리치(Rich)였다.

모어는 그가 오래전부터 룸펜으로 알고 있던 사람에게 다른 누구에게도 한 적이 없는 고백을 했다는 것을 받아들인다는 것이 얼마나 터무니없는지 지적했지만 허사였다. 탑 감옥에서의 리치와 모어의 대담을 목격했던 다른 증인들이 그들은 아무것도 들은 것이 없다고 밝혔지만 소용이 없었다. 배심원들은 증인 자격이 있었다. 그들은 두말없이 고소문을 읽어 보지도 않고 모어에게 유죄를 선언했다. 그 판결은 이런 것이었다.

"그는 집정관 윌리엄 빙스턴(William Bingston)의 도움으로 탑 감옥으로 돌려보내져서 그곳으로부터 런던 시를 거쳐 타이번(Tyburn)으로 끌고 가서 그곳에서 반쯤 죽게 될 때까지 달아매어 놓고 아직 숨이 붙어 있는 동안 사지를 절단하되, 그의 성기를 절단하고 그의 배를 갈라 젖히고, 그의 내장을 뜯어내고 불에 태워야 한다. 그리고 그를 네 토막을 내서 네 토막을 시의 네 성문에 하나씩 걸어두되 머리는 런던 다리에 걸어두어야 한다."

국왕은 참수형으로 하도록 모어에게 은전을 베풀었다. 모어가 이를 알자 그는 이렇게 외쳤다. "나의 벗들은 제발 그런 은전을 얻지 못하면 좋으련만!"

유머는 도대체 모어에게서 떠날 줄 몰랐다. 그의 마지막 말도 재담이었다.

1535년 6월 6일 그는 탑 감옥에서 처형되었다. 단두대는 부실하게 설치되어 그가 거기에 오를 때 흔들렸다. 그래서 모어는 자신을 호송하는 탑 감옥의 형리에게 명랑하게 말했다. "올라가는 것 좀 도와주게. 내려올 때는 혼자서 하겠네." 그는 이어서 백성에게 발언을 하려고 했으나 제지당했다. 그래서 그는 기도를 올린 뒤 사형집행인에게 돌아서서 부탁하며 밝은 낯으로 말했다. "이봐요, 기운 내요. 당신 직무인데 두려워 말아요. 내 목은 짧으니 망신당하지 않게 잘 겨누시오."

최초의 위대한 공산주의적 유토피아주의자는 그렇게 죽었다.

제3부

유토피아

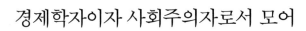

제 1 장

경제학자이자 사회주의자로서 모어

1. 모어의 사회주의의 뿌리

인문주의자로서, 정치인으로서 모어는 그의 동시대인들 중 제일 앞줄에 있었으며, 사회주의자로서는 그들 모두를 훨씬 앞섰다. 그의 정치적, 종교적, 인문주의적 글들은 오늘날 소수의 역사가들에 의해서만 읽힌다. 그가 《유토피아》를 쓰지 않았더라면 그의 이름은 오늘날 그의 벗이자 운명을 같이한 동지인 로체스터의 피셔(Fisher) 주교보다 좀처럼 더 알려지지 않았을 것이다. 그의 사회주의가 그를 불멸의 존재로 만들었다.

이 사회주의는 어디에서 온 것인가?

우리는 관념론 학파의 역사가들처럼 머리를 깨우쳐 주는 영, 정치 및 경제 발전이 그에 적응해야 하는 관념들로 그 머리를 채워 주는 거룩한 영을 믿지 않는다. 우리는 그보다는 경제 발전이 사회에서 낳는 모순과 대립이 특별히 좋은 재능을 타고나고 좋은 환경을 타고난 사람에게 눈앞에서 진행되는 발전을 이해하고 그 발전이 수반하는 고통을 극복하도록 생각하게 부추기고 연구하도록 움직인다는 견해에서 출발한다. 이런 식으로 정치적·사회적 관념들이 생겨나며 이 관념들은 사실적인 순간적 상황에 더 부합할수록, 부상하는 계급의 이해관계에 더 맞을수록, 더 정당할수록 그 동시대인들 혹은 적어도 그들 중 특정한 계급에게 더 많이 영향을 미치는 것이다. 그래서 특정 관념은 오직 특정한 상황하에서만 작용하게 되며, 특정한 시기에는 무관심을 넘어 조롱에 부닥치는 관념이 몇십 년이 지난 다음에는 흔히 깊이 있는 검증 없이도 자명한 것으로 열광적으로 받아들여지게 된다. 관념론적 역사기록자는 그것이 어찌 된 일인지 설명할 능력이 없다. 그래서 그들은 모든 관념론적 철학자들처럼 최후에는 하느님에게서, 신비에서 돌파구를 찾는다. 어떤 관념이 사회에서 유력한 지위를 달성하느냐 못하느냐를 판가름하는 것은 '시대정신'(Zeitgeist)이다. 이 시대정신은 자유사상가와 무신론자에게도 수용되지만 거룩한 영의 새로운 버전일 뿐이다.

유물론적 역사관만이 특정한 관념의 그때그때 미치는 영향력을 설명해 준다. 각 시대는 그 시대를 규정하는 특별한 관념들을 갖는다는 것, 이 관념들이 사회 발전의 기관차를 이룬다는 것을 부정한다는 것은 그 역사관에서는 생각할 수 없다. 그러나 거기에 머물러 있지 않고 이 기관차를 움직이는 추진 동력에 대해 탐구하며, 그것을 물적 관계에서 발견한다.

관념이 대중에게 영향력을 행사할 수 있기 어느 정도 전에 미리 형성되어야 한다는 것은 분명하다. 다수 민중은 너무 새로운 것을 추구한다고 곧잘 비난을 받는다. 그러기는커녕 그들은 이상할 정도로 완고하게 옛것에 매달린다. 새로운 경제적 제 관계의 전통적인 제 관계에 대한 그리고 그에 상응하는 관념에 대한 대립은 대중이 그것을 의식하기 전에 이미 상당히 높은 수준이 되어 있어야 한다. 탐구하는 사상가의 날카로운 눈이 이미 계급들의 메울 수 없는 대립을 보는 그곳에서 범상한 사람은 단지 우연한 개인적인 반목이 있다고만 알아본다. 연구자가 사회변혁을 통해서만 극복될 수 있는 사회악을 보는 그곳에서 범상한 사람은 여전히 시대가 잠시 악할 뿐이며, 이는 곧 다시 좋아지리란 희망으로 위안을 삼는다. 거기에서 우리는 대부분이 보고자 하는 마음도 없는 몰락한 계급의 구성원들에 대해서 말하는 것이 아니라 보는 것이 이익상 중요하지만 새로운 제 관계가 코앞에 닥치기 전에는 볼 수 없는 상승하는 계급을 염두에 둔 것이다.

이처럼 흔히 자신의 시대보다, 즉 자신의 동시대인들보다 앞선 자질이 뛰어난 사상가들이 있었다는 말이다. 그들 역시 특정한 관념을 그에 상응하는 물적 제 관계가 존재하기 전에는 발달시킬 수 없었다. 그들의 관념도 새로이 형성되어 가는 물적 제 관계에 의해 조건이 지워지지만 이 제 관계는 상승하는 계급에게 그 관념에 대해 수용하도록 해주기에는 아직 충분히 날카롭게 각인되지 않았다.

그러나 한 사상가가 새로 떠오르는 생산양식과 그 사회적 결과를 그의 동시대인 대다수보다 먼저 인식할 뿐 아니라 거기에서 출발하여 머릿속에서 변증법적 과정을 통해 벌써 그 반대가 되는, 그로부터 발생할 생산양식의 예견에까지 도달한다면 그는 물적 제 관계에 발을 딛고서 그의 시대보다 한 시대나 온전히 더 앞설 수가 있다.

토마스 모어는 이 과감한 사상적 도약에 성공한 몇 안 되는 사람 중 하나이다. 자본주의적 생산양식이 아직 그 초창기에 있던 때에 이미 그 본질을 깊숙이 꿰뚫어서 그가 그 그늘진 부분을 극복하기 위해 자신의 머릿속으로 그려내어 자본주의적 생산양식에 대비시킨 대립적 생산양식은 이미 현대 사회주의의 여러 가지 핵심 토대를 포함하고 있다. 그의 동시대인들은 그의 설명의 의의를 당연히 파악하지 못했다. 그 자신도 그것을 완전히 의식하지는 못했다. 오늘날에야 비로소 우리가 완벽하게 가늠할 수 있는 것은 지난 삼백 년간의 광대한 경제적·기술적 변혁에도 불구하고 우리는 《유토피아》에서 오늘날에도 여전히 사회주의 운동에서 유효한 일련의 경향을 발견한다는 것이다.

말한 비와 같이 우리는 거룩한 영에서 관념을 이끌어내는 역사가들에 속하지 않으므로 그러한 이례적인 현상에서 우리에게 닥치는 첫 번째 물음은, 그 원인에 대한 물음이다. 우리가 심령학과 투시술에 빠지지 않으려 한다면 모어 단 한 사람을 그의 시대에 사회주의 이론에 기울게 하고 그럴 능력을 갖게 한 것은 독특한 상황의 연쇄였어야 한다. 뮌쩌의 사회주의는 모어의 그것과는 완전히 성격이 달랐고 그래서 여기서는 고려 대상이 될 수 없다.

모어의 전기 작가들 누구도—자명한 이유로—이런 문제에 골몰하지 않았고 모어 자신도 우리에게 그에 관하여 약간의 정보만을 주는데도 불구하고 우리는 적어도 그 원인들 중 몇 가지를, 일부는 개인적인 성격이고 또 일부는 지방적인 성격의 것인데 이를 밝힐 수 있다고 생각한다. 이는 우리가 제1부에서 묘사한 일반적 상황과 맞물려서 사회주의가, 그 아비인 자본주의보다 먼저 이론적으로 표현되었다는 것을 이해하게 해주는 원인들이다.

그 상황을 간단히 정리한다면, 모어의 개인적 성격, 그의 철학적 훈련, 그의 경제 활동과 영국의 경제 상황이다.

모어의 개인적 성격을 당연히 그의 사회주의의 원인 중 하나로 간주해도 좋다. 우리는 에라스무스로부터 모어가 얼마나 친절했고 돕는 마음이 있었으며, 가난한 이들과 억압받는 이들에 대한 동정심으로 가득 찼었는지에 대해 들었다. 그는 모어를 모든 가난한 이의 수호성인이라 칭한다.

서양의 북쪽 나라들에서만 16세기에 물질적 제 관계가 그러한 비 이기적 성격의 교양에 호의적이었다. 이탈리아에 가까워질수록 이런 조건들은 점점 더 불리해졌고, 도시들에서는 자익 추구적이고 질투심 많은 상인정신이 더욱 득세했다. 로만계 왕조들의 궁정에서처럼 이탈리아의 상인공화국들에서는 자익 추구가 무제한적으로 지배했으니 이는 새로운 생산양식의 주된 특징적 면모였다. 그 당시에 그것은 아직 공공연하고 대담하게 그리고 도전적인 혁명적 기질로 가득 찬 모습으로 위세를 떨쳤다. 그것은 대범한 자익 추구로서 오늘날의 스스로를 속되게 보고 통념적인 위선의 뒤로 몸을 숨기는 비겁하고 부정직하고 비열한 자익 추구와는 완전히 달랐다.

이탈리아의 도시들 그리고 정도는 약하지만 프랑스와 스페인의 도시들에서 있었던 것과 전혀 다른 경제 상태가 독일과 영국의 도시들에서 전반적으로 지배했다. 여전히 농업 그리고 그와 함께 마르크 체제, 그래서 원형적인 공산주의가 도시적 생산양식에도 토대가 되었다. 도시와 농촌의 분리는 아직 어디에서도 완전히 분명하게는 행해지지 않았다. "1589년에도 바이에른의 공작은 뮌헨의 시민사회가 공유 초지 없이는 전혀 존속할 수 없다는 것을 인정했다. 그에 따르면 경작은 당시에 여전히 시민들의 주된 식량 조달 업종이었던 것이 분명하다"(G. L. v. Maurer, *Geschichte der Städteverfassung*, 1. Bd., S. 273). 16세기 초에도 여전히 영국에서는 봉건제의 외피 밑에서 유지되어 온 순수한 농촌공산주의가 존속했으며, 그 당시가 되어서야 비로소 다른 농업 체계에 자리를 내어 주기 시작했다. 그 당시에는 여전히 원형적 공산주의에 부합하는 성격의 면모가 특히 하급 인구 계층에서는 지배적이었으며, 우리는 모어에게서 그것이 근대적 인문주의적인 조정대신의 차림새를 통해 그리고 상황이 그에게 부과한 자기검열을 통해 별로 감추어지지 않은 채로 여지없이 남아 있는 것을 보게 된다. 그의 쾌활함, 완강함, 굽힐 줄 모름, 자기 이익을 돌보지 않음, 친절함에서 우리는 공산주의적인 '즐거운 옛 잉글랜드'(merry old England)의 모든 성격적 특성이 뚜렷이 나타나는 것을 볼 수 있다.

그러나 가난한 이들에 대한 동정심만으로는 아직 사회주의자가 되지 않는다. 물론 프롤레타리아 계층에 대한 관심 없이는 사회주의자가 전혀 되지 못한다. 적어도 그 자신이 프롤레타리아가 아니라면 그렇다. 그러나 이런 관심에서 사회주의적인 생각과 관념이 자라나려면 일단은 독특한 경제적 상황, 지속적인 대중 현상으로서의 노동하는 프롤레타리아 계층의 존재 그리고 또 한편으로는 심도 있는 경제적 인식이 필요하다.

단순한 룸펜 프롤레타리아 계층의 존재는 선행과 자선을 낳지만 현대적 사회주의를 낳지 못한다. 경제적 인식 없이는 감성적인 문장과 사회적인 연지 찍기(얼굴 치장—옮긴이)에는 도달하지만, 사회주의에는 도달하지 못한다.

경제 발전에 관해서는 이제 영국은 모어의 시대에 매우 유리했으며, 예를 들어서 독일보다 훨씬 유리했다. 그러나 그에 대한 인식을 얻을 기회에 관해서라면 북쪽 나라들에서 모어의 위치는 대체로 거의 유일했다. 그 당시에 학문적·체계적으로 사고하고 일반화하고 그래서 거기에서 이론적인 사회주의를 탄생시킬 수 있었던 사람들은 오직 인문주의자들이었다. 그러나 북유럽에서 인문주의는 이국적인 작물이어서 어떤 계급도 이에 특별히 관심을 갖지 않았다. 이탈리아의 인문주의자들이 실생활의 한가운데 처하여 그들 시대와 그들 나라의 경제적 및 정치적 경향을 표현한 반면에, 독일의 인문주의자들은 대다수가 그저 학교 선생들로서 실생활에 대해서는 전혀 아는 바가 없었으며 현재의 투쟁을 위하여 과거에서 무기를 취하지 않았고 오히려 이 투쟁에 겁을 먹고 완전히 과거 속에서 살기 위해 자신들의 공부방으로 도망친 자들이었다.

독일의 발전은 학문과 생활 사이의 갈라진 틈을 메우는 데 기여하지 못했다. 반대로, 독일이 18세기 말에 되어서야 비로소 그 낙후된 상태에서 다시 일어나기까지 16세기부터 점점 더 크게 빠져들던 야비함과 야만성, 촌스러움은 독일에서 오직 실제 생활과 완전히 담을 쌓는 것을 통해서만 학문 유지를 가능하게 한 것이다.

독일의 이러한 쇠락은 15세기 말부터 진행된 무역로의 변경이 근본 원인이었다. 이는 독일에서 경제 발전을 가로막았을 뿐 아니라 어느 기간 동안은 심지어 경제적 퇴보로 전환시켰다.

15세기 후반 포르투갈인들의 (지리상의—옮긴이) 발견은 인도로 가는 바닷길을 열었다. 동시에 소아시아와 이집트를 거쳐서 동방과 맺었던 옛 결속은 예전에 이미 중앙아시아의 대상로(隊商路)가 그곳 인구의 전변(轉變)으로 막힌 뒤에 투르크인들의 진출로 중단되었다. 이와 함께 지중해 유역 나라들의 무역이 마비되었을 뿐 아니라, 이탈리아와 북구 간의 무역을 중개하기만 하지 않고 일부는 동방과의 다른 루트— 트라브존과 흑해를 거치는 길과 러시아를 거치는 육로—에서도 활동했던 독일의 큰 수로변 도시들의 무역도 마비되었다. 독일 도시들, 특히 발트 해에 면한 한자 도시들과 남독일의 뉘른베르크, 아우크스부르크 등의 도시들에는 이로써 생명선이 끊겼다. 라인 강변과 북해 하구의 도시들은 고통을 덜 겪었지만 그 도시들이 중개한 무역은 별로 큰 것은 아니었고 그 방향이 바뀌었다. 그것은 동쪽에서 서쪽, 남쪽에서 북쪽으로가 아니고 그 반대로 갔다. 안트베르펜은 16세기에 14세기의 콘스탄티노플, 18세기의 런던과 같이 되었다. 세계 무역의 중심지이며, 동방의 보물이 한데 모이는 곳, 거기에 아메리카의 보물도 이제 합세해서 그곳으로부터 유럽 전체로 쏟아 부어지는 그런 곳이었다.

안트베르펜과 가깝다는 것은 영국, 특히 런던의 무역에 고무적인 작용을 했음이 분명하다. 그리고 이미 모어의 시대에 영국은 독립적으로 해외 소유지를 차지하려고 시도했으며, 물론 처음에는 아직 별 성과가 없었다. 독일의 무역이 몰락하는 것과 같은 정도로 영국의 무역은 상승했다.

그리고 상인자본으로부터 산업자본의 초기 형태들이 발달하기 시작했다. 영국인들은 플랑드르의 모범을 따라 자기 나라에서 모직물 제조업(Manufaktur)을 도입하기 시작했으며, 헨리 8세 시대에는 이미 모직업에서 독립적인 수공업의 몰락에 대한 탄원이 시작된다. 영국에 있는 이탈리아 상인들은 이미 리처드 3세 때에 한 의회 법령(이탈리아 상인들을 다스리는 법안)에서 그들이 다량의 양모를 매점하여 모직업자들에게 가공하게 한다는 고발을 당한다. 이 대목에서 사소한 주목할 일 하나가 있다. 필립슨(Philippson) 교수는 그의 책《필립 2세, 엘리자베스 및 헨리 4세 시대의 서유럽》(Berlin 1882) 49쪽에서 우리에게 설명하기를 헨리 8세 때에 "작은 장인이 대기업에 의해 흡수되었다, 아니 멸절되었다"고 한다. 자본가들에 의해 경영된 모든 산업은, 가내공업이라도 그것을 대기업이라고 부르고자 한 것을 제외한다면 그러한 대기업은 그 당시에는 당연히 아직 극히 희미한 흔적도 있지 않았다.

그러나 공업자본의 이런 싹보다는 모어 시대의 영국에서는 농업에서 자본주의적 생산양식의 초기 형태가 훨씬 더 눈에 띄었다. 자본주의가 공업에서보다 농업에서 먼저 발달한 것이 영국의 가장 주목할 만한 독특성 중의 하나이다.

그 원인을 우리는 이미 언급한 바 있다. 그것은 영국 양모의 품질에서 찾을 수가 있다. 이는 영국의 양모를 널리 구해지는 양모제조업 원료로 만들어 주었다. 양모와 아울러 영국에서 중요한 농업 상품은—물론 도시들의 성장에 따라—목재와 땔나무 그리고 플랑드르의 맥주 양조업을 위한 보리였다. 양모에 대한 수요는 한편에서 제조업과 또 한편에서 교통수단이 발달하는 것과 같은 정도로 성장했다. 우선 영국의 양모는 주로 네덜란드 시장에서 판매되었다. 그러나 15세기 말에는 이미 한편으로는 이탈리아까지 또 한편으로는 스웨덴까지 진출했다. 이를 분명하게 짐작하게 해주는 것으로는 헨리 7세가 1490년에 덴마크 및 피렌체와 체결한 두 무역조약이 있다(Geo. J. Craik, *The history of british commerce*, 1. Band, S. 203, 204).

시장의 성장과 함께 영국의 상인과 대지주들의 양모 생산을 확대하려는 노력도 커졌다. 그러기 위한 가장 단순한 수단은 대지주들이 농민들이 그 이용권을 가진 자치공동체 초지를 점점 더 도를 높여 가면서 자기 자신만을 위해 빼앗는 것이었다. 그럼으로써 농부는 소를 키울 가능성을 갈수록 잃어버렸고 필요한 거름을 상실했다. 농민들은 생업 전체가 혼란에 빠져 재정적 파산을 향해 치달았다. 그러나 대지주의 땅에 대한 탐욕은 농민의 토지로부터의 '해방'이 진행된 것보다 빠르게 자라났다. 온갖 가능한 수단이 동원되었다. 농부 개인들만이 아니었다. 가끔 마을 전체, 심지어는 작은 농촌도시 전체의 주민 집단이 가치 높은 상품인 양의 생산자에게 자리를 내주기 위해 쫓겨났다.

지주들이 몸소 자기 재산을 관리하던 동안, 혹은 짧은 시기 동안 있었던 일로서 그중 일부를 소작인에게 관리하도록 하여 그들에게 필요한 작업 설비, 농기구, 가축 등을 밀어 주던 동안에는 그들 재산의 확장은 아직은 지주가 보유하는 작업 설비 수량의 한정 때문에 일정한 한계가 있었다. 지주가 자신의 작업 설비까지 동시에 늘릴 수단이 없으면 재산의 확장은 맹목적인 것이었다. 임차한 토지를 자기 자본을 가지고 임금 노동자를 통해 경영한 자본주의적 차지농이 생겨나자 이런 한계는 사라졌고 대지주의 토지에 대한 굶주림은 한이 없어졌다. 이 계급은 영국에서 15세기의 마지막 1/3 기간에 등장했다. 그들은 16세기에 딩시에 올렸넌 전례 없는 이익으로 급속히 성장했다. 이 이익은 그들 자본의 축적을 가속화했을 뿐 아니라 자본가들을 도시로부터 이끌어내었다.

이윤의 상승은 특히 금과 은의 가치 하락 탓이다. 이는 아메리카로부터 유럽으로, 우선은 스페인으로 귀금속의 대량 유입에 의해 야기된 것이었다. 이런 화폐가치 하락 작용은 군주들의 화폐 위조를 통해서 크게 촉진되었을 수 있다.[45]

화폐가치 하락은 16세기가 지나는 동안 농업 제품의 물가를 두 배 반에서 세 배로 뛰게 하는 결과를 가져왔다. 반면에 지대는 오랫동안 오르지 않는 일이 많았다. 임대차 계약이 장기간으로 체결되어 오래전부터 농업 제품 물가와 같은 정도로 늘어나지 않았으며, 그래서 명목 가치로는 아니겠지만 실질가치로는 줄어들었다. 차지농의 이윤은 지대를 희생시키고 성장했다. 이는 차지농의 자본과 수효를 늘렸을 뿐 아니라 또한 대지주들에게는 그들의 재산 확장에 노력하여 이런 식으로 그들의 손해를 보상하려는 움직임에 새로운 박차를 가하는 계기가 되었다.

---

[45] 우리는 로저스(*Six Centuries etc.*, S. 345ff)가 이와 관련해서 화폐 위조에 너무 큰 의미를 부여했다고 추측한다.

그 결과 소농들이 급속히 프롤레타리아화되었다. 이와 동시에 봉건적 종자(從者) 집단의 해체가 더해졌다. 이와 관련해서 우리는 여기서 더 자세히 다룰 필요가 없다. 이미 제1부에서 다루었으며, 영국에서는 이것이 아무런 특별한 독특성도 보여주지 않기 때문이다. 종자 집단은 아무튼 노동하는 민중에게는 짐이었다. 그들이 남아 있던 곳에서는 그들을 먹여 살려야 했던, 공조를 바칠 의무가 있는 농민에게 짐이었고, 그들이 해체된 곳에서는 실업자 수를 불렸으므로 임금 노동자에게 짐이었다.

14세기와 15세기는 영국의 농민과 임금 노동자에게 황금시대였다. 이 시대 말에 이들 양자는 갑자기 그리고 급격히 가장 깊은 곤경으로 추락했다. 실업자들의 수는 놀랍도록 불어났다. 당연히 극히 끔찍한 형벌로도 그들의 수를 줄이거나 그들이 범죄에 빠지지 않게 할 수가 없었다. 범죄의 형벌은 불확실했다. 반면에 범죄의 포기에 대한 형벌은 확실했다. 그것은 굶어죽는 것이었다.

실업자들의 처지보다 별로 나을 것이 없었던 사람들이 그 당시 농촌에서 커다란 계급을 이루기 시작한 자기 땅 없는 수많은 노동자였다. 앞선 두 세기에 의회의 법률들이 단지 불완전하게 달성한 것이 16세기부터는 실업자 예비군의 압도적인 무게를 통해 쉽게 달성되었다. 실질임금은 줄어들었고 노동시간은 늘어났다. 식량 가격은 300퍼센트가 상승했고 임금은 단지 150퍼센트 상승했을 뿐이었다. 모어의 시대부터 도시와 농촌에서 영국 노동자들의 지속적인 몰락이 시작되었다. 18세기의 마지막 1/4 시기에 그리고 19세기의 첫 번째 1/4 시기에 그들의 처지는 최악의 상태에 도달했으며 그때부터 최소한 일정한 계층에 대해서는 그 이후로 형성된 노동자들의 억센 조직과 그 조직들이 지배계급에게서 싸워 얻어낸 양보 때문에 나아졌다. 14, 15세기에 그들의 형제들이 차지한 유리한 위치를 영국 노동자들은 지금까지도 도달하지 못했으며, 그들은 자본주의적 생산양식하에서 일정 정도를 넘어설 수 없다.

임금은 지대와 마찬가지로 떨어졌고 이윤은 상승했으며, 그래서 자본주의도 성장했다.

우선은 자본주의가 공업을 차지하고 그 다음에야 비로소 농업을 차지한다면, 그것은 외관상 처음에는 착한 자본주의로 등장한다. 그것은 시장과 생산의 항시적인 확장을 위해 노력해야 하며, 노동력의 공급은 오직 완만하게만 진행된다. 초기에 그러한 공업의 항시적인 애로 사항은 노동자 부족이다. 자본가들은 장인과 농민에게서 직인과 머슴을 꾀어내기 위해서 그들보다 높은 값을 불러야 한다. 임금이 상승하는 것이다.

여러 나라에서 자본주의는 이런 식으로 시작되었으며, 그것은 축복으로 환호를 받았다. 영국에서는 달랐다. 그곳에서 자본주의는 먼저 농업에 파고들었고 농업의 조방적(粗放的) 형태(단위 면적의 땅에 자본과 노동력을 적게 들이고 자연력에 의존하는 농업—옮긴이)인 목축업을 확장하기 위하여 농업에 혁명을 일으켰다. 이와 나란히 경작 방식의 개선을 통해 노동자들을 불필요하게 만드는 과정이 진행되었다. 농업에서의 자본주의는 항상 절대적이고 직접적인 노동자 해방을 의미한다. 영국에서 이 해방은 그 가장 날카로운 형태로 진행되었으며, 이는 공업이 단지 완만하게 발달했고, 보조적인 노동력을 그리고 농촌에서 최소한 미숙련의 농촌 노동자들을 단지 조금만 요구하던 시기의 일이다. 그리고 농촌에서 노동자들이 그들의 생산수단인 토지로부터 분리된 것과 나란히 몇 안 되는 사람에게로 토지 소유가 급속히 집중되었다. 그래서 유럽 전체 어디에서도 자본주의적 생산양식의 노동자 계급에게 불리한 경향이 바로 그 초창기에 영국에서만큼 명확하게 드러난 곳은 없었다. 어디에서도 노동자 계급이 그보다 더 절박하게 구원해 달라고 외친 곳은 없었다.

그러한 경제 상황이 모어와 같은 성격을 가진 사람에게 참을 수 없는 상황을 벗어나도록 도우려는 궁리를 하고, 그 수단을 찾도록 동기를 부여했다는 것은 자명하다. 그러한 조력 수단을 찾고 제안한 자로서 모어가 유일하지는 않았다. 그 시대의 수많은 문서에서, 수많은 의회 법령에서 우리는 그 당시에 진행된 경제적 혁명이 얼마나 깊은 인상을 주었는지, 지주와 그들의 차지인의 더러운 간계가 얼마나 일반적으로 정죄되었는지 짐작할 수 있다.

그러나 구제책을 내놓은 자들 중 누구도 더 넓은 지평을 지니지 못했으며, 그들 중 누구도 새로운 생산양식의 고통은 오직 다른 더 높은 생산양식으로의 이행을 통해서만 종지부를 찍을 수 있다는 신념에는 이르지 못했다. 그들 중 누구도 모어 외에는 사회주의자가 아니었다.

이미 언급한 것처럼 인문주의의 영역에서만 이론적 사회주의가 발생할 수 있었다. 인문주의자로서 모어는 체계적으로 사고하고 일반화하는 것을 배웠다. 인문주의자로서 그는 그의 시대와 나라의 지평을 넘어서 더 넓은 시야를 얻었다. 그는 고전적 고대의 글들에서 그의 시대 상태와는 다른 사회 상태를 알게 되었다. 귀족주의적 공산주의적 공화국에 대한 플라톤의 이상은 기존의 사회 상태와는 반대이기 때문에 그 비참함으로부터 자유로운 사회 상태를 안출하려는 동기를 그에게 부여했음이 분명하다. 플라톤의 권위가 그에게 그러한 공화국을 단순한 망상 이상의 것으로 간주하고 그것을 인류에게 쟁취할 가치가 있는 목표로 제시할 용기를 주었음이 분명하다.

그 점에서 인문주의는 모어의 발전에 유리했다. 그러나 영국에서의 상황은 학문적인 면에서는 독일에서와 비슷했다. 인문주의는 영국에서도 국민 생활에 뿌리를 내리지 못한 수입된 이국적인 농작물이었고 단순한 학교 선생의 일이었다. 모어가 단순한 인문주의자였다면 그는 물론 사회주의로 쏠리는 일이 좀처럼 없었을 것이다. 그러나 에라스무스와 그의 다른 인문주의자 벗들에게는 크게 유감이었지만, 우리는 모어의 부친이 모어를 우선 법률 학교에 다니게 하고 그 다음으로는 실생활에 집어넣기 위해서 곧 그의 공부 기회를 빼앗았다는 것을 안다. 우리는 모어가 런던의 상인 집단과 얼마나 밀접한 유대를 가지고 있었는지, 그가 어떻게 모든 중대한 기회에 그들의 이익을 대표하도록 파견된 그들의 중재자가 되었는지 알고 있다. 모어가 거쳤던 관직의 대부분은 그에게 경제 문제에 골몰하지 않을 수 없게 만들었다. 그런데 이런 관직들을 그에게 맡긴 것은 또한 그가 경제에 정통한 사람으로 통했다는 것을 입증한다.

우리는 그가 인기 있는 변호사였다는 것, 그가 인기 때문에 1509년에 런던 시장 대리가 되어 그 자리에서 민중의 경제생활을 통찰할 수 있는 기회를 충분히 가졌다는 것을 안다. 우리는 또한 상업 협상을 이끌도록 그가 동행하게 된 여러 번의 사절 파송에 관해 언급한 바 있다. 첫 번째는 1515년 브뤼허로 파견된 것이었다. 그해에 의회는 그를 하수도 위원(commissioner of sewers)의 일원으로 임명했다. 이는 시봄이 말하듯이(*Oxford Reformers*, 2. Auflage, S. 337) "그의 실무적 능숙함을 인정한 것"이다. 그의 두 번째 사절 파견은 1517년에 영국 상인과 프랑스 상인 간의 분쟁을 조정하도록 깔레(Calais)로 보내진 것이었다. 1520년에 우리는 그가 브뤼허에 특사로 파견된 것을 보게 된다. 이는 영국 상인과 한자 상인 간의 분쟁을 조정하도록 보내진 것이었다. 그러고 나서 그는 재무장관이 되었으며, 1523년에 하원 의장이 되었다. 이 두

자리 모두가 재무제도에 대한 경험을 전제로 하는 것이었다. 그리고 곧 랭커스터 공작령의 지방장관, 곧 왕실 영지의 최고 행정관이 되었다. 참으로 누군가 자기 시대의 경제생활을 배울 기회를 가졌다고 한다면, 그것은 모어였다. 그리고 그는 그 당시의 가장 현대적인 관점에서, 세계 무역에 익숙한 영국 상인의 관점에서 그것을 알게 되었다. 상업자본과 모어와의 이런 내밀한 유대는 우리의 짐작으로는 아무리 표가 나게 강조해도 지나치지 않다. 모어가 현대적으로 사고한 것, 그의 사회주의가 현대적이 된 것을 우리는 그런 사정 때문이라고 본다.

우리는 이로써 모어의 사회주의의 가장 본질적인 뿌리를 드러냈다고 믿는다. 그의 친절한, 자연 그대로의 공산주의에 상응하는 성격, 자본주의의 노동자 계급에게 불리한 결과를 특히 날카롭게 인식시킨 영국의 경제 상황, 고전 철학과 실무적 경제활동의 다행스러운 결합—이 모든 상황이 결합하여 모어와 같은 예리하고 대범하며 정직한 정신의 소유자에게 현대적 사회주의의 전조로 통할 수 있는 이념이 생겨나게 했음이 분명하다.

2. 《유토피아》의 경제적 비판

모어는 아무런 경제 이론도 수립하지 않았다. 그럴 수 있는 시대는 아직 아니었다. 그러나 그가 자신의 시대의 경제적 제 관계를 얼마나 날카롭게 관찰했는지 그리고 그가 이미 현대 사회주의의 토대의 하나를 이룬 위대한 원칙, 곧 사람은 그가 살아가는 사회의 물적 제 관계의 산물이며, 하나의 인간 계급은 경제적 제 관계의 상응하는 변동을 통해서만 높여진다는 것을 얼마나 명확히 인식했는지 그는 자신의 《유토피아》에서 입증했다. 그 책의 비판적인 부분은 여러 가지 점에서 오늘날에도 현실성 있는 충분한 자극을 지니고 있다.

우리는 모어의 경제적인 예리한 시각, 그의 용기 그리고 동시에 그의 친절함을 그 자신이 말하게 하는 것보다 더 잘 표현할 수 없다.

우리는 영국의 경제 상황에 대한 생생한 묘사를 담은《유토피아》제1권의 한 문장을 재현하고 싶다. 그 문장을 이루는 것은 모든 추기경과 함께 한 장면이 있는 일화이다. 우리는 그로부터 이미 전 부(部)의 제3장에서(174쪽) 모어가 교회를 바라보는 시각에 특징적인 것을 살짝 재현한 바 있다.

영국으로 모든 추기경을 찾아왔을 때 자신에게 일어난 일을 우리에게 설명하는 것은 라파엘 히틀로데우스(Raphael Hythlodäus)이다.

"하루는 내가 그의 식탁에 앉아 있는데 그 식탁에는 당신(모어) 나라의 법률에 정통한 한 세속의 법률가도 있었습니다. 이 자는 어떤 동기에서 그랬는지는 모르겠지만 당시에 그곳에서 도둑에게 행해진 엄격한 형사법을 찬양하기 시작했습니다.

그는 설명하기를 때로는 스무 명이 하나의 교수대에 목을 매달기도 했다고 합니다. 그 형벌을 피해 갈 도둑이 별로 없는데도 그것이 아직도 곳곳에서 수많은 도둑이 배회하도록 한 불행을 낳는다는 것이 더구나 의아하게 생각된다는 것입니다.

'그리 놀랄 것도 없지요' 하고 내가(라파엘이) 대답했습니다. 나는 추기경 앞에서 거리낌 없이 내 의견을 말하는 주제 넘는 짓을 했던 것이죠. 도둑들에 대한 이 처벌은 의롭지 못하고 공화국에는 유익하지 않기 때문이라고요. '그 형벌은 도적질에 대한 처벌로는 너무 잔인하며 경고로는 불충분한 것이지요. 단순한 도둑질은 죽어야 할 만큼 큰 범죄는 결코 아닙니다. 그리고 굶어 죽지 않기 위해 한 가지 길밖에 남지 않은 사람들에게 도둑질을 못하게 하는 것만큼 충분히 경악스러운 형벌은 없습니다. 이런 점에서 당신들만이 아니라 대부분의 인간이 학생들을 가르치기보다는 매를 때리는 나쁜 교사들과 같습니다. 도둑들에게 크고 경악스러운 형벌로 다스리기보다는 안전 대책을 강구하여 그들이 생계 유지 수단을 찾아서 어떤 사람도 도둑질을 하고 나서 그 때문에 죽어야 하는 일이 없도록 하는 것이 나을 것입니다.'

그러자 그가 이렇게 대답했습니다. '그들이 고의로 건달 짓을 하지 않는다면 수공업과 농업에서 자신의 밥벌이를 할 수 있도록 아주 충분히 배려가 되고 있지요.'

'그런 식으로 내 말을 어물쩍 넘기려고 해서는 안 돼죠' 하고 내가 대꾸했습니다. '나는 사지가 절단되고 불구가 되어 전쟁터에서 귀향한 자들에 대해서는 말하지 않겠습니다. 그리 오래지 않은 때에 콘월[46] 사람들에 대한 전투에서 그리고 그 전에도 프랑스에 대한 전쟁에서 돌아온 그런 사람들 말입니다. 자신의 생명을 나라나 국왕을 위해 바치고 이제는 그들의 예전의 공방 일을 계속해 나가기에는 너무 허약하거나 불구가 된 사람들, 새로운 것을 배우기에는 너무 늙은 사람들에 대해서는 말하지 않겠습니다. 전쟁은 그저 가끔씩 일어나는 것이니까요. 하지만 우리는 매일 같이 일어나는 일을 관찰합니다.

우선 수벌처럼 하는 일 없이 다른 이들의 노동으로 살아가는 다수의 귀족들이 있습니다. 즉 그들이 공조를 올려서 그 피까지 빨아들임을 당하는 농민들(콜로니스)의 노동으로 살아가는 것입니다. 그들은 유일하게 농민들에 대해서만 인색하게 굴면서 다른 면에서는 낭비벽이 심하여 거지꼴이 될 수 있다는 전망도 결코 이를 막지 못할 정도입니다. 하지만 그

---

46 1497년에 콘월의 주민들이 헨리 7세에 반기를 들고 일어나서 런던으로 진격했으며 블랙히스(Blackheath) 전투에서 패퇴했다.

들은 스스로 무위도식하는 것으로 만족하지 않고 밥벌이를 할 수 있는 기술을 한 번도 배운 적이 없는 건달 시종들(stipatorum)의 어마어마한 떼를 유지하기도 합니다. 그들의 주인이 죽거나 그들 자신이 병이 들면, 두말없이 쫓겨나게 되지요. 귀족들은 환자보다는 건달을 먹여 살리고 싶어 하고 또 흔히 죽은 이의 상속인은 죽은 이만큼 큰 집안을 이끌고 그렇게 많은 사람을 먹여 살릴 능력이 없는 경우가 많기 때문이지요. 그렇게 거리로 내몰린 자들은 조용히 굶어 죽든지 아니면 도둑질, 강도질을 하든지 하는 선택밖에는 없습니다. 그렇지 않고 그들이 무엇을 할 수 있을까요? 그들이 옷이 누더기가 되고 건강이 손상되도록 오랫동안 여기저기 돌아다녔다면, 어떤 귀족도 더 이상 그를 자기 하인으로 두지 않습니다. 그러나 농민은 그런 사람들이 적은 임금을 받고 빈약한 음식을 먹으면서 쇠스랑과 삽을 가지고 가난한 사람을 성실하게 섬기는 데 소질이 없다는 것을 아주 잘 알기 때문에 감히 그들에게 일을 주지 않습니다. 그들은 게으름과 오락 속에서 성장하여 칼과 방패를 들고 거리를 활보하며 평범한 사람과 벗을 삼기에는 너무 거만하게 도전적으로 주위를 둘러보는 데 익숙해 있는 자들인 것입니다.'

'바로 이런 인간 계급을 우리는 존경해야 합니다' 하고 법률가가 대답했습니다. '왜냐하면 우리가 장인들과 농민들에게서 발견하는 것보다 더 힘찬 가슴,[47] 더 용감한 정신과 사내다운 기상을 가진 사람들로서 전쟁이 닥칠 경우에 그들 안에 우리 군대의 힘과 강인함이 놓여 있기 때문입니다.'

---

[47] 영어 번역에서는 가슴이 아니라 위장(胃腸)을 말하고 있다. 현실주의적인 영국인들은 그로부터 기분의 움직임과 기질을 이끌어낸다. 여기서 "강인한 위"(stower stomackes) 그리고 조금 뒤에 가서는 "대담한 위"(bolde stomackes)에 대해서 말하는 것처럼, 영어 성서 번역의 시편 101편 5절에서도 이렇게 되어 있다. "거만한 얼굴과 높은 위장을 가진 자"(whoso hath a proud look and high stomach). 루터 성서에서 그 문장은 이렇게 되어 있다. "거만한 얼굴과 높은 의기를 가진 자"(der stolze Gebärden und hohen Mut hat).

'당신은 숫제 전쟁을 위해서 강도를 키워야 한다고도 말할 수 있겠군요' 하고 내가 대답했습니다. '왜냐하면 이 계급이 존속하는 한 당신들에게는 전쟁이 결코 끊이지 않을 것이니 말입니다. 그리고 사실상 강도들은 그다지 나쁘지 않은 군인이고, 군인은 그다지 겁이 많지 않은 강도입니다. 이 두 직업은 서로 아주 잘 어울립니다. 게다가 이 악은 영국에만한정된 것도 아니고 거의 모든 나라에 공통됩니다. 프랑스는 더욱 파괴적인 괴질로 앓고 있습니다. 거기서는 온 나라가 평화시에(그것을 평화라고 부를 수 있다면) 용병들로 가득하며, 그들에 의해 포위되어 있습니다. 이들은 무위도식하는 시종 집단을 당신들이 유지하는 것과 같은 구실로 모아들여진 자들입니다. 머리가 돈 어용 학자(morosophi)들은 국가의 복리가 강하고 믿음직한 수비대를 상시적으로 무장시킬 것을 요청한다고 생각합니다. 특히 노병들로 구성된 수비대 말입니다. 왜냐하면 신병들에게 그들은 큰 신임을 두지 않기 때문입니다. 그래서 그것은 마치 살루스티우스(고대 로마의 역사가—옮긴이)가 잘 말해 주듯이 훈련된 병사와 능숙한 살수(殺手)를 얻기 위해 그들의 손이나 가슴이 평화의 고요함 가운데 무기력해지지 않도록 전쟁을 획책한 듯한 인상을 줍니다. 하지만 그런 야생 짐승을 건사하는 것이 얼마나 위험하고 해로운지 프랑스인들은 비용을 치르고서야 알게 되었으며, 로마인, 카르타고인, 시리아인 그리고 수많은 다른 민족도 충분히 큰 목소리로 이야기합니다. 이 나라들에서 국가권력만이 아니라 농촌 민중도, 아니 많은 경우에 참으로 도시들도 자신의 군대에 의해 뜻밖에도 습격을 당했고 약탈을 당했습니다. 상비군이 얼마나 쓸모가 없는지는 어릴 때부터 무기 다루는 법을 익히는 프랑스의 용병들이 당신들(영국인들)의 훈련 안 되고 급조된 전사들에 대하여 흔히 승리를 얻었다고 자랑하지 않는다는 것에서 미루어 짐작할 수 있습니다. 하지만 그에 관해서는 더 이상 이야기하지 않으려 합니다. 그러지 않는다면 내가 여러분에게 아첨을 하려 한다고 믿을 수도 있을 것입니다. 하지만 당신들의 도시 장인들과 사나운 농사꾼들은 약간의 약골들과 궁핍으로 결단난 이들을 제외한다면 당신들의 귀족의 시종들 앞에서 아무런 두려움도 갖지 않는 것으로 보입니다. 이 시종들을 공방 일과 농촌 노동으로 자신들의 생계수단을 벌어들이고 자신들의 팔 힘을 억세게 만들도록 가르친다면 신경이 쇠약해져서 전쟁에 무능력해질 염려는 없습니다. 오히려 이 힘찬 사람들이 (왜냐하면 귀족들은 오직 선별된 사내들만을 시종으로 삼아 파멸시키려 하기 때문인데) 오늘날 게으름으로 정신이 쇠약해지거나 여성적인 업무로 허약하게 되어 갑니다. 어떠한 경우에도 당신들이 원하는 경우가 아니면 결코 없을 전쟁 때문에 평화시에 그렇게 골칫거리가 되는 무수한 이런 인간 종자의 대군을 유지한다는 것은 나라에 아무런 유익함도 없어 보입니다. 당신들은 전쟁보다는 평화에 천 배나 더 마음을 써야 합니다. 하지만 그것이 도둑질의 유일한 원인은 아닙니다. 당신들 영국인들에게만 독특한 다른 원인이 있습니다.'

'그것이 무엇입니까?' 하고 추기경이 질문했습니다.

'그것은 당신들의 양들입니다' 하고 내가 대답했습니다. '그것들은 그렇지 않으면 아주 온순하고 온화한 놈들인데 지금은 내가 듣기로는 아주 탐욕적이고 우악스러운 짐승이 되어서 사람까지도 집어삼키고 온 들녘과 주택, 자치공동체를 먹어치우고 그곳의 인구를 줄어들게 합니다. 지극히 섬세하고 값비싼 양모가 자라나는 지방에서 남작과 기사 그리고 지체 높은 성직자들은 그 땅이 그들의 조상과 선임자들에게 내놓던 연수입으로 만족하지 못하며, 나라에는 이로운 것이 아니라 오히려 짐이 되게끔 편안하고 즐거운 생활을 영위할 수 있는 것에 만족하지 못한 상태로 있습니다. 그들은 경작 토지를 가축을 먹이는 초지로 바꾸었고, 초지에 울타리를 쳤고, 집들을 철거하고 도시 전체를 철거하여 그들이 양 우리로 전환시킬 교회 건물 말고는 아무것도 남아 있지 않게 합니다. 그리고 당신들에게 있는 토지 중에 야생동물원과 공원의 건설로 쓸모없게 된 것이 별로 없는데도, 이 멀쩡한 사람들은 모든 거주 지역, 모든 경작지를 황무지로 전환시켰습니다.

그 일은[48] 탐욕적이고 만족을 모르는 대식가, 그가 태어난 땅의 진정한 괴질인 자가 수천 에이커의 땅을 한데 묶어서 말뚝이나 울타리를 둘러치거나 아니면 완력과 불법을 통해 그 소유자들을 내쫓을 수 있게 진행되어, 그들은 모든 것을 팔아버리지 않을 수 없습니다. 한 수단이나 다른 수단으로, 어떤 식으로든 그들은 계속 슬며시 사라질 수밖에 없게 됩니다. 가난하고 순진하고 비참한 사람들! 남자, 여자, 남편, 아내, 아비 없는 아이, 과부, 젖먹이와 함께 신음하는 어머니들 그리고 온 식구가 수단은 적고 경작에 많은 일손을 필요로 했기 때문에 머릿수는 많은 그들이 그렇게 사라집니다. 그들이 잘 알고 익숙한 고향땅을 등지고 나와서는 쉴 곳을 찾지도 못한다는 것을 나는 말합니다. 그들의 온갖 가재도구를 팔아 치워야 얼마 되지 못하지만 다른 상황이라면 큰 수입이 되었겠지요. 하지만 갑자기 한데로 내몰려서 그들은 가재도구를 헐값에 처분해야 합니다. 그리고 그들이 마지막 동전 한 닢이 없어질 때까지 방황한다면 도둑질을 하고서는 온갖 법적 형식을 거쳐 교수형을 당하거나 구걸을 하는 것 말고 다른 무엇을 할 수가 있습니까? 그리고 그럴 경우에도 그들은 어슬렁거리며 돌아다니고 일을 하지 않아서 부랑자로 감옥에 갇힙니다. 그들은 아무도 일을 시켜 주는 사람이 없지만 일을 하겠다고 아주 열렬히 나설 수 있습니다. 왜냐하면 그들이 할 줄 아는 농사일은 파종이 되지 않은 곳에서는 진행되지 않기 때문입니다. 예전에는 가축 한 마리를 건사

---

48 이 단락은 마르크스의 독일어 번역으로 재현되었다(*Kapital*, 1. Band, S. 761).

하는 데 수많은 손길이 필요했지만 시골에서 풀을 뜯는 가축을 지키는 데는 단 한 명의 목자로 충분합니다.

하지만 경작의 후퇴로 여러 지역에서 또한 식량이 귀해집니다. 아니 그뿐 아니라 양모 가격도 올라서 그렇지 않았더라면 직물을 짜는 일을 했을 가난한 사람들이 더 이상 양모를 사지 못하여 일거리가 없습니다. 왜냐하면 수많은 땅을 방목지로 전환한 후에 다수의 양들이 병으로 쓰러졌기 때문입니다. 마치 신이 만족할 줄 모르는 탐욕에 진노하여 양들 사이에 가축 전염병을 보낸 것인 양 말입니다. 그 병은 오히려 양 주인이 걸려야 마땅했을 것입니다. 그리고 양들이 빠른 속도로 불어나도 양모의 값은 떨어지지 않습니다. 왜냐하면 상인들이 여러 명이어서 독점(Mono-pol)은 못해도 과점(Oligopol)[49]을 하기 때문입니다. 참으로 양들은 거의 모두가 몇 안 되는 그것도 아주 부유한 사람들 수중에 있고 그 사람들은 내키지 않는 경우에도 하는 수 없이 그 양들을 팔아야 할 필요가 없는 사람들이며, 그 값이 높아지기 전에는 팔 생각이 없는 것입니다.

양떼의 증가 때문에 또한 다른 종류의 가축 부족도 생겨났습니다. 농토가 제거된 다음에는 아무도 어린 가축을 키우는 데 더 이상 매달리지 않기 때문입니다. 부자들은 양만 키우는 것입니다. 그런데 그들은 마소를 시골에서 싸게 사들여서는 그 놈을 살찌워서 굉장히 비싸게 되팝니다. 그래서 내 짐작으로는 지금 상황의 나쁜 결과가 아직 충분히 느껴진 것 같지 않습니다. 왜냐하면 품귀 현상은 지금은 그들이 가축을 파는 곳에서만 눈에 띄기 때문입니다. 하지만 그들이 가축을 사들이는 곳에서 가축이 자라는 것보다 더 많이 사들인다면 이런 지역에서도 가축 부족과 품귀가 발생할 것입니다.

---

[49] Oligos＝적다(그리스어). Poleo＝나는 취급한다. Monos＝단독으로, 유일하게.

이처럼 몇 안 되는 사람의 눈먼 소유욕이 당신들 나라 번영의 주된 기반이 되는 것(목양업)을 당신들의 파멸의 원인으로 만들어 버렸습니다. 왜냐하면 식량의 품귀는 하인들을 제한하고 축소하며, 종자 집단을 해산하지 않을 수 없게 하기 때문입니다. 구걸을 하거나 아니면 귀한 혈통을 가진 자라면 좀 더 끌리는 일인 강도질을 하는 것 말고 시종들에게 무엇이 남아 있단 말입니까?

참상과 궁핍과 아울러 난데없는 사치가 만연하는 것에 의해 사정은 더 나아지지 않습니다. 그리고 귀족의 시종들만이 아닙니다. 장인들 그리고 대부분의 시골 사람들까지도 모든 신분의 사람이 눈길을 끄는 의복의 유행과 너무 풍성한 식사에 익숙해져 있습니다.

그리고 또 기호식품, 중매쟁이, 기생집, 술집, 맥줏집, 수많은 쓸데없는 놀이, 주사위, 카드, 보드게임, 공놀이를 하는 도박장 등 이런 것들을 통해서 그런 데 참여하는 자들 모두는 그들의 돈이 떨어지면 직접 도둑질을 하도록 보내지지 않겠습니까?

이 모든 추악한 일을 근절하고, 집과 마을들을 때려 부순 자들에게 이를 재건하든지 아니면 그 소유지를 다시 경작하려고 하는 자들에게 양도하도록 강제하는 법령을 반포하십시오. 부유한 사람들이 모든 것을 사들여서 그들의 독점권으로 시장을 지배하는 것을 용납하지 마십시오. 그렇게 많은 사람이 일 없이 놀지 않게 하고, 농경을 다시 부흥시키고, 직물업을 혁신하여 실업자들이 어엿한 벌이를 찾도록 하십시오. 그들은 지금까지는 가난 때문에 도둑이 되었거나 부랑인 혹은 한가한 시종이 되었으며, 곧 강도가 될 사람들입니다. 당신들이 모든 악에 대하여 구제책을 찾지 못하는 한, 강도와 절도를 엄격한 사법질서로 대처해 나가도 소용이 없습니다. 이는 정의나 복지보다는 허식에 도움을 주는 사법질서인 것입니다. 당신들은 사람들을 무익한 자들로 키우고 그들을 어린 나이 때부터 악덕에 물들게 합니다. 그러고 나서 당신들은 그들이 자라나 어려서부터 성품에 흘러들어간 것을 행하면 그들을 처벌합니다. 도대체 당신들은 먼저 도둑을 키우고 나서는 목을 매달아 죽이는 것 말고 하는 것이 무엇입니까?'"

모어는 자신의 주인공인 라파엘 히틀로데우스를 통해 그의 시대의 경제적 폐해에 대하여 이런 날선 비판을 한 뒤에 최선의 형벌제도에 대한 탐구로 넘어간다. 그의 시대의 잔인한 유혈 입법과는 반대로 그는 도둑질에 대한 처벌로 교수대도 감옥도 아닌 강제노동을 제안한다. 당시에는 유례가 없는 온건한 제도이다.

이러한 상세한 논의에 이어서 정치 상황에 대한 비판이 나온다. 이에 관해서는 제2부의 마지막 장에서 이미 상당 분량을 할애한 바 있다.

이제 이 모든 참상, 이런 폐단을 어떻게 구제할 것인가? 라파엘은 이렇게 공언했다.

"친애하는 모어 씨, 숨기는 것 없이 탁 털어놓고 말해서 사유재산이 지배하는 곳, 돈이 모든 것에 대한 모두의 척도인 곳에서는 나라가 정의롭게 관리되고 번영한다는 것은 참으로 거의 불가능하다는 게 내게는 의문의 여지가 없어 보입니다. 모든 좋은 것이 최악의 사람들에게 돌아가는 경우에 그것을 정의로 간주하거나 몇몇 소수의 사람에게 모든 것이 속할 경우에 그것을 번영으로 간주한다면 모르겠지만, 이 몇 안 되는 소수라도 나머지 사람들이 참으로 비참한 삶을 영위하는데 마음이 편치는 못한 것입니다."

"반면에 유토피아인들의 제도는 내게는 얼마나 더 현명하고 뛰어나 보이는지요. 그 제도에서는 몇 안 되는 법률로 모든 것이 아주 잘 다스려져서 공로자는 제대로 존경을 받으며, 그곳에서는 아무도 다른 사람보다 더 가지는 것이 아닌데도 누구든지 풍족하게 살아갑니다. 끊임없이 새로운 법률을 만들어내면서도 좋은 법률을 가져 본 적이 없는 다른 나라들을 이와 비교해 보십시오. 이 나라들에서는 누구나 자신이 벌어들인 것을 자기 것으로 소유한다고 상상하기는 해도 매일 같이 반포되는 무수한 법률이 각자에게 자기의 재산을 취득하거나 보존하게끔 혹은 다른 사람의 재산과 정확히 구분하게끔 보장해 줄 능력이 없습니다. 이는 매일 새로 벌어지고 하나도 끝나는 일이 없는 수많은 소송을 보면 명확히 미루어 짐작할 수 있는 바와 같습니다. 이 모두를 상고해 보건대 나는 플라톤을 제대로 평가하지 않을 수 없습니다. 그리고 그가 공유재산 제도를 물리치는 어떤 법률도 백성들에게 만들어 주려고 하지 않았던 것에 놀라지 않습니다. 이 현자는 공화국의 안녕을 가져오는 유일한 길이 모두의 경제적 평등에 있다는 것을 인식했습니다. 이는 내 생각으로는 누구나 자기 재산을 사유재산으로 소유하는 곳에서는 가능하지 않다고 봅니다. 왜냐하면 누구든 일정한 구실과 법적 명목으로 할 수 있는 만큼 많은 것을 긁어모아도 되는 곳에서는 부 전체가 몇 안 되는 사람의 소유가 되고, 나머지 대중에게는 궁핍과 헐벗음이 남기 때문입니다. 그리고 이런 사람의 운명이나 그런 사람의 운명이나 대부분 마찬가지로 불공정합니다. 부자들은 보통 탐욕적이고 사기성 있고 무익한 반면에 가난한 이들은 겸손하고 순박하며 그들의 노동으로 자기 자신에게보다도 공화국에 유익이 되기 때문입니다."

"그래서 내가 굳게 확신하는 바는 사유재산이 폐지되기 전에는 재산의 평등하고 의로운 분배도, 모두를 위한 복지도 가능하지 않다는 것입니다. 사유재산이 존속하는 동안에는 가난의 짐과 설움이 대부분의 가장 선한 사람들 몫이 될 것입니다. 나는 이런 상황을 제거하는 것이 아니라 누그러뜨릴 수단으로 공유재산 제도 외의 다른 수단이 있음을 인정합니다. 법률을 통해서 어느 누구도 일정량 이상의 토지재산과 돈을 소유해서는 안 된다는 것, 국왕도 너무 큰 권세를 가져서는 안 되고 민중도 너무 오만해서는 안 된다는 것, 관직은 불법 수단으로 혹은 뇌물과 매관매직으로 차지해서는 안 되며 어떠한 직급도 그 복식(服飾)과 결부되어서는 안 된다는 것을 규정할 수 있습니다. 왜냐하면 그 모든 것이 지출된 돈을 다시 백성으로부터 긁어내게 하는 원인이 되거나 관직이 가장 능력이 있는 사람에게가 아닌 가상 부유한 사람에게 돌아가도록 하기 때문입니다. 그러한 법률들을 통해서 국가와 사회에서의 악을 어느 정도 완화할 수 있습니다. 이는 치료가 안 되는 환자가 세심한 돌봄으로 한동안 꿋꿋이 버틸 수 있는 것과도 같습니다. 그러나 완전한 건강과 기력을 차리는 것은 누구나가 자기 재산의 주인인 동안에는 생각할 수 없습니다. 아니, 당신들이 그런 법률로 사회라는 몸의 일부분을 낫게 하는 바로 그동안에 다른 부분에서 헌데를 더 악화시키는 것입니다. 당신들이 누구 하나를 돕는 동안에 그로써 다른 누군가에게 피해를 주는 것입니다. 왜냐하면 당신들이 누군가에게 줄 수 있는 것은 오로지 다른 사람에게서 취한 것이기 때문입니다."

모어가 대답했다. 여기서 모어는 《유토피아》에 나오는 모어를 말한다. 토마스 모어의 진짜 견해는 라파엘에 의해 표출되고 있기 때문이다.

"난 그것과 의견이 다릅니다. 나는 사람들이 공유재산 제도에서는 결코 안락하게 살지 못한다고 확신합니다. 각자가 노동에서 벗어나려고 한다면 어떻게 물자의 풍족함이 대세가 될 수 있겠습니까? 아무도 이익을 보겠다고 일을 하도록 자극을 받지 않을 것이며, 다른 사람의 노동에 기댈 가능성은 태만을 낳을 수밖에 없습니다. 그리고 이제 그들 가운데 결핍이 만연하고 아무도 법률에 의해 자기가 취득한 것에 대한 소유를 보호받지 못한다면 그들 가운데서는 항시적으로 소요와 유혈사태가 맹위를 떨칠 것이 분명하지 않겠습니까? 당국에 대한 존중은 사라질 것이고 또 모든 사람이 평등하다면 당국이 무슨 역할을 할 것인지 나는 도대체 상상할 수 없습니다."

라파엘이 대꾸했다.

"나는 이런 견해에 놀라지 않습니다. 이는 당신이 그런 공화국을 전혀 상상하지 못하거나 잘못 상상하기 때문이지요. 당신이 나와 함께 유토피아에 있었고, 그곳에서 5년 넘게 살았고 그 땅을 떠나 본 적이 없던 내가 그런 것처럼 그곳의 풍속과 법률을 알게 되었더라면 나는 그것을 여기서 알리려는 의욕을 내지 않았겠지요. 당신은 그보다 더 좋은 제도를 가진 사회를 본 적이 없다는 것을 인정했을 것입니다."

그로써 모어의 이상사회에 대한 묘사로 넘어갈 실마리가 주어졌다.

3. 영국에서 종교개혁의 경제적 경향

우리의 공산주의자를 따라 그의 유토피아 속으로 들어가기 전에 우리는 그 해답 없이는 지금의 탐구가 완전히 설명이 안 될 한 가지 질문을 파고들어야 한다. 일체의 착취에 대한 모어의 혐오는 가톨릭교에 대한, 수도원과 교황에 의한 착취에 대한 그의 옹호와 어떻게 조화를 이루는가?

그에 대한 대답은 단순히 다음과 같다: 가톨릭교에 의한 민중 착취는 모어 시대에 영국에서는 미미한 것이었다. 그곳에서는 이보다는 가톨릭교의 다른 측면이 훨씬 더 부각되었다. 그것은 다수 민중의 프롤레타리아화를 막는 방파제란 측면이다. 모어는 우리가 이미 설명한 그를 그리로 이끈 정치적·인문주의적 동기들은 완전히 무시하더라도 바로 이 프롤레타리아화의 반대자로서 가톨릭교의 편을 들었다.

영국은 가장 일찍 그리고 가장 심하게 교황의 착취에 노출된 나라들 중 하나였다. 그러나 14세기 이래로 제2부의 제4장에서 이미 상술한 것처럼 교황 세력에 대한 영국의 종속성은 점차 사라졌으며, 이로써 로마 교황의 영국에 대한 착취도 눈에 띄게 줄어들었다. 이를 얼마나 용인할지는 전적으로 국왕들의 마음에 달려 있었다. 교황들은 수확물을 국왕들과 나눔으로써만 영국에서 돈을 취해 갈 수 있었다. '거룩한 신부님'(교황을 가리킴—옮긴이)과 '진정한 믿음의 수호자'(국왕을 가리킴—옮긴이)는 무지몽매한 민중에 대하여 교황이 투기해서 얻은 수확물에 대한 몫을 놓고 폴란드의 유태인들처럼 흥정을 했다. 종교개혁에 자극을 주었던 면죄부 판매가 문제가 되자 교황은 헨리 8세가 판매 허가를 해준다면 영국에서 면죄부로 번 돈의 1/4을 그에게 주겠다고 제안했다. 그러나 헨리는 1/3 미만으로는 만족하지 못하겠다고 공언했다. 그렇게 면죄부는 국왕들의 수입원이 되었고, 교황들이 일정한 몫을 대가로 받고 착취에 관한 전적인 증오심을 스스로 뒤집어쓰고 국왕들을 대신해서 징수한 새로운 조세가 되었다. 교황들은 영국에서 국왕의 조세 징수인이 되었던 것이다.

그리고 세속의 권세만이 아니라 성직자 집단도 교황 세력에서 거의 완전히 독립하게 되었으며, 로마가 자신들이나 왕실 마음에 들지 않았을 때는 로마로 교회세를 납부하기를 거절했다. 헨리 8세에게 10분의 6을 지불한 바로 이 성직자 집단이 (1515년《유토피아》출간 1년 전) 교황에게 단지 10분의 1을 납부하는 것에 동의하는 것조차 거부한 것이다. 아니 교황은 자신의 요구를 반으로 줄였을 때도 요구를 관철시키지 못했다.

이처럼 영국에서는 교황 세력으로부터 이탈하는 것이 결코 독일에서처럼 로마에 의한 착취에 종지부를 찍을 유일한 수단은 아니었다. 그러나 우리는 독일의 종교개혁에 대한 모어의 입장을 독일의 상황이 아닌 영국의 상황에 따라 판단해야 한다. 모어는 처음부터 종교개혁이 전적으로 독일의 사안으로 남을 것이 아니고 루터교는 곧 영국에서도 두드러지게 되리란 것을 인식했다. 그러나 영국에서 루터교가 무엇보다도 목적으로 삼은 것은 수많은 팸플릿에서 요구되었던 수도원과 종교재단의 몰수였지 교황 세력으로부터의 이탈은 아니었다. 그 몰수는 나중에 실제로도 헨리의 교회 개혁의 가장 강력한 경제적 동기가 되었던 것이다. 헨리는 교황을 둘러싼 스페인과의 투쟁에서의 패배라는 정치적 동기 그리고 커져 가는 화폐 궁핍이라는 경제적 동기에서 이런 몰수 쪽으로 내몰렸다. 조세 부담을 높이는 것이 실행하기 어렵고 위험해졌기 때문에 그로서는 교회 재산에 손을 뻗치게 된 것이다. 주변 사람들이 그에게 그렇게 하도록 부추겼다. 대지주들과 땅투기자들이 그들인데, 이들은 교회의 토지 재산을 '자유경쟁', 즉 토지 강탈자들에게 넘겨 줄 순간을 탐욕스럽게 기다렸다.

영국에서는 교회의 토지 재산은 상당한 크기였다. 일련의 증거는 그것이 전체 토지의 3분의 1이었음을 알려주며, 이는 독일과 프랑스에서와 비슷했다(제1부 74쪽 참조). 우리가 발견한 것으로 가장 많게 평가한 것은 웨이드(Wade)가《중간계급 및 노동자 계급의 역사》(*History of the middle and working classes,* London 1835, S. 38ff)에서 제시한 것이다. 그는 교회의 토지 소유가 영국에서 전체 토지의 10분의 7을 이룬다고 추산했다. 이는 터무니없이 높은 집계인데 이에 대해서는 유감스럽게도 한번도 근거 있는 단서가 우리에게 주어지지 않았다. 웨이드가 다른 모든 것과 크게 차이가 나는 이런 자료를 어디서 취했는지 우리는 모른다. 필시 그것은 단순한 착오에서 비롯된 것인 듯하다.

이런 거대한 소유 토지 위에서 전통적 생산양식은 영국의 다른 토지에서보다 더 오래 유지되었다. 봉건제는 수도원의 권력과 명성이 기초로 삼은 경제적 토대였다. 수도원들은 가능한 만큼 오래 봉건제를 고수했다. 그들도 당연히 새로이 부상하는 생산양식에 양보할 수밖에 없었으나 그것은 마지못해서 한 일이었다. 이러한 꽉 짜인 단체들에서 봉건제의 전통은 장미전쟁에 의해 집어삼켜진 옛 귀족을 이은 새로이 조성된 귀족 집단에서보다 훨씬 더 생기 있게 보전되었다. 신진 귀족 집단이 그 시대의 자본주의적 물살에 경솔하게 뛰어들어 이윤을 향한 탐욕을 자신의 가장 특출한 열정으로 삼을 동안, 수도원들은 자신들의 토지 재산과 관련하여 여전히 자신들의 권세의 토대가 땅만이 아닌 사람들을 징발할 능력에도 있다고 보았다. 수도원들은 중세에 그랬던 것처럼 계속해서 그들 토지의 일부분을 수많은 반(半)봉건적 노동력으로 직접 경작하는 경우가 많았다. 수도원들은 농노들을 잘 대우하던 동안에는 자기들에게 매어 놓으려고 했고, 그들이 차지농으로 전환하는 것을 더 이상 막지 못한 경우에는 그들과 이례적으로 장기간의 임대차 계약을 체결함으로써 그들을 확보해 두려고 했다. 그래서 수도원들은 농촌 민중의 프롤레타리아화에 별로 기여하지 않았으며, 수도원의 토지는 농민들이 가장 밀집한 곳이었다.

이 모든 토지가 일거에 자본주의적 착취에 제물로 바쳐진 경우에 이것이 어떤 작용을 했는지 생각해 볼 수 있다. 수도원의 수많은 인구가 프롤레타리아 계층으로 내던져졌을 뿐 아니라 그 차지농과 그 자손들 대부분도 그렇게 나앉았다. 일자리가 없는 프롤레타리아들의 수가 갑자기 이례적으로 증가했음이 분명하다. 그런데 수도원들의 몰락과 동시에 중세의 거대한 빈민구제 조직도 몰락했다. 우리는 제1부에서 이미 교회의 이런 역할을 설명한 바 있다. 영국은 이 점에서 특별한 독특성을 보이지 않았으며, 우리는 이를 더 이상 언급할 필요는 없다. 다음과 같은 말로 충분하다: 수도원의 폐지는 가난한 이들의 수효 증가를 뜻했으며 그와 동시에 그들의 마지막 도피처의 소멸을 뜻했다.

모어는 독일에서처럼 종교개혁의 첫째가는 효과를 알았다. 그것은 군주들과 귀족 집단이 교회 재산을 접수한 것이었다. 그는 영국의 루터파들이 마찬가지로 가장 격렬하게 교회 재산의 몰수를 외친다는 것을 알았다. 바로 농촌 민중의 프롤레타리아화와 착취에 대한 반대자로서 그는 이처럼 영국의 독특한 경제 상황을 보고는 종교개혁에 대한 반대를 선언했음이 분명하다.

그리고 루터파들은 그들의 요구사항에서 수도원에 머물지 않았다. 그들은 또한 길드 재산의 수용도 요구했다. 상당 부분이 토지 재산에 투자된 길드 재산은 대부분 재단으로 존속하며, 병원과 학교와 양로원의 유지에, 빈곤하게 된 동업조합원의 후원에, 혼수 마련, 과부와 고아의 돌봄 등에 종사했다. 이런 자선재단들이 특히 수공업의 프롤레타리아화에 대한 얼마나 강력한 제동장치였는지는 쉽게 간파할 수 있다. 부분적으로 그것들은 생겨난 시대에 맞게 교회적 성격을 띠었다. 그것들은 연미사의 거행, 교회당의 유지 등을 위한 결정 사항들과 결부되었다. 이런 결정 사항들은 영국의 루터파들이 길드 재산에 대한 그들의 탐욕에 종교적 외양을 부여하여 그와 결부된 '미신적 관습'을 억제한다는 구실로 그 몰수를 요구하려고 실마리로 삼은 것들이다.

교회 재산과 길드 재산의 몰수 옹호자들이 종교적 동기만큼 그렇게 경제적 동기를 그들의 요구의 근거로 삼지 않았듯이 그들의 반대자들도 그들의 거부에 대하여 그렇게 경제적 동기를 근거로 삼지 않았다. 모어도 이 분야에 뛰어들어 반대자들을 쫓아가서는 연미사의 수호를 통해 교회 재산과 종교재단을 옹호했다(〈그의 영혼들의 간청〉, 1529에서).

교회 재산을 둘러싼 투쟁은 그 가장 정력적이고 유능한 투사가 단두대에서 스러진 뒤에 비로소 결판이 났다. 모어의 처형 1년 후에 작은 수도원들이 수용되었으며, 1540년에는 큰 수도원들과 대사원들이 수용되었다. 이런 몰수 행위들이 헨리 8세의 경솔한 경제 그리고 그의 수족들의 철면피한 사기행각 때문에 국고의 고갈을 종식시키지 못했고 필사적인 화폐 위조도 더는 아무런 도움도 되지 못했기에 결국에는 길드의 폐지와 그들 재산의 수용으로 과감히 발걸음을 옮긴 것이다. 헨리 8세 재위 마지막에서 두 번째 해에 이를 목적으로 한 법률이 반포되었으나 그것은 헨리의 아들 에드워드 6세 때에 비로소 실행되었다. 그때에도 런던의 유력한 길드들에는 감히 손을 대지 못했다. 이 런던의 길드들은 온전히 남았다(Thorold Rogers, *Six Centuries*, S. 110, 346ff. 참조).

헨리 8세 때의 영국의 종교개혁은 민중에 대한 착취를 높이고 몇몇 지조 없는 국왕의 수족을 부유하게 한, 더없이 파렴치한 행동이었다. 그것은 그러니까 민중에게 뿌리를 두지도 않았고 오히려 점점 더 민중의 거부감을 불러일으켰다. 그리고 모어가 미리 내다보고 맞서 싸웠던 것이 기정사실로 되자, 저질러진 강도 행위의 압박을 민중이 온통 받게 되자 모어가 죽음으로써 옹호했던 움직임이 성공적으로 터져 나왔다. 민중은 1549년 헨리의 아들 에드워드 6세 치하에서 프로테스탄트

가신 집단에 대한 가공할 저항을 하면서 봉기했다. 물론 그것은 진압되었지만, 에드워드의 사망(1553) 후에 다수 민중은 헨리가 첫 번째 부인인 스페인의 까따리나 사이에서 낳은 딸인 가톨릭교인 매리를 왕좌에 앉히는 데 성공했다.

모어가 종교개혁에 반대하고 나섰다 해도 그는 이처럼 착취당하는 민중의 이익에 반대되는 행동을 하지 않았다. 그의 액운은 그가 대중보다 더 멀리 바라보았다는 것, 그가 종교개혁의 결과를 내다본 반면에 대다수의 민중에게는 그 결과가 나중에 가서야 의식이 되었다는 것 그리고 그의 신념이 아직 민중 안의 유력한 흐름에 의해 담지되지 않던 시점에 그의 의식이 자신의 생명을 그 신념을 위해 바치도록 몰고 갔다는 것에 있었다.

헨리 8세의 종교개혁은 착취에 반대하는 투쟁이 아니었으며, 민중의 필요에 전혀 부응하지도 않았다. 에드워드 6세를 계승한 피비린내나는 매리(Maria die Blutige) 때에 비로소 영국 민중과 가톨릭교 간의 경제적 대립이 발생했으며, 그때에야 비로소 절대주의의 종교개혁은 거대한 민중 계급을 위한 경제적 이해관계를 지녔고, 그때에야 비로소 매리의 계승자인 헨리 8세와 앤 불린의 딸 엘리자베스를 아주 인기 있게 만들어 준 그 프로테스탄트교가 만들어졌다.

영국에서 종교개혁에 폭넓은 민중 계층을 확보해 준 대립은 영국과 로마 간의 대립이 아니라 영국과 스페인 간의 대립이었다. 교황에 의한 영국의 착취는 우리가 알듯이 이미 헨리의 종교개혁 전에 미미하게 되어 교황은 그 때문에 영국에서는 독일에서만큼 미움을 받지 않았다. 그러나 영국이 상업국가로서 전면에 부상한 것과 같은 정도로 영국의 이익은 스페인의 이익과 나날이 적대적으로 되었다. 스페인은 16세기의 거대한 무역 세력으로서 지중해의 서쪽 해역을 지배했으며, 대양에서의 독점 지배권을 향해 분투했던 나라였다. 영국의 무역이 발전을 추구하던 거의 모든 곳에서 영국 무역은 스페인에 의해 길이 막히거나 제한되는 것을 보게 되었다. 영국 무역은 스페인의 무역에 반대하는 지속적인 투쟁으로 강해졌다. 스페인 무역에 대항하여 영국 무역은 평화시에 매서운 게릴라 전쟁을 이끌었고, 체계적인 해적질을 통하여 강해졌다. 피레네 반도 해안으로부터 북해에까지 영국의 해적선이 항시 아메리카로부터 오는 스페인의 은을 실은 배를 기다리거나 리스본으로부터 인도의 보물들을 인드베르펜으로 실어 가던 부유한 상선들을 기다리면서 떠돌아다녔다(1580년부터 1640년까지 포르투갈은 스페인의 속주였다). 노예무역과 아울러 해적질이 영국의 무역 번창의 토대 중 하나였다. 이 두 가지는 공식적으로 진흥되었다. 엘리자베스가 스스로 노예선을 파견했고 전함 함대의 배들이 해적질에 참여했으며, 유명한 세계일주 항해자인 프랜시스 드레이크 같은 노예상인들과 해적들이 그의 총애를 받는 자들이었다. 스페인의 종교재판소는 이 나라에서 항만 경찰을 지휘한 기관으로서, 체포한 자들은 누구나 화형을 시키면서 해적들에게 겁을 주려고 했으나 허사였다. 영국인들도 마찬가지로 잔인하게 대응했다. 결국 펠리페는 인내심을 버리고 해적 떼를 소탕하려고 대함대를 무장시켰다. 그러나 한심하기 짝이 없는 방식으로 실패한 것으로 유명하다. 이는 자유주의 역사가들이 스페인의 '광신'을 깎아내리고, 부르주아의 해적 행위에 우호적인 방향으로 '자유사상적'으로 서술하는 데 대한 좋은 동기를 제공해 준 것이다.

바다의 패권을 둘러싼 끊임없는 투쟁의 결과는 무한정한 광분과 두 나라 간의 타오르는 증오였다.

스페인 사람들은 16세기에 영국의 '숙적'이 되었고 영국인들에게는 온갖 잔인함의 모범이 되었다. 그런데 교황은 스페인의 꼭두각시였다.

가톨릭교인이라는 것은 스페인 사람이라는 것, 숙적을 섬긴다는 것이고, 이는 조국에 대한, 즉 조국의 무역 이익에 대한 배신을 뜻했다.

이러한 대립으로부터 엘리자베스의 대중적인 프로테스탄트교가 자라났다. 헨리 8세 치하에서 경제적 관점에서 출발하여 죄과가 있는 군주, 마찬가지로 죄과가 있는 몇몇 무뢰한과 소유욕에 불타는 투기자들의 단순한 도적질에 불과했던 종교개혁은 그것을 통해 비로소 민족적 행위가 되었다.

그러나 절대주의의 종교개혁이 영국의 유일한 종교개혁은 아니었다. 이미 그것보다 오래전에 교회에 의한 착취만이 아니라 국왕과 세속 지주들에 의한 착취에도 맞서 싸운 한 종파가 형성되었다. 이 종파는 이처럼 가톨릭교에 대해서와 마찬가지로 군주적 프로테스탄트교에도 적대적이었다. 이 종파는 하층 민중, 모어가 편들었던 바로 그들에게, 농민과 도시의 소규모 장인들과 프롤레타리아들 사이에 굳게 뿌리를 내렸다. 그것은 우리가 이미 언급한 롤라드파였으며, 이들은 깔뱅주의에서 그들의 마음에 맞는 가르침을 발견하여 청교도로 합쳐지기까지 위클리프의 가르침에 매달렸다. 롤라드파는 일종의 사회주의를 발달시켰지만, 그것은 모어의 사회주의와는 완전히 달랐다. 모어는 일부는 봉건적인 원초적 가톨릭교의 신선한 정신으로 완전히 가득 찼고, 일부는 등장하는 부르주아 계층의 향락적인 정신으로 충만하여 명랑하고 세련된 모습을 보여주었다. 롤라드파의 사회주의는 가능한 한 깊숙이 억눌린 고통당하고 절망하는 계급의 표현이었다. 그것은 어두웠고 우울했으며, 금욕적이고 야만적이었다.

이러한 대조에 일체의 민중운동에 대한 모어의 거부감을 더한다면, 그가 롤라드파와 친할 수 없었다는 것을 이해할 것이다.

그는 자신의 영국적인 관점에서 출발하여 그에게 반은 루터파로 반은 롤라드파로 여겨진 독일의 재세례파도 판단했다. 재세례파에 대한 그의 판단은 결코 호의적이지 않았다. 그는 요한 코클레우스(Johann Cochläus)에게 이렇게 편지를 썼다. "독일은 지금 아프리카가 일찍이 그랬던 것보다 괴물을 날마다 더 많이 출현시키고 있습니다. 재세례파보다 더 괴상한 것이 무엇이 있을 수 있습니까? 그리고 정말이지 이 괴질은 몇 년 전부터 얼마나 퍼져 나갔습니까!"

그리고 1532년에 발간한《틴들의 답변에 대한 반론》에서 그는 이렇게 서술한다.

"그래서 여러분은 틴들이 이미 지금까지 가르친 이 끔찍한 이단을 주장할 뿐 아니라 재세례파의 이단도 그 이후로 거기에 결합시켰다고 보아도 좋다. 그리고 그는 공언하기를 진정한 교회는 자기편에 있으며, 어린애의 세례가 무효라고 말하는 자들이 성서와 하느님의 말씀에 일치하고, 그리스도교 세계에서는 성속을 막론하고 어떠한 지배자도 있어서는 안 되며, 모든 땅과 재산은 하느님 말씀에 따라 모든 사람에게 공유가 되어야 하며, 모든 여성은 주변의 친지에게처럼 낯선 사람에게도 모든 남성에게 공유이며, 모든 남성은 모든 여성의 남편이고 모든 여성은 모든 남성의 아내이기 때문에 누구도 무엇이든 자기 것이라고 말해서는 안 되며, 끝으로 우리의 거룩한 구원자 예수 그리스도는 그냥 사람이지 결코 신이 아니라고 한다."

공산주의자 모어가 '끔찍한 이단'이라고 공산주의를 저주한 것은 보기 드문 모순처럼 보인다. 그래도 그것은 결코 우연한 개인적인 현상이 아니라 사회주의의 최초 형태들의 본질에 깊이 토대를 둔 것이다. 모어와 뮌쩌 간의 대립은 사회주의의 역사 전체를 일관한 그리고 공산주의 선언을 통해서 비로소 극복된 큰 대립의 싹을 품고 있다. 그것은 유토피아 사상과 노동운동 간의 대립인 것이다. 모어와 뮌쩌, 이론가와 선동가 간의 대립은 본질상 오웬 사상와 차티스트 운동, 프랑스에서의 푸리에 사상과 평등 공산주의 간의 대립과 같은 것이다.

모어가 자신의 이상국가가 실현되는 것을 보기를 아무리 열렬히 원했더라도 그는 착취를 종식시키려는 일체의 아래로부터의 시도에는 질색하여 전율했다. 그래서 공산주의는 그의 관점에서는 사실의 논리에 의해 계급투쟁에서 생겨날 수가 없었고, 공산주의를 인류에게 위로부터 윤허해 줄 공산주의에 호의적인 권세자들 중 하나를 포섭하려고 생각할 수 있기 전에 머릿속에서 준비되어야 했던 것이다.

그것은 환상이었다. 그러나 모어는 그 환상 덕분에 그의 가장 큰 승리를 거두었으며, 그 환상 덕분에 우리는 자본주의적 생산양식과 대립을 이루는 생산양식, 그러나 예전의 발전 단계를 초월하여 자본주의 문명이 이룬 성과들을 고수한 생산양식, 자본주의적 생산양식과 대립한다고 해서 반동(Reaktion)이 되는 것은 아닌 그런 생산양식을 그리는 최초의 시도를 보게 된다.

제 2 장

《유토피아》의 간행과 번역 ― 그 구성

사회주의자로서 모어는 자신의 동시대인들을 훨씬 뛰어넘었다. 모어의 동시대인들은 그를 이해하지 못했다. 그러나 그렇다고 해서《유토피아》가 그 저자의 사망 후에야 비로소 독자를 발견하고 이해되었던 그런 글에 속했다고 생각해서는 안 된다. 유토피아의 온전한 의미는 사회주의의 경향이 단순한 꿈이기를 그치고 아주 실재적인 계급투쟁의 내용이 된 뒤 우리 세기가 되어서야 비로소 명확해질 수 있었을 것이다. 그러나《유토피아》는 그 시대의 상황에 깊이 뿌리를 두어서 이 과도기의 일반적인 불안을 아주 힘차고 결정적으로 표현했으며, 그 시기의 필요에 아주 잘 부응했다. 그 책은 비록 완벽하게 이해되는 것과는 거리가 멀었지만 본능적으로 곤경 중에 기운을 차리게 해주는 위로로서 환호를 받았던 것이다. 그 책은 엄청나게 팔려 나갔다. 라틴어판들은 빠르게 줄을 지어 나왔다.《유토피아》의 초판은 1516년 말에 뢰벤(Löwen)에서 나왔다. 이미 1517년에는 재판이 필요해졌다. 한 번에 두 판본이 하나는 빠리에서, 또 하나는 모어 자신이 감수하여 바젤에서, 유명한 출판사 프로벤에 의해 발간되었다. 그 제목은 그다지 겸손한 것이 아니다. 위선은 아직은 오늘날처럼 그리 크지 않았으며, 누구든지 자기 책을 스스로 추천했던 반면에 오늘날에는 '객관적 비평자'로서 그 책을 다루어 줄 좋은 벗들에게 그 일을 맡긴다.

그 제목은 이러했다. "세계적으로 유명한 도시 런던의 시민이면서 시장 대리인 탁월하고 언변이 뛰어난 토마스 모루스가 재미있고도 그에 못지않게 건전하게 저술한, 공화국의 최선의 상태 그리고 새로운 섬 유토피아에 관한 정말 금쪽같은 소책자".[50]

이 두 판본 외에 우리는 또한 (라틴어로 된) 다음의 판들을 발견했다. 1520년 빠리판,[51] 1548년 뢰벤판, 1555년 쾰른판, 1613년 하노버판, 1629년 쾰른판, 1631년 암스테르담판, 1663년 옥스퍼드판, 1750년 글래스고판. 1895년 베를린에서 V. 미헬스(Michels)과 테오발트 찌글러(Theobald Ziegler)가 기획한 "15, 16세기의 기념기적 라틴어 문헌"의 제11권으로 나온 최신판이 탁월하다.

거듭 여러 판이 신속하게 이어진 것에서 그 책이 어떤 명성을 불러일으켰는지를 알 수가 있다.

그러나 그것은 라틴어를 말하는 독자층에게 한정된 상태로 머물지

---

[50] *De optimo reipublicae statu, deque nova insula Utopia, libellus vere aureus, nec minus salutaris quam festivus, clarissimi disertissimique viri Thomae Mori inclytae civitatis Londinensis civis et vice comitis.* 말미에는 이렇게 되어 있다: 1518년 11월 요한 프로벤에 의해 바젤에서(Basileae apud Johannem Frobenium Mense Novembri MDXVIII).
[51] 1520년이 빠리에서 G. de Gourmont에 의해 인쇄된 이 책의 발행일일 개연성이 있다. 우리가 대영박물관에서 발견한 사본에는 표지가 없다. 그것은 다음과 같은 독자에 대한 인사말로 시작한다. "독자에게. 독자는 솔직히 저 참으로 금쪽같은 토마스 모어의 책을 갖고 있다. 운운"(Ad lectorem. Habes candide lector opusculum illud vere aureum Thomae Mori etc).

않고 곧 문명세계의 온갖 언어로 번역되었다.

우리가 아는 최초의 영문 번역은 1551년에 나왔다. 이미 1556년에 이 번역본은 두 번째 판을 찍었고 1597년에는 제3판을, 1624년에는 제4판을 찍었다. 그것은 라프 로빈슨(Raphe Robynson)이 번역한 것[52]으로 양심적이고 적절한 작업이다. 그 번역자는 모어와는 시기적·장소적으로 아주 가까이에 있어서 원문의 정신을 그 후의 대부분의 사람보다 더 잘 재현할 수 있었다. 이 번역이 요즈음 참으로 여러 판본으로 다시 출간된 것은 타당한 일이다. 특히 이 판본들 중 쓸모 있는 것은 피트 출판사 시리즈(Pitt Press Series)의 판으로서 이미 재판을 찍었다. 그 판본은 또한 로퍼의 "토마스 모어 경의 생애" 그리고 고어 영어로서 더 이상 통용되지 않는 표현들에 대한 해설을 담은 때때로 아주 유익한 주석과 어휘집도 함께 실려 있다.

1684년에는 G. 버닛(Burnet)의 번역본이 나와서 무수한 판을 거듭했다.

또한 로빈슨의 번역보다 이해하기가 쉽지만[53] 우리가 아는 한 무가치한 《유토피아》에 대한 현대 영문 번역본들도 있다.

이탈리아어 번역은 1548년에 이미 베네치아에서 나왔고, 스페인어 번역은 1636년에 코르도바에서 나왔다. 최초의 프랑스어 번역은 1550년에 J. 르블롱(Le Blond)이 한 것이다. 그 뒤에 무수한 불역본이 이어

---

[52] "공화국의 최선의 상태 그리고 유토피아라고 불리는 새로운 섬에 관한 유익하고 재미있고 재치 있는 저술. 덕이 높고 저명하신 토마스 모어 경이 라틴어로 쓰고, 랄프 로빈슨이 영어로 옮김 등"(*A frutefull pleasaunt and wittie worke of the beste state of a publique weale, and of the new yle, called Utopia*: written in Latine by the right worthie and famous Syr Thomas More Knyght, and translated into Englishe by Raphe Robynson etc).

[53] 가장 쉽게 입수할 수 있는 것은 물론 몰리(Morley)의 유니버설 라이브러리 제23권으로 나온 H. Morley의 번역 《이상적 공화국》이다. 1887년에는 그 책의 제3판이 나왔다.

졌다(1643, 1650, 1715, 1730, 1789, 1842년 등).《유토피아》의 발췌본이 브리소 드 바르빌(Brissot de Warville)의 철학문고(Bibliothèque philoso-phique) 제9권(1789)에 포함되었다. 소유권은 도둑질이라는 말을 터뜨렸고 프랑스 혁명에서 괄목할 역할을 한 바로 그 브리소(Brissot)에서 나온 것이다.

저지독일어 번역본은 1562년에 안트베르펜에서 나왔다.[54]

그러나《유토피아》(제2권의) 최초 번역본은 독일어 번역이었다. 그것은 농민대전쟁 1년 전에 클라우디우스 칸티운쿨라(Claudius Cantiuncula)의 주도로 발간되었다. 독일어로 발간된 이 최초의 사회주의적 저술이 베벨(Bebel)이라고 불린 것은 운명의 장난이다.[55] (아우구스 페르디난트 .

---

[54] De Utopie... nu eerst overgesett in need Duytsche. Thantwerpen.

[55] 그 책의 제목은 다음과 같다. "유토피아라 불리는 놀라운 섬에 관하여. 제2권. 고명하고 위대한 국왕폐하에 의해 재무대신으로 임명된 고귀한 태생이고 학문이 높은 토마스 모루스 남작 귀하에 의해 먼저 라틴어로 최근에 저술되고 발간됨. 찬양할 만한 도시 바젤에서 완성됨." 그 책의 말미에는 다음과 같이 되어 있다. "바젤에서 요안네스 베벨리우스에 의해 인쇄. 1524년 6월 16일"(Gedruckt zu Basel durch Joannem Bebelium. Im MDXXIIII. Jar, am sechzehnten Tag des Brach-Mons). 머리말은 메츠 출신의 클라우디우스 칸티운쿨라의 서명이 붙어 있다. 그것은 "고귀하고, 지엄하고 신실하고 가장 선하고 현명하고 영예로운 현명한 어른, 아델베르크 마이어 시장님과 찬양받을 도시 바젤의 시의회의 의원님들께" 헌정되었다. 그 번역의 목적을 그는 다음과 같은 말로 표현한다. "위에서 제시한 유토피아 섬의 이 정책이 세상에서 가장 질서정연하고 가장 오래되고 가장 확고한 것이었고 아직도 그러하여 사람들에 의해 그렇게 평가받기 때문에 나는 그런 섬의 이야기를 모든 타당하게 펼쳐진 정책과 시민 행정의 수집가들이신 고귀하고 지엄하고 영예로운 현명한 어르신에게 (고마운) 도움을 받아 위에서 말한 것처럼 이 찬양할 만한 도시 바젤에서 배운 바대로 라틴어에서 독일어로 옮겨 전달하고자 한다"(Diewyl nun dise policy der Innsel Utopia, wie oben angezeigt die bastgeordnete ältiste und bestendlichste yewelten gewesen und noch seyn soll, so von den mennschen ye angesehn worden, hab' ich darumb die histori sollicher Innsel Edlen, Strengen, Ersamen Wysenherrn als waren liebhabern aller recht uffgesetzten policyen und burgerlichen Regiments, zu einem pfand (der Dankbarkeit), wie obanzeygt, uß der latinischen in die tütsche sprach, so ich in diser loblichen Statt Basel gelernet, transferieren wöllen).

베벨, 1840~1913, 독일의 사회주의 사상가이자 정치인—옮긴이).

더 많은 독일어 번역으로는 1612년의 라이프치히판이 우리에게 알려져 있고, 1704년과 1753년 두 번의 프랑크푸르트판이 알려져 있다 (*Des Englischen Canzlers Thomas Morus Utopien*, in einer neuen und freyen Übersetzung von J. B. K. 아주 자유롭고 아주 순진하다). 이와 아울러 아직 언급할 만한 것은 모든 판 중에 가장 저렴한 것으로 1846년에 레클람(Reclam)에서 처음 발간되어 '세계문고'(Universalbibliothek)로 다시 인쇄된 판본이 있다. 그것은 40페니히밖에 하지 않지만 그 값도 아깝다. 하지만 전혀 읽지 않는 것보다는 이 판본으로라도 《유토피아》를 읽는 것이 낫다. 그 번역자인 헤르만 코테(Hermann Kothe)가 우리의 모어를 아주 형편없이 다루었어도 모어는 그렇게 한다고 소멸되지 않으며, 그의 위대함은 엉망으로 망친 번역에서도 인식될 수가 있다.

코테는 《유토피아》가 어떤 언어로 저술된 것인지 전혀 몰랐던 것 같다. 그 책을 명백히 프랑스어 판본에서 번역했기 때문이다![56] 온갖 정황으로 볼 때 그는 아주 자유로운 것이었던 이 번역을 가능한 한 문자 그대로 옮겨서 유토피아의 성격을 완전히 바꾸어 놓았다. 코테의 번역은 마치 누군가가 셰익스피어를 프랑스어라는 우회로를 통해 독일어로 옮긴 것처럼 우리에게는 흔히 괴상해 보인다. 프랑스인에게는 완전히 자연스러운 표현방식일 수 있는 것이 독일어로 문자 그대로 옮겨서는 원문의 단순한 성격에는 완전히 상반되게 때로는 간드러진 성격을,

---

[56] 우리는 그 프랑스인도 라틴어 원문이 아니라 버닛의 (1684년) 영어 번역본에 매달렸다고 가정할 온갖 이유가 있다. 모어는 (아메리고 베스푸치에 의거하여) 카스텔에 관해 보도하면서 아메리고의 동행인 몇 명이 브라질 해안에 남았다고 한다. 버닛은 이 카스텔을 신까스띠야로 옮겼고 바로 이 특별한 잘못을 코테에게서도 재발견하게 된다. 그것은 단지 우연일 것인가? 아니면 레클람판이, 더 정확히 말해서 《유토피아》 번역서를 번역한 것을 번역하여 우리에게 전해 준 것은 아닐까?

때로는 극적인 파토스의 성격을 띠게 된다. 그렇게 해서 코테는 다수의 프랑스 표현을 자신의 '번역'에 단순하게 퍼 나르는 일을 편안히 했다. 이는 18세기부터 비로소 독일어로 기어 들어와서 철갑옷에 연미복처럼《유토피아》에는 어울리지 않는 표현들이다. 우리는 거기서 수도사들의 악의(Malice)(32쪽), 군주들의 평의회(Conseil)에 관해서 듣게 되며, 시포그란텐 호텔에서 열리는 유토피아인들의 저녁식사(Diner)와 만찬(Souper)에서는 도덕적인 책의 독서 후에 음식이 차려진다(serviert, 78쪽) 운운. 그런 제2, 제3의 손을 거친 생각 없는 번역이라면 원문의 정신을 재현하는 것은 기대할 수 없다. 그러기는커녕 그 뜻은 항상 제대로 재현되지 않고 번역자의 기본적인 무지 덕분에 터무니없는 것으로 탈바꿈하는 일이 흔하다. 수(sou)를 그는 영국 주화(31쪽)로 만들었다. 대수도원장(Äbte) 대신 아베(Abbé - 프랑스어로 대수도원장—옮긴이)를 등장시킨다. 종자들(stipatores)을 그는 하인들(Bedienten)로 격하시키고(15쪽), 그런데도 나중에 그들의 "위대함을 위한 사기와 뜻"을 말하고 그들이 영국 군대의 핵심을 이루는 것이 그에게는 전혀 맘에 걸리지 않는다. 특별한 하인들의 정신이다! 라틴어 원문에서 라파엘 히틀로데우스는—그는 당연히 위뜰로데(Hythlodée)로 명명되었다—인도의 도시 캘리컷으로 왔다. 그 도시는 모어 시대에는 유럽과 인도의 주요 무역을 중개했다. 코테는 이 도시에 대해서 아무것도 들어본 적이 없어서 그는 망설임도 없이 그 도시를 콜카타로 바꾸었다. 상업도시 콜카타는《유토피아》의 집필 후 1천 년의 1/4이 지나서 비로소 생겨나 18세기부터 비로소 있게 된 도시인데도 말이다.

5쪽에서는 히틀로데우스에 관해 이렇게 말한다. "그가 오로지 몰두한 철학공부는 아테네 말을 로마 말보다 우선하여 습득할 동기를 부여했습니다. 그래서 그는 선생님께 극히 사소한 대상물들에 관하여 오직 키케로나 세네카에서 나온 문장들만을 인용할 것입니다." 코테가 이 문장을 적으면서 그는 아무 생각도 하지 않았거나 아니면 키케로와 세네카가 그리스인이라고 가정한 것이다. 모어는 그런 터무니없는 글을 당연히 쓰지 않았다. 실제로 그 문장의 내용은 다음과 같다. "그는 전적으로 철학에 몰입했으므로 라틴어보다는 그리스어를 훨씬 더 열심히 배웠습니다. 그런데 이 철학 분야에서 세네카와 키케로의 글들을 예외로 하면 라틴어로는 중요한 것이 아무것도 없습니다"(Qua in re [philosophia] nihil quod alicujus momenti sit, praeter Senecae ac Ciceronis, exstare Latine cognovit).

그러한 번역에서 모어식의 공산주의가 여러 문장에서 얼마나 얼토당토않게 묘사되는지 짐작해 볼 수 있다. 이처럼 예를 들어서 코테는 (71쪽에서) 공산주의적인 유토피아 섬에서 아마포의 가격을 그 흰색의 정도에 따라 평가하는 것에 관하여 말한다. 반면에 정황상 프레티움 (pretium: 일반적으로 가격이라고 번역됨—옮긴이)은 여기서는 사용가치의 평가를 의미한다. 아니면 코테는 돈을 알지 못하는 사회에서 물가가 어떤 모습을 띠는지에 관해 해명할 수 있겠는가?

우리는 그러한 무수한 잘못으로부터 오직 몇 가지만을 되는대로 추려냈다. 다른 번역들이 오랫동안 존재하지 않던 《유토피아》를 어떤 식으로 독일 민중 그리고 특히 독일 노동자들에게 다가가게 했는지 알리는 데는 이것으로 충분하다. 아무튼 외팅거(Öttinger)가 (1846년에 발간된) 코테의 번역본에 붙인 서문에서 한 것처럼 이 번역본을 칭찬하면서 동시에 엄격한 문장풍속 심판자의 역할을 하는 데에는 커다란 용기가 필요하다. 외팅거는 이렇게 탄식한다. "우리 시대는 순전히 무미건조한 시대이다. 온 세상 사람들이 글을 쓰고 스스로 글을 쓰지 못하는 많은 이가 다른 사람들이 쓴 것을 번역한다. … 그런데 다행히도 이 번역들의 대부분은 덧없는 졸작이다." 우리는 코테의 번역을 불멸의 졸작으로 집어넣어야 할까?

1896년에 비로소 E. 푹스(Fuchs)에서 나온 "사회과학 저작집" 안에 J. E. 베셀리(Wessely) 박사가 주관한 《유토피아》 번역이 발간되었으며, 이는 코테의 번역을 훨씬 뛰어넘고 그 저작을 독일어로 읽고자 하는 모두에게 추천할 만하다. 물론 이 번역도 코테의 번역보다 정확한 것뿐이며 결코 완전히 오류가 없지는 않다. 그리고 원문의 우아함을 재현해 주지는 않는다. 그 번역자는 독일어의 거장이 아니었으며, 그의 문장들은 꽤나 매끄럽지 못한 경우가 많다. 아니 아예 이해가 안 되는 곳도 있다. 그럼에도 그 번역은 코테판보다는 《유토피아》의 성격을 더 잘 인식시켜 주며, 코테판보다 더 완벽하다. 이 번역은 《유토피아》의 모어가 덧붙인 일련의 시와 편지들을 포함하는데 이는 코테의 번역에서는 그냥 빠졌다. 그중에는 안트베르펜에 있는 모어의 친구 페터 힐레스(Peter Giles)에게 보내는 편지 형태로 된 머리말도 있다. 이 머리말은 어떤 상황에서 《유토피아》가 나오게 되었는지를 우리에게 가리켜 주기 때문에 아주 중요하다. 그것은 골방 안에 틀어박힌 지식인이 아닌 사회생활과 사업 한가운데 처한 사람의 작품이었다.

그는 《유토피아》에서 자신의 사유(思惟)의 열매를 적은 것이 아니라 그에게 라파엘 히틀로데우스가 설명한 것을 기록한 것처럼 꾸민다. 그러한 픽션은 인문주의 시대에는 낯선 것이 아니었다. 그리스인들과 로마인들이 그 모범을 전수해 주었다―예를 들어서 플라톤은 그의 《대화록》에서 자신의 생각을 소크라테스의 입을 통해서 표현했다. 그러나 다른 사람에게 자기 대신 말을 시키는 것은 16세기에는 단순히 고전적 형식을 되살리는 것 이상이었다. 그것은 또한 의심하는 독재 권력에 대한 예방조치였다.

모어는 다른 사람에게서 들은 것을 받아 적기만 했다고 설명한 후에 다음과 같이 계속 말한다.

"하지만 이런 약소한 일을 완수하는 데도 다른 보살필 일과 업무 때문에 거의 시간을 내지 못했습니다. 매일 같이 법관 업무가 나를 꼼작 못하게 했습니다. 어떤 일에서는 나는 말을 해야 하고, 다른 일에서는 들어야 합니다. 들어야 하는 일에서는 중재판정관으로서 조정해야 하고 말해야 하는 일에서는 나의 판단으로 결정해야 합니다. 지금은 이 일(결정해야 할 일—옮긴이)이 공무에서 나타나고 그 다음에는 저 일(조정해야 할 일—옮긴이)이 사적 용무에서 나타납니다. 그렇게 거의 일과 시간 전체를 법정에서 낯선 사람들에게 바치면 그 나머지 시간은 가정을 돌봐야 합니다. 나에게는, 즉 내 공부에는 시간이 남아 있지 않습니다. 왜냐하면, 귀가하면 아내와 잡담을 해야 하고 아이들과 농담을 해야 하며, 하인들과 이야기해야 하기 때문입니다. 이 모든 것을 나는 완수해야 할 의무로 간주합니다. 그리고 내가 내 집에서 낯선 사람이 되지 않으려면 이 의무를 완수해야 합니다. 남자는 자연이나 우연 또는 자신의 선택이 자기의 반려자들로 만들어 준 이들과 유쾌하고 친절하게 지내도록 노력해야 하며, 그러면서도 너무 잘해 주어 그들을 버려 놓거나 하인에게 과분한 배려로 그를 자기의 주인으로 만들지 않도록 해야 합니다. 이런 모든 할일 속에 날이 가고 달이 가고 해가 지나갑니다. 언제 글을 써야 합니까? 그리고 거기에 나는 아직 잠자는 시간과 많은 이들에게서 인생의 거의 절반을 차지하는, 잠자는 것 못지않게 많은 시간을 잡아먹는 식사시간을 감안하지 않았습니다. 그래서 나는 식사와 수면에서 훔쳐낼 수 있는 시간만을 나를 위해 확보합니다."

이런 식으로《유토피아》가 더 일찍 마무리되지 못한 데 대한 변명을 한 뒤에 그는 친구에게 그가 보내는 원고를 통독하고 자신이 잊은 것을 첨가해 달라고 부탁한다.

아주 교묘하게도 이 편지를 통해서 독자는 머리말에서 바로《유토피아》의 내용을 이루는 대화를 한 사람들에 대해서 알게 되고 그들에게 관심을 갖게 된다.

모어는 해설자로 등장한다. 그는 이렇게 보고한다. 국왕에 의해 특사로서 플랑드르로 까스띠야의 까를로스의 특사와 협상을 하도록 파견되었다는 것이다(제2부 207쪽 참조). 그 협상이 지연되어 까를로스의 특사들은 새로운 지침을 받으러 결국 브뤼셀로 여행을 떠났다. 모어는 이 휴식기간을 활용하여 안트베르펜으로 가서 (머리말의 수신인이 된 사람인) 페터 힐레스와 많이 교유(交遊)했다. 하루는 그는 페터가 길에서 선원처럼 생긴 웬 낯선 사람과 같이 있을 때 만났다. 그는 모험심으로 아메리고 베스푸치의 아메리카를 향한 항해에서 동행한 포르투갈 사람 라파엘 히틀로데우스였다. "그 항해에 대한 기록은 지금 누구나 입수할 수 있게 인쇄되어 있다." 또한 그의 네 번째 항해에도 함께 했으며, 아메리고가 신세계의 카스텔(Kastell)[57]이라는 곳에 남겨둘 스물네 명 중의 한 명이 되게 해달라고 간청했다. 그러나 라파엘은 그곳에 머무르지 않았다. 그는 원주민과 사귀어 그들의 도움으로 그때까지 알려지지 않은 지경에, 그중에서도 고도로 문명화되고 특별히 좋은 제도를 가진, 유토피아인들의 땅 같은 곳에 도착해서 5년간을 그곳에서 보냈다. 그는 유럽에 그곳의 모범을 보여주려고 그곳을 떠나 인도를 향해 가서는 캘리컷에서 포르투갈 선박을 발견하여 그 배로 귀국했다.

---

[57] 이는 코테가 멋대로 버릇을 따라서 신까스띠야로 바꿔치기한 그 카스텔이다. 돈키호테의 고향 신까스띠야 말이다!

모어는 여행을 널리 다닌 그 남자에게 비상한 관심을 가져서 페터와 함께 그를 자기 집으로 초대한다. 모어의 집에서 대화가 이어진다. 페터 힐레스는 라파엘이 그의 탁월한 지식을 군주를 섬기는 데 쓰지 않는 것을 아주 의아하게 여긴다. 그것은 그 당시의 정치적·경제적 상황에 대해 이전 장들에서 이미 알아본 그 비판의 동기를 제공한다. 그 비판은 유토피아인들의 공산주의에 대한 찬양으로 마무리되며, 이로써 그에 대한 묘사로 넘어가는 실마리가 제공된다.

이런 설명은 놀라울 만큼 재치가 있다. 《유토피아》가 발간된 것은 (지리상의—옮긴이) 발견 시대의 일이었다. 유럽 사람들의 지평은 갑작스럽게 넓어졌고, 새로운, 이야기 같은 세상들이 그들 눈앞에 나타나 환상과 탐욕을 자극했다. 새로운 발견에 대한 서술은 무엇이든 호기심을 가지고 읽혔고, 그런 서술이라면 무엇이든 믿는 사람들이 있었다. 《유토피아》가 나오기 직전에 비로소 아메리고 베스푸치의 편지들이 알려졌으며, 그 편지에서 그는 자신의 발견들을 알려주었다. 1507년에는 새로 발견된 대륙을 향한 그의 처음 네 번의 항해(그의 quatuor navigationes)에 관한 묘사가 나왔으며 그 대륙의 존재를 콜럼버스가 그랬던 것보다 더 광범위한 집단에 알렸다. 아메리고의 이 출판물이 어떤 주목을 불러일으켰는지는 신세계가 그의 이름을 따서 명명된 것에서 짐작할 수 있다. 아메리고는 네 번째 아메리카 항해(1503~1504)에서 브라질의 남위 18도선 밑에 그곳에 정착할 생각이 있는 남자 24명을 남겨두었다(Sophus Ruge, *Geschichte des Zeitalters der Entdeckungen*, S. 335).

그리고 이제 모어는 이 스물네 명 중 한 사람을 등장시켜 자신의 여행 모험담을 이야기하게 한다. 《유토피아》로 일반의 관심이 쏠리게 하는 데 그보다 더 효과적인 방법은 없었다.

그에 더해 모어가 꾸며낸 것을 실제 사실과 아주 능숙하게 접목시켜 여러 집단에서 유토피아 섬이 실존하는 땅으로 간주되었으며, 결코 실현불가능한 꿈―하나의 유토피아로 간주되지 않았다. 다양한 방면에서 사제들을 유토피아로 파견하여 "우리가 그들에게 감사해야 할 훌륭한 입법의 관념에 대한 보답으로 우리의 거룩한 신앙을 그들에게 전하도록" 해달라는 청원이 교황에게 올라왔다. 유토피아를 다분히 실존하는 섬으로 간주했다는 것을 우리는 1518년 베아투스 레나누스(Beatus Rhenanus)가 바젤에서 빌리발트 피르카이머(Wilibald Pirkheimer)라는 유명한 뉘른베르크의 귀족에게 보낸 편지에서도 알 수 있다. 그 편지는 모어가 독일과 프랑스의 인문주의자들 중에서 누린 명성을 특징적으로 보여주기에 그로부터 한 긴 문장을 옮겨 보겠다.

"그의 농담(풍자시)도 모어의 정신과 교양을 아주 잘 나타내 주기는 하지만 제반사정에 관한 그의 비상하게 적절한 판단을 그는 《유토피아》에서 가장 완결되게(cumulatissime) 입증했습니다. 아주 철저한 부데우스(기요므 뷔데Guillaume Budé를 가리킴―옮긴이), 이 비할 데 없는 고매한 교양의 거장, 이 프랑스의 유일한 자랑거리인 자가 그것을 훌륭한 머리말에서 제대로 찬탄했으니 나는 그에 관해 별로 할 말이 없습니다. 그 족속(유토피아인들)은 플라톤에게서도 아리스토텔레스에게서도, 심지어 우리 유스티니아누스의 로마 법전에서도 발견할 수 없는 법률을 보유합니다. 그리고 유토피아인들의 가르침은 필시 그것들보다 덜 철학적이겠지만 그만큼 더 그리스도교적일 것입니다. 그럼에도 불구하고 (뮤즈 신들을 위하여 저 이야기를 들어보소) 여기서 최근에 영리한 사람들의 사회에서 《유토피아》가 언급되고 내가 그것을 찬양하자 웬 살찐 속물이(quidam pinguis) 모어의 공로는 법정에서 다른 사람의 발언을 기록하고 자기 의견을 표출하는 일 없이 잠자코 협상에 배석하는 내각 사무처 서기의 공로보다 크지 않다고 공언했습니다. 모든 것을 참으로 히틀로데우스가 말했고 모어는 단지 받아 적기만 했다는 것입니다. 그래서 모어의 공적은 들은 것을 적절하게 재현한 것이 전부라는 것입니다. 그리고 여러 명의 성인(成人)이 그의 의견에 동조했습니다."

칸티운쿨라도 유토피아 섬의 존재를 믿었으며 그가 쓴 머리말에서 이에 대한 어떤 의심도 불식시키려고 시도했다.

그 이후로 속물은 아주 영리해진 것으로 알려진다. 16세기에 그 속물은 유토피아를 실재한다고 여겼다. 오늘날의 속물은 실재—즉 사회적 생산—를 유토피아라고 선언한다.

사람들은 《유토피아》를 다분히 인문주의적 장난이라고 보며, 특히 교수 사회에서 그러하다. 플라톤적 공산주의의 재탕이라는 것이다. 그러나 이미 제1권의 비판적 부분이 있는 서론은 《유토피아》가 플라톤의 《공화국》과 얼마나 다른지, 얼마나 완전히 현대적인지를 보여준다. 플라톤의 탐구가 출발한 동기는 그저 소크라테스와 트라시마코스라는 소피스트 간의 논쟁이었다. 반면에 모어는 봉건사회의 축을 뽑아낸 극히 강력한 지렛대에 속한 사건들에서 출발한다. 그것은 바다 저편으로의 탐험 여행에서 나온 것이었다. 플라톤은 정의의 개념에 대한 설명에서 그의 공산주의를 발견한다. 반면에 모어의 공산주의는 현존하는 정치 및 경제 상황에 대한 비판으로 토대가 놓였다.

이로써 그의 공산주의는 외면적으로는 유사한 종류인 고대적 현상과는 본질적으로 다른 현대적 사회주의의 토양 위에 선다. 그리고 그 출발점에서 그렇듯이 그 요구와 목적에서도 모어의 공산주의는 플라톤의 그것과는 근본적으로 다르다. 물론 여러 가지 겉모습은 그들에게 공통적이지만 피상적인 관찰자만이 그것에 의해 속아 넘어갈 수 있다.

모어의 공산주의를 플라톤의 공산주의와 같다고 보는 것은 기왓장과 장미가 모두 붉은색이라고 해서 그 둘이 같은 종류의 실체라고 선언하는 것이나 거의 마찬가지로 분별없는 짓이다.

제 3 장

유토피아인들의 생산양식

1. 묘사

《유토피아》제2권에서 라파엘 히틀로데우스는 유토피아 섬을 다스리고, 그래서 그를 매혹한 제도와 관습들을 전해 준다. 우선 그가 생산양식에 관해서 무슨 설명을 하는지 들어 보자. 그 섬의 주택, 결혼, 정치, 종교, 그 밖의 제도들은 이것에 종속되며, 이로부터 생겨난다. 라파엘은 이렇게 보도한다.

"유토피아 섬에는 스물네 개의 크고 화려한 도시가 있고, 언어와 풍습, 제도와 법률에서 모두가 서로 같습니다. 그 도시들은 지형상의 차이가 이를 허락하는 한 모두 같은 방식으로 계획되고 건설되었습니다."

"이 도시들은 각각이 다른 도시들과는 적어도 2만4천 걸음 떨어져 있지만, 인근의 도시로부터 한나절의 도보여행으로 당도하지 못할 만큼 떨어져 있지는 않습니다. … 각 도시에는 그 경작지가 아주 적합하게 배정되어서 그 도시의 영역은 어느 방향으로도 2만 걸음보다 적게 뻗어 있지 않고, 도시들이 서로 거리가 먼 경우에는 여러 방향으로 훨씬 더 넓게 뻗어 있습니다. 어느 도시도 그 경계선을 확장하려고 노력하지 않는데 이는 그 도시들이 스스로를 땅의 주인이라기보다는 경작자라고 자처하기 때문입니다."

"그 도시들에는 평야 위 곳곳의 좋은 위치에 경작 도구들을 잘 갖춘 주택들이 있습니다. 이 집들에는 시민들이 거주하고, 이들은 번갈아 가며 시골로 갑니다. 어떤 농업 가구에도 40명보다 적은 식구가 있지 않습니다. 남자들과 여자들 그리고 농장에 속한(ascripticii) 두 명의 머슴[58]이 있습니다." "가정의 우두머리는 가부(家父)와 가모(家母)라는 노련하고 경험 많은 사람들이고 30개의 가정마다 그 위에 수장(守長, Phylarch)이 있습니다.

이 각 가정마다 매년 20명이 농촌에서 2년을 보낸 뒤에 도시로 돌아가며, 도시에서 오는 다른 20명이 그들을 대신합니다. 이들은 이미 1년간 농촌에 거주하여 농업을 아는 사람들에게서 농사일을 배웁니다. 신참자들은 그 다음해에는 다른 이들을 가르쳐야 합니다. 이는 모든 농사꾼이 동시에 경험 없는 신출내기일 경우에는 식량 부족이 일어날 것을 우려하여 만든 제도입니다. 농부의 교대는 누구도 자신의 의사에 반하여 너무 오랫동안 고되고 혹독한 농사일을 행하게 강제되지 않도록 도입된 것입니다. 그러나 참으로 많은 이가 농촌생활이 마음에 들어 스스로 농촌에서 더 오래 머물려고 손을 씁니다."

---

[58] 우리는 servus를 노예(Sklave)보다는 머슴(Knecht)이라고 번역하는 것이 낫다고 생각한다. 로빈슨(Robynson)은 servi를 농노(bondmen)로 번역하고, 칸티운쿨라는 '사유(私有)의 Lüte', 혹은 '사유의 머슴'이라고 번역한다.

"농촌 거주자들은 들판을 손질하고, 가축을 돌보고, 땔나무를 베고 이를 형편에 가장 잘 맞게 육로로 또는 수로로 도시로 보냅니다." 그들은 달걀을 부화기로 인공적으로 부화시킨다. 운운.

"그들은 도시가 그 영역 전체적으로 얼마나 많은 식량을 필요로 하는지 정확히 조사해 두었지만, 그들이 필요로 하는 것보다 더 많은 곡식을 파종하고 더 많은 가축을 키워서 그 남는 것을 이웃에게 나누어 줍니다."

"농촌 거주자들이 항시 필요로 하지만 들판과 숲에서 구하지 못하는 것을 그들은 관계당국이 기꺼이 대가없이 그들에게 그것을 공급해 주는 곳인 도시에서 취해 갑니다. 매달 축제일에 그들 중 다수가 도시로 들어가는 것입니다. 수확 시기가 가까워지면, 농가의 수장들은 얼마나 더 많은 노동자가 도시에서 와야 할 필요가 있는지 도시의 관계당국에 통보합니다. 이 무리들이 정해진 날짜에 농촌으로 가며, 이들의 도움으로 수확물의 거의 전부가 날씨만 좋으면 단 하루에 거두어집니다."

지금까지는 농사에 대해 말했다. 이제 도시로 가보자.

"거리들은 아주 교묘하게 설계되어 마차의 통행을 가능하게 하면서도 바람을 막아 줍니다. 주택들은 아름답고 큰 건물로서 사이 공간 없이 연이어 서 있습니다. 집들 사이의 길은 폭이 20피트(약 6m—옮긴이)입니다."[59]

"집들의 뒷면에는 길거리 전체를 따라서 정원이 이어지며, 집들로 둘러싸여 있습니다. 모든 집은 길거리로 난 정문이 있고, 정원 쪽으로 난 문이 있습니다. 정문에는 두 문짝이 있어서 손으로 살짝 밀면 열리고 다시 저절로 닫힙니다. 원하는 사람은 누구나 들어가도 됩니다. 그래서 그

---

[59] 모어의 시대에는 이상적인 도로의 폭이 그러했다!

들에게는 특별히 소유할 것이 없습니다. 그리고 그들은 집들도 십 년마다 제비를 뽑아서 바꿉니다."

"그들은 정원을 대단히 중시합니다. 그들은 그 안에 포도나무, 과일, 채소, 꽃을 키우며 이것들은 매우 자극적이고 청초해서 나는 더 비옥하거나 더 우아한 정원을 본 적이 없을 정도입니다. 그들이 거기에 쏟는 노력은 원예에 대한 기쁨에서만 나오는 것이 아니라 가장 아름다운 정원을 가지려는 여러 도시 간의 경쟁심에서도 나옵니다. 그리고 시민들에게 더 유익하고 더 만족을 주는 뭔가를 찾아내기는 쉽지 않을 것입니다. …"

"경작은 남자이든 여자이든 모든 유토피아인이 몰두하는 용무이고 그들 모두가 할 줄 아는 일입니다. 어려서부터 그들은 그 일에 대한 수업을 받습니다. 부분적으로는 학교에서 수업을 통해서, 또 부분적으로는 도시 근처의 들녘, 농촌 노동이 그들에게 놀이처럼 가르쳐지는 곳에서의 훈련을 통해서 이루어집니다. 그들은 이를 통해서 노동에 숙달될 뿐 아니라 신체적으로도 튼튼해집니다."

"말한 것처럼 그들 모두가 영위하는 농업과 아울러 모든 이는 공방 일도 특별한 종사할 일로 배웁니다. 이는 대부분이 양모나 마를 가공하는 일이거나 미장일, 대장장이나 목수의 기술입니다. 다른 일들은 말할 바가 못 됩니다."

"왜냐하면 의복은 섬 전체에서 남자들의 옷이 여자들의 옷과 다르고, 결혼한 사람의 옷이 미혼자들의 옷과 다르다는 것을 제외하면 같은 식의 재단으로 만들어지기 때문입니다. 그리고 이 재단은 항상 변함이 없고, 보기에 괜찮고 호감이 가며 몸의 동작과 굴곡을 방해하지 않고 추위나 더위에 마찬가지로 적합합니다. 이 옷들을 모든 가족이 스스로 마련합니다. 그러나 위에서 언급한 다른 직업들 중에서는 모두가 하나를 습득해야 합니다. 남자만 그런 것이 아니라 여자도 마찬가지입니다. 여자들은 더

연약한 자들로서 더 가벼운 일, 대체로 양모와 마를 가공하는 일에 소용됩니다. 고된 직업은 남자들의 몫입니다."

"대체로 누구나 자기 아비의 공방에서 수업을 받습니다. 보통 천성적으로 그 일에 맞게 타고나기 때문입니다. 그러나 어떤 사람이 다른 직업을 선택한다면 그는 그 일을 영위하는 가정에 받아들여집니다. 아비뿐 아니라 당국에서도 그가 훌륭하고 정직한 가부(家父)에게로 가도록 신경을 씁니다."

"어떤 사람이 이미 한 가지 공방 일을 습득했어도 그는 나중에라도 다른 일을 갈망한다면 다른 일로 전환해도 됩니다. 그가 둘 다를 할 줄 안다면 그 도시가 하나를 다른 하나보다 더 필요로 하는 것만 아니라면 그는 하고 싶은 쪽을 영위할 수 있습니다."

"시포그란트(수장)의 가장 중요하고도 거의 유일한 과업은 아무도 일 없이 지내지 않고 누구나 자기 일을 적절한 열심을 가지고서 영위하도록 주의를 기울이는 데 있습니다. 하지만 그렇다고 해서 유토피아인들이 이른 아침부터 저녁 늦게까지 짐을 지는 짐승처럼 쉴 틈도 없이 뼈 빠지게 일해야 한다는 말이 아닙니다. 그것은 극히 비참한 노예생활보다 더 나쁜 것입니다. 그런데 그런 것이 유토피아를 제외하면 거의 모든 곳에서 노동자들의 운명입니다. 그러나 그곳에서는 낮과 밤이 24시간으로 나누어져서 그중 여섯 시간만 일을 하도록 정해져 있습니다. 오전에 세 시간을 일하고 식사를 하러 갑니다. 그리고 식사 시간 후에는 두 시간을 쉬고 그러고 나서 또 세 시간을 일하고 그 다음에 저녁을 먹습니다. 대략 여덟 시경에 잠자리에 듭니다(그들은 정오 후의 첫 시간을 한시라고 합니다). 그리고 여덟 시간 동안 잠을 잡니다. 노동, 수면, 식사에 할애되지 않는 시간 전부는 누구나 자기 마음대로 사용합니다. … 하지만 잘못된 상상을 하지 않기 위해서 한 가지를 주목해야 합니다—왜냐하면 그들이 일을 하는 데 여섯 시간밖에 쓰지 않는다는 말을 듣는다면 필시 필수품 부족이 발생할 것이라는 견해에 도달할 수도 있을 것이기 때문입니다. 하지만 그 반대입니다. 이 짧은 노동시간은 생활에 필수품이 되거나 안락한 생활에 필요한 모든 것에서 잉여를 창출하기에 충분할 뿐 아니라 충분한 것 이상입니다."

"다른 나라들에서 얼마나 많은 백성이 일 없이 지내는지를 생각해 본다면 당신도 이를 환히 알게 되겠지요. 그곳에는 우선 백성의 절반이 되는 여자들이 있습니다. 여자들이 직업을 하나씩 가진 경우에는 남자들은 그 때문에 더욱더 쿨쿨 잡니다. 그리고 사제들의 무리와 사람들이 그들을 그렇게 부르는 대로 신실한 사람들이 게다가 얼마나 많고 얼마나 한가합니까! 거기에 모든 부자들, 특히 보통 Gentry(generosos) 그리고 Lords(nobiles)라고 부르는 지주들(praediorum dominos)의 수를 더해 보세요. 여기에 그들의 시종들, 저 싸움꾼과 허풍쟁이의 운집한 무리까지 넣어 보세요. 끝으로 어딘가 망가진 흉내를 내는 일할 능력이 있는 완전히 건강한 거지들을 잊지 마세요. 그 노동으로 목숨이 유한한 인간이 필요로 하는 모든 것을 만들어내는 그런 자들의 수효는 당신이 생각하는 것보다 훨씬 적다는 것을 알게 될 것입니다. 그리고 나아가서 이제 이들 중 얼마나 적은 사람이 필수적 노동에 종사하고 있는지 헤아려 보세요. 왜냐하면 모든 것이 돈으로 측정되는 곳에서는 당연히 낭비와 방종에만 소용되는 수많은 헛되고 불필요한 직업들이 생겨나기 때문입니다. 오늘날 활동하는 이 모든 사람을 자연이 그 필요를 불러일으킨 소수의 직업에만 종사시킨다면, 의문의 여지없이 필수품들은 아주 많은 양이 생산되어 그 가격이 노동자들의 생존을 가능하게 하기에는 너무 낮게 떨어질 것이기 때문입니다. 그러나 지금 쓸모없는 직업에서 일하고 있는 이 모든 이를 저 한량의 무리—그들 각 사람은 남의 노동의 소산을 노동자 두 사람이 그러는 것보다 더 많이 써 없애고 망쳐 놓는 자들인데 이들 전체와 함께 쓸모 있는 노동을 하도록 유도한다면 쉽게 간파할 수 있듯이 생활에 필수품이나 안락한 생활에 필요한 것들 그리고 심지어 즐거움, 즉 진정하고 자연스러운 즐거움에 소용이 되는 것들의 잉여를 창출하는 데 비상하게 적은 시간이 필요하게 될 것입니다."

"그것이 옳다는 것을 유토피아에서는 눈으로 확인할 수 있습니다. 왜냐하면 한 도시의 영역 안에서 노동할 능력이 있는 남녀 전체 중에서 노동에서 벗어난 사람은 500명도 채 안 되기 때문입니다. 그중에는 법적으로는 노동에서 벗어나 있지만 모범을 보여서 다른 이들을 노동하도록 유도하는 일에서는 벗어나지 않은 시포그란트들도 있습니다. 사제들의 추천과 시포그란트들의 비밀투표로 전적으로 그리고 상시적으로 공부에 몰두할 수 있는 허락을 백성으로부터 받은 사람들이 이런 노동 면제를 누립니다. 그러나 그런 자가 자기에게 모아진 기대에 부응하지 못하면 그는 다시 장인들 위치로 돌아갑니다. 하지만 그 반대의 일이 일어나는 경우도 많습니다. 장인이 자기의 자유 시간을 공부에 열심히 사용하여 거기서 큰 진보를 이루어서 공방 일에서 벗어나 학자들의 자리로 옮겨지는 경우입니다." 이들로부터 고위 관리가 임명된다. "나머지 백성들은 일이 없지도 않고 무익한 노동에 종사하는 것도 아니므로 많은 좋은 것을 만들어내는 데 얼마나 적은 시간을 그들이 필요로 하는지 쉽게 짐작할 수 있습니다."

"게다가 유토피아인들은 그들에게서 필수적인 대부분의 직업이 다른 곳에서만큼 많은 노동을 요하지 않는다는 이점을 갖습니다. 왜냐하면, 첫 번째로 다른 지역들에서는 건물의 건립과 수리에 수많은 사람의 끊임없는 노동이 필요하기 때문입니다. 인색한 아들은 아비가 지은 집을 쓰러지게 방치하기 때문입니다. 아비가 적은 비용으로 유지했을 수 있었던 것을 그의 후손이 큰 지출을 하여 새로 지어야 합니다. 아니면 어떤 자에게 많은 돈을 들게 했던 집이 그가 선택한 상속인의 마음에 들지 않는 일도 생겨납니다. 그는 그 집을 방치하여 쓰러져 가게 놔두고는 다른 장소에 다른 집을 그에 못지않은 비용을 들여 짓습니다. 그러나 유토피아인들은 모든 것을 잘 생각하고, 공화국의 제도를 아주 잘 만들어 그들이 새로운 장소에 새로운 집을 지어야 하는 일은 아주 드물게만 일어납니다. 그들은 생겨나는 피해를 신속히 복구할 뿐 아니라 그런 피해를 적시에 예방할 줄도 압니다. 그렇게 해서 건물들은 적은 비용으로 오랫동안 유지할 수 있어 건축업자들은 건축용 목재를 가공하고 석재를 다듬어 그들의 노동이 필요한 때가 되면 작업이 더욱 신속하게 진행되도록 하는 것 말고는 할 일이 없는 경우가 많습니다."

"그들은 옷을 짓는 데도 마찬가지로 적은 수의 노동자를 필요로 합니다. 노동을 할 때 그들은 그냥 가죽이나 털가죽 옷을 걸치며, 이 옷은 7년을 갑니다. 외출을 할 때면 대충 만든 속옷을 감추려고 망토를 두릅니다. 이 망토는 섬 전체에서 양모의 자연색과 같은 색을 띱니다. 이렇게 그들은 다른 나라들에서보다 적은 천을 소비할 뿐 아니라 이는 그들에게 더 적은 노동을 들이게 하기도 합니다. 아마포는 생산에 더 적은 노동이 필요하므로 더 많이 사용됩니다. 그러나 아마는 얼마나 흰지만을 보고 양모는 얼마나 깨끗한지만을 봅니다. 섬세한 직물은 결코 더 높이 평가받지 못합니다. 그리고 다른 곳에서는 넷에서 다섯 벌의 다양한 색상의 모직 외투와, 마찬가지로 많은 비단 저고리로도 남자들은 만족하지 못하며 많은 도련님들은 열 벌이라도 모자란 일이 많은데, 유토피아인들에게는 한 벌 옷으로 2년 동안 충분합니다. 그곳에서 무엇 때문에 더 많은 것을 원하겠습니까? 더 많은 것을 가지더라도 추위로부터 더 잘 보호를 받는 것도 아닐 테고 더 맵시 있게 옷을 입는 것도 아닐 테니 말입니다."

"그들 모두는 유익한 일에 종사하고 또 모든 직업마다 조금의 노동만을 필요로 하므로 모든 것에 잉여가 생겨나는 일이 흔합니다. 그러면 도시로부터 무수한 무리의 사람들이 거리를 손질하도록 이끌려 나옵니다. 그러나 흔히 이런 일도 필요하지 않은 경우에는 노동시간이 명령의 공표에 의해 단축됩니다. 왜냐하면 당국은 불필요한 노동으로 시민을 괴롭히지 않기 때문입니다."

공산주의 공화국에서의 노동시간 단축에 관하여 모어의 서술과 마르크스의 그것을 비교해 보라. 그 두 사람에게서 비슷한 사고의 진행을 발견하게 될 것이다. 《자본》(*Kapital*)에서는 이렇게 말한다.

"자본주의적 생산 형태의 폐지는 노동일과를 필수적 노동으로 제한할 수 있게 해준다. … 노동의 생산력이 커질수록 노동일과 시간은 단축될 수 있으며, 노동일과 시간이 단축될수록 노동 강도는 더 커질 수 있다. 사회적으로 본다면, 노동의 생산성은 그 절약(Ökonomie)과도 함께 상승한다. 이 절약이란 생산수단의 절약화만을 포함하는 것이 아니라 일체의 쓸데없는 노동의 회피도 포함한다. 자본주의적 생산양식이 모든 직무에서 절약을 강요하는 반면에 그것의 무정부주의적 경쟁체제는 무수히 많은(《자본》 원문에는 이 자리에 '지금은'이란 말이 들어가 있으나 이 책의 인용문에는 빠져 있다. 이 말이 없으면 의미가 잘 이해되지 않는다—옮긴이) 필수불가결한, 그러나 그 자체로는 쓸모없는 기능들과 아울러 사회적 생산수단과 노동력의 극히 무한정한 낭비를 낳는다."

"노동의 강도와 생산력이 주어져 있다고 할 때 노동이 사회의 모든 활동 능력 있는 구성원 간에 균등하게 배분될수록 그리고 한 사회 계층이 자연적 노동 필요를 자신에게서 떼어내어 다른 계층에게 떠넘길 수 있는 짓이 직을수록 사회적 노동일과 중 물석 생산에 필요한 부분은 그만큼 더 짧아지고, 개인의 자유로운 정신적 활동과 사회적 활동을 위해 할애되는 시간의 부분은 더욱 커진다. 노동일과 시간의 단축의 절대적 한계는 이런 측면에서 노동의 보편성이다. 자본주의 사회에서 한 계급을 위한 자유 시간은 대중의 생활시간 모두가 노동시간으로 전환되는 것을 통해 만들어진다"(*Kapital*, 1. Band, 3. Auflage, S. 541).

이상이 유토피아에서의 공방 일과 농사일에 관한 이야기이다. 이 둘이 다 녹초가 될 때까지 영위해야 하는 것이 아니라면 일정한 매력을 지니는 직업들이다. 장인의 노동은 농부의 노동과 마찬가지로 단조롭고 무신경하게 만드는 노동이 아니라 변화무쌍한 노동이다. 그들 각 사람은 자기 노동의 산물과 일종의 인적인 관계에 있다. 그 제품들은 그의 자랑이고 그의 기쁨이다. 당연히 우리는 자본주의 사회의 장인과 노동자를 마주 대하는 것이 아니다. 거기에서 그들은 오히려 대체로 익명의 프롤레타리아, 자본가를 위한 잉여가치 생산자에 불과한 것이다.

모어는 물론 농사일과 공방 일이 엄격한 노동의 강제를 필요하게 만들지 않을 만큼 충분한 매력을 그 자체로 지닌다고 가정할 수 있었다. 하지만 불쾌하고 혐오스럽고 비위에 거슬리는 노동은 어떻게 하는가? 이런 노동들을 맡아서 하도록 동기를 부여하려고 그는 그의 시대에 아직 큰 세력을 보유한 종교에 도움을 요청한다.

"그들(유토피아인들) 중 많은 이가 종교에 귀의하여 학문을 경시합니다. 그러나 그들은 이생 후의 복락은 활동적인 삶과 선행을 통해서만 얻을 수 있다는 신념을 품어서 무위(無爲)의 생활을 회피합니다. 그래서 그들 중 몇 사람은 환자를 돌보는 일에 헌신하고, 다른 이들은 거리와 다리를 수선하며 도랑을 청소하고, 이탄(泥炭)을 파내고, 석재를 깨고, 벌목을 하여 목재를 쪼개어 만들고, 목재와 곡식, 다른 물품을 도시로 운반하고, 공화국만이 아니라 민간인들까지도 하인과 같이, 아니 머슴보다 더 적극적으로 섬깁니다. 왜냐하면 그 고됨과 싫증, 조심스러움이 다른 이들을 질리게 만들어 멀리하게 하는 불쾌하고 고되고 혐오스러운 작업을 어차피 해야 하는 경우에 그들은 기꺼이 그리고 유쾌하게 그 일을 떠맡아서 꾸준한 노동과 고됨을 통해서 다른 이들에게 평온함과 쾌적함을 창출해 주기 때문입니다. 그렇다고 해서 다른 이들을 비난하는 일도 없습니다. 왜냐하면 그들은 도덕 판단자의 직위를 자처하는 것도 아니고 다른 사람들보다 자신들을 더 높이 생각하지도 않기 때문입니다. 하지만 그들이 종의 봉사를 수행할수록 그들은 더 높은 존경을 받습니다."

"그들은 두 종파로 나뉩니다. 그중 하나는 독신과 금욕, 여자와의 관계만이 아니라 고기를 즐기는 것에서도 금욕을 요구합니다. 그들 중에는 일체의 육식을 멀리할 것을 요구하는 사람들도 있습니다. 그들은 이 세상의 향락을 해로운 것으로 물리치며, 그들이 깨어 있음과 금욕을 통해서 차지하게 되리라고 기쁜 마음으로 기분 좋게 기대하는 저 세상의 복락을 구합니다."

"다른 한 종파는 그에 못지않게 노동을 즐깁니다만, 결혼을 선택하고 그 매력을 무시하지 않습니다. 그들은 자연에 대한 그들의 의무는 노동과 노고를 요청하고, 공화국에 대한 의무는 자녀의 출산을 요청한다고 믿습니다. 그들은 노동을 방해하지 않는다면 어떠한 즐거움도 멀리하지 않습니다. 그들은 네 발 달린 짐승의 고기를 좋아합니다. 이 음식이 그들을 강인하게 해주고 끈기 있게 만들어 준다고 믿기 때문입니다. 유토피아인들은 이 종파를 더 현명하다고 간주하고, 앞서 말한 종파를 더 거룩하다고 산주합니다."

모어 시대의 부패하고 술을 탐하고 거만한 장삼 걸친 자들과 극명하게 대조되는 이 이상적이고 겸손하고 열정적인 노동 수도자들은 그렇다고 해도 불쾌한 노동을 수행하는 데 충분해 보이지는 않는다. 이런 노동들 가운데 절대로 신앙인에게 기대할 수 없던 그런 일들, 예컨대 동물의 도살처럼 그런 일을 하는 사람을 야수화하는 것이 분명한 노동이 있었다. 모어는 유토피아인들이 그런 일을 멀리하기를 바랐다. 그러나 노동은 행해져야만 했다. 이런 난처한 상황에서 모어는 스스로에게 불성실하게 되어 유토피아 주민의 한 계급에게 강제노동을 존속시킬 수밖에 없었다.

"그들은(유토피아인들은) 그들(유토피아인)이 직접 싸운[60] 전투에서 사로잡은 자들 외에는 전쟁포로도 머슴의 자녀들도 머슴으로 두지 않습니다. 또한 그들은 그런 머슴을 외국에서 취하여 오는 것도 경멸합니다. 그들의 머슴들은 범죄를 저질러 강제노동의 판결을 받은 동료 시민들이거나, 더 빈번한 경우로서, 사형이 언도된 외국의 범죄자들입니다. 이런 자들 다수를 그들은 나라 안으로 들여옵니다. 그들은 그 대가로 소액만을 지불하거나 대체로 거의 한 푼도 지불하지 않습니다. 이런 종류의 머슴들은 끊임없는 노동을 하도록 부려질 뿐 아니라 쇠사슬도 차고 있습니다. 하지만 그들 가운데서 생겨난 범죄자들을 가장 가혹하게 다룹니다. 그렇게 빼어난 공화국에서 양육을 받았는데도 범죄를 멀리하지 않은 자들을 가장 흉악하고 가장 벌 받아 마땅한 자들로 간주하기 때문입니다."

---

[60] 드물게 있는 일입니다.

"다른 종류의 머슴들은 가난하고 부지런한 외국의 일용 노동자들로 이뤄집니다. 이들은 유토피아인들에게 머슴으로 고용살이를 하려고 자발적으로 온 자들입니다. 유토피아인들은 이들을 품위 있게 대우하며, 이들이 그런 방식에 익숙해져 있어서 적은 품삯을 주고 이들에게 더 많은 노동을 부과하는 것을 제외한다면 자기 시민이나 거의 마찬가지로 잘 대우합니다. 드물게 있는 일이지만 이들 중 누군가가 떠날 마음이 있다면, 그가 떠나는 것을 막지 않으며 또한 빈손으로 떠나게 하지도 않습니다."

하지만 판결을 받은 범죄자들의 처지도 희망이 없지는 않다.

"대부분의 극악무도한 범죄는 강제노동에 처해집니다. 왜냐하면 그들은 강제노동이 그를 서둘러 에누리 없이 죽여버리는 것보다 범죄자에게 그에 못지않게 두려움을 주고 공화국에는 더 이롭다고 믿기 때문입니다. 왜냐하면 그의 노동은 그의 죽음보다 쓸모가 있고 그의 본보기는 신속히 잊히는 처형보다 더 오래 공포심을 일으키는 작용을 하기 때문입니다. 하지만 범죄자들이 들고 일어나면 그때는 쇠창살로도 사슬로도 묶어 둘 수 없는 야생동물처럼 쳐 죽입니다. 자신의 운명을 기꺼이 견디어내는 자들에게는 희망이 없지 않습니다. 왜냐하면 그들이 고통에 마음이 꺾여 사람들이 보기에 그들이 처벌보다 자신들의 범행을 더 유감으로 생각하는 참회의 모습을 보이면 그들의 강제노동은 때로는 국왕에 의해 때로는 백성에 의해 경감되거나 완전히 면제되기도 하기 때문입니다."

이 머슴들의 노동으로는 도살장 일이나 주방일도 있다. 도시 바깥의 도살장에서 "그 머슴들이 동물을 죽여서 내장을 꺼낸 다음에 그 동물들이 시장으로 운반됩니다. 왜냐하면 그들은 자유 시민들이 동물의 도살 일에 익숙해지게 놔두지 않기 때문입니다. 그들은 자신들의 온유함, 그들 존재의 극히 친절한 개성이 그것을 통해 점점 사라져버릴 수도 있다고 두려워하는 것입니다. … 음식궁전들에서 모든 불쾌하고, 힘들고, 더러운 일은 머슴들이 행합니다."

이상이 노동과 노동자들에 관한 이야기이다. 이제는 전체 공화국과 한편으로는 개별적인 생산을 하는 자치공동체와의, 또 한편으로는 외국과의 경제 관계에 관해서도 좀 이야기해 보자.

"각 도시는 매년 아마우로툼(Amaurotum)으로 섬의 공통 사안들을 다루도록 그 도시의 가장 현명한 원로들 중 세 사람을 대의원으로 보냅니다. 어떤 물건이 어디에서 남는 것이나 모자란 것이 있는지 조사되고, 한 곳의 모자라는 것을 다른 곳의 남아도는 것으로 채우도록 합니다. 다른 도시들에 그 남아도는 것을 넘겨주면서도 그 도시들로부터 아무것도 요구하지 않는 도시들은 그렇게 하는 대신에 반대급부를 주지 않으면서도 필요로 하는 것을 다른 도시들에서 받아들이는 가운데 이런 일은 아무런 대가 없이 일어납니다. 그와 같이 섬 전체가 한 가족과도 같습니다."

"그들이 자신들을 위해 충분한 재고를 보유한 후에는(그들은 다음해 작황의 불확실성 때문에 2년 치를 대비해 두는 것이 필수적이라고 간주합니다) 남는 것을 외국으로 보냅니다. 다량의 곡물, 꿀, 양모, 마, 목재, 연지(coccus: 음식의 색소를 만드는 데 쓰는 벌레─옮긴이)와 자포(紫袍), 모피, 밀랍, 수지(獸脂), 가죽, 가축을 보내는 것입니다. 이 물자들의 7분의 1은 그들이 거래하는 나라의 가난한 이들에게 자유로이 나누어주고, 나머지는 저렴한 가격에 판매합니다. 이런 상품교역을 통해서 그들은 자기 나라에 그들 스스로 산출하지 않는 필수 물자만이 아니라─철 외에는 그런 것들은 아주 소수만 있기 때문입니다─다량의 금과 은도 들여옵니다. 그리고 이런 무역을 이미 오래전부터 영위해 왔으므로 그들은 믿을 수 없을 만큼의 부를 축적해 두었습니다."[61]

이웃하는 모든 도시와 국가가 그들에게 빚을 진다. 그들은 전쟁이 일어나면 용병부대를 모집해서 만들고 적들의 일부를 매수할 수 있기 위해 그 보화들을 쌓아 두는 것이다.

그들 자신은 전혀 돈이 없고 그래서 금도 필요하지도 않는다. 그리고 그에 대한 갈망이 생겨나지 않도록,

"그들은 어떤 (교환의 매개—옮긴이) 수단을 생각해냈습니다. 그것은 그들의 법령이나 관습과 일치하기는 하나 우리의 법령이나 관습과는 아주 달라서 우리가 볼 때는, 금을 끝없이 높이 평가하고 아주 탐욕적으로 구하는 우리가 볼 때에는 믿어지지가 않는 그런 수단입니다. 그들은 아주 아름답지만 비싸지 않은 흙으로 빚은 사기그릇으로 먹고 마시며, 금과 은으로는 요강과 그 밖의 하급 용도로 쓰이는 용기를 만들어서 공용의 전각들만이 아니라 민간 가정에서도 사용합니다. 나아가서 그들은 귀금속으로 머슴들을 위한 사슬과 족쇄를 만듭니다. 누구든지 범행으로 공민권을 박탈당하면 그에게 금으로 만든 귀고리와 사슬을 매달고 그에게 금가락

---

[61] I. H. von Kirchmann은 플라톤의 국가(Philosophische Bibliothek, 68. Heft)에 대한 그의 말할 수 없이 피상적인 '주석'에서 "플라톤은 자신의 국가가 훗날 Thomas Moore(oo 라고 표기했다!), Cabet 그리고 그 외의 유토피아주의자들이 그런 것처럼 나머지 세계로부터 완전히 단절된 것으로 생각하지 않았다"고 설명한다. … "그럼으로써 플라톤의 국가는 훗날의 저 유토피아들보다 훨씬 더 구체적인 토대 위에 서 있다. 운운." 실제로 모어는 우리가 위에서 보았듯이 현대 국가를 '고립 국가'로 상상할 만큼 몽상적이지 않았다. 런던 상인 집단의 실무적 대표자인 그가 독일의 지식인 사회에서 그런 평을 들었다. 키르크만에게서 우리는, 물론 새로운 것은 아니지만, 여러 신진 '철학자'가 지식인의 어두운 눈으로 사회주의에 관해 위로부터 판결을 내리는 데는 논하는 분야에 대한 완전한 무지 말고 아무것도 필요치 않다는 것을 짐작하게 된다.

지를 끼워 주고, 그의 목에 금을 둘러 줍니다."

이런 식으로 모어는 그의 이상적인 공산주의 공화국의 경제적 제 관계를 머릿속으로 그렸다.

2. 비판

대상에 대한 약간의 지식이 있는 자라면 아무도 모어의 목적이 현대의 과학적 사회주의의 경향과 완전히 일치한다고 주장하고자 하지는 않을 것이다. 현대의 과학적 사회주의는 하나의 계급으로서의 프롤레타리아 계층의 발달 그리고 과학을 자신의 종으로 삼고 각 사업단위 내에서 오늘날 이미 계획적으로 조직된 사회적 노동의 체계를 강제하는 기계제 대기업의 발달이라는 두 가지 사실에 토대를 둔다. 대기업은 과학적 사회주의의 견해에 따를 때 프롤레타리아 계층이 정치적으로 결정적인 인자가 된 경우에 생산을 자신의 이익에 부합하게 형성하게 될 기술적 기초를 이룬다.

그러나 자본주의적 생산양식은 그 폐단을 극복하도록 정해진 요소들보다 먼저 그 폐단을 발생시켰다. 프롤레타리아 계층은 스스로를 계급으로 느끼고 연구자에게는 사회적 변혁을 담당할 힘으로 드러날 수 있기 이전에 민중의 지속적인 기구이자 굵직한 부분이 되어 있어야 했다. 다른 한편 대기업은 상품 생산 체제하에서는 자본주의적 형태로만 발달할 수 있었으며, 대자본이 소수의 손에 집중되고 무산자이고 노동을 구하는 프롤레타리아 부대가 이 대자본들을 마주보고 선 뒤에 비로소 가능했다.

자본과 프롤레타리아 계층, 대중의 궁핍과 거대한 부는 그것들이 새로운 사회의 싹을 틔우기 전에 오랫동안 존속해야 했다. 이 싹이 모습을 드러내지 않던 동안에는, 자본주의적 생산양식의 고통을 그 반대를 불러들여서 극복하려는 모든 시도는 허공을 떠돌아야 했고, 사회주의는 유토피아적인 것으로 머물러 있어야 했고 과학적인 것이 될 수 없었다.

이 상황은 19세기 초에도 여전히 존속했다. 모어의 시대에 그 상황은 얼마나 더 나빴겠는가! 19세기 초에는 벌써 특정한 목적을 지닌 특정한 노동운동이 생겨났다. 모어가 노동운농으로 알게 되었던 것은 대체로 장인적이고 농민적인 분자들의 개별적인 비밀결사들과 필사적인 행동들이었다. 19세기 초에 이미 자본주의적 공장제 수공업이 대기업으로 이행해 가는 것을 보게 된다. 모어의 시대에는 마침 자본주의가 영국의 공업과 농업을 점령하기 시작했다. 아직 자본주의의 지배는 기술적 변혁을 수행할 만큼 충분히 오래 지속되지 않았었다. 자본주의적 상품 생산과 단순 상품 생산 간의 차이는 아직 종류의 차이라기보다는 정도의 차이였다.

오늘날에는 자본주의적 대기업과 농민적 혹은 장인적 사업체 간의 차이는 눈에 띄는 것이다. 전자는 후자보다 그냥 더 크기만 한 것이 아니라 또한 다른 기계를 가지고서 다른 방법으로 완전히 다르게 생산을 한다.

단순 상품 생산과 자본주의적 상품 생산 간의 그러한 차이는 16세기 초 영국에서는 아직 존재하지 않았다. 상인의 모직물을 그 상인을 위해 짠 노동자들은 동업조합 직조업자의 노동자들과 동일한 방식으로 일을 했다. 차이는 당장에는 상인이 모직 마이스터보다 더 많은 노동자를 고용했다는 것, 모직 마이스터의 직인들은 스스로 마이스터가 되리란 전망이 당연히 있었던 반면에 자본주의적 상인의 임금 노동자

들은 언젠가 스스로 자본가가 되리란 전망이 전혀 없다는 데 있을 뿐
이었다. 자본주의적 생산양식과 동업조합적 생산양식 간의 차이는 그
당시에는 단지 사회적인 것이었고 기술적인 것은 아니었다. 수공예가
이 둘 모두의 토대를 이루었다.

농업에서도 상황은 비슷했다. 자본주의적 차지농의 사업체들은 봉
건적 소농들의 사업체와 처음에는 규모에서만 차이가 났다. 전자의 사
업체에서의 경작 방식 개량에 관해서 그리고 완성된 기계의 사용에 관
해서는 아직 별로 주목할 것이 없었다. 물론 사람들은 남아돌게 되었
지만 이는 농촌 노동의 생산성 향상을 통해서가 아니고 경작으로부터
목초지 관리로 농촌 생산이 더 야만적인 형태로 이행함을 통해서 이루
어진 것이었다.

그래서 모어의 시대에는 영국에서 자본주의의 일정한 폐단이 명확
히 드러났지만 이 자본주의가 기초로 삼은 토대, 그래서 모어도 그의
반자본주의적 공화국의 수립에서 출발점으로 삼아야 했던 기술적 토
대는 여전히 수공업과 농민적 농업이었다.

모어가 이처럼 많은 점에서 현대 사회주의와는 달랐던 것은 명확하
다. 우리가 그를 16세기가 아닌 20세기의 척도로 잴 만큼 충분히 미친
경우에, 그가 정치적으로 많은 점에서 반동으로 여겨지듯이, 그가 프롤
레타리아 계층의 후진성 때문에 모든 민중운동의 적대자요 입헌군주
제의 투사였듯이 우리에게 모어의 사회주의는 경제적인 면에서도 다
분히 후진적으로 여겨진다. 이것이 사실이라는 것에 놀라서는 안 되
며, 모어의 사회주의가 불리한 조건에도 불구하고 많은 후진성과 아울
러 현대 사회주의의 가장 본질적인 특징을 보여주어 그가 정당하게 근
대 사회주의자로 분류될 수 있다는 것이 놀랄 만하다.

모어식 공산주의의 비현대적 측면들은 그가 출발점으로 삼았고 또

삼아야 했던 생산양식의 필연적 귀결이었다. 이런 비현대적 측면에는 특히 모든 사람을 특정한 수공예에 묶어 두는 것이 포함된다.

현대적 대공업에서 가장 중요한 노동은 과학의 몫으로 돌아간다. 과학은 생산에서 작동할 기계적 및 화학적 힘들을 체계적으로 탐구한다. 그것은 마찬가지로 그 변형이 생산의 과제가 되는 다양한 물질의 기계적·화학적 특성을 탐구한다. 그리고 끝으로 과학은 자신이 탐구한 원리들을 기술에 응용하는 것을 지도한다. 육체노동자에게는 오직 몇 가지의 사소한, 내용이 없는, 그러나 쉽게 습득할 수 있는 기계나 화학공정의 감시에서의 손동작만이 남겨진다.

육체노동의 이런 무내용성과 단순성은 오늘날 육체노동의 지위 하락의 가장 중요한 원인을 이룬다. 육체노동은 더 이상 정신을 쏟게 하지 않고 매력이 없으며, 싫증을 일으키고 신경을 무디어지게 하는 작용을 한다. 그것은 숙련된 노동력을 미숙련 노동력으로, 성숙한 노동력을 미숙한 노동력으로, 강인한 노동력을 허약한 노동력으로 대체하는 것을 가능하게 해준다. 동시에 그것은 자본가들에게 수련을 쌓은 노동자군을 유지할 필요성에서 점차 더 멀리 벗어나게 한다. 그리고 동시에 생산에서 과학의 응용을 통해 생산관계는 상시적으로 변화된다. 왜냐하면 과학은 쉬지 않으며, 항상 새로운 개량을 강요하는 경쟁의 압력도 마찬가지로 멈추지 않기 때문이다. 어제의 기계는 오늘날에는 낡은 것이고 내일에는 완전히 경쟁력 없는 것이다. 노동자는 오늘은 어제 했던 것과는 다른 기계에서 작업해야 하고, 내일은 다시 다른 사업체에서 일자리를 찾아야 한다.

프롤레타리아 계층이 생산을 규율하면서 곧바로 노동자 계급 지위 하락의 이 원인들은 그 계급의 향상을 향한 같은 수의 많은 요소로 변형된다. 기계에서의 손동작의 단순화는 노동자와 그의 노동을 때때로 바꾸어서 다양한 근육과 신경이 교대로 하는 일련의 활동을 그에게 하도록 해주는 것을 가능하게 하며, 이는 오늘날 완전히 비생산적인 교대근무가 그러는 것과 마찬가지로 그 조화로운 배치를 통해서 그에게 생기를 주고 활력을 준다. 극히 다양한 업무들을 순서적으로 행하면서 그는 비로소 그 안에서 잠자고 있는 능력들을 의식하게 되고 기계로부터 자유로운 인간이 될 것이다. 그리고 노동시간의 단축이 수반하는 바와 같은 과학에의 동시적인 몰입은 그의 노동에도 그 정신적인 내용을 되돌려 줄 것인데, 그러는 가운데 그것은 그에게 기술적 · 경제적 행위와의 관련성과 그 자연적인 근원을 알려준다. 그로써 그에게 노동은 자유로운 노동이 되며, 그러는 가운데 배고픔의 채찍 대신에 노동의 필요성에 대한 인식이 등장한다.

노동자 계급이 쇠퇴하지 않을 경우에 대규모 생산을 통해서 비로소 가능해지고 또한 필요해지는 노동의 교체 대신에 말한 바처럼 모어는 각 사람의 노동자를 특정한 수공예에 묶어 두는 족쇄를 고수한다. 수공예에서는 기계의 취급, 원료에 대한 그것의 작용에 대한 지식은 체계적인 과학적 탐구의 결과가 아니라 개인적인, 흔히 우연한 경험들이 쌓인 결과이다. 이는 공장제 수공업에서도 해당된다. 그러나 공장제 수공업에서는 각 생산 공정이 다양한 부분 노동으로 쪼개져서 그 각각이 한 사람의 노동자에게 상시적으로 배정되며, 그 습득은 당연히 특정한 생산 공정의 모든 손동작과 방식을 습득하는 것만큼 많은 시간을 잡아먹지 않는다. 공장제 수공업에서 노동자가 필요한 숙련을 달성하고 그의 노동이 가능한 만큼 생산적으로 되려면 노동자를 더 오랜 시간 동안 그의 부분 노동에 묶어 두는 것이 필요한 반면에, 그 직무들이 아주 다채로운 수공업 일에서는 어려서부터 특정 직업에 매여 있는 것, 그 직종의 모든 전통에 밝은 숙달된 마이스터와 상시적인 교류가 기술적 필요사항이다. 그러나 이 얽매는 사슬은 악으로 여겨지지 않는다. 수공업 노동이 아직은 우리가 이미 위에서 상술했듯이 일정한 매력을 지녔기 때문이다.

하지만, 비수공업적인 직무들, 모어의 시대에 이미 아주 다수였던 일용 노동자들의 노동, 더럽고 싫증나는 직무들, 도살업, 주택 및 도시의 청소 등은 어떠한가? 이런 불쾌한 노동들, 사회주의를 반대하는 속물들이 애호하는 핑계인 이것들은 모든 유토피아주의자에게는 큰 걸림돌이었다. 푸리에(Fourier)는 그것을 심리적인 동기, 흔히 비상하게 천재적으로 고안하여 그가 노동에 도입한 동기로 극복하려고 했다. 모어는 우리가 보았던 것처럼 그의 시대에 아직 강력했던 종교라는 지렛대를 통해서 뭔가 비슷한 것에 도달하려고 했다. 그러나 그는 그것을 충분하다고 여기지 않았으므로 노예들의 강제노동에서 도피처를 찾아서 그의 공산주의적 이상국가에 다른 사람을 위해 노동하는 재산도 권리도 없는 계급을 도입할 필요성을 느꼈다. 그는 그것이 괴로웠으며, 그런 제도가 없었더라면 더 나쁜 운명이 기다리고 있었을 사람들을 그 계급에 들어가도록 배정하는 가운데 그 제도에서 가혹함을 제거하기 위해 갖은 수를 동원했다. 강등된 계급을 완전히 제거하는 것은 그가 딛고 선 기술적 토대에서 그에게는 불가능했다. 현대적 대규모 공업, 과학기술이야말로 비로소 다양한 노동의 쾌적함과 불쾌함의 균형을 맞추어 주고 그리고도 갑자기 발생하는 불쾌한 노동의 초과량은 이를 단순화하여 그런 노동이 모든 노동 능력이 있는 자들에 의해 번갈아 가며 수행될 수 있도록 하여 이로써 노동자들로 이루어진 개별적인 불이익을 당한 계급에게서 특별한 노동 강제를 제거할 완전한 가능성을 제공한다. 오늘날 이미 그것은 유쾌한 노동과 불쾌한 노동 간의 차이를 크게 줄였다. 물론 그것은 대체로 예전에는 쾌적하던 노동에서 모든 매력을 벗겨내는 방식으로 행해진 것이다. 그러나 또한 현대적 기술은 일련의 불쾌한 노동을 더 부드럽게 만들거나 완전히 제거하는 데도 성공했다. 물론 전체적으로 지금까지 기술은 이런 방향으로는 아직 성취한 바가 아주 적다. 노동의 쾌적함을 촉진하는 것은 자본주의가 기술에 부과하는 과제가 아니다. 자본주의는 노동의 불쾌함을 크게 해서라도 노동력을 절약할 것을 기술에 요구한다. 노동자 계급이 생산양식에 대해 결정적 영향력을 쟁취했을 때라야 비로소 과학은 불쾌한 노동의 제거 문제의 해결에 전력을 다해 몰두하도록 동기가 부여될 것이다. 그리고 현대 기술이 성의를 다해 매달릴 때 곧 해결하지 못할 이런 종류의 문제는 없으며, 게다가 오늘날의 불쾌한 노동의 상당 부분은 공업을 농촌 들녘으로 이전함을 통해서 제거될 것이다. 이에 대해서 우리는 앞으로 더 이야기하게 될 것이다.

아무튼 현대적 과학기술의 존재로 불쾌한 노동의 필요성과 그 노동을 특별한 노동자 계급에게 지정하는 것은 너끈히 제거된다. 그래서 우리는 더 이상《유토피아》의 머슴들을 필요로 하지 않는다.

현대 사회주의에 상충하는 세 번째 모습은 이와 관련하여 이렇게 지칭할 수 있다. 그것은 유토피아인들의 무욕(無慾)이다.

모어는 그의 공화국의 시민들에게 가능한 한 많이 육체노동에서 벗어나게 하여 그들에게 정신적·사교적 활동에 자유 시간을 만들어 주려고 한다―이는 완전히 현대적인 모습이다. 그 주요 수단은 그에게는 노동을 조직화하는 것이다. 그래서 현존하는 경제생활에서의 무정부성, 모어의 시대에는 오늘날에 비하면 거의 언급할 것도 못 되는 무정부성이 수반하는 불필요한 노동을 회피하도록 하는 것이다. 나아가서 모든 사람이 노동을 한다는 것 그리고 끝으로 욕구를 제약하는 것이다.

앞의 두 가지 사항은 모어가 현대 사회주의와 공유하는 것이지만,

마지막의 것은 그렇지 않다. 사실상 하나의 기술적 개량이 또 다른 기술적 개량에 의해 추월당하고, 생산양식은 이미 자본주의의 틀이 너무 협소하게 되어 이 틀을 파열시키고서 무한히 펼쳐 나가려는 위협을 가하고 있는 과잉생산의 시대인 오늘날, 노동시간의 단축을 가능하게 하기 위하여 욕구를 제약할 필요성을 말한다는 것은 상황에 대한 보기 드문 오판의 표징일 것이다.

모어의 시대에는 달랐다. 수공업의 생산성은 끝도 없이 완만하게만 발달하거나 전혀 발달하지 않는 경우가 많았고, 수공업이 완전히 화석화되는 경우도 있었다. 농민적 농업에서도 사정은 비슷했다. 이런 토대에서 공산주의는 노동자 수에 비하여 생산의 아주 커다란 증대를 결코 기대하게 할 수 없었다. 그래서 노동시간을 크게 단축하고자 한다면 욕구를 제약할 필요가 있었다.

모어가 보게 된 자본주의의 작용은 과잉생산이 아니라 결핍이었다. 양의 방목지가 늘어날수록 경작지는 축소되어 갔다. 그 결과는 식량 가격의 상승이었다(부분적으로는 아메리카로부터 유럽으로 은과 금이 유입되는 것을 통해서도 작용이 가해졌다). 그러나 모어가 자신의 유토피아인들을 최고로 소박한 모습으로 등장시킨 동기는 이런 사정에 의해서보다도 지배 계급의 남녀들에 있어서는 우리의 유행을 쫓는 숙녀들 중 가장 낭비벽이 심한 이들보다 상대적으로 끝도 없이 더 나간 그 시대의 정신 나간 사치였다(제1부 49쪽을 보라). 복식에서 그리고 주택의 세간에서 사치와 과도한 화려함이 발달했으며, 이는 예술가적 욕구의 충족에 기여하지 않고 단지 부의 과시에만 기여한 것이다. 모어가 이에 격렬히 반대하고 나선 것은—유감스럽게도《유토피아》의 해당하는 문장을 인용할 수 없는데 이는 우리를 너무 멀리까지 인도하는 것이기 때문이다—쉽게 이해할 수 있으며, 그가 그런 열정에서 정반대의 극단으로 빠져 유토피아인들에게 모피와 유니폼의 모직 망토를 감수하게 한 것도 마찬가지로 이해할 수가 있다.

그렇다고 해서 모어가 수도사적 금욕을 설교했다고 생각해서는 안된다. 그 반대. 그는 공화국에 과도한 노동 부담을 지우지 않는 무해한 오락에 관련해서는 진정한 쾌락주의자로 행세했다는 것을 알게 될 것이다.

다른 모든 곳에서 그렇듯 여기서도 그의 비현대적 측면들은 그의 시대의 후진성이 그에게 씌운 제약으로 나타난다. 그러나 이는 그의 존재와 그의 이상의 현대적인 근본 성격이 그것으로 인해 가려질 정도로 그에게 큰 영향을 주지는 않았다.

모어식 사회주의의 어떤 특징이 원형적 공산주의, 즉 모어가 그 잔재를 농장과 마을 및 도시 마르크 조합들에서 여전히 보게 된 그런 원형적 공산주의 그리고 또한 우리가 알듯이 그에게 아주 잘 알려진 플라톤의 공산주의와 달리 오늘날의 사회주의와 공통적인지는 조사해 본다면 곧 알게 될 것이다. 미발달된 생산양식에 직면하여 이런 선례들에 집착한 것이 명백하지만, 모어는 그 당시 주로 거대 무역이 대표한 바와 같은 자본주의의 본질에 매우 정통했기 때문에 자신의 공산주의적 경향에 거대 무역이 연 새 시대의 표시를 붙이지 않을 수 없었다.

우리는 이미 제1부에서 세계 무역이 플라톤도 넘어서 가지 못했던 원형적 공화국들의 배타성과 편협성을 어떻게 극복했는지, 어떻게 세계 무역이 마르크 조합 대신에 국민을 경제적 통일체로 상정했는지 살펴보았다.

그런데 세계 무역은 또한 원형적 공화국들의 신분상의 배타성도 극복했다.

중세의 도시들처럼 플라톤식 공화국도 서로 극명하게 한계가 지어진 신분들로 분열되었으며, 공산주의는 플라톤에게는 그중 최고 신분의 특권이었다.

반면에 자본주의의 생활 원칙은 자유경쟁이다. 누구에게나 주어진 경쟁 조건의 평등, 그래서 신분적 차별의 철폐가 그런 것이다. 자본주의가 작은 공화국들을 민족국가로 통일시켰다면, 그 경향은 또한 모든 신분을 한 민족국가 안에서 소멸하게 하는 쪽으로 갔다.

자본주의의 이런 경향에는 모어식 공산주의도 부합한다. 그것은 모어기 경험과 공부를 통해서 알게 되었던 과거의 저 자치공동체적이고 신분적인 공산주의와는 달리 민족적이다. 그럼으로써 그것은 민족국가를 완전히 자립적인 집단과 자치공동체로 쪼개고자 하는 오늘날의 무정부주의보다 훨씬 더 현대적인 모습을 보여주었다.

우리는 유토피아인들의 상원이 다양한 자치공동체의 대의원들로 구성된다는 것을 살펴보았다. 이 민족 대표단은 생산을 조직하고 필요와 그것의 충족 수단을 확정하며, 노동생산물을 이 통계의 결과에 맞게 분배한다. 개개의 자치공동체들은 그들의 생산물을 다른 자치공동체와 교환하는 상품 생산자들이 아니다. 각 자치공동체는 민족 전체를 위하여 생산한다. 민족 전체가 생산수단, 특히 토지의 소유자이지, 자치공동체가 그 소유자인 것은 아니다. 그리고 자치공동체가 아니라 전체 공화국이 잉여 생산물을 상품으로 외국에 판매한다. 그로부터 그 수입이 공화국으로 흘러들어간다. 금과 은은 민족국가의 전쟁 준비금을 이룬다.

자본주의에서는 오직 경쟁조건의 평등으로 귀결되는 민족국가 내의 모든 이의 평등은 모어의 공산주의에서는 모든 이의 동일한 노동의 무가 되었던 것이 분명하다. 이 위대한 원칙이 그의 공산주의를 현대 사회주의와 지극히 밀접하게 묶어 주며, 그를 비노동자, 착취자의 공산주의인 플라톤의 공산주의와 엄격하게 구분해 준다. 플라톤식 공화국의 특권적 신분인 '파수꾼'들은 공산주의로만 생활하면서 노동을 뭔가 품위를 떨어뜨리는 것으로 간주한다. 그들은 노동하는 시민들의 공납으로 생활한다.

《유토피아》에서의 모든 사람의 평등한 노동의무는 오직 사소한 예외에 의해서만 깨어진다. 노동 능력이 있는 이들 중에서 몇 사람의 지식인이 거기서 면제된다. 이런 예외는 물적 노동이 그와 아울러 철저한 지식노동을 기대하게 하기에는 너무 많은 훈련과 인내를 요하는 수공업 체계하에서는 필요했다. 노동을 생산적 교대근무로 전환할 수 있게 해주는 기계는, 그렇지 않아도 우리가 더 자세히 살펴보기에는 너무 미미한 이런 예외도 필요 없게 해준다.

강제노동자들의 존재는 당연히 유토피아인들의 평등과 모순된다. 우리는 이미 이런 모순을 무엇을 통해 설명할 수 있는지 알고 있다. 게다가 모어 자신은 당시의 생산양식의 후진성을 인정하면서도 머슴들을 세습적 신분이 아니라 하나의 계급으로 만들면서 현대적 성격을 가능한 한 많이 유지했다. 머슴의 자녀들은 머슴이 아니다. 머슴들 자체는 원하면 그 지위를 변경할 수 있는 외래의 임금 노동자이거나 강제노동의 판결을 받은 자들, 개인적인 죄과로 몰락하고 개인적인 선행으로 다시 상승할 수 있는, 계급이 강등된 자들이다.

그러나 특히 주목할 가치가 있고 완전히 오늘날의 사회주의의 방향인 것은 남녀에 대한 노동의무의 평등, 여성을 공업적 직업노동으로 끌어들이는 것이다. 남자들과 같이 여자들도 수공업 일을 습득해야 한다. 우선은 이런 언급으로 충분하다. 우리는 다음 장에서 다른 문제와 관련하여 여성노동을 재론할 것이다.

여기서는 오직 유토피아인들의 생산양식만을 다룬다. 그리고 언급해야 할 또 하나의 중대하고 특징적인 징표가 있다. 그것은 도시와 농촌의 대립의 폐지이다.

이 문제는 완전히 현대적인 문제로서 상업이 낳은 공업의 도시 집중을 통해 유발된 것이다. 상업은 세계 무역으로서, 인류를 신체적으로 퇴화시키는 대도시들을 낳았다. 그러는 사이에 이 대도시들이 모든 지성과 정신적 자극 수단을 자신 내에 통합하고 들녘을 정신적·물질적으로 황폐화한다. 그 문제는 당연히 대도시의 원인인 세계 무역이 없는 사회 안에서만 해결이 가능하다.

모어의 시대에 그 해결은 아직 오늘날처럼 절박하지 않았다. 오늘날의 거대도시에 대한 감(感)이 아직은 없었다. 그러나 도시와 농촌 간의 대립은 여러 지역에서 그 당시에 이미 상당히 진척되었다. 우리는 이를 다른 것 중에서도 목가(牧歌)의 등장에서 짐작한다(제일 먼저 이탈리아에서 15세기에 등장했다). 이는 도시인의 농촌 생활에 대한 동경을 증언해 주며, 동시에 농촌 민중에게 뒤집어씌워진 진실이 아닌 감수성과 순진성에서, 도시에서는 이미 농촌 생활에 대한 이해가 얼마나 상실되었는지를 보여준다.

모어는 현대적 생산양식이 대도시의 해로운 팽창을 가져오는 경향을 잘 관찰할 기회가 있었다. 런던은 그의 시대에 가장 빠르게 성장하는 도시에 속했기 때문이다. 모어의 시대에 런던의 인구수에 대한 신뢰할 만한 정보를 얻는 것에는 우리는 성공하지 못했다. 그러나 이 도시의 빠른 성장은 모어가 태어나기 100년 전인 1377년에 35,000명의 주민수를 헤아렸고(Rogers, *Six Centuries etc.*, S. 117) 1590년, 즉 그가 죽은 뒤 55년이 지난 때에는 이미 인구수와 관련하여 지오바니 보테로(Giovanni Botero)에 의해 나폴리, 리스본, 프라하, 겐트와 같은 반열에 놓였는데 이는 인구가 대략 16만 명은 되는 것을 전제로 하는 것이다.

1661년에는 그론트(Graunt)에 따르면 주민 수가 46만 명이었고, 1683년에는 킹(King)에 따르면 53만 명이었으며, 윌리엄 페티 경(Sir William Petty)에 따르면 69만 6천 명이었다(*Encyclopaedia Britannica*, London 항목). 뒤의 두 사람은 각기 다른 시행정 구역을 상정한 것이다. 그 도시는 아주 급속히 팽창하여 이는 이미 엘리자베스 시대에 심각한 우려를 불러일으켰다. 물론 대체로 정치적 성질의 근심이었다. 런던이 수행했던 두드러진 정치적 역할을 상기해 보라. 1580년에 여왕은 도성 문에서부터 3영국식마일 반경 내에서 새 집을 짓는 것을 엄벌로써 금지했으며, 어떠한 집에서도 한 가족 이상이 살아서는 안 된다고 명령했다. 이 법령은 당연히 사문화되었지만 그것은 수도의 급속한 성장을 입증해 준다.

이미 모어는 도시 안에서 자연으로부터 격리되어 있는 것을 비통해했다. 우리는 그가 콜레트(Colet)에게 쓴 또 하나의 편지를 가지고 있는데, 거기서 그는 자유로운 자연에 대한 동경을 표현한다. 그가 그럴 상황이 되자 곧 그는 런던을 떠나 첼시(Chelsea)에 있는 교외의 한 마을에 정착했다. 이곳은 지금은 수도권의 일부이다.

런던의 사정, 모어의 예리한 생각, 그의 성향 이 모두가 결합하여 도시와 농촌 간 대립 지양의 필요성을 그에게 정확히 인식시켜 주었다.

그러나 이 지양은 공업을 들녘으로 이전함을 통해서만, 공업 노동과 농업 노동의 통일을 통해서만 가능하다. 하지만 이런 조정이 일반적인 시골뜨기 되기로 이어져서는 안 된다면, 소농적 사업방식과 필연적으로 결부된 고립을 극복할 기술적 수단이 주어져야 한다. 인적 교류 외에 다른 방식으로 생각을 소통할 수단—신문, 우편, 전신, 전화—가 고도로 발달해야 한다. 마찬가지로 제품, 기계, 원재료 등과 사람을 교류시킬 수단이 있어야 한다. 철도, 증기선 등이 그런 것이다. 끝으로 각각의 농업 기업 자체가 아주 커서 사업장에 다수의 노동자가 집중하는 것을 가능하게 하고, 그래서 그러한 집중이 제공해 주는 정신적인 자극을 가능하게 해주어야 한다. '농장'에 수백 명의 노동자를 결합시켜 그로부터 경영이 지도되는 농업 대기업이 그런 것이다.

이 모든 전제조건이 모어의 시대에는 완전히 결여되었다. 그런데 그의 목표는 고상한 정신문화였지, 전체 인구를 시골뜨기로 만드는 것이 아니었다. 이처럼 농업 노동과 공업 노동을 통일시키는 것은 그에게는 불가능했으며, 그는 각 시민에게 일정 기간 동안 농촌 노동을 지시하고, 아이들에게는 어려서부터 농촌 노동에 친숙하게 만들며, 도시의 크기에는 넘어서는 안 되는 일정한 한도를 지정해 주는 것에 국한해야 했다. 우리는 어떤 도시에도 10명에서 16명의 성인이 있는 6,000가족 이상이나 이하가 살아서는 안 된다는 것을 듣게 될 것이다. 이런 해결 수단은 당연히 현대 사회주의의 본질에는 부합하지 않는다. 모어는 자신의 공화국을 건설한 토대인 소농적 생산양식에 의해서 그 수단을 고안해내지 않을 수 없게 되었다.

우리는 여기서 다시금 모어의 목표들이 당연히 현대적이라는 것을 인정한다. 그러나 그 실천은 그의 시대의 생산양식의 후진성에 제약을 받았다. 이 생산양식은 모어와 같은 특별히 예리한 사고를 가진, 특별히 체계적인 학문을 수련한 그리고 경제적 사정에 특별히 밝은 관찰자에게, 영국이 그 당시에 제공한 특별히 유리한 사정하에서 그 경향을 인식시키기에 꼭 충분할 만큼 발달되었지만, 그것을 극복할 수단을 제공하는 데 충분할 만큼 발달하려면 아직 멀었다.

이처럼 모어의 공산주의도 그 경향의 대부분에서는 현대적이지만, 그 수단의 많은 부분에서는 비현대적이다.

제 4 장

유토피아인들의 가정

1. 묘사

생산양식에 의존하는 것이 가구의 형태이며, 가구의 형태에 가족 및 결혼의 형태가 의존하고, 여성의 지위가 의존한다. 모어가 그의 이상적 공산주의 공화국에서 이런 제 관계를 어떻게 형성하려고 했는지 살펴보자. 이와 관련하여 인구문제에 대한 그의 견해도 논하는 것이 지극히 적절할 수 있겠다.

"(유토피아에서는) 모든 도시가 가능한 한 친지들로 결성된 가족들로 이루어집니다.

여자들은 법적인 나이가 되어 결혼을 하면 바로 남편의 집으로 들어가는 것입니다. 그러나 남자 아이들과 그들의 후손은 가족 안에 남아 있고 그 정점에는 최고 연장자가 있습니다. 이 사람이 노망이 들면, 그 다음

나이 많은 사람이 그를 대신합니다. 그런데 사전에 지정된 시민 수가 늘지도 줄지도 않도록 하기 위해서 (시골에 있는 가정들과 아울러) 각 도시에 6,000개씩 있는 가정 중 어느 가정도 10명 미만이나 16명을 초과하는 성인이 있어서는 안 된다고 규정되어 있습니다. 이 규범은 과도하게 큰 가정의 남는 구성원을 너무 작은 가정들 중으로 옮김으로써 쉽게 지켜집니다. 그러나 도시 전체에서 주민 수가 적당한 규모 이상으로 늘어나면 남는 인구로 인구가 적은 도시들의 결손을 채워 줍니다. 한편 섬 전체의 주민 수가 적낭한 규모를 초과하면 그들은 각 도시에서 일정 수의 시민을 선발하여 선발된 이들이 그들의 법에 따라 이웃하는 대륙의 지역으로서 그 토착민이 많은 땅을 황량하고 텅 빈 채로 가지고 있는 지역에 식민지를 세웁니다. 이 식민지에는 그들과 합류하기를 원하는 토착민들도 받아들입니다. 같은 생활양식과 같은 풍습에 자발적으로 결합되어 토착민들은 식민지 개척자들과 급속히 융화되고 이는 양쪽 모두에게 이익이 됩니다. 왜냐하면 식민지 개척자들이 그들의 제도를 통해서 예전에는 일방에게 오직 넉넉지 않은 살림만을 제공하던 땅이 이제 양쪽 모두를 위해 넘치게 소출을 내도록 해주기 때문입니다."

"하지만 그 땅의 토착민들이 그들의 법에 따라 식민지 개척자들과 살기를 원하지 않으면, 그들은 자신들을 위해 차지한 지역에서 토착민들을 쫓아냅니다. 그리고 토착민들이 저항하면 무력을 사용합니다. 왜냐하면 그들은 어떤 인민이 땅을 황폐하고 쓸모없이 유지하면서 자연의 법칙에 따라 먹을 것을 위해 그 땅을 필요로 하는 다른 이들이 그 땅을 점유하고 경작하는 것을 방해한다면 이것을 전쟁의 극히 정당한 이유로 간주하기 때문입니다."

"그들 도시 중 한 곳의 인구가 다른 도시들에 공백이 생기게 하지 않고는 보충될 수 없을 만큼 크게 감소하면 (이는 그들 왕국이 생긴 이래 큰 가뭄으로 겨우 두 번 일어났던 일인 듯한데) 그들은 시민들을 식민지로부터 다시 이주시킵니다. 왜냐하면 그들은 자기들 섬의 단 하나의 도시라도 축소되는 것보다는 식민지 이주민들이 들어오는 것을 더 좋아하기 때문입니다."

"이제 시민들 가운데서의 교류 문제로 되돌아가 봅시다. 최고 연장자는 이미 말한 바처럼 각 가정의 우두머리입니다. 여자들은 남자들을 섬기고 자녀는 부모를 섬기며, 젊은이들은 대체로 나이 든 이들을 섬깁니다."

"각 도시는 네 개의 구역으로 균등하게 분할됩니다. 각 1/4시 구역의 중앙에는 온갖 재화가 있는 장터가 있습니다. 그곳에서는 일정한 집들로 각 가정의 노동생산물이 운반되고 이 집들에는 모든 특별한 품목이 저장됩니다. 그곳으로부터 각 사람의 가부(家父) 혹은 가구의 대표자는 그와 그의 권속이 항시 필요로 하는 것을 가져가되 값을 치르지 않고 그리고 도대체 어떠한 반대급부도 없이 가져갑니다. 왜냐하면, 무엇 때문에 그에게 뭔가를 주기를 거절하겠습니까? 모든 것이 넘치도록 있고 어떤 사람이 스스로 필요한 것보다 더 많이 요구할 것을 염려할 아무런 이유도 없습니다. 누군가가 결핍으로 결코 고생하지 않으리라 확신한다면 그가 자신의 필요를 넘어서 더 많이 요구할 것이라고 왜 가정하겠습니까? 확실히 소유욕과 약탈욕은 모든 살아 있는 존재에게서는 오직 결핍에 대한 두려움에서 초래되지만, 인간에게는 또한 잘난 체함에 의해서도 초래됩니다. 인간은 온갖 가능한 것들을 동원한 낭비적이고 쓸데없는 사치로 다른 사람들을 능가하는 것을 특별히 대단한 일로 여기기 때문입니다. 그런 악습은 유토피아인들에게는 일어날 여지가 없습니다."

이 장터들과 아울러 우리가 이미 앞 장에서 본 것처럼 가축이 도살

되고 세척된 후 운반되어 들어오는 식품 시장이 있다. 도축은 도시들이 질병을 일으키는 오물과 썩는 냄새에서 벗어나도록 시외의 천변에서 행해진다.

"각 거리에는 서로 일정한 간격을 두고 큰 전각들이 서 있고, 각 전각은 특정한 이름으로 불립니다. 이 전각들에는 시포그란트들이 거주합니다. 그리고 각 전각마다 30가구가 배정되며 이들은 전각의 양쪽 편에서 삽니다. 이 전각의 주방상들은 일정한 시간에 장에 가서 자기 전각에 속한 가구들의 인원수에 맞게 필요한 양식을 가져옵니다. 그런데 첫 번째 것과 가장 좋은 것은 도시 앞에 있는 병원에 있는 환자들에게 돌아갑니다. 이 병원들은 아주 뛰어나게 설치되어서 거의 모든 환자는 집에서 치료받기보다는 병원에서 치료받는 것을 선호할 정도입니다.

낮에 그리고 저녁 때 특정한 시간에 시포그란티(Syphograntie: 시포그란트의 지휘를 받는 30개 가정의 구성원 전체를 가리키는 용어인 듯하다—옮긴이) 전체가 정해진 나팔소리 신호에 따라 그들의 전각으로 오며, 병원에서 앓고 있거나 집에서 몸져누워 있는 사람들은 제외됩니다. 전각에서 식사를 마친 뒤에 장터에서 양식을 집으로 가져오는 것을 누구도 금지당하지 않습니다. 누구도 납득할 만한 이유 없이 그런 일을 하지 않는다는 것을 그들이 알기 때문입니다. 자발적으로 집에서 식사를 하는 사람은 한 사람도 없는데, 이는 그것이 예절바른 행동이 아니기 때문이며, 또한 바로 옆의 전각에 훌륭한 식사가 마련되어 있는데 집에서 나쁜 식사를 힘들여 준비한다는 것은 사실상 아주 바보스러운 일이기 때문입니다.

이 전각들에서는 모든 불쾌하고 힘들고 더러운 노동을 머슴들이 수행합니다. 그러나 음식의 조리와 상차림, 식사시간의 전체적인 주관은 각 가정의 부인들에게 돌아가면서 맡겨집니다.

그들은 인원수에 따라 세 개 이상의 식탁에 앉습니다. 남자들은 벽 쪽으로 앉고 여자들은 식탁의 맞은편에 앉아서, 임신한 여성에게 흔히 있는 일처럼 여자들 중 누군가가 갑자기 몸이 불편해지면 걸리적거리는 일 없이 일어나서 보육실로 갈 수 있도록 해놓았습니다. 젖먹이가 딸린 여자들은 말하자면 그들을 위해 특별히 지정된 방 안에 앉으며 그 안에는 불과 깨끗한 물이 모자라지 않고 요람도 부족하지 않아서 그 안에 아기를 눕히고, 기저귀를 빼내어 말리고, 아기와 놀아 주어서 재미나게 해줄 수 있습니다.

모든 어머니는 죽음이나 질병으로 불가능한 경우가 아니면 자기 아이에게 젖을 물립니다. 그런 일이 생기면 시포그란트의 여자들은 속히 유모를 구하며, 그것이 어렵지 않은 것은 그 일에 능력이 있는 여자들이 다른 어떤 일에도 이 일만큼 기꺼이 봉사하려고 나서지 않기 때문입니다. 이런 동정심의 증거는 높이 평가를 받는 것입니다. 그리고 젖먹이 아기는 나중에도 보모를 엄마로 인정합니다.

젖먹이가 딸린 여자들과 아울러 5세 미만의 아이들도 보육실에 있습니다. 나이가 더 많은 소년들과 소녀들은 결혼할 수 있는 나이가 될 때까지 식탁에서 시중을 들거나 그들이 그러기엔 너무 어릴 경우에는 서서 조용히 지켜봅니다. 그들은 식탁으로부터 그들에게 제공되는 것을 먹으며, 어떤 특별한 식사시간도 없습니다."

이제 공동식사 시간에 대한 상세한 묘사가 이어지며, 이는 인상 깊은 광경을 보여주기도 하지만 아무런 본질적인 것도 중요한 것도 담고 있지 않고 우리가 갈 길에서 너무 벗어나는 것이므로 이 부분은 건너뛰어야 한다. 그 묘사는 다음과 같이 끝을 맺는다.

"그들의 점심식사(prandium, 영어의 lunch) 시간은 짧고 저녁식사(coena, 정찬) 시간은 깁니다. 점심식사 후에는 일하러 가야 하고 저녁식사 후에는 휴식을 취하고 잠을 자기 때문입니다. 휴식과 수면은 그들의 견해에 따르면 소화를 돕는 것입니다. 어떤 저녁식사 시간에도 음악이 빠지지 않으며, 언제나 달콤한 것(bellaria)이 후식으로 나옵니다. 그들은 좋은 냄새가 나는 수지를 태우고 향내 나는 기름과 물을 식당에 뿌려서 한마디로 편안함과 즐거움을 불러일으키는 모든 것을 제공합니다. 왜냐하면 그들은 모든 무해한 향락은 허락된다는 원칙을 아주 굳게 신봉하기 때문입니다."

"그들은 그렇게 도시에서 삽니다. 그러나 시골에서는 가정들이 서로 멀리 떨어져서 살며 그래서 각 가정이 따로 식사를 합니다. 그리고 그들은 어떤 것에서도 부족을 겪지 않는데 이는 그들에게서 도시 주민을 위한 모든 양식이 나오기 때문입니다."

이상이 유토피아인들의 가계에 관한 이야기이다. 이제 결혼에 관한 이야기로 가 보자. 이는 희극적이게도 머슴제도에 관한 장에서 다루어진다.

"여자는 18세 이전에는 혼인하지 않고, 남자는 22세 이전에는 혼인하지 않습니다. 남자든 여자든 결혼 전에 금지된 쾌락에 빠진 자는 엄하게 처벌받고 그에게는 군주가 관용을 베푸는 경우 외에는 혼인이 금지됩니다. 그런데 그런 비행은 그 일이 발생한 가정의 남자 대표자와 여자 대표자에게도 심각한 문책이 미치게 합니다. 그들이 의무를 소홀히 했다고 가정하기 때문입니다. 그들은 일체의 불안한 결합에 대한 엄격한 방지가 있지 않다면 일평생을 한 사람에게 매어놓고 많은 부담을 수반하는 결합에 들어갈 사람은 적을 것이라고 우려하기 때문에 그 비행을 아주 강하게 처벌하는 것입니다."

"배우자의 선택에서 그들은 우리에게(히틀로데우스와 그의 동지들에게) 우스워 보이는, 그러나 그들 중에서는 진지하고도 엄격히 준수되는 절차를 따릅니다. 혼인을 하기 전에 존경받을 만한 귀부인이 신부를 그녀가 처녀이든 과부이든 숨김없이 신랑에게 보여주며, 그러고 나서 분별 있는 남자가 신랑을 신부에게 숨김없이 보여줍니다. 우리는 그에 대해 비웃었고 그것을 불쾌한 것으로 비난했습니다. 그러나 그들은 모든 다른 나라들의 어리석음에 대하여 놀라워합니다. 어떤 사람이 말을 살 경우에, 그들의 말로는 이는 약간의 돈이 걸린 문제일 뿐이지만 그 사람은 그 말을 정밀하게 살펴보는 데 주의를 기울이며, 그 말이 거의 벌거벗은 상태일지라도 안장과 마구를 벗겨내고서 어딘가 헌데가 있지나 않은지 살펴보는 데 주의를 기울입니다. 그런데 일생의 행복과 불행이 달려 있는 배우자의 선택에서는 운을 하늘에 맡기고 진행하여 얼굴 한 뼘 이상은 그에 관해 더 보지도 않고 배우자와 혼인을 합니다. 모든 남자가 아내를 단지 그녀의 선한 정신적 특성만 보고 선택할 만큼 현명하지 않으며, 현명한 자라고 해도 아름다운 신체가 정신의 매력을 높여 준다고 생각합니다. 이혼이 불가능할 경우에 남편을 아내에게서 멀어지게 할 혐오스러움을 의복이 감추어 줄 수 있다는 것은 의심할 바 없습니다. 그가 결혼 후에야 결함을 발견한다면 불가피한 것을 인내심을 가지고 받아들이는 것 말고는 아무 일도 할 수가 없습니다. 그러므로 그들은 그러한 속임수를 불가능하게 만드는 것을 대단히 이성적이라고 생각합니다."[62]

"이는 유토피아가 일부다처제가 허용이 안 되고 이혼은 간통의 경우

---

[62] 랄프 로빈슨(Ralphe Robynson)의 영어 번역에서 이 문장 전체가 빠진 것은 영국식의 시치미 떼기를 특징적으로 보여준다.

나 한쪽 편의 참을 수 없는 나쁜 처신의 경우에만 허용이 되는 그 지방에서 유일한 나라이기 때문에 더욱더 절실합니다. 그런 경우들에서는 원로원이 혼인을 파기하고 무고한 편에게 다시 혼인할 수 있는 권리를 줍니다. 죄가 있는 쪽은 공민권을 빼앗기고 두 번 다시는 결혼할 수 없습니다. 누구도 자기 아내를 신체적 고통이나 불구의 상태에 빠졌다고 해서 내쫓을 수 없습니다. 왜냐하면 그들은 한편으로는 누군가가 위로와 도움을 가장 많이 필요로 할 때에 그를 버리는 것이 잔인함의 극치라고 여기기 때문이며, 또 다른 한편으로는 그러한 이별의 가능성은 수많은 질병을 수반하고 또 그 자체가 질병인 노년에 슬픈 전망을 보여준다고 믿기 때문입니다."

"그럼에도 남편과 아내가 친하게 지내지 못하고 더불어 더 행복하게 살기를 원하는 다른 동무를 발견하는 일이 종종 일어납니다. 그럴 때 그들은 상호 합의하에 갈라서며 새로운 혼인서약에 들어가지만 원로원의 승인 없이는 안 됩니다. 이 혼인서약은 정황에 대한 원로원 의원들과 그 부인들에 의한 정밀한 조사 후에야 보장이 됩니다. 그리고 별로 쉽지가 않은데 이는 그들이 손쉬운 이혼은 배우자들의 서로에 대한 애정을 공고히 하는 수단이 아니라고 믿기 때문입니다."

"간통자들은 가장 혹독한 머슴살이로 처벌을 받습니다. 두 죄인 모두가 결혼한 자들이면 모욕을 당한 양쪽의 배우자들은 서로 간에 또는 달리 원하는 자들과 결혼할 수 있습니다. 그러나 모욕을 당한 자들 중 누군가 한 사람이 부정한 배우자를 계속 사랑해서 죄지은 쪽이 노예살이를 하는 것을 따라가기 원한다면 결혼을 유지해도 좋습니다. 때로는 죄지은 자의 뉘우침과 죄 없는 배우자의 흔들리지 않는 애정이 군주를 크게 감동시켜 그가 죄지은 자를 사면하기도 합니다. 그러나 그 후에 다시 간통을 하는 자는 사형을 받습니다."

이러한 자세한 설명에는 유토피아에서의 여성의 지위를 특징적으로 보여주는 것은 단지 몇 문장밖에 덧붙여지지 않는다.

"비행이 공적인 처벌을 받아 마땅한 그런 것이 아니라면 남편이 아내를 징책하고, 부모가 자녀를 징책합니다."

"아무도 자신의 의사에 반하여 국경선 밖으로 전쟁에 나가도록 강요받지 않습니다. 그러나 다른 한편 전쟁터로 나가는 남편과 동행하기를 원하는 부인들은 그렇게 하는 데 저지당하지 않으며 오히려 그렇게 하도록 격려를 받고 그 일로 칭찬을 받습니다. 전장에서 그녀들은 자녀와 친지들에 둘러싸여 남편의 곁에서 싸워서, 함께 모여 있는 이들은 서로 간에 도와야 할 가장 큰 이유가 있게 됩니다. 남편이 아내 없이, 자식이 아비 없이 귀향하는 것은 크나큰 치욕으로 통합니다."

"그들의 사제들은 나라에서 그 품성이 탁월한 여자들과 결혼하며, 여자들도 결코 사제 직분에서 배제되지 않지만 사제로 발탁되는 경우는 드물고 그것도 오직 연로한 과부들만 해당됩니다."

이 인용문들은 유토피아인의 가정과 결혼 등의 형태를 알려주는 데 충분할 수 있다. 그에 관한 상세한 서술을 완전히 재현하는 것은 아주 길어져서 지나친 것이 될 것이다.

2. 비판

우리는 이미 유토피아인들의 공동식사 시간이 얼마나 정성스럽게 구구절절이 서술되었는지 언급한 바 있다. 이는 우연도, 모어의 개인적 취미도 아니며 그의 공산주의의 본질에서 나오는 것이다. 현대 사회주의의 출발점이 되는 대규모 공업은 사회적 노동의 체계이다. 대규모 공업 기업은 수백 아니 수천의 남자, 여자, 아이 들의 공동의 계획적인 협업을 요한다. 현대 사회주의가 지향하는 것은 개별 기업 내에서 노동의 이런 사회적 성격을 공화국의 생산 전체로 확장하는 것과 소유권 취득 방식을 생산양식에 적응시키는 것이다. 현대 사회주의가 달성하려고 노력하는 바와 같은 사회적 제도 전체의 공산주의적인, 아니면 말하자면 사회주의적인 성격은 오늘날 이미 어느 정도까지는 존재하는 노동의 사회적 성격에서 출발한다.

모어의 출발점이 된 수공업과 농민적 농업은 이와 달리 아주 높은 정도까지 개별 소기업체 서로 간의 일정한 고립화를 전제로 한다. 그래서 그는 식사시간과 오락의 사회적 성격에 더욱더 강조점을 두어야 했다. 현대 사회주의에는 이 분야에서의 공동체성이 부차적 의미를 지니는 사항이지만 모어의 사회주의에서는 생존 조건이다. 이런 점에서 모어는 오늘날의 사회주의보다는 고대의 이른바 사회주의적 현상, 특히 플라톤적 공산주의와 맞닿아 있다.

그러나 모어에게 공동식사 시간은 사회적 결속을 공고화하기 위한 수단으로만 아니라 여성들을 적어도 부분적으로 가사노동에서 해방시킬 수단으로도 중요했다.

이로써 우리는 사회주의 체제의 특성에 대한 일반적으로 좋은 시금석을 제공하는 분야에 도달했다. 어떤 사회주의자가 여성에 대하여 취하는 태도에서 우리는 그에 관해서 다른 것은 알지 못해도 그가 어떤 지향으로 분류되겠는지 보통은 이미 알 수 있다.

소시민적 혹은 아예 반동적 사회주의자라고 표현할 수 있는 이들은 여성을 개별 가계의 영역으로 보내며, 그렇게 해서 그들을 공적 생활로부터 배제한다. 현대의 프롤레타리아적 사회주의는 완전히 다르다. 그것은 대규모 공업에서, 즉 개별 가구의 다양한 분야의 노동을 직업적으로 영위되는 공적 산업으로 변화시키고, 노동자들의 개별 가구가 여전히 남아 있는 한에서는 이들에게 노동과 물자를 낭비한다는 낙인을 점점 더 찍어 가는 생산양식에서 출발한다. 이는 곧 오직 가정주부가 자신의 노동력을 무한정 쏟아 붓고 생계에 관한 요구사항들은 최소한으로 축소해야만 다소 가구의 대표자에게 견딜 만한 것이 되는 낭비인 것이다.

노동자 개별 가구에서의 여성 노동은 점점 더 쓸모없어질 뿐 아니라 첫째는 여성에게 둘째는 또한 그 배우자에게도 점점 더 견디기 힘든 부담이 되어 간다.

그러나 이와 동시에 대규모 공업도 여성의 산업적 활용의 가능성과 장점을 창출하는 정도가 갈수록 높아 간다. 그리고 이를 통해서 여성들은 그들 가계의 협소함과 고립에서 벗어나 공적 생활로 들어가며, 계급투쟁에 처넣어지고 그래서 정치 상황 전개에 대한 관심이 그들에게 밀려들고, 결국 그들에게는 정치운동을 향한 충동이 일깨워진다.

가정으로부터의 여성 해방은 틀림없이 그들의 정치적 해방을 끌어당긴다. 공적 생활에서의 양성의 평등화는 그에 따르면 모든 현대적 프롤레타리아 사회주의자의 요구이며, 마찬가지로 소부르주아적 토대가 아닌 자본주의적 토대에서 출발한 모든 위대한 유토피아주의자들의 요구이기도 하다.

모어는 우리가 이미 다른 사항들과 관련하여 관찰한 것처럼 이 점에서도 비슷했다. 그는 현대적 사회주의가 토대로 삼은 물적 조건들이 주어지기도 전에 그것의 원칙을 선취했다. 그는 눈앞에서 목도하는 자본주의적 싹에서 출발하여 논리적 사고 작업을 통해 그것에 도달했다.

우리는 부르주아 여성들, 우선은 대상인의 부인들이 어떻게 가사

노동에서 해방되어 정신적이고 공적인 활동을 할 수 있게 되었는지 (제1부에서) 살펴보았다. 우리는 나아가서 인문주의자이자 자본주의적 상업계의 대표자인 모어가 어떻게 이론적·실천적으로 여성 해방의 관념을 대범하게 대표했는지도 살펴보았다. 그러나 그는 여성 해방의 관념에 모두의 평등한 노동의무라는 공산주의적 원칙을 도입함으로써 인문주의의 여성해방주의자들에게서와는 완전히 다른 면모를 띠었다. 착취를 토대로 한 부르주아 부인의 해방이 여성의 직업 노동을 토대로 한 공화국 내의 모든 여성의 해방으로 되어 간 것이다.

이로써 모어는 한 천재적인 연구자가 자기 눈앞에서 벌어지는 사실적 발전을 파악할 경우에는 사회 발전의 목표들을 얼마나 앞서서 선취하는지에 대한 훌륭한 증거를 내보였지만, 동시에 그는 그러한 예견이 언제나 얼마나 불완전한 것일 수밖에 없는지도 보여주었다. 관념은 그런 예견이 있도록 자극을 준 바로 그 상황 속에서 그 한계도 발견하기 때문이다.

모어는 공동의 식사시간에 대한 그의 배치를 통해서 개별 가계로부터의 여성 해방에 부분적으로만 도달했을 뿐이다. 그가 개별 가계의 강력한 토대인 농민적 그리고 수공업적 생산양식을 존속하도록 놔두었음이 분명하기 때문이다.

이 생산양식은 모든 개별 사업체에 개별 가계가 대응하는 것을 전제로 한다. 이는 로마식 가정에서 전형적으로 발달한 것 같은 가정(家庭)이었다(Engels, *Der Ursprung der Familie, des Privateigentums und des Staates*. Stuttgart 1886. S. 33을 참조하라). 로마의 낱말 파밀리아(familia)는 사실상 혈연으로 이어진 이들 전체가 아니라 특정한 사업체에 결속된 이들 전체를 나타낸다. 무엇보다도 농부의 아내와 자녀들이 밭을 갈고 가축을 먹이는 일 등에서 그와 결합된 것은 당연했다. 그 다음에 사업체의 확장이 더 많은 일손을 필요로 할 경우에 그의 손자 등이 그렇게 결합되었다. 그러나 이런 가장 가까운 이들 외에 역시 사업체에서 같이 일한 노예들도 로마에서는 마찬가지로 가정에 속했다. 반면에 사업체에서 나간 자녀, 예컨대 혼인한 딸들은 혼인에 의해 더 이상 가정에 속하지 않았다. 가장은 사업체의 지도자였으며, 가정 구성원들은 그에게 무조건 복종할 책무가 있었다. 로마의 가정에서 자녀는 그에 대하여 노예와 같은 위치에 놓였으며, 아들은 아비가 그를 노예처럼 적어도 문서상으로 팔았다는 것, 그것도 세 번을 팔았다는 것을 통해서만 아비의 주권(patria potestas)에서 벗어날 수 있었다는 것이 특징적이다. 가모(家母)도 가부(家父)에게 복종해야 했다.

그렇게 첨예하지는 않으나 중세의 농민적 가부장적 가정과 가계도 비슷한 방식으로 나타난다. 그것도 특정한 개별적 농민 사업체의 운영에 결합된 자들의 전체인 하나의 경제적 단위였다.

중세의 수공업에서도 각 사업체는 가계, 가정 그 자체를 이룬다. 다른 사업체에서 활동하는 마이스터의 자녀는 이에 속하지 않고, 반면에 도제와 직인은 마이스터의 친척인 경우가 흔했지만, 그렇지 않은 경우에도 가정에 속했다. 많은 비결이 가정 비밀이며, 어려서부터 아비를 주시해 왔던 아들이 아비로부터 쉽게 이를 배운다. 그중에는 흔히 (혈연적 친족의 의미에서의) 가정에만 국한되고, 그 안에서 상속되는 사업체도 있다. 농민에게서처럼 중세의 장인에게서도 생업과 가계는 서로 굳게 결부되었다. 공동으로 생산하는 자들은 소비도 공동으로 했다. 가부장은 생산의 지도자였지만 가정노동 산물의 배타적 취득자는 아니었다.

자본주의적 기업에서는 다르다. 이는 전형적으로 등장하는 경우에 애초부터 사업체 소유자 그리고 사업체 지도자의 가계와는 분리된다.

그로써 한편으로 동업조합 직인에게는 없는 가능성으로서 자기 가계를 설립할 수 있는 가능성이 임금 노동자에게 주어지지만, 다른 한편으로 동업조합식 공방에서는 노동자와 사업체 소유자가 같은 식탁에서 식사를 했는데, 이제는 노동자는 굶주리지만 사업체 소유자는 배 터지게 먹을 가능성도 생겨난다. 자본주의가 수공업에 미친 반작용 속에서, 수공업에서도 사업체와 가계의 일치는 점점 흔들렸고, 결국에는 완전히 폐지되었다. 그러나 농민에게서는 이 일치가 오늘날에도 통상적으로 지속된다.

모어의 시대에는 농업과 공업에서 가계는 아직 사업체와 굳게 결합되어 있었다. 모어는 그의 공동식사 시간을 통해 (농촌 거주자들에게는 아니지만 적어도 도시 장인들에게) 이 결속을 느슨하게 했지만, 이를 완전히 풀어 버릴 수는 없었다. 그래서 우리는 그에게서 가부장적 가정을, 거의 이렇게 말할 수도 있겠는데, 그 고전적인 형태로 발견한다. 실제 사물의 본질을 감싸서 흔히 그것을 아주 알아내기 어렵게 만드는 일체의 방해하는 장식물에서 벗어난 단순한 공상물로서 발견한다는 의미에서 그렇다는 것이다. 유토피아인들의 가정은 중세의 장인 가정처럼 대부분이 혈연관계로 결속된, 그러나 반드시 그런 것은 아닌 생산조합이다. 그 크기는 기술적 고려에 따라 정해진다. 농민 가정들은 장인 가정들보다 규모가 크다. 농민 가정은 적어도 40명, 장인 가정은 단 10명에서 16명의 성년 구성원을 헤아리고, 한 가정에서 남는 구성원들은 다른 가정의 결손을 채워 준다. 최고 연장자가 사업체의 지도자이고, 가정 구성원 모두의 주인이다.

모어가 개별 가구, 가부장적 가정을 그의 유토피아적 공화국에 받아들이면서 그 결과 또한 받아들인 것은 자명하다. 그 결과가 여성에게 불리한 한에서 그것을 가능한 한 희석하려고도 노력했지만 말이다.

그는 남자에게 여자가 복종하는 것을 어느 정도까지 존속시켰을 뿐 아니라 가부장적 가정에 독특하던 성적 관계의 형태, 혼전 처녀의 순결 요구, 간통 혹은 아내에 의한 해혼(解婚)의 엄격한 금지 등도 존속시켰다. 이 규정들은 그 물적 토대의 많은 것이 이미 달라졌지만 오늘날에도 여전히 상당히 변하지 않은 채로 통용될 정도로 굳게 뿌리를 내린 것이다.

모어는 거의 4백 년이 다 되어 가는 옛날에 이를 뛰어넘기가 그만큼 어려웠다. 그가 할 수 있었던 유일한 일은 결혼 관계의 엄격성을 완화하는 것이었다. 그러나 다분히 그는 양성의 평등을 도입하려고 노력한 나머지 여성에게 남성이 누리던 자유를 주는 대신 여성에게 통용되는 제약을 남성에게도 확장하여 그 엄격성을 오히려 심화시켰다. 그렇게 그는 혼전 순결을 양성에게 요구하고, 간통을 양성에게 금지한다. 이혼에 관련해서는 그는 완화를 허용했지만, 너무 미미한 만큼만을 허용했다. 그러나 그는 결혼이 상호간의 애정에 근거를 두기를 바랐다. 이는 부인이 남편의 노예가 아니고, 남편에게 어떠한 혼외정사도 금지되어야 한다면 필요한 요구이다. 사후적 후회와 이혼하고 싶은 바람을 배제하기 위해 그는 특별한 아이디어를 낸다. 신랑과 신부가 결혼 전에 서로를 숨김없이 살펴보게 한다는 것이었다. 이런 아이디어를 통해서 결혼 전에 자기 아내 앨리스의 매력을 대면하는 것이 그에게 허락되지 않았다는 데 대한 우리 토마스의 나지막한 한숨이 들리는 듯하다. 그랬다면 그는 필시 그만큼 본 걸로 딱 적당하다고 했을 것 같다.

그러한 심사숙고는 실제 상황이 이 관념에 자극을 줄 정도로만 발달되어 있고 그 실현에 필요한 조건은 제공하지 않는 동안에는 어떤 관념의 실현 가능성을 생각해내려는 노력의 필연적 결과이다.

가정과 혼인에 관한 그의 상세한 설명에서 모어의 천재성은 생산양식에 관한 그의 서술에서보다 그를 좁은 시야에 가두는 사실관계와 더 힘든 싸움을 벌여야 했다. 그래서 가정과 결혼에 대한 설명에서 우리는 현대적 사회주의에 독특한 원칙들과 아울러 과거의 생산양식, 과거의 가정 형태에 부합하는 그런 원칙들을 생산양식에 대한 설명에서보다 훨씬 더 많이 발견한다. 공동 식사시간, 여성의 공적 생활 참여, 당연히 그 당시의 형태로서 전쟁 수행과 사제 직분에의 참여 그리고 우리가 앞으로 살펴볼, 공직 선출과 학문에의 참여라는 그의 원칙은 현대적이나.

반면에 여성의 복종과 가부장적 개별 가구의 유지는 현대적 사회주의의 경향과 모순되며, 또한 모어식 사회주의 자체의 경향과도 모순된다.

그는 여기서 다루어진 분야에서도 플라톤과 공통점이 별로 없다. 모어가 정말로 한때 부인 공유제에 열광했는지는 판단하기 어렵다. 우리에게 그것을 설명해 주는 에라스무스는 그에 관한 완전히 확실한 출처로 통할 수 있기에는 모어의 사회주의에 관한 이해가 너무 빈약했다. 확실한 것은 모어가 《유토피아》에서 엄격한 개별혼과 자유로운 배우자 선택을 주장했고, 그럼으로써 라코니아식의 간결한 솔직함과 아티카 풍의 우아한 여성 멸시로 부인 공유를 찬양하고 그와 아울러 당국의 지시에 따른 성적인 도태를 찬양한 플라톤과는 정반대의 입장에 섰다는 것이다. 이 둘은 현대적 감정과는 완전히 모순된 제도들이다.

모어가 그런 점에서 우리보다는 플라톤과 훨씬 더 거리가 멀다면, 인구 문제에 관한 견해에서는 이 두 사람이 서로 훨씬 더 가깝고 현대적 사회주의와는 차이가 있다. 이 두 사람 모두 자기의 이상적 공화국의 인구가 정체된 상태로 있는 것이 필요하다고 생각한다. 인구수의 불변을 달성할 수단은 물론 두 사람에게서 아주 다르다. 플라톤이 명백한 것으로 제안하는 영아 유기와 낙태는 모어에게는 생각이 떠오르지 않았다. 그는 사회주의적 식민 정책과 이주 정책을 추천했으며 이는 그의 시대의 현실 정책과는 첨예하게 대립된다. 그는 원주민의 복속과 착취가 아니라 그들을 동등한 권리를 가진 시민으로 받아들일 것과 그들이 식민지 개척자들이 가져온 더 수준 높은 생산양식의 이익에 참여하는 것을 원했다.

그러나 그는 인구를 일정한 수준으로 동결하는 것을 플라톤과 마찬가지로 전제로 삼았음이 분명한데, 이는 두 사람이 모두 농민의 농사와 수공업의 토대 위에 그들의 공화국을 세웠기 때문이다. 이런 생산형태들은 보수적이며, 노동 생산력을 천천히 그리고 눈에 띄지 않게 발달시킬 뿐이다. 그것들은 일정한 수준에 도달하면 화석화되는 일도 흔하다. 일단 한 나라의 모든 비옥한 토지가 점유되고 나면, 농민적 농업의 토대 위에서는 눈에 띄는 인구의 증가는 그 인구의 피해 없이는 더 이상 가능하지 않다.

대규모 공업의 사업체가 산업과 농업에서 생겨나면서 곧 인구 문제는 다른 형태를 띠게 된다. 이 생산 형태는 과학을 하인으로 부리고, 그 쉼 없는 연구와 발견을 통해서 끊임없이 혁신을 겪으며, 노동 생산성은 끊임없이 올라가고 이를 통해서 일정한 상시적 인구 증가가 가능하게 된다. 그러한 증가는 바로 이 생산양식의 더 높은 발전의 전제조건이 되는 일도 있다. 사회에서 분업이 발달함에 따라, 각 개별 업체가 특정한 물건의 생산에 활동을 한정함에 따라, 이 업체가 그 물건을 더욱 대량 생산함에 따라 노동 생산성은 더욱 높아질 수 있다. 이런 대량 생산과 대량 판매의 상시적 성장은 오늘날의 기술적 상황하에서는 생산양식 진보의 전제조건이다. 그러한 성장은 생활수준의 향상, 그래서 개인들의 소비 증가를 통해서 그리고 소비자 수의 증가를 통해서,

그래서 공간적인 의미에서의 판매 영역 확장이나 인구의 증가를 통해서 가능하다.

　이런 증대의 규칙을 일정한 상황하에서 필수적인 것으로 간주할 수 있다. 그러나 보어가 요구했고, 또 요구할 수밖에 없었듯이 인구를 넘을 수 없는 일정한 수로 제한하는 것은 현대적 생산양식의 본질에도 현대적 사회주의의 본질에도 저촉된다.

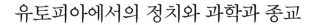

제 5 장

유토피아에서의 정치와 과학과 종교

1. 정치

생산양식과 가계, 가정, 결혼은 특정한 공산주의 체제가 자신의 특징적인 독특성을 펼칠 수 있는 가장 중요한 영역들이다. 그보다 우리에게는 덜 중요해 보이는 것이 정치적 및 이데올로기적 상부구조이다. 정치에 관해서는 공산주의적 공화국에서는 대체로 말할 것이 많지 않다. 그러한 공화국에서 지배하는 관념에 대해서는 관념이나 특성보다는 우리의 제도와는 다른 제도들을 상상하는 편이 더 쉽다는 것을 인정해야 한다.《유토피아》의 종교적·철학적 설명은 그 시대에는 아주 대담한 것이고, 모어에게 이례적으로 특징적인 것이다. 그러나 그의 경제적 주장들이 오늘날에도 다분히 혁명적인 반면에 그의 철학은 시대에 뒤떨어지지 않은 한에서는 가장 천박한 자유주의자가 이름을 올릴 수 있는 진부한 내용이 되어 버렸다. 그래서 우리의 자유주의적 역사가들에게《유토피아》의 철학과 종교는 가장 큰 관심사가 되어 그 분야에 긴 논문들을 써서 바친 반면에 공산주의에 대해서는 자비로운 우월감을 표현하는 몇 마디 문장으로 공허한 환상이라고 깎아내렸다.《유토피아》의 철학과 종교는 우리가 제2부에서 다룬 바 있는 모어의 문학적·학문적 위치에 대한 소중한 증거이지만, 그의 이상적 공화국의 공산주의와는 아무런 필연적 유기적 관계도 없다.

그래서 우리는《유토피아》의 긴 설명을 뛰어넘어 가장 중요한 것만을 제현하고 우리의 논쟁과 비판도 꼭 필요한 것에만 국한할 것이다. 그것들은 대부분 제1부에 있는 내용을 되풀이한 것일 수 있다.

우선 우리는 모어가《유토피아》의 정치체제를 어떻게 상상했는지 살펴보려고 한다.

"30가정마다[63] 매년 한 명의 관리를 뽑으며 그는 고어(古語)로는 시포그란트(Syphogrant)라고 불렸지만 지금은 필라르크(Phylarch: 수장守長)라고 불립니다. 10명의 시포그란트와 이들 밑에 있는 가정들마다 한 명의 다른 관리가 있는데 그는 예전에는 트라니보르(Tranibor), 지금은 프로토필라르크(Protophylarch)라는 호칭으로 불립니다. 200명이 되는 모든 시포그란트는 최고의 적임자에게 표를 주겠다는 맹세를 한 뒤에 비밀투표에서, 각 1/4 구역이 한 명씩을 뽑아 원로원에 추천하는 것으로 인민이 내세운 네 명의 후보 중에서 군주를 선출합니다. 군주의 직위는 그가 독재를 추구한다는 혐의를 받는 경우가 아니면 종신직입니다. 트라니보르들은 매년 선출되지만, 중대한 이유가 아니면 교체되지 않습니다. 다른 모든 직위는 단 1년 직입니다. 트라니보르들은 군주와 사흘마다 모이고,

---

[63] 그래서 아무튼 남자들과 여자들이.

필요할 때는 더 자주 모여서 공적인 사무에 관해 그리고 드물기는 하지만 가끔 일어나는 사적인 분쟁에 관해 심의합니다. 각 자리마다 두 명의 시 포그란트가 매번 번갈아 가며 참석합니다. … 원로원이나 인민집회 밖에 서 공적 사무에 관하여 결의를 하는 것은 사형에 처할 금지사항입니다. 이런 결정은 군주와 트라니보르들의 결탁으로 그리고 인민의 억압으로 체제가 전복될 수 없도록 선포되었다고 합니다. 그래서 중대한 사안이 생기면, 그것은 시포그란트들에게 제시되어야 하며, 이들은 그것을 그들 구역의 가정들에 알리고, 그 가정들과 논의하여 그 결정사항을 원로원에 알립니다. 어떤 사안은 섬 전체의 투표에 회부되는 일도 있습니다."

"각 도시는 매년 그 도시의 가장 현명한 원로 세 사람을 아마우로툼(수 도)에 보내어 섬의 공동관심사를 보살피게 합니다."

이 원로원은 우리가 아는 것처럼, 각 도시의 필요와 노동 수확물 통계를 작성하고, 각 자치공동체의 잉여와 부족을 조정하는 과제를 지닌다.

관리 각 사람의 직무에 대하여 우리는 이미 "시포그란트들의 가장 주된 그리고 거의 유일한 과제는 아무도 노는 일 없이 각자가 자신의 수공업을 적절한 열심을 가지고 영위하도록 주의를 기울이는 데 있다" 는 것을 알고 있다. 다른 한 문단에서는 이렇게 말한다.

"어떤 관직을, 즉 다른 직위를 아주 탐욕적으로 추구하는 자는 결코 그 자리를 손에 넣지 못한다는 것을 확신해도 좋습니다. 관리들은 불손하지 도 가혹하지도 않으므로 그들은 평화롭게 함께 생활합니다. 그들은 아버 지라고 불리고, 아버지처럼 행동합니다. 자발적으로 그들에게 예우가 주 어지고, 누구도 그것을 요구하지는 않습니다. 군주도 자색포나 왕관으로 표시를 삼지 않고 손에 이삭 한 다발을 가지고 있는 것으로 표시를 삼습니다. 고위 사제는 사람들이 그에게 준 밀초로 표시를 삼습니다."

"그들은 법률이 몇 가지 안 되는데, 이는 그들의 제도를 운용하는 데 더 많이는 필요 없기 때문입니다. 그들은 다른 나라들에 무수히 많은 법령집과 주석서가 있는 것, 그런데도 충분하지 않은 것을 몹시 비난합니다."

"유토피아인들의 내부적 관계와 마찬가지로 외부적인 정치 관계도 단순합니다. 그들은 해외 인민들과 조약을 체결하지 않는데 이는 그런 조약이 이익에 따라 필요할 동안에만 준수된다는 것을 알기 때문입니다. 그들은 자기 자신을 신뢰하고 자신들에 대한 이웃 나라들의 경제적 종속성을 신뢰합니다."

"그들은 전쟁을 어떤 짐승에게서도 인간에게서만큼 빈번하지 않은 야만적인 일로 증오합니다. 거의 모든 민족의 관습과 대조적으로 그들에게는 전쟁의 명성만큼 수치스러운 것도 없습니다. 그들이 매일 같이 군사 훈련을 하고 그것도 남자만이 아니라 여자들도 정해진 날짜에 훈련을 받아 필요할 경우에는 전쟁 수행에 능통하게 되도록 하기는 하지만, 그럼에도 그들은 자기 나라를 지키는 일이나 친구들을 불의한 공격으로부터 지키는 일, 또는 독재의 멍에에 억압받는 인민을 해방하는 것 이외의 목적으로는 결코 전쟁을 수행하지 않습니다. … 그런데 그들은 어떤 우방의 상인들이 외국에서 어떠한 법적 구실로, 악법이나 좋은 법의 왜곡에 의해 빚이 늘어나거나 판매 금지를 받고 기만을 당한다면 그것을 전쟁의 극히 정당한 이유로 간주합니다."

마지막 문장에서는 우리의 착한 모어의 어깨 위로 상인 근성이 엿보인다.

전쟁에 관한 그의 이례적으로 길게 끈 설명 중에서 서두만 보여준 것이지만, 그의 시대의 전쟁 열기에 대한 아주 신랄한 풍자 말고 다른 것은 대체로 없다. 거기서 예를 들면 자폴레트 사람들이란 이름으로 등장하는 스위스 사람들이 아주 신랄하게 혼이 난다. 이런 설명들은 그의 공산주의적 공화국이 자국과 동일한 문화 수준에 있으면서도《유토피아》에 대립되는 사회적·정치적 제도를 보유하는 나라들로 둘러싸여 있다는 전제에 근거를 둔다. 모어는 현대적 사회주의의 국제 연대에 관하여 불명확한 예견만을 하는 것이다. 현대 사회주의는 그것이 추구하는 사회 변혁을 자본주의적 생산양식의 필연적 산물로 바라보며, 그래서 그 사회 변혁이 이 생산양식을 가진 모든 나라에 확산될 것으로 가정한다.

전쟁에 대한 자세한 설명보다 공산주의와 더 밀접한 관계를 갖는 것이 유토피아의 내부 정치 조직에 대한 설명이다. 그것은 당국의 직무가 분쟁의 조정과 아울러 거의 전적으로 노동의 지도에 있는 완전히 민주적인 공화국이다. 모어는 거기에서 계급 대립의 지양과 함께 정치적 직능들이 기능을 정지하고 공화국을 정치적 국가제도에서 생산조합으로 탈바꿈시킨다는 현대 사회주의와 같은 원칙을 내세운다.

그러나 모어에게 특징적인 것은 그가 한 번도 군주가 없는 공화국을 상상할 수 없었다는 것이다. 군주는 독재를 추구한다는 혐의를 받는 것을 경계하는 것 말고는 정말로 아무것도 할 일이 없지만 인적인 정점 없이는 유토피아에서는 결코 일이 되지 않는다.

2. 학문

이제는 유토피아에서 학문이 어떤 위치를 차지하는지 살펴보자.

"통상적으로 이른 아침에 공개 강의가 열리며, 특별히 학문을 하도록 지정된 사람들만이 참석 의무를 지닙니다. 그러나 언제나 수많은 다른 사람들도 남녀 할 것 없이 참석하는데 어떤 사람은 이 강의에 또 다른 사람은 저 강의에 그 사람의 취향에 따라 참석합니다."

이 짧은 행간에는 현대 사회주의의 가장 중요한 원칙들 중 하나인 하나의 계급(Kaste)을 위한 학문 특권의 폐지가 담겨 있다. 학문은 공화국의 모든 시민에게, 남자에게든 여자에게든 동일한 방식으로 접근이 가능하게 된다. 공산주의적 공화국의 가장 중요한 목표들 중 하나, 아니 최고의 목표는 누구나가 정신노동의 향유에 참여하도록 한다는 데 있다.《유토피아》에서는 이렇게 말한다. "이 공화국 제도들의 목표는 모든 시민이 공동체의 필요에 의해 빼앗기지 않는 어느 시간이나 육체노동에서 벗어나 그들 정신의 자유로운 활동과 펼침에 바칠 수 있게 하는 것을 최우선적으로 지향합니다. 왜냐하면 그들은 거기에 인생의 행복이 있다고 여기기 때문입니다."

이는 완전히 현대적인 사고이며, 원형적 공산주의의 특징도 플라톤적 공산주의의 특징도 아니었다. 생각 없는 원시인은 학문 활동의 즐거움을 아직 몰랐다. 학문에의 동기부여는 한편으로는 사회적 요소들이 급속한 발전의 흐름 속으로 들어오면서, 적대적 계급들이 생겨나면서, 사회 변동이 인간의 의지와는 독립적인 발전을 해가고 사회적 투쟁이 사고를 부추기면서, 인간이 역사를 가지게 되면서 비로소 주어질 수 있었다. 다른 한편으로는 인간이 자연의 속박에서 벗어나면서, 자연이 인간에게 뭔가 객관적인 것으로 마주서면서 비로소 주어졌다. 학문 탐구를 향한 필요의 두 기초는 도시들에서만 충분한 힘을 받아 생겨났다. 그러나 그곳에서는 또한 동시에 학문 탐구를 가능하게 한 조건이 생겨났다. 육체노동의 필요에서 벗어나 정신적 창조의 슬거움에 전적으로 몰두할 수 있는 계급이 생성된 것이다.

노동과 학문은 고대세계에는 서로 조화가 불가능한 별개의 것으로 여겨졌다. 그에 따라 플라톤적 공화국에서도 학문은 지배하고 착취하는 계급의 특권이다.

현대적 공산주의로서 모두의 평등한 노동 의무 그리고 이에 따른 모두의 평등에 근거를 두는 모어식 공산주의는 또한 원형적 공산주의와 마찬가지로 그것이 제공하는 향유물들을 나누어 가질 동등한 가능성을 모두에게 인정해야 했다. 원형적 공산주의의 몰락을 통해 비로소 생겨난 가장 크고 가장 지속적인 즐거움인 정신노동의 즐거움에서 이는 더욱더 그러해야 했다. 정신노동에 모어는 인문주의자로서 특별한 가치를 부여했음이 틀림없다. 인문주의자들은 정신적 창조 없는 생활을 살 가치가 없다고 여겼다.[64] 그리고 욕구의 제약 없이 모든 시민이 정신을 말살하는 육체노동에서 벗어나기 위한 기술적 조건이 아직 주어지지 않았으므로, 모어는 유토피아의 시민들에게 정신적 발달의 가능성을 제한하느니보다는 차라리 욕구의 제약에 동의했다. 우리는 이 점을 이미 다루었으며, 또한 계급의 존재가 《유토피아》의 원칙과는 모순되는 것인데도 모어가 그의 시대의 기술적 후진성으로 인해 비록 수적으로는 적으나마 두 계급을 두지 않을 수 없었다는 것을 이미 알고 있다. 하나는 지식인 계급으로서 이들은 일반적 노동 의무에서 면제되며, 또 하나는 머슴 계급으로서 그들에게는 정신노동이 불허된 채로

---

[64] 모어는 단순한 배를 채우는 문제로서 사회주의를 파악한 것과는 거리가 멀었다. 사회주의는 그에게 첫 번째로 문화 문제이며, 그로써 그는 노동자에게 중요한 것이 단지 그의 매일의 먹고 마실 것을 보장받는 것이라고 가정하는 수많은 오늘날의 이른바 사회주의자들, 가령 로드베르투스 같은 이들을 훨씬 넘어섰다. 로드베르투스에게 사회 문제는 단순한 임금 문제로 여겨져서 그는 정상적 노동일과 시간에 대해서는 한 번도 거들떠보지 않았다.

있다. 그러나 강조해야 할 것은 지식인 계급이 다른 시민들보다 물적인 우선권을 전혀 누리지 않는다는 것이다. 그리고 모어는 그럴 동기를 부여하는 것을 전혀 필요하다고 간주하지 않는다. 두뇌노동이 오직 굉장한 보수에 대한 전망을 통해서만 하도록 자극을 받을 수 있는 고역이며, 그래서 공산주의는 예술과 학문의 몰락과 같은 의미라는 원칙을 부르주아 계층이 선포한다는 것은 그들이 이미 많이 타락했음을 말해 주는 것이다. 부르주아적 두뇌의 무능력을 판정하게 해주는 것으로서 얼마나 입권인가!

모어가 정신노동의 즐거움을 강하게 강조했다고 해서 그가 감각적 즐거움을 멸시했다고 결론 내려서는 안 된다. 유토피아에서의 공동의 저녁식사 시간은 우리가 이미 알고 있듯이 금욕적 단순성을 띤 것이 아니다. 사람들은 좋은 음식을 양껏 먹고, 달콤한 것도 빠지지 않으며, 음악과 향기가 감각을 자극한다. 또한 유토피아인들의 세계관은 밝고 쾌활하다. 우리는 '유토피아인들의 여행'에 관한 장의 결말을 이루는 긴 보론에 그것이 서술되어 있는 것을 발견한다. 이 보론은 유토피아에서의 학문의 지위를 나타내는 데 대체로 아주 중요하다. 특히 모어의 시대에 큰 역할을 했던 순수하게 사변적인 학문의 조롱, 자연과학들에 대한 높은 평가가 주목할 만하다. 우리는 유토피아에서의 학문에 관한 설명을 이 장에서 몇 개의 인용문을 취하는 것으로 하는 것보다 더 잘 매듭지을 길이 없다. 이 인용문들은 더 이상의 설명이 필요 없다. 독자들은 지금까지 자세히 설명된 것에서 그 안에 적혀 있는 관념이 어디까지가 현대적 공산주의의 특징이고 또 어디까지가 모어의 특징인지 나름대로 추측할 수 있을 것이다.

"그들의 견해는 부분적으로는 공화국 내에서의 그들의 교육의 결과이고 또 부분적으로는 그들의 학문 연구의 결과입니다. 공화국의 제도는 우리의 어리석음과는 거리가 멉니다. 물론 각 도시에서는 오직 소수의 사람만 일체의 노동에서 면제되어 오로지 학문에 몰두합니다. 즉, 어려서부터 학문 활동에 대한 특이한 재능과 취미를 보여주는 이들이 그렇습니다. 그러나 젊은이들 모두가 학문에 능통하게 됩니다. 그리고 남녀 할 것 없이 민중의 대다수가 평생 동안 그들의 자유 시간을 공부에 활용합니다. 학문은 그들에게 그들의 언어로 설명됩니다. … 음악과 대화술, 산수, 기하학에서 그들은 옛 사람들과 거의 같은 수준에 올라 있습니다. 반면에 그들은 우리 변증가들의 섬세한 창안들에는 한참 못 미칩니다. 왜냐하면 그들은 우리의 소년들에게 주입되는 《논리학 소론집》(Parva Logicalia)[65]에서 아주 명석하게 고안된 것과 같은 제한이나 확충, 가정의 규칙들 중 하나도 발명하지 못했기 때문입니다. 또한 그들은 순수 개념들을 발견할 능력이 없었으며, 추상적 인간이 모든 거인들보다도 크고 우리에게는 아주 명확하게 가리켜져서 우리가 손가락으로 그를 가리킬 정도인데도 불구하고 그들은 그를 주목하지 못했습니다. 반면에 그들은 별들의 경로와 천체들의 운동을 아주 잘 압니다. 그들은 또한 해와 달 그리고 그들이 볼 수 있는 별들의 운동과 위치를 정확히 정할 관측기구를 발명했습니다. 별들의 친근관계와 적대관계, 별을 가지고서 예언을 하는 모든 속임수에 대해서는 그들은 꿈에도 생각하지 않았습니다. 그러나 당연히 그들은 비

---

[65] 이 《논리학의 기초》는 모어에게는 평이 좋지 못했던 것 같다. 그는 흔히 에라스무스의 *Moriae Encomium*(《우신예찬》)과 함께 발간된 〈도르피우스(Dorpius)에게 보낸 편지〉에서 그것에 관해 이야기한다. 그중에는 이런 말이 있다: "나는 저 논리학 소론집이, 그 논리가 아주 미약하기 때문에 그런 이름을 가졌다고 믿습니다"(Liber ille parvorum logicalium, quem ideo sic appellatum puto, quod parum habet Logices. 이 말장난은 말 그대로 잘 번역되지 않는다). 또한 반계몽주의자들의 편지(Epistolae obscurorum virorum)들도 그 책을 자주 언급한다(랄프 로빈슨의 케임브리지판 《유토피아》 번역본의 236쪽 주석을 참조하라).

와 폭풍, 날씨를 대체로 오랜 관찰을 통해 경험하는 일정한 조짐으로부터 예상해낼 줄 압니다. 그러나 밀물과 썰물, 바닷물의 소금 함량 그리고 끝으로 하늘과 땅의 발생 기원과 본질 등 이 현상들의 원인에 관해서는 그들은 부분적으로는 옛 시대의 철학자들과 같은 견해를 가졌고, 또 부분적으로는 그들과 다릅니다. 이는 우리의 철학자들도 다양한 의견을 품는 것과 같습니다. 그리고 새로운 설명들을 내놓는데, 이것들은 모두가 모든 점에서 서로 앞뒤가 맞지 않습니다."

"도덕철학에서 그들은 우리와 같은 문제를 다룹니다. 그들은 무엇이 육체와 영혼에 좋은지 그리고 영혼의 특성 외에 더 뭔가가 진실로 선한 것으로 지칭될 만한 것이 있는지 탐구합니다. 그들은 덕(德)과 기(氣)에 관해 성찰하지만 그들의 주된 질문은 인간의 행복이 어디에 있느냐 하는 것입니다. 그들은 쾌락에 인간 행복의 유일하지는 않으나 가장 중요한 요소가 있다고 보는 견해로 기웁니다. 그리고 우리에게는 아직 희귀해 보이는 것으로, 그들은 자신들의 그런 감각적인 관점을 그들의 진지하고 엄격한 종교에서 나온 입증 근거들로 옹호합니다. …"

"덕은 그들의 관점에 따르면 자연에 맞는 생활에 있습니다. 그렇게 살도록 하느님이 우리를 창조했다고 그들은 말합니다. 그리고 그들은 인간이 이성의 명령에 따를 경우에 자연에 맞게 사는 것이라고 믿습니다. 그런데 이성은 인간에게 특히, 우리가 이렇게 사는 존재 그 자체 그리고 우리를 행복하게 만들어 주는 것 모두에 대해 감사해야 할 하느님에 대한 사랑과 존경을 일으킵니다. 그러나 둘째로 이성은 우리를 가능한 한 근심 없는 기쁨 가운데서 살도록 인도해 가며, 다른 모든 사람이 같은 삶을 살도록 힘자라는 대로 도와줄 의무를 우리에게 부여합니다. …"

"그들의 눈으로 볼 때 가장 큰 즐거움은 정신적 즐거움입니다. 그중의 최선의 것은 덕에서 그리고 순수한 생활의 의식에서 생겨납니다. 감각적 즐거움 중 최고의 것을 그들은 건강이라고 여깁니다. 왜냐하면, 그들은 먹고 마시는 것과 그 밖의 감각적인 즐거움은 오직 그것들이 건강을 증진하는 한에서만 바람직하다고 믿기 때문입니다. … 그래서 그들은 감각적 즐거움이 오직 필요한 만큼만 소중히 평가되어야 한다고 믿습니다. 그럼에도 그들은 감각적 즐거움으로 기뻐하며, 어머니인 자연의 사랑을 고마운 것으로 인정합니다. 자연은 즐거움의 매력을 통해 그 자녀들이 그들의 생존 유지에 필요한 활동을 하도록 촉진해 줍니다."

3. 종교

유토피아인들의 그리스도교적이기보다 이교도적인 철학을 살펴보았으니 이제 그들의 종교 제도를 알아보자.

"종교들은 유토피아 섬의 다양한 지역에서 다양할 뿐 아니라 각 도시 안에서도 다양합니다. 어떤 종교는 태양을 숭배하고, 또 어떤 종교는 달을 혹은 행성들 중 하나를 숭배합니다. 또 다른 종교는 과거 시대에 덕이나 명성이 탁월하던 인간을 신으로서만이 아니라 최고의 신성으로 숭배합니다. 그런 종교들 중에 가장 위대하고 가장 현명한 종교는 그 모든 것 중 아무것도 숭배하지 않고 미지의 영원한 불가해하고 무한한 신적 존재로서 인간의 정신에는 파악이 안 되고 온 세상을 그 신체적 크기가 아니라 그의 힘으로 가득 채우는 존재를 믿습니다. 이것을 그들은 만물의 아버지라고 부릅니다. … 그러나 모든 이는 그 밖의 생각들은 다양할지 몰라도 최고의 존재, 세상의 창조자, 섭리가 존재한다는 데서 의견이 일치합니다. 그들 모두는 그것을 미트라스라는 같은 이름으로 부릅니다. … 그들의 가장 오래된 법률 중 하나는 아무도 자기 종교 때문에 손해를 보아서는 안 된다고 규정합니다. 왜냐하면 왕국의 창설자인 유토푸스 임금이 그가 도래하기 전에 토착민들이 큰 종교 전쟁에 휘말려서 그들이 그에 맞서 단결하는 대신 개별화되어 싸우는 바람에 이것이 그가 승리하는 것을 쉽게 해준 경험을 했기 때문입니다. 그래서 그가 승리를 쟁취하자 곧바로 무엇보다 먼저 하나의 법률, 자기 마음에 드는 종교를 따르는 것은 누구에게나 허용되며, 그가 다른 이들을 그리로 개종시키려고 시도한다면 그는 무력 사용이나 욕설 없이 평화적이고 조용한 방식으로 증거 수단의 힘을 통해서 그렇게 해도 좋다는 법률을 반포했습니다. 그러나 이를 어기는 자는 추방형이나 머슴살이 형을 받았습니다."

"유토푸스는 그가 매일의 투쟁을 통해서 그리고 화해하지 못하는 증오를 통해서 방해를 받는 것을 본 내적 평화를 위해서만이 아니라 종교 자체를 위해서도 이 법률을 반포한 것입니다. 그는 종교적 사안에서는 신이 다양한 방식으로 숭배받기를 원하는 것이 아닌지 그래서 사람들에게 다양한 종교를 불러일으키지 않았는지 불명확한 상황에서 대담한 결정을 내리는 것을 감행하지 않았습니다. 어떤 경우에도 그는 한 인간이 다른 이들에게 무력을 써서 자기가 옳다고 간주하는 믿음을 강요하는 것이 합당치 못하며 역겨운 일이라고 여겼습니다. 하지만 정말로 오직 하나의 종교만이 진정한 종교라면 진리는 이성과 온건함만을 통해 뒷받침을 받을지라도 이미 인정을 받을 것입니다. 그러나 무력과 무력 사용의 촉구가 개입된다면 물론 최선의 종교도 미신 안에서 질식할 것입니다. 마치 잡초와 가시 가운데 자라는 곡식과 같이 질식할 것인데, 최악의 것이 항상 가장 완강하기 때문입니다. 그래서 그는 누구에게나 그의 맘에 맞는 것을 믿을 완전한 자유를 주었습니다. 오직 영혼이 육체와 함께 죽는다거나 세상에서 모든 것은 우연에 맡겨지며, 섭리의 인도에 맡겨지지 않는다는 것을 가정할 만큼 심하게 타락한 자들에 대해서만 그는 엄격한 법률을 선포했습니다. … 그들은 이런 견해를 가진 자에게는 결코 관직과 명예직을 맡기지 않습니다. 이런 자는 공화국의 행정에서 배제되며, 비열하고 천한 영혼으로 멸시를 받습니다. 그러나 누구나 자기가 뜻하는 것을 믿는 것은 인간 마음대로가 아니라는 것이 그들의 원칙이기 때문에 그를 처벌하지는 않습니다. 그를 협박하여 위선과 위장을 하도록 몰고 가지도 않습니다. 왜냐하면 그들에게는 어떤 것도 거짓과 위선보다 더 혐오스럽지 않기 때문입니다. 그에게는 단지 자신의 원칙을 민중에게 설교하는 것이 금지됩니다. 반면에 사제들과 노련한 사람들과의 사적인 토론은 용납될 뿐 아니라 참으로 권장됩니다. 왜냐하면 그들은 이성적인 입증의 근거들이 그를 그의 견해로부터 떠나게 할 것이 분명하다고 확신하기 때문입니다."

이런 서술들은 모든 신앙고백의 관용에 관한 한에서는 종교개혁 시대보다는 계몽시대에 더 부합한다. 깔뱅이 세르베(Servet)를 세계가 경험한 가장 피비린내 나는 종교전쟁 직전에 화형시킨 시대보다는《현자 나탄》(레싱의 희곡. 종교 간 평화의 이상을 제시한 희곡으로 평가받는다—옮긴이)이 이해되던 시대에 더 부합한다는 것이다. 그리고 그것들은 사실상 종교를 넘어선 불신자에게서 나온 것이 아니라 심하게 종교적인 마음, 인류에 대한 그의 열광적 사랑과 감격을 표현해 주기 위해 종교에서 유일한 형태를 그의 시대로부터 제공받은 그 사람, 비종교성은 공공심의 결여와 같은 것을 의미하던 그 사람에게서 나온 것이기 때문에 우리에게 더욱더 위대해 보인다. 16세기의 유물론은 사실상 피착취 계급이 아니라 착취 계급에게서 생겨났다. 신도 불멸도 믿지 않은 자들, 그들은 교황과 추기경, 군주와 조정 신하들이었다. 종교에 대한 그들의 멸시는 민중에 대한 멸시와 손을 잡고서 나갔다. 왜 모어가 유물론

자들을 비열한 이기주의자로 여기며 국가 행정에서 배제했는지 이해하려면 이런 상황을 염두에 두어야 한다.

모어는 18세기의 관용정신에 가까웠는가 하면, 또한 그의 이상적인 교회 조직을 가지고서 종교개혁을 선취했다. 아니 '가톨릭 순교자'인 그는 다분히 이 종교개혁을 넘어섰다.

"그들의 사제들은 뛰어난 신앙심을 지니며, 그래서 아주 소수입니다. 각 도시에 열세 명뿐으로 각 교회마다 한 명 꼴입니다. … 그들은 다른 관리들처럼 당파 형성을 방지하도록 민중의 비밀선거로 선출됩니다. 선출된 자들은 사제평의회에서 성직 임명을 받습니다. 그들의 직무는 예배와 모든 성사를 거행하고 민중의 풍속을 감독하는 것입니다. 그리고 그들에게 소환당하고 단정치 못한 품행으로 꾸지람을 듣는 것은 큰 수치입니다. 그러나 그들은 훈계를 하고 꾸짖을 권한만을 가집니다. 처벌권은 오로지 군주와 관리에게 있습니다. … 어린 세대의 교육은 사제들의 책임입니다. 그리고 그들은 어린이들에게 지식만 전달해 주면 되는 것이 아니라 그들의 인격도 형성해 주어야 합니다. 그들은 어린이들의 영혼이 아직 부드러워 감수성이 있는 동안에 공화국에 유익하면서도 선한 원칙들을 불어넣어 주려고 온갖 기회를 활용합니다. 이런 나이에 받은 깊은 인상은 평생에 걸쳐 작용하며, 공화국의 강화와 활기 진작에 한없이 많이 기여합니다. 공화국은 오직 악습으로 파괴되며, 악습은 나쁜 원칙들의 결과입니다."

"그들의 사제들은 그 나라에서 품성이 가장 탁월한 여자들과 혼인합니다. 여자들도 사제 직분에서 배제되지는 않지만 사제로 선출되는 일은 드물며 선출될 경우라도 늙은 과부들만 선출됩니다. …"

"그들 가운데 극히 다양한 종교가 있지만, 모두는 신적 존재의 숭배에서는 합의에 도달하며, 그에 따라 성당 안에서는 모든 종파가 일치를 보지 않은 것은 아무것도 볼 수도 들을 수도 없습니다. 각 사람은 자기 종파에 독특한 예배 관습을 자기 집 안에서 이행합니다. 공적인 예배는 어떤 점에서도 개별 예배와 상충되지 않습니다. 그래서 각자가 자기 신앙에 맞게 신성을 상상할 수 있도록 성당 안에는 어떠한 신의 그림도 없습니다."

"한 달과 일 년의 마지막 날은 축제일입니다. 그들이 이날에 성당에 가기 전에 부인들은 남편 앞에, 아이들은 부모 앞에 무릎을 꿇고 그들의 모든 잘못과 과오를 고백하고 그에 대한 용서를 구합니다. 그래서 모든 집안의 분란이 극복되어 그들은 순수하고 명랑한 마음으로 기도를 드릴 수 있습니다."

이런 유토피아적 교회는 루터주의 그리고 깔뱅주의조차 얼마나 뛰어넘는가! 이 둘과의 공통점은 비밀 고해, 사제 독신, 성상 숭배의 폐지이며, 깔뱅주의와는 민중에 의한 사제 선출의 도입이 공통점이다. 그러나 모어는 그것을 뛰어넘는다. 그는 예컨대 성직자 집단의 처벌권한을 폐지하며, 여성에게도 사제 직분을 허용한다. 아니, 그는 치유될 수 없는 병자에게 자살을 권하는 것도 기피하지 않는다. 모어는 모든 종파의 공통적인 예배에서 그리고 개별 예배는 자기 집에서 드리도록 한 것에서 그의 시대의 모든 교회보다 탁월함을 보여준다. 이는 오늘날 사회주의가 받아들인 것과 같은 원칙을 16세기의 언어로 나타낸 것이다. 종교는 사적인 용무라고 선언한 원칙 말이다.

우리는 《유토피아》가 얼마나 혁명적이었는지 안다. 먼 미래와 관련해서만이 아니라 그 시대의 초미의 문제들과 관련해서도 혁명적이었다. 유토피아는 사유 재산, 군주들의 정치, 수도자들의 무지와 부패만이 아니라 종교의 가르침 자체를 공격했다.

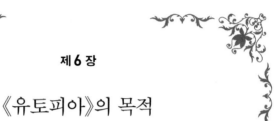

제 6 장

《유토피아》의 목적

모어는 그 당시 사회와 정반대를 이루는 이상적 사회의 그림을 낱낱이 제시한 후《유토피아》의 말미에 한번 더 강렬한 강조를 하면서 그의 시대에 도전한다. 현대 사회주의는 히틀로데우스가 그의 유토피아에 대한 묘사를 끝맺는 문장에 담긴 것보다 더 날카로운 사회비판을 보여준 것이 거의 없다.

"그렇게 나는 이제 여러분에게 내가 할 수 있었던 한에서 충실하게 이 공화국의 체제를 서술했으며 이는 내 추측으로는 이 이름에 합당한 최선의 공화국일 뿐 아니라 유일한 공화국(Gemeinwesen)입니다. 다른 데서도 물론 공익(Gemeinwohl)을 이야기하지만, 사실상은 사익을 염려하는 것뿐입니다. 개인 재산이 없는 유토피아에서는 누구나가 사실상 공화국의 일을 돌보며 여기서나 거기서나 누구나 자신이 왜 그리 서로 다르게 행동하는지에 대한 좋은 이유들은 갖고 있습니다. 왜냐하면 다른 데서는 누구나가 자신을 위해 신경을 쓰지 않으면 공화국이 아주 번영을 누리더라도 자기가 굶주려야 한다는 것을 알기 때문에 자기의 복리를 전체의 복리보다 우선시하기 때문입니다. 반면에 유토피아에서는 모든 것이 공유여서 사람이 공적인 곳간을 채우는 데 신경을 쓴다면 아무도 결핍으로 고생할 수가 없다는 것을 누구나 압니다. 왜냐하면 그들에게는 모든 것이 평등하게 분배되어 아무도 가난하지 않으며 비록 아무도 뭔가를 자기 것으로 보유하지 않으나 그들 모두가 부유하기 때문입니다. 근심이 없고 유쾌한 생활보다 더 나은 부가 있을 수 있나요? 유토피아에서는 개인은 자신의 생존을 염려할 필요가 없으며, 아내의 끝없는 타박으로 괴로움을 당하지도 않고 자식의 미래를 걱정하지도 않으며 딸의 혼수가 그에게 근심거리가 되지도 않습니다. 그는 자신의 생계와 행복한 생활뿐 아니라 그의 자녀, 손주, 조카, 모든 후손의 행복한 생활도 극히 먼 세대까지 보장된다는 것을 압니다. 그리고 그들에게 있는 아직 노동하는 자들이나 약하여 일할 능력이 없게 된 자들이나 마찬가지로 돌보아 줍니다. 나는 이런 정의를 다른 민족들의 법과 대등하게 취급할 만큼 용감한 사람을 보고 싶습니다. 다른 민족들에게서 권리와 정의의 흔적이라도 발견한다면 내가 천벌을 받을 것입니다. 귀족, 금세공인[66] 혹은 대금업자, 한마디로 아무 일도 하지 않거나 유익한 일은 아무것도 하지 않는 이들이 무위도식하거나 쓸모없는 활동을 하면서도 영예롭게 그리고 즐거움 가운데 살아가는가 하면, 일용 노동자, 심한 육체노동자, 대장장이, 목수, 밭가는 머슴 등 짐을 지는 짐승보다 더 고되게 일을 하고 그들의 노동이 공화국에는 일 년 내내 없어서는 안 될 그런 이들은 아주 불쌍한 생계를 이어가고 집짐승보다 더 열악하게 살아야 한다면 그게 무슨 정의이겠습니까?

---

[66] 금세공인은 모어의 시대에는 흔히 환전 상인이고 은행가였다.

저들은 그리 오래 노동하지 않으며, 그들의 음식은 더 낫고 그들은 미래를 향한 걱정으로 입맛을 망치지도 않습니다. 반면에 노동자는 자기 노동의 삭막함에 짓눌리고 노년에 거지꼴이 되는 비참함에 대한 전망으로 고통을 받습니다. 그의 임금은 아주 적어서 하루하루의 필요를 충족시키지 못할 정도이고 자신의 노년을 위해 뭔가를 저축해 놓는다는 것은 생각도 하지 못합니다. 그들 스스로 자칭하는 대로 귀족, 금세공인 등 놀고먹거나 아첨으로 혹은 공허한 즐거움을 위한 활동으로 살아가는 사람들에게는 낭비적으로 퍼주고, 다른 한편으로 가난한 농부, 석탄 캐는 광부, 일용 노동자, 막일꾼, 대장장이, 목수 등 공화국이 존속하는 데 없어서는 안 될 사람들에게는 최소의 배려도 하지 않는 공화국, 그런 것이 불의하고, 감사할 일이 없는 공화국이 아닙니까? 그들을 착취하고 젊은 시절의 힘을 쥐어짜낸 뒤에는 노령과 질병, 궁핍이 그들을 파괴한 경우에는 그들을 운명의 손에 넘겨주며, 성실한 수고와 크나큰 봉사의 대가로 그들을 아사의 희생물로 바칩니다."

"그뿐이 아닙니다. 부자들은 가난한 이들의 임금을 더러운 인적 간계로 후려치는 데 만족하지 못하고 같은 목적으로 법령들도 반포합니다. 옛날부터 불의했던 것으로서, 공화국을 잘 섬긴 이들에 대한 배은망덕, 이것은 그들이 그 불의에 법적 효력을 그리고 그로써 정의의 이름을 붙여주면서 그들에 의해 더욱 소름끼치는 형태로 되었습니다."

"정말로, 내가 이 모든 것을 숙고해 볼 때 오늘날의 모든 국가는 내게는 공공복리의 구실로 자신들의 이익을 추구하고 온갖 술수와 계책으로 그들이 불의하게 취득한 것에 대한 소유권을 보장받고 가난한 이들의 노동을 가능한 한 미미한 대가로 차지하고 착취하려고 모색하는 부자들의 음모로밖에 보이지 않습니다. 이런 멀쩡한 규정들을 부자들은 전체의, 그래서 가난한 이들까지 해서 모두의 이름으로 반포하고 그것들을 법률이라고 부릅니다."

"그러나 이런 비열한 자들이 만족할 줄 모르는 탐욕을 가지고 전체 인민에게 충분하게 될 것 모두를 그들끼리만 나누어 가진 뒤에 그들은 유토피아인들이 즐기는 그 행복에서 스스로가 멀리 떨어져 있음을 느낍니다. 유토피아인들에게는 돈의 사용과 그에 대한 요구는 제거되었으며 그로써 산더미 같은 근심의 짐이 사라져 범죄의 가장 강력한 뿌리 중 하나가 뽑혀나갑니다. 사기, 도둑질, 약탈, 분쟁, 소요, 폭동, 살인, 암살, 독살이 법의 지엄함으로 물론 징벌을 받지만 방지되지는 않는다는 것, 그러나 그 모두는 돈이 사라지면 사라지리라는 것을 누가 모른단 말입니까? 돈에는 사람들의 근심, 불안, 걱정, 고난, 불면의 밤들이 따르겠지요. 가난 자체는 돈을 아주 절실하게 필요로 하는 것으로 보이지만 돈이 폐지되면 그치겠지요."

사회를 그 뿌리째 공격하는 이 대담한 비판에 비해서 《유토피아》 발간 1년 후에 사죄(赦罪) 자체가 아니라 사죄의 오용에 반대하여 설교를 시작했고, 그의 머릿속 논리 전개에 의해서가 아니라 사실의 전개에 의해 그 이상의 단계로 떠밀려 간 루터의 아주 찬양받는 행동은 얼마나 한계가 많아 보이는가! 그렇지만 교회 질서에서 뭔가를 바꿀 의도가 없이 사죄의 오용을 공격한 사나이에 맞서서 마침내 로마 세력 전체가 동원되었건만, 그 사나이는 아무 탈 없이 살아남았으며, 그의 가르침이 확산되었을 때 사회 전체를 기초부터 흔든 것이 분명했다. 그리고 개혁 교회들 중 어느 교회보다도 비가톨릭적인, 아니 여러 가지 점에서(불치병 환자의 자살, 여성의 사제 직분) 비그리스도교적인 교회 질서의 옹호자는 가톨릭교회의 성인이 되었다!

처우상의 이런 차별은 아주 이상해 보이지만, 그것은 충분한 근거가 있다. 루터는 대중에게 접근했다. 그는 유력한 당파와 계급의 이해 관계를 표현해 주었다. 모어는 그의 노력에서 혼자였다. 그는 오직 소집단의 지식인들에게만 다가갔으며, 민중은 그를 이해하지 못했고, 그 또한 민중에게 이해받기를 원하지 않았다. 그래서 그는 《유토피아》를 라틴어로 썼고, 그의 사상을 풍자의 옷으로 감싸서, 당연히 그의 생각을 표현하는 데에서 더욱 큰 자유도 얻었다.

여기서 우리는 그 대답이 아직 우리에게 남아 있는 마지막 질문에 도달했다. 모어는 그의 《유토피아》로 어떤 목표를 추구했던가?

우리는 몇 사람이 그것을 단순히 플라톤의 《공화국》의 모방으로 간주한다는 것을 안다. 다른 이들은 아예 그것을 한가한 환상이라고 공언한다. 많은 이들, 특히 독일인들은 둘 다라고 본다. 그처럼 예컨대 루드하르트는 한때 《유토피아》를 "고대 연구의 아름다운 결실"이라고 했다가 나중에는 "살려내야 할 것이 아니라 유쾌한 영혼의 유쾌한 농담"으로 간주했다(Rudhart, *Thomas Morus*, S. 119, 156). 최근에 다시금 알프레트 슈테른 교수는 모어를 "그리스도교적 이웃사랑과 플라톤적 공산주의의 융합"의 "지극히 재기발랄하고 지극히 유명한 가공자"라고 공언하며 그 다음 쪽에서는 《유토피아》를 "점차 사라지는 시간의 환상적인 사고상의 유희"라고 지칭한다(Alfred Stern, *Die Sozialisten der Refor-mationszeit*. Berlin 1883. S. 13, 14).

모어식의 공산주의가 플라톤적 공산주의와는 완전히 다른 성격을 띤다는 것, 그것이 "고대 연구의 아름다운 결실"이 아니라 근세 초기의 사회적 폐해와 경제적 발전의 맹아를 연구한 결실이라는 것, 그것이 생생한 사실에 기초를 두며 골동품적인 독서에 의한 지식에 기초를 두는 것이 아니라는 것을 우리는 충분히 서술했다고 생각한다. 그리스도교적 이웃사랑도 모어식 공산주의에서는 흔적을 찾을 수 없다. 왜냐하면 그 이웃사랑은 가난한 이들, 궁핍한 이들 그리고 베풀 능력이 있는 부자들을 전제로 하는 빈민 구제에 불과하기 때문이다. 그리스도교가 공산주의적 발작을 일으키는 경우에 그것은 노동의 공산주의가 아니라 동냥자루의 공산주의이고, 노동하는 프롤레타리아 계급이 아니라 룸펜 프롤레타리아 계급의 공산주의이다. 모어식의 공산주의는 플라톤적인 것도 아니고 그리스도교적인 것도 아니며, 현대적인 것이고 자본주의에서 싹튼 것이다.

그러나 우리는 또한《유토피아》를 단순한 농담이라고 보지도 않는다. 우리 지식인들의 견해에 따르면,《유토피아》가 오늘날 작성되었더라면 그 성격상 문헌학 잡지에 들어갔거나 문예란에 들어갔을 것이라고 한다.

《유토피아》를 농담으로 파악하는 것을 지지해 주는 근거는 아무것도 없다. 정말 아무것도 없다. 모든 것이 그 반대를 말해 준다. 특히 그 책 자체가 그렇다. 기존의 상황에 대한 아주 통렬한 비판을 담고 있고, 아주 깊이 있게 생각해낸 공산주의 체계를 제시하며, 아주 정확하게 그 시대의 경제적 및 기술적 상황에 맞추어진 작품을 농담으로 간주하기 위해서는 어떤 독일 교수들의 천진함―천진함은 그래도 최선이다―을 지녀야만 한다. 또한 그의 동시대인들도 그 작품을 아주 진지하게 받아들였다. 예를 들어서 뷔데(Guillaume Budé, 1467~1540, 프랑스의 인문주의자―옮긴이)는 룹세트(Thomas Lupset, 1498~1530, 영국의 인문주의자―옮긴이)에게 이런 편지를 썼다. "우리는 토마스 모어에게 그의 '유토피아'에 대해 크게 감사해야 합니다. 그 책에서 그는 행복한 생활의 모범을 세상에 보여주었습니다. 우리 시대와 우리의 후손들은 이 묘사를 적합한 가르침과 유익한 지도를 해주는 학교로 간주할 것입니다. 그로부터 여러 국가들은 그들의 제도를 가져다가 그들의 필요에 맞게 적용할 것입니다." 모어의 수많은 다른 동시대인도 비슷한 의견을 표출한다. 요한네스 팔루다누스(Johannes Paludanus)와 빠올로 조비오(Paolo Giovio), 카를 5세의 고문관인 히에로니무스 부슬리디아누스(혹은 부슬리디우스, 네덜란드의 부슬라이덴의 라틴어화한 이름) 같은 지식인들과 정치인들이 그랬다. 스테이플턴은 《유토피아》에 관한 일련의 진술들을 모았으며(*Vita Thomae Mori*, S. 184, 이 책 128–129쪽 참조—옮긴이), 이 모두는 위의 인용과 같은 방향으로 진술된 것들이다. 모든 이가 《유토피아》를 국가지도자들이 그들의 국가를 어떻게 통치해야 하는지에 대하여 그들에게 지침을 주는 책으로 보았다.

그리고 그것은 완전히 그 시대의 의미로 생각되었다. 그 당시의 관점에 따르면 군주에게는 모든 것이 가능했으며, 군주를 자기편으로 끌어들인 자에게는 모든 것이 가능했다. 군주들을 위한 지침서는 모어의 시대에 여러 권이 나왔다. 마키아벨리의 《군주》와 에라스무스의 《그리스도교적 군주를 위한 교과서》(*Institutio principis christiani*)는 《유토피아》와 동시대에 저술되었으며 우리는 유토피아가 그 책들과 같은 목적, 즉 군주들에게 어떻게 다스려야 하는지 보여주려는 목적을 추구했다는 것을 의심할 조금의 이유도 없다.

그리고 《유토피아》는 참으로 영국의 통치와 체제에 영향을 준다는 특별한 목적을 추구했다. 제1권이 그것을 우리에게 아주 명확히 보여줄 뿐 아니라 그 책을 알았던 것이 분명한 에라스무스도 후텐에게 보낸 우리에게 잘 알려진 그의 편지에서 그것을 말해 준다. "그는 국가들이 나쁜 상태에 있는 것이 어떤 경우인지를 보여주려는 의도에서 '유토피아'를 저술했습니다. 그러나 특히 그는 그의 묘사에서 그가 철저히 탐구했고 알게 되었던 영국을 염두에 두었습니다."

사실상 유토피아 섬은 영국이다. 모어는 영국이 공산주의 제도를 도입할 때 어떻게 보일 것인지, 영국과 외국의 관계는 어떻게 형성될 것인지를 보여주고자 했다. 그 유비관계는 정확히 추적된다. 그 섬은 대륙으로부터 해협에 의해 1만 5천 보가 떨어져 있다. 수도인 아마우로툼에 대한 서술은 런던에 대한 충실한 묘사이다. 그것은 아니더(Anyder, 템스) 강을 끼고 있고 그곳의 밀물과 썰물은 도시 상류 쪽으로 수 마일까지 미친다. 양안은 돌다리(런던 브리지)로 서로 연결되고, 그곳은 도시가 바다에서 가장 멀리 떨어진 곳이어서 가장 먼 거리를 배를 타고 올라올 수 있는 곳이다. 운운. 아마우로툼마저 독일어로는 무시(霧市: Nebelstadt)라고 한다(그리스어 아마우로스: 어둡다, 흐리다, 안개가 끼다에서 온 것). 영국에서도 유토피아 섬과 브리튼 제도(British Isles) 간의 유비관계는 일반적으로 인정된다.

스토우는 런던과 아마우로툼 간의 완벽한 일치를 발견한다(Stow, *Survey of London*, 2. Band, S. 458). 루드하르트는 그녀에게 반박하지만 그렇게 해서 괴팅겐 대학 도서관이 런던에 대해 알아볼 수 있는 적당한 곳이 아니라는 것만을 입증한다.

모어의 선례를 따라서 라블레(Rabelais)는 자신의 고국을 《유토피아》란 이름 뒤로 숨겼다(2. Buch, 8., 23. Kapitel, 3. Buch, 1. Kapitel). "라블레의 '유토피아'는 이처럼 프랑스이며 그 점에 모든 논평자가 의견 일치를 이룬다. 그는 토마스 모어의 '유토피아'에서 이 아이디어와 그의 유토피아인들의 식민지라는 아이디어를 취해 갔다"(Esmangard, 이미 언급한 바 있는 주석서 *Oeuvres de Rabelais*, 3. Band, S. 516).

《유토피아》를 가지고서 어찌 할 줄 모르는 역사가들과 경제학자들은 당연히 이 이름에서 모어 자신도 그의 공산주의를 실천 불가능한 환상으로 간주한다는 모어의 묘한 암시를 읽는다. 이는 적절한 '학문적' 방법이다. 불편한 역사적 현상을 그 반대로 왜곡하는 것 말이다. 사실에는 눈을 감고 그리스어 사전에서 곧바로 억지 설명을 이끌어낸다('어디에도 없는 곳'이라는 유토피아의 어원을 말한다—옮긴이).

유토피아에 관한 자세한 설명 전체에서 단 하나의 요소만이 공상이며 그 가능성은 모어 자신도 굳게 믿지 않았다. 추구하는 목표가 아니라 그 목표에 어떻게 도달할지 그 기술과 방식이다. 그는 공산주의를 실천할 수 있었던 세력 하나만 바라보았지만 그 세력을 결코 신뢰하지 않았다. 모어는 그의 《유토피아》에서 어떤 식으로 그가 공산주의의 실천을 생각했는지 보여주었다. 유토푸스란 이름의 군주가 그 나라를 정복하고 그 나라에 자기 정신의 도장을 찍는다. 유토피아에서의 모든 제도는 그에게로 소급된다. 그가 공산주의적 공화국의 일반적 계획을 짰고 그대로 실천했다.

이런 식으로 모어는 그의 이상의 실현을 상상했다. 그는 유토피아적 사회주의의 아버지였으며, 유토피아적 사회주의는 《유토피아》에서 그 이름을 적절하게 따온 것이다. 이 사회주의는 목표의 도달 불가능성 때문이라기보다는 목표에 도달하기 위해 동원할 수 있는, 혹은 사용하려고 하는 수단의 접근 불가능성 때문에 유토피아적이다.

모어가 유토피아주의자가 분명했다는 것을 우리는 안다. 아직 사회주의를 위한 어떤 당파도 어떤 계급도 개입하지 않았다. 국가가 그의 마음에 달려 있는 것으로 보일 만큼 결정적인 정치권력으로서 군주들은 당시에는 아직 확고한 전통 없이 젊은, 어떤 의미에서는 혁명적인 요소였다. 왜 그들 중 하나를 공산주의로 전향시킬 수 없다는 것인가? 그 중 누군가가 원했다면 그는 공산주의를 실천할 수 있었다. 아무도 원치 않았다면 민중의 곤경은 변경할 수 없는 것이었다. 모어는 그렇게 생각했고 이런 관점에서 그는 군주의 마음을 얻으려는 시도를 했음이 분명하다. 그러나 그의 과제가 희망이 없다는 것에 관해 결코 환상을 갖지 않았다. 그는 그 시대의 군주들을 아주 잘 알았다.

　그는 히틀로데우스가 설명하는 것 전체에 동의하는 것은 아니라는 허울뿐인 단서를 미리 단 뒤에 《유토피아》를 다음과 같은 말로 끝맺는다.

　"나는 유토피아인들의 공화국에 내가 우리 나라에서 보기를 원했지만 기대하지는 않던 참으로 많은 것이 있다는 걸 기꺼이 인정합니다"(*optarium verius quam sperarim*).

　이 결론에는 모어 운명의 비극 전체가 놓여 있다. 그 해결의 물적 조건이 주어지기도 전에 시대가 무릎 위에 안고 있던 문제를 끄집어내는 천재의 비극 전체, 그가 혼자이면서 그의 착수가 가망이 없는 것인데도 시대가 제기한 문제의 해결을 위해 나설 의무, 통치자의 횡포에 맞서 억압받는 자들의 권리를 위해 나설 의무가 있다고 느끼는 성품의 비극 전체인 것이다.

　자기 신념을 군주의 기분에 제물로 바치지 않았으므로 그가 올라갔던 단두대 위에서 모어는 그의 성품의 위대성을 입증했다. 그 위대성은 그의 동시대인들에 의해 이미 인정되었다. 반면에 그의 천재성의 위대함은 그들이 그것도 많이 찬양하기는 했으나 그들이 파악할 수 없었다. 우리 시대에야 비로소 과학적 사회주의의 발생으로 사회주의자 모어를 정당하게 평가하는 것이 가능해졌다. 19세기 후반부터 비로소 역사적 현상으로서 사회주의의 목표가 아주 명확히 드러나서 사회주의 운동의 시초에서 본질적인 것을 비본질적인 것으로부터, 지나가는 것으로부터 지속하는 것을 구분하는 것이 가능하다. 그럼으로써 비로소 《유토피아》에서 "사라져 가는 시간의 환상적 사고 유희"인 것, 과거의 여운인 것, 미래의 전조인 것, 역사적 실제인 것을 인식하는 것이 가능해졌다.

그리고 그가 한가한 시간의 공상이 아니라 그의 시대의 경제적 경향의 본질에 대한 깊은 통찰의 결과인 목표를 세웠다는 것을 인식할 수 있는 조건이 주어지기까지 3세기 이상이 필요했다는 것보다 그 사람의 위대성을 더 웅변적으로 말해 주는 것은 없으며, 그가 자기의 동시대인들을 얼마나 크게 능가했는지를 더 명확하게 보여주는 것은 없나. 《유토피아》는 곧 4백 살의 나이가 되며, 이미 모어의 4백회 생일은 지나갔다. 그래도 아직 그의 이상은 정복되지 않았고 아직 그것은 분투하는 인류 앞에 놓여 있다.

사회주의 역사에서 유토피아의 위치[*]

　사려 깊고도 격정적인 부르주아 사회에 대한 고발과 대단히 힘찬 공산주의 찬양으로 라파엘 히틀로데우스가 유토피아에 대한 서술을 끝맺는 것을 읽는 사람이라면 모어의 다른 글들은 전혀 읽지 않았더라도 그 글들의 성격에 대해 미심쩍은 바가 있을 수 없다. 적어도 그렇게 생각이 드는 것이다. 그러나 부르주아 식자층은 사회주의를 상대하는 즉시 제정신을 잃어버리는 천형을 받은 것으로 보이며, 그래서 교황파의 역사가도 자유주의 역사가도 《유토피아》를 "유쾌한 영혼의 유쾌한 농담"으로 "점차 사라져 가는 시간의 환상적 사고 유희"로 또는 하나의 유식한 장난으로, 플라톤 공화국의 한 변종으로 공언한다.

　우리는 《유토피아》가 사회주의 사상의 역사에서 어떤 역할을 하는지 주시한다면 다른 상(像)을 얻게 된다.

　플라톤의 공산주의를 모방하기는커녕 모어의 공산주의는 그것과

---

[*] 이 글은 1895년에 나온 《새로운 사회주의의 선구자들》 제1권 제2부 〈토마스 모어에서부터 프랑스 혁명 전야까지〉의 카우츠키가 맡은 제1장 〈토마스 모어〉의 제5절 461-468쪽을 옮긴 것이다.

는 근본적으로 다르고, 마찬가지로 기독교 공산주의와도 아주 다르다. 그것은 골동품적인 서적들의 지혜에서 싹튼 것이 아니라 그의 시대의 필요와 보조수단에 대한 깊은 통찰에서 싹튼 것이며, 헨리 8세의 잉글랜드가 펠로폰네소스 전쟁 때의 아테네 그리고 카이사르들의 제국과 다른 것처럼 모어의 공산주의도 플라톤의 공산주의 그리고 원시 기독교 공산주의와 다르다.

물론 그것은 그 선행자들과 많은 것을 공유하는데, 예를 들어 플라톤을 생생하게 떠올리게 하는 여성의 높은 지위나 공동 식사시간 같은 것들이 그렇다. 그러나 본질적인 사항들에서 그것은 모든 이전의 공산주의 형태들을 뛰어넘는다.

유토피아 때까지는 자치공동체적 공산주의나 협동조합적 공산주의밖에 알려지지 않았다. 공산주의는 관념에서나 현실에서나 개별 자치공동체나 조합들로 한정되었다. 모어는 공산주의를 새로 부상하는 근대 국가에 적합하게 만들고자 한 최초의 사람이었는데, 이는 국가가 아직 존재하지 않던 때의 그의 선행자들과만 다른 것이 아니라 그의 공산주의적 동시대인들, 기독교적 민주주의자들인 재세례자들과도 다른 것이다. 그는 거대한 민족국가의 틀 안에서의 생산의 조직이란 대담한 관념을 파악한 최초의 사람이었다.

그런데 여기서 우리는 이미 모어의 공산주의의 두 번째 핵심적인 표징을 건드렸다. 그것을 그려내기 위해 우리는 좀 더 이야기를 해야겠다.

모어의 시대에 영국의 사회 상황은 많은 점에서 그락쿠스 시대의 이탈리아의 상황과 부합했다. 그러나 아주 핵심적인 한 가지 점에서 그것과 달랐다. 이탈리아에서는 농민 경제가 경제적으로 낙후된 경제체제인, 노예경제 체제에 의해 축출되었다. 사람들은 병든 사회를 위한 치료 수단만을 바라보았다. 농민층의 재창출, 기존에 있던 것으로의 복귀를 바랐으며, 더 높은 수준의 생산양식으로의 진보를 바란 것이 아니었다. 그러나 룸펜 프롤레타리아 계층은 그런 것은 거들떠보려고 하지도 않았고, 빵과 놀이만을 찾았으며 노동과 생산수단의 소유를 찾지 않았다. 결국 사회의 일부는 무감각한 절망에 빠져들었고, 다른 일부에서는 향유 수단의 공산주의를 향한 경향이 생겨났다.

16세기의 영국에서는 달랐다. 새로운 국가질서가 당시에 놓였을 뿐 아니라 새로운 더 높은 생산질서, 노예들의 노동이 아니라 노동자들의 노동에 기초를 두고 세워진 생산질서도 놓였다. 그 노동자들이란 모든 면에서 자유로운 자들, 일체의 소유로부터, 또한 노예, 수공업 직인, 농민 머슴을 보유한 가진 자의 가계로부터도 해방된 새처럼 자유로운 노동자들이었다. 그런 종류의 자유로운 가진 것 없는 다수의 프롤레타리아들은 그때까지는 주로 기생적인 룸펜 프롤레타리아들의 형태로 알려졌었다. 노동하는 프롤레타리아들의 수는 비교적 적었다. 15세기에서 16세기로 넘어가는 전환점에 그들이 불어나기 시작했다. 자본가들(상인들)에 의해 착취당하는 도시의 일용 노동자들과 가내공업 종사자들과 아울러 광산 프롤레타리아 계층이 형성되었는데 이들은 광산의 자본주의적 조합원들(주주들)을 위해 토목 일에 종사했다. 끝으로 많은 곳에서 특히 영국에서 농업 임금 노동자들로 자신들의 노동력을 일부는 직접 지주에게, 일부는 자본주의적 차지농에게 판 프롤레타리아 계층이 형성되었다.

이런 부류의 프롤레타리아의 필요는 룸펜 프롤레타리아의 그것과는 완전히 다른 종류의 것이다. 룸펜 프롤레타리아는 노동을 원하는 것이 아니라 빵을 원한다. 그가 공산주의의 관념을 품는다면 이는 향유 수단의 공산주의다. 룸펜 프롤레타리아의 수준을 경제적으로만이 아니라 정신적으로도 뛰어넘은 진정한 임금 프롤레타리아는 노동을 통해서만 빵을 얻는다. 그의 제일가는 바람은 노동이다. 어떤 의미에서 그 바람은 그러는 가운데 자본가의 바람과 만난다. 자본가는 자선이 아닌 노동을 바라는 프롤레타리아 계층을 필요로 한다. 선행은 그에게는 혐오스런 것인데, 이는 그것이 자유로운 노동력이 노동시장에 유입되는 것을 줄여 주기 때문이다. 다른 한편으로 그가 바로 필요로 하지 않는 노동력들을 굶어 죽게 방치하는 것은 그 자신의 이익에 상충된다. 그는 그들을 나중에 필시 활용할 수 있을 텐데, 그들이 지금 출근하는 것은 항시 임금을 주어야 하는 압박이 된다. 실업자들이 스스로 생계를 유지할 수 없다면, 선행으로 후원을 받지 않는다면 그들이 굶어 죽지 않게 막아 주기 위해서는 그들에게 자본주의적 착취를 중단하지 않는 형태로 일을 주는 것 말고는 남는 것이 없다.

일을 할 권리는 그런 정황 가운데 임금 프롤레타리아 계층만 아니라 자본가 계급의 필요사항도 된다.

자본주의적인 의미에서 일할 권리는 1601년 엘리자베스 여왕의 구빈법에 따라 영국에서 처음으로 현실화되었다. 이 법은 자치공동체들이 일할 능력을 가진 빈민에게 일자리를 마련해 줄 의무를 진다고 규정했다. 이는 보람 있는, 합목적적인 유익한 일에 대한 권리가 아니라 형편없는 대가를 받고 하는 무의미한 노역에 대한 권리였다. 노동수용소(workhouse)는 고통의 집이 되었고 자본가의 감시를 받는 노동자는 언제나 그곳에서 집으로 돌아가고 싶어 했다.

엘리자베스의 입법이 일할 권리에 대한 자본주의적 관점을 정식화하기 오래전에 모어는 일할 권리가 노동하는 프롤레타리아 계층이 생각하는 복지 상태의 기초로서 현실화될 수 있는 유일한 조건을 찾아냈다. 이 조건은 생산 수단의 공동 소유다.

그것은 유토피아에서는 그때까지 관찰되었던 의식적 공산주의의 형태들과는 완전히 다른 역할을 한다—우리는 물론 전체 서술에서 원시 공산주의는 논외로 한다. 그것은 거기서 사회의 기초를 이룬다. 반면에 이전의 의식적 공산주의의 형태들에서는 그것이 출현한 한에서는 단지 향유 수단의 공산주의의 부수현상이고 결과적 현상에 불과했다.

모어는 바로 이 후자 종류의 공산주의를 부차적으로 여겼다. 물론 그는 식사시간의 공동식사를 알았지만 이는 단지 도시 인구에만 해당하는 것이고 이들에게도 비록 당연한 것으로 받아들여지지만 의무적인 것은 아니다. 게다가 유토피아에서는 사적인 가구를 이루어 살아가며, 그것도 수공업과 소농 농사에 맞는 형태의 가구를 이루고 산다. 모어의 시대에 사회는 아직 더 높은 기술적 토대에 도달하지 못했던 것이다. 유토피아의 공산주의는 본질상 생산활동의 공산주의이다.

모어의 공산주의와 그의 선행 형태들과의 이 근본 차이는 가족과 결혼에 대한 관계에서도 본질적인 차이를 그 결과로서 가진다. 모어의 이상사회는 플라톤의 이상사회나 기독교 공산주의자들의 이상사회처럼 가족과 개별혼에 적대적이지 않으며, 단지 모순을 일으키면서만 이런 제도들과 조화를 이루는 것이 아니다. 그러나 다른 한편으로 생산 수단의 공유는 가장이 그 가족 구성원들 위에 있는 그런 가족과 결혼의 형태와는 모순관계에 있다. 가장이 노예와 머슴 그리고 아내와 자녀 위에 있다는 것이다. 이런 지배 형태는 사유재산, 특히 생산 수단에 대한 사유재산권에 그 경제적 뿌리를 둔다. 남자가 가족의 생존 조건의 소유자로서 가족을 지배한다. 생산 수단에 대한 사유재산권이 지배하지 않는 경우에 가부장적 강제 가족과 강제 결혼의 경제적 뿌리도 존재하지 않는다. 이는 자본주의 사회에서는 프롤레타리아 계층에게 중단되고 공산주의 공화국에서는 전체 사회에 대해 중단된다. 여성은 경제적으로 남성으로부터 독립적이 되고 자녀들은 부모로부터 독립적이 된다. 기술 발달을 통해 사적 가구에게 노동이 계속해서 축소되는 것도 같은 방향으로 작용한다.

생산 수단에 대한 사유재산권의 폐지는 결코 개별혼과 개별 가족의 폐지를 가져오지 않지만 물론 그것들의 성격을 현저하게 달라지게 한다. 남편과 아내, 부모와 자녀를 묶어 주는 유대는 지극히 다른 종류의 것일 수 있으며, 무엇보다도 오랜 문화 발달의 산물로서 오늘날 이미 상당히 깅화된 개인적 이성애와 부성애의 감정들이 효력을 띠게 될 수 있을 것이다. 이는 결코 모성애처럼 자연스럽지 않지만 말이다. 가족과 결혼은 경제적 기구이기를 그만두고 남편과 아버지의 지배에 의존하기를 그만둔다.

모어는 그의 시대의 경제적 후진성에 맞게 남성 지배가 존재하는 강제 결혼과 강제 가족을 고수하는 경우에 모순을 보인다. 그러나 그는 플라톤이 자신의 이상적 공화국을 위해 이런 제도들을 비난했을 때 논리적이고 일관적이었던 만큼은 개별혼과 개별 가족을 고수하면서 나름대로 논리적이고 일관적이다.

또 한 가지 점이 여기서 주목할 만하다. 학문에 대한 모어의 태도이다.

기독교적 민주적 공산주의는 우리가 본 바대로 식자층에 적대적이었다. 학식은 그 시대의 지배 수단에 속했다. 그 공산주의는 깊은 학문적 통찰이 아니라 본능적 필요에서 그리고 무산자들과 착취당하는 자들 그리고 이들과 공감하는 자들의 마찬가지로 본능적인 분노에서 싹텄다. 단지 작은 공동체들에 펼쳐진 이 공산주의는 이를 파악하고 실천하는 데 학문을 필요로 하지 않았다. 거기에는 하층 계급에게서도 일상생활이 가져온 그런 일에 관련된 경험이면 충분했다.

유토피아에서는 학문이 큰 역할을 한다. 이는 인문주의자의 이상

국가에서는 자명하다. 그러나 학문의 높은 지위는 거기서는 단지 개인적 취미에서만 나오는 것이 아니다. 민족국가의 틀 안에서의 사회주의 공화국은 모어가 부여하는 그 단순한 형태에서도 그것의 관념이 철학적 소양 없는 정신의 소유자에게서 생겨날 수 있기에는 너무 복잡하다. 자기 시대의 전체적인 경제적·정치적 작동구조에 대한 지극히 깊은 통찰을 지닐 뿐만이 아니라 자신의 시야도 확장하고 과거의 사회적 상황과 그 정신적 산물들에 대한 공부를 통해 편견을 씻어낸 사상가, 자신의 정신을 고대 철학의 최고의 가장 대담한 결과들로 예리하게 하여 하나의 사상을 그 마지막 결과에까지 추적하고 어떤 경향의 단초로부터 그 최종 결과들을 인식하는 데 익숙한 그런 사상가만이 자기 시대의 사회 문제 해결을 위해 유토피아적 공화국과 같은 공산주의 공화국을 생각해낼 능력이 있었다.

플라톤 이후 처음으로 모어에게서 다시 학문이 공산주의를 섬기는 자리에 선다. 기독교적 민주적 공산주의에는 단지 적으로 나타났던 학문은 이제 그 자체가 근대적인 더 높은 공산주의 형태에 기초를 놓기 시작한다.

그러나 플라톤에게서 학문은 그의 공산주의의 귀족적 성격에 맞게 귀족 계층의 독점물이다. 모어의 공산주의는 민주적이다. 귀족 계층의 임박한 파탄이 그것을 낳은 것이 아니라 다수 프롤레타리아 계층의 수적 증대가 이를 낳았다. 그것의 목표는 일체의 지배와 착취의 폐지, 모두에게 모든 향유물이 접근 가능해지는 것이다. 학문은 그것에서는 지배 수단이어서도, 단지 소수에게 달성이 가능한 향유 수단이어서도 안 된다. 모어의 공산주의는 그것을 모든 향유물 중 최고의 것으로 모두에게 접근이 가능한 것으로 만든다.

물론 그의 시대는 기계 체제와는 한참 멀었지만 일상에서 누구에게나 생업 노동의 시간을 적은 시간으로 단축하는 데는 생산의 계획성과 모두의 동등한 노동의무로 충분하다. 그렇게 단축된 노동 시간과 아울러 학문적 몰두를 위한 시간이 충분히 남는다.

이런 사고는 기독교적 민주적 공산주의자들에게는 생길 수 없었다. 그들은 그 공산주의가 가져온 해결책에 아무런 관심도 없었는데, 이는 그들이 학문에 대해 질시하는 태도를 취했기 때문이며, 그들은 또한 유토피아에서 그런 정도로 노동 시간을 줄일 생각을 전혀 할 수 없었다. 왜냐하면 그들은 무계획성도 착취도 폐지하지 않은 기존 사회 내에서 단지 작은 자치공동체를 이루었기 때문이다. 그들이 모라바에서처럼 허용된 경우에 이는 바로 그들이 아주 좋은 착취 대상물이었기 때문에 그렇게 되었던 것이다. 그들은 스스로를 위해서만이 아니라 자신들의 주인, 지주 그리고 임금님을 위해서도 일했고 그들의 노동 시간은 그래서 사적으로 경제활동을 하는 그들의 동료들의 노동 시간과 다르지 않았다. 공산주의는 그들에게 더 큰 안정과 더 큰 복지도 가져다주었지만, 더 적은 노동의 부담은 좀처럼 가져다주지 않았다. 오히려 도처에서 보헤미아 형제들, 모라바의 재세례파들, 메노파 등의 근면성이 부각된다.[1]

모어의 유토피아의 이런 모든 특성들: 거대한 민족국가의 영역으로 공산주의의 확장, 공화국을 생산의 공산주의 위에 기초함, 공산주의와 개별혼 및 가족과의 화합 그리고 민주적 체제를 희생 대가로 삼지 않으면서 하는 학문과의 화합을 살펴보자. 이런 점들은 모어의 공산주의를 모든 선행하는 의식적 공산주의의 형태들과 구분해 주며, 이

---

[1] 모라바 재세례파에게서 노동시간은 해 뜰 때부터 해질 때까지이고, 정오의 휴식 한 시간이 있었다. Loserth, 《모라바 재세례파의 공산주의》(*Der Komminismus der mährischen Wiedertäufer*), S. 134.

런 면에서 우리는 이런 점들이 항상은 아니지만 그 이후의 어떤 중요성이라도 달성한 공산주의의 형태들에서 모두 결합되어 다소간에 각인되어 있는 것을 보게 된다.

모어의 《유토피아》와 함께 근대 사회주의가 시작된다.

물론 그것에는 개별적인 것들에서는 많은 그 시대의 후진성이 달라붙어 있다. 예를 들어서 16세기가 일반적으로 그렇게 하던 것보다 여성을 더 높이는 경우, 예를 들어서 여성에게 학문의 길을 열어주는 경우, 그렇더라도 남성 밑에 여성의 예속을 존속시키고 있다. 또한 물론 예외가 있지만 누구나 특정한 수공업에 묶어 두며, 참으로 강제 노동자도 있다.

다른 한편으로 나중의 사회주의 체계들의 다수, 특히 근대 사회주의 체계들이 훨씬 더 풍부하고 다채롭고 정교한 제도들을 갖추고 있다. 그러나 이런 사회적 구조물이 아무리 화려하고 현대적일지라도 그 기초는 유토피아의 것과 같다. 금세기의 초반에 이르기까지 사회주의는 이를 넘어서지 못했다. 나중의 체계들의 다수는 정말로 예를 들어 국가적 기초를 버리고 사회주의를 다시 자치공동체적 또는 협동조합적 기초 위해 세우기를 원하면서 퇴보하는 것을 보여준다.

또 한 가지 본질적인 점에서 유토피아는 위에서 말한 시대에까지 사회주의에게 본보기가 되었는데, 이는 그것으로부터 이름을 얻게 된 것으로서 유토피아주의라는 것에서다.

우리는 모어가 민중운동의 반대자였다는 것을 알아보았다. 이는 인문주의자이며 위정자인 자에게만 해당되는 것이 아니라 공산주의자에게도 해당된다. 그는 공산주의적 민중운동을 혐오했으며, 재세례파 운동도 마찬가지였다. 그는 요한 코클레우스에게 이렇게 편지를 썼다: "독일은 지금 아프리카가 일찍이 그랬던 것보다 괴물을 날마다 더 많이 출현시키고 있습니다. 재세례파보다 더 괴상한 것이 무엇이 있을 수 있습니까?"

민중운동에 대한 이런 질시는 금세기에까지 심지어 강력한 노동운동이 벌써 발달하기 시작한 때, 민주주의의 대의가 16세기 초보다 결코 더 절망적이지 않은 때까지도 대부분의 후일의 사회주의자들의 특성을 이룬다. 그러나 이 사회주의자들은 사회를 발달해 가는 유기체로 보지 않고 일단 특정 형태로 주어지면 언제나 같은 방식으로 작동하는 시계 같은 구조물로 간주한다. 그들은 자기 시대의 프롤레타리아 계층을 150년 전의 프롤레타리아 계층과 비교하지 않았고 그래서 이 계층이 전진한다는 것, 떠오르는 계급이라는 것, 이 계층에게 미래가 속한다는 것을 보지 못했다. 그들은 프롤레타리아 계층을 자기 시대의 유산자 계급과 비교했고 이 유산자 계급이 모든 점에서 프롤레타리아 계층보다 아주 우월하다고 보아서 프롤레타리아 계층의 자주적 운동은 절망적으로 여겨졌고, 오직 상층 계급으로부터만 사회주의를 실천할 세력이 나올 수 있다고 보았다.

모어는 유토피아에서 공산주의를 계몽된 군주에 의해 도입되게 한다. 계몽된 독재정은 나중에 다분히 불신에 빠졌으며 사람들은 부르주아적 박애로부터, 계몽된 백만장자로부터 또는 아예 사용하면 무조건 새로운 사회를 가져올 마법의 주문으로부터 더 많은 것을 기대했다. 프롤레타리아 계층의 계급투쟁은 인기 없는 채로 있었고 계급투쟁은 절망적으로 여겨졌을 뿐 아니라 사회주의자 집단에 걸림돌이 되기도 했는데, 이는 그것이 사회주의 편으로 끌어들여야 할 부르주아적 박애주의자들에게 혐오 대상이었기 때문이다.

노동자 계급은 스스로를 해방할 능력이 없다고 하는 유토피아주의의 관점과 손을 잡고서 같이 나아가는 유토피아주의의 다른 특성이 하나 있는데, 이는 미래 사회의 자세한 묘사를 향한 충동이다. 이는 완전히 불가피한 것이었다. 유토피아주의는 자신들의 사슬 외에는 잃을 것이 없는 사람들의 열정이 아니라 현존의 사회에서 완전히 잘 나가며, 사회에 대해 자신을 위해 별로 항의할 것이 없는 사람들의 열정과 인간애에 의존한다. 인간애를 일깨우는 데는 비참한 상황에 대한 설득력 있는 서술이 필요한데, 부유한 자들 대다수는 비참한 상황의 확장에 대해 알지 못한다. 또 일체의 기존의 폐단들에 대한 날카로운 부각이 필요하다. 이런 측면, 비판적 측면은 보통 유토피아주의자들의 저작에서 가장 눈부시고 가장 감동적인 것이다. 그러나 인간애를 공산주의의 실현과 같은 그런 거대한 과업의 실천을 위한 필요한 전제조건인 열정으로 승화시키려면 그것만으로는 부족하다. 그것에는 이상 사회가 귀족들도 이를 위해 땀 흘릴 가치가 있는 것이라는 데 대한 상세한 증거가 필요하다. 이런 사회가 인도주의자들의 눈에 입체적이고 볼품 있게 마법처럼 둔갑될수록 그것의 선전 효과는 가진 자들의 집단에서 더욱더 크다.

우리는 불과 몇 년 전에 벨라미의 소설 《돌이켜 보면》(*Looking Backwards*, 1888)의 예에서 그러한 볼 만한 묘사의 효과가 얼마나 클 수 있는지 체험했다. 유토피아주의가 낳는 열정이 얼마나 큰지 그러나 또한 얼마나 짧게 지속되는지, 얼마나 무력한지도 알았다. 오늘날 어떤 사람도 그 미국인의 유토피아에 더 이상 유념하지 않는다.

선전 효과에 대한 고려와 아울러 유토피아주의자들이 '미래 국가'에 대한 묘사를 하도록 몰고 가는 또 다른 정황이 있으며, 이 정황은 거기서 결정적인 것이다.

공산주의를 향한 필요는 절망적인 다수 프롤레타리아 계층이 형성되는 곳 어디서나 생겨난다. 룸펜 프롤레타리아 계층이냐 노동하는 프롤레타리아 계층이냐 하는 이 프롤레타리아 계층의 성격에 따라 그들의 필요에 상응하는 공산주의의 성격도 형성된다. 그것은 향유 수단의 공산주의이거나 아니면 생산 수단의 공산주의이다. 그러나 절망적인 다수 프롤레타리아 계층과 공산주의를 향한 필요의 등장은 결코 공산주의의 실현 조건의 등장과 맞아떨어지지 않는다.

공산주의가 사회의 예측 가능한 발달의 필연적 최종 결과로 나타나지 않는 동안, 그것을 실천할 단 하나의 생각할 수 있는 길이 있을 뿐이다. 이는 가능한 한 최대로 포괄적인 새로운 사회질서에 대한 설계도를 작성하고 그것의 실행을 위해 필요한 수단을 마련하는 것이다. 사회는 그 형태가 건축자와 건물주의 자의에 달려 있는 건축물, 그러나 필요한 설계도와 계산이 끝나기 전에는 그 건설에 착수할 수 없는 건축물처럼 생각된다. 이런 관점은 유토피아주의의 핵심적인 특징이다.

이 유토피아주의는 금세기의(19세기의—옮긴이) 30년대, 40년대의 사실상의 경제적·정치적 발달에 의해 점점 더 크게 동요되었다. 그것은 완전히, 일관적으로 그리고 완전히 의식되는 가운데 마르크스와 엥겔스에 의해 비로소 극복되었다. 이들이 1847년에 공산주의 선언으로 사회주의의 새 시대를 연 것이다.

이를 더 자세히 서술하는 것은 여기서는 할 수 없고, 이 저작의 다른 곳에서 기술될 것이다. 우리에게 여기서 중요했던 것은 마르크스와 엥겔스에 의해 과학적 사회주의가 수립되기까지, 그래서 3세기 이상의 기간에 걸쳐 사회주의 사상은 토마스 모어가 먼저 들어선 길로 움직여 왔음을 언급하는 것이었다.

부르주아적 역사가들에게 농담과 장난으로 여겨지는 저작이 인간 사고의 역사에서 이정표가 되어 있다. 그것은 사회주의의 역사에서 수백 년이 갈 시대를 열었으며, 사회주의의 형태를 놓았는데, 이는 그 시대 직전에 나온 형태로서 사회주의가 세계를 정복할 때의 형태가 될 것이다.

우리가 이 성취를 그의 시대의 경제적 낙후성 그리고 그 시대에서의 사회적 통찰의 변변치 않은 도구들과 비교해 본다면, 비로소 최초의 근대적 사회주의자의 의미를 완전히 파악하게 된다.

토마스 모어는 지극히 사랑할 만한 그리고 지극히 헌신적인 사람 중의 하나일 뿐 아니라 지극히 개성이 넘치고 지극히 대담한 사람 중의 하나이고 또한 인류 역사에서 가장 천재적 인물 중 한 사람이기도 하다.

토마스 모어와 유토피아
— 근대 사회주의 사상의 시원始原

2020년 6월 3일 초판 1쇄 인쇄
2020년 6월 9일 초판 1쇄 발행

지은이 카를 카우츠키
옮긴이 이승무
펴낸이 김영호
펴낸곳 도서출판 동연
등 록 제1-1383호(1992. 6. 12)
주 소 (03962) 서울시 마포구 월드컵로 163-3
전 화 (02)335-2630
전 송 (02)335-2640
이메일 h-4321@daum.net / yh4321@gmail.com
블로그 https://blog.naver.com/dong-yeon-press

ISBN 978-89-6447-571-3 94100
ISBN 978-89-6447-570-6 94100(세트)